중국의 운명

묵자 노자와 니체

손영식

1976~1980 서울대 철학과 학사
1980~1982 서울대 철학과 석사
1982~1985 육군 병장 제대
1985~1993 서울대 철학과 박사
1991~2022 울산대 철학과 교수
2019~2021 울산대 교수 협의회 회장

저서

『이성과 현실 – 송대 신유학에서 철학적 쟁점의 연구』
『조선의 역사와 철학의 모험』
『혜시와 공손룡의 명가 철학』
『성리학의 형이상학 시론』
『성리학의 형이상학 도론』 등

중국의 운명 묵자 노자와 니체

2022년 7월 25일 초판 인쇄
2022년 7월 30일 초판 발행

저자 ㅣ 손영식 외
펴낸이 ㅣ 이찬규
펴낸곳 ㅣ 북코리아
등록번호 ㅣ 제03-01240호
전화 ㅣ 02-704-7840
팩스 ㅣ 02-704-7848
이메일 ㅣ ibookorea@naver.com
홈페이지 ㅣ www.북코리아.kr
주소 ㅣ 13209 경기도 성남시 중원구 사기막골로 45번길 14
　　　 우림2차 A동 1007호
ISBN ㅣ 978-89-6324-886-8 (93100)

값 25,000원

중국의 운명

묵자 노자와 니체

손영식 외 공저

북코리아

머리말

    이 책은 손영식의 정년 퇴임을 기념해서 만들었다. 그러면서 일관된 체계로 기획된 것이다.

    논문 글이 중요하기 때문에 I부에 수록했고, II부는 여러 사람들의 회고록과 그에 대한 답이다. 논문들은 정원재, 김남호 선생 것을 빼고 모두 새로 쓴 것이다.

    손영식의 다섯 논문은 중국의 정치 체제와 미래의 운명, 한국의 국가적 정체성을 도식적으로 파악하고자 한 것이다. 중국의 정치 체제가 예술에 어떻게 질곡으로 작용하는가? 한글 전용이 어떻게 한국의 현대적 이성의 형성에 기여했는가? 이에 대한 답이다.

    혜시의 역물 10사는 증명 없이 결론만 있는 10개의 모순된 명제이다. 이 명제의 논리적 증명의 완성은 아마 처음인 것으로 생각된다.

    정원재 선생의 글은 신유학 연구에 디딤돌이 될 것이다. 정확한 이름 붙이기는 객관적인 연구의 토대가 된다. 크게 보자면, 정원재 선생의 글은 공동의 신념을 표현한 것이다. 서울대의 동양 철학은 늘 신유학에 대한 새로운 틀과 도식을 제시하였다.

    김지영, 강대용, 홍종욱, 김상곤, 박재율, 김미경 선생의 논문은 2021 ~2022년에 울산대학교에서 박사 학위를 받은 글들이다. 김지영 선생의 묵자, 강대용 선생의 노자, 홍종욱 선생의 불교의 상(相, 모습, 표상) 연구는 해당 분야에 새로운 시각과 이론을 제시하는 것이다. 김미경 선생의 글은 로고테라피와 유식 불교의 비교이다. 박경석 씨의 글은 석사 학위를 받은 것이다.

김남호, 김상곤, 박재율 선생의 글은 니체 사상에 관한 것이다. 니체는 플라톤 칸트 기독교 등 서양 정통 주류 사상을 비판했다. 그런 점에서 니체는 소피스트적 기원을 가진다. 또한 니체의 사상은 동성애나 섹스 로봇과 같은 현대적 주제를 해석하는데 유용한 착상을 제공한다.

정원재, 김남호 선생의 글을 제외한 나머지 글은 모두 손영식이 지도 교수이거나 실질적으로 지도한 것이다. 밤을 새워가면서 한 문장 한 문장 씩 토론하면서 써 간 것들이다. 따라서 공동의 작업이라 해야 한다. 이는 철학 연구의 새로운 형식을 만들려는 시도이다.

송나라 때 철학자 정호(程顥)는 '붕우강학(朋友講學)'이라는 말을 좋아했다. "벗과 더불어서 배움을 강구한다." 배움은 학문적 연구를 뜻한다. 연구는 혼자서 이룰 수 없다. 뜻을 같이 하는 사람들과 더불어서 끊임없이 대화하고 토론하면서 발전한다. 혼자 골똘히 생각하면 삼천포로 빠지는 수가 있다. 소크라테스가 위대한 철학자가 된 이유는 그의 제자들과 끊임없이 토론했기 때문이다.

따라서, 배우는 가장 좋은 방법은 가르치는 것이다. 가르침도 일방적인 주입이 아니라, 소크라테스처럼 끊임없이 묻고 따지고 반론을 제기하는 것이다. 선생이 학생을 지도하지만, 반대로 학생이 있기 때문에 선생이 있다. 선생이 훌륭한 학생을 만들지만, 학생이 똑똑한 선생을 만든다.

여기에 실린 거의 모든 논문은 손영식과 함께 한 작업의 결과라고 할 수 있다. 새롭게 발표하는 이론이며, 새로운 이슈를 제기하는 것이다. 이는 정년을 맞이한 보고서이기도 하다.

루카치는 대략 이렇게 말했다.

지도도 나침반도 없이, 하늘의 별빛만 보고 항해할 때,
그때가 얼마나 행복했던가?

이제 철학은 한국에서 사양 산업이 되었다. 대학들은 앞 다투어 철학과를 없애고 있다. 철학은 강자들이 가져야 하는 학문이지만, 약자들에게도 빛이 된다.

하늘의 별빛도 희미해진 시대에, 작은 불빛을 만들고자 한다.

CONTENTS

제II부 회고

제I부

논문

중국의 운명:
힘에 중독된 중국의 정치 체제와 국제 갈등

중국의 국내 질서와 국제 구조는 크게 보아서 진시황의 중국 통일로 대략적인 구조가 만들어진다. 이 구조는 이후 계속 반복된다. 현재도 마찬가지이며 미래에도 이어질 것이다. 따라서 그것은 중국의 운명이다.

먼저 중국 국내 질서의 형성을 서술하고, 이것에 따라 형성된 국제 구조를 설명한다.

1. 중국의 국내 질서의 형성

중국의 국가 체제와 정치 형태의 기본적 모형은 진시황의 중국 영내의 정복과 통일로 만들어졌다. 그 원칙은 다음과 같은 두 개의 말로 요약할 수 있다.

    (ㄱ) 진시황의 원칙 - 이웃은 악마이다. 뿌리를 뽑아야 한다. - 타자를 멸망시킴

    (ㄴ) 진승(陳勝)의 일갈 - 왕후 장상의 씨가 따로 있는가? - 호걸들의 봉기와 싸움

이 둘을 합하면 이렇게 된다. - 천하는 힘으로 차지하는 자가 임자이다. 호걸들이 봉기해서 서로 차지하려고 무제한의 리그전을 벌린다. 타자를 멸망시키는 전쟁의 결과 최후의 승자가 천하를 차지한다. 이른바 '천하 통일'이다. 그리고 천하를 소유하는 황제가 된다. '가산(家産) 국가'이다.

1) 진시황의 원칙 - 천하는 한 개인이 소유한다!

(1) 이웃은 멸망시킬 대상!

『한비자』의 첫머리인 「초견진(初見秦, 처음 진나라를 보다)」편은 한비자가 쓰지 않았다는 사실은 많은 학자들이 지적한다. 내용은 진나라가 6국을 맹렬하게 공격해서 멸망시키고, 천하를 통일하라는 것이다. 한나라의 충신이었던 한비가 그런 말을 할 리가 없다. 결국 진시황을 도와서 천하 통일을 이루었던 초나라 출신 재상 이사(李斯)가 썼다고 보아야 한다. 그 다음 편인 「존한(存韓, 한나라를 보존함)」편이 한비의 "한나라 보존"을 호소하는 상소문을 진시황의 명령으로 이사가 반박하는 글을 쓰고, 나아가 이사가 한나라에 가서 그 왕을 협박하는 내용이다. 그렇다면 「초견진」은 당연히 이사가 쓴 글이다.

이사가 진시황에게 6국을 멸망시키라고 주장하는 근거는 다음 두 줄이다.

"흔적을 삭제하고, 남은 뿌리까지 없애라!
재앙인 이웃과 더불지 아니하면, 재앙은 곧 존재하지 않는다."
削迹無遺根, 無與禍鄰, 禍乃不存

이는 곧 진시황의 원칙이 된다. 그래서 기원전 230년부터 221년까지 진시황은 몰아치듯이 6국을 멸망시킨다. 평균 2년에 하나씩 멸망시킨 것이다. 그 원칙은 단 하나이다. "이웃은 악마이다. 뿌리를 뽑아야 한다."

이웃과는 공존할 수 없다. 반항하는 이웃은 모조리 멸망시켜라. 오직 나에게 복종하는 자만 살려 두라. - 이것이 진시황의 원칙이었다. 이는 국내적으로 자신과 겨루는 자를 제거하는 것이고, 국제적으로 다른 나라는 모조리 멸망시키는 것이다. 왜 그러한가?

타자는 나와 다르다. 남은 나와 사랑할 수도 있고, 증오할 수도 있다. 협력하고 조화를 이루기도 하고, 적대적으로 싸우고 전쟁할 수도 있다. 진시황은 타자를 극단적으로 불신한다. 남은 모두 나를 공격할 자들이다. 현재 공격하지 않아도 결국 할 것이다. 잠재적인 공격자들이다. 따라서 남김없이 없애 버려야 한다. - 그가 왜 이런 생각을 가지게 된 것인가? 그것은 그의 개인사와 밀접한 연관이 있다. 그는 왕이 될 수 없었는데, 여불위 때문에 왕이 된 것이다.

또 하나의 이유가 있다. 하늘에 해가 하나이다. 그렇듯이 땅위의 나라도 하나, 임금도 하나, 권력도 하나여야 한다. 그 하나의 권력에 도전하는 자, 혹은 이웃 나라는 모조리 멸망시키라.

결국 그는 다른 모든 나라, 즉 6국을 멸망시키고 천하를 독차지했다. 나라 안에서는 절대 권력을 가졌다. 스스로 황제(皇帝)라 한다. 皇이나 帝나 다 '하느님, 신'을 뜻한다.

결국 '천하 통일'이란 얼핏 그럴듯한 말이지만, 실제로는 한 개인이 천하의 모든 권력 부를 독차지하는 것이다. 가산(家産) 국가가 그것이다.

(2) 천하의 독차지 - 가산 국가

사람들이 진시황과 공존할 수 있는 유일한 방법은 그의 신민(臣民)이 되는 것이다. 그에게 정복당해서, 그에게 항복하고, 그에게 복종을 맹세하는 것이다. 요컨대 그의 노예가 되어야, 목숨을 보장해 준다. 만약 자유인으로써 그와 대등하게 서면, 그는 '남 = 악마'로 찍혀서 제거된다.

천하 통일이란 바로 이 과정이다. 천하를 모두 자신의 신민(臣民)으로 만드는 과정이다. 그 방법은 무력으로 정복하여, 반항하는 자는 죽이고, 복종하는 자만 편입시키는 것이다. 여기에서 천하 통일의 중요한 두 특징이 드러난다.

① 천하를 한 개인이 소유한다. 가산(家産) 국가이다.
② 천하의 사람들은 그의 소유물인 노예가 된다. 한 사람의 주인, 나머지 모두의 노예화.

이를 진시황은 '황제'라는 말로 요약한다. '皇이나 帝'나 모두 '신, 하느님'을 뜻하기 때문이다. 자신이 신이라면, 인간은 미물(微物)에 불과하다. 존재의 질적인 차이가 있다. 자신과 대등한 모든 타자, 남, 이웃을 제거한 결과, 천하에는 모두 자신에게 복종하고 복속되는 자들만 남았다. 이는 하느님이 지배하는 사물들의 관계와 같다. 통일이란 존재를 질적으로 나눔이다.

하느님은 창조자이고 사랑을 베푸는 자이다. 자신이 창조했기에 베푼다. 반면 진시황은 전쟁해서 정복하는 자이다. 파괴자이다. 피지배자는 단지 힘으로 부릴 대상이다. 즉 노예이다.

(3) 진시황의 천하 독점

● 왜 그는 이렇게 모든 것을 독차지해야 만족하는가? 그의 삶과 연관이 있다.

진시황은 왕이 될 사람이 아니었다. 그의 아버지가 가장 약한 왕자였기에 조나라에 인질로 갔다. 왕자의 가치를 알아본 여불위가 '奇貨可

居'(기이한 상품은 저장할 수 있다) 하여, 베팅을 한다. 그는 여러 수단을 써서 결국 진시황의 아버지를 세자로 책봉하고, 왕이 되게 했다. 아버지가 죽자 진시황이 왕이 된 것이다.

BC 247년 13세의 진시황이 즉위하자, 여불위가 약 10년 정도 섭정을 한다.

238년 진시황이 어머니에게 가서 관례(冠禮)를 치루고 성년이 되었다. 이로써 친정을 시작한다. 이에 곧 노애(嫪毐)가 반란을 일으키자 진압하고, 여불위를 236년에 실각시킨다. 235년 여불위를 자살시킨다.

230년 한나라를 멸망시킨 것을 시작으로 몰아치듯이 BC 221년 제나라를 멸망시킨 것으로 천하를 통일한다. 불과 10년만에 6국을 멸망시킨 것이다.

이로써 진시황은 중국 역사상 처음으로 존재하는 모든 이웃 국가를 멸망시키고, 천하를 독차지한다. 이를 미화시켜서 '천하 통일'이라 한다. 그러나 실상은 천하를 한 국가가, 아니 한 인간이 차지하는 것이다. 그 국가는 한 인간, 즉 황제의 소유이다. 따라서 천하가 한 인간의 소유가 된 것이다. 이것을 가산(家産) 국가라 한다. 천하가 한 인간의 재산이다. 그런데 왜 '집안 재산'(家産)이라 하는가? 그것을 자식에게 물려주기 때문이다.

천하의 모든 땅과 백성이 모두 황제의 소유이다. 한 사람의 주인, 모든 백성이 노예이며, 한 사람의 자유, 만인의 예속이다. 이는 최악의 것이다. 왜 천하는 여러 사람이 소유하면 안 되는가? 왜 모두가 자유인이 되면 안 되는가?

● 진시황을 옹호하는 이론은 이렇다. (중국 영화 「영웅」에 나온다.) 많은 나라가 공존함은 전쟁을 의미한다. 전쟁은 지옥이다. ↔ 한 나라가 천하를 통일한다. 통일된 천하는 평화이다. 요컨대 "다국 공존 = 전쟁 / 통

일 = 평화"라는 이야기이다. 과연 그런가?

천하 통일을 위해서는 치열하게 전쟁을 해야 한다. 천하가 한 사람의 소유가 되기 때문에, 단 하나의 승자가 가려질 때까지 나머지는 모두 죽는 싸움을 해야 한다. 이는 죽느냐 사느냐의 문제라 정말 치열할 수밖에 없다.

그 치열한 전쟁을 거쳐서 천하 통일을 해야 평화가 온다. 결국 평화를 위해서 죽기 살기의 극한 전쟁을 하자는 것이다. 데스 게임의 전쟁을 해야 오는 평화, 평화를 위해서 전쟁을 하자는 이론이 말이 되는가?

게다가 통일 기간은 짧다. 다시 분열해서 최후 1인의 승자를 가리기 위해서 치열하게 데스게임인 전쟁한다. 이런 악마의 사이클을 계속해야 하는 이유가 무엇인가?

● 다국이 공존한다고 꼭 전쟁하는 것은 아니다. 주나라의 봉건제처럼 최강국의 의지에 따라서는 다국이 평화롭게 공존할 수 있다. 더군다나 남을 죽이자는 이판사판 전쟁을 하지는 않는다. 다국이 공존하는 것이 기본적인 합의이기 때문이다. 따라서 전쟁이 덜 잔인해진다. 나아가 잦은 분쟁과 전쟁이 있지만, 중국 역사의 '통일-분열-통일-분열'하면서 대량 살인하는 악마의 사이클이 없다.

2) 진승의 원칙 - 누구나 왕후장상이 될 수 있다!

(1) 호걸은 누구나 황제가 될 수 있다

진승(陳勝)은 진시황이 죽자마자 최초로 반란을 일으킨 사람이다. 만리장성을 쌓을 인부를 인솔하고 가다 큰 홍수를 만나서 기한보다 1개월이 늦어진다. 이는 사형에 해당되는 죄이다. 그래서 그는 반란을 일으킨다. 그러면서 그가 한 말이 있다.

연작(燕雀)이 어찌 홍곡(鴻鵠)의 뜻을 알리오!

왕후장상(王侯將相)이 씨가 따로 있더냐!

제비와 참새(燕雀)가 어찌 큰 기러기와 고니(鴻鵠)의 뜻을 알겠는가? – 그만큼 자신의 뜻은 크다. 그 뜻이 무엇인가? 바로 왕후(王侯)와 장상(將相)이 되는 것이다. '왕후'나 '장상'은 무식한 서민들의 용어이다. 그런 서민 중 하나가 왕과 제후, 장군과 재상이 되겠다는 것이다. 이것이 그의 큰 뜻이다. 구체적으로는 국가 체제에 순응해서 왕후 장상이 되는 것이 아니라, 반란을 일으켜서 승리해서 스스로 쟁취하는 것이다. 결국 제후나 장군 재상이 되는 것이 아니라, 진시황과 같은 왕이, 아니 황제가 되는 것이다. 진시황이 했던 대로 하겠다는 것이다.

인부들을 이끌고 가던 말단 관리가 왕이 되겠다고 자처하는 것 – 이는 중대한 범죄이다. 정상적인 왕국에서 이런 소리를 하면, 그것은 대역죄가 된다. 삼족을 멸하는 죄이다. 그런데 그 서슬퍼런 진시황 독재 치하에서 일개 인솔자가 황제를 넘본다. 이유는 무엇인가?

진시황이 힘으로 황제가 되는 것을 보고, 진승 역시 자신이 힘만 있으면 황제가 될 수 있음을 직감한다. 그리고 이 직감은 천하의 호걸들에게 영혼을 진동시키는 우레가 된다. 잠에서 번쩍 깨어나게 만든 것이다. – 야! 저 황제라는 것이 힘으로 쟁취하는 것이다! 힘만 있으면 누구나 다 황제가 될 수 있다!

이렇게 해서 천하의 호걸들이 봉기한다. 말 그대로 벌떼처럼 들고 일어났다. 이래서 진나라는 순식간에 멸망하고 만다. 방방곡곡 반란이 일어나지 않은 곳이 없는데 어떻게 진나라가 망하지 않을 수 있는가?

"왕후장상(王侯將相)이 씨가 따로 있더냐!" – 이는 정말 울림이 큰 것이었다. 진시황은 자신이 '皇帝'라고 자칭했다. '하느님, 신'이라는 뜻이다. 천하의 땅과 백성을 모두 소유한 단 하나의 주인! 얼마나 폼 나는가! 그런데 황제를 아무나 할 수 있다는 것이다.

(2) 무제한의 리그전과 승자 독식

진시황은 6국을 멸망시켰다. 6국은 유서깊은 왕조이다. 따라서 그 시기는 아무나 왕이 되는 시대가 아니었다. 깊은 뿌리를 가진 가문들이 다스리던 시대였다. 그런데 진시황은 통일 전쟁을 통해서 그 가문들을 모조리 멸망시켰다. 오직 남은 것은 단 하나, 진나라 가문 뿐이었다.

6국의 가문을 멸망시켰다는 것은 마지막 하나 남은 진나라 가문도 멸망될 것이라는 뜻이다. 가문들이 왕위를 독점하던 상황을 진시황이 깬 것이다. 진승의 말처럼 이제 누구나 다 왕이 될 수 있다. 더 이상 가문은 중요하지 않다! 힘과 무력이 모든 것을 결정한다!

주나라의 봉건제는 중앙의 천자와 지방의 제후들로 이루어져 있다. 이 모두는 가문 단위였다. 제후와 대부(大夫)가 한 가문인 경우가 많다. 춘추 시대 말기에 대부들이 찬탈해서 제후가 되는 경우가 주나라 최대 봉건국인 진(晉)과 제(齊)에서 일어난다. 그러나 여전히 가문 중심인 것은 변화된 것이 없다.

그런데 진시황이 그 가문 중심 질서를 완전히 없애버렸다. 그 결과는 아무나 황제가 될 수 있다는 것이다. 실제로 진승의 반란을 계기로 천하에 반란이 일어나고, 이들이 진나라 가문을 철저하게 멸망시킨다. 진시황은 내부의 적은 멸망시키고, 외부의 적은 만리장성으로 쌓은 결과, 자신의 가문의 천하 지배가 만대를 갈 것이라 생각했다. 그러나 논리적으로 보자면, 다른 가문이 멸망했는데, 진나라 가문만 살아남겠는가?

바로 진승의 논리로 나가게 된다. 이제 가문 중심이 아니라, 개인 중심이 된 것이다. 왕조의 힘이 약하면, 천하의 호걸들이 봉기하는 시대가 된다. 그것을 진시황이 연 것이다.

가문이 모두 망한 이 상황에서 진승은 외친 것이다. 개나 소나 다 황제가 될 수 있다! 이 외침에 따라서 전국에서 호걸들이 봉기를 했다. 항우 유방 등이 그런 사람들이다. 유방은 패현의 건달이었다. 건달이 결국 한나라를 세운 황제가 된다. 일견 진승의 말은 '차이나 드림'을 말한다. 누구나 능력이 있으면, 황제가 될 수 있다! 진시황처럼 될 수 있다.

물론 진승 이후에 봉기한 호걸들 가운데 6국의 왕실 자손들이 있었다. 6국은 대략 부활했다. 그러나 이미 무너진 가문이 다시 천하를 차지할 수는 없었다. 그래서 패현의 건달인 유방이 천하의 패권을 차지한다.

● 이후 이는 중국에서 기본적인 규칙이 된다. 따라서 진시황 이전과 이후가 질적으로 달라진다. 이전은 다국 공존이었고, 이후는 1국 통일이다. 이 통일을 위해 잔혹한 전쟁이 필요했다.

진시황은 뿌리깊고 유서깊은 7국의 경쟁 속에서 6국을 멸망시키고, 천하를 통일했다. 그가 이렇게 유서깊은 가문을 없앤 결과, 진시황이 죽고난 뒤에는 뿌리도 없고, 근본도 없는 자들이 천하를 독차지하겠다고 떼지어 봉기하는 시대가 된다. 항우 유방의 쟁패가 바로 그것이다.

여기에 두 개의 원칙이 적용된다.

(ㄱ) 진승 – 아무나 왕후 장상이 될 수 있다.
(ㄴ) 진시황 – 이웃은 화근이다. 악마이다. 뿌리 뽑아야 한다.
(ㄷ) 결론; 무제한의 리그전

결국 아무나 봉기를 해서, 천하를 차지하려고 든다. 봉기한 자들이 무제한 전쟁을 한다. 언제까지 전쟁을 하는가? 단 하나가 나머지 모두를 다 멸망시키는 끝장 전쟁이다. 그래서 '무제한'이다. 참가자들이 모두 서로 싸운다는 점에서 리그전이다. 이 무제한의 리그전을 통해서 최후의 승자 한 명이 가려진다. 그가 천하를 독차지하고, 왕국을 세운다. 왕국은 그의 재산이므로, 그의 자식에게 상속한다. 왕위는 세습된다.

　최초의 첫 번째 리그전의 승자는 진시황이다. 두 번째 리그전의 승자는 유방이다. 진시황은 이 제로섬 게임의 창시자이자, 중국 역사를 무자비한 살육과 독식판으로 몰아넣었다.

3) 왕조 교체의 법칙

　이것이 바로 중국의 왕조 교체의 법칙이다. 한 왕조가 힘이 쇠약해지면, 야망을 가진 호걸들이 봉기를 한다. 호걸들이 무제한의 리그전을 벌린다. 한 사람만 살아남는 게임을, 아니 다른 모두를 다 죽이고 한 사람이 살아남아 독차지하는 게임을 한다. 그래서 그 최후의 승자가 왕조를 세운다.

(1) 엄청난 희생

　여기에서 가장 큰 문제가 나타난다. 천하에 호걸들이 봉기하기 때문에, 천하가 전쟁터가 된다. 모든 백성이 전쟁터에 내몰린다. 그 결과 엄청나게 많은 인간들이 죽는다. 항우와 유방의 쟁패 기간은 약 5년이다. 그 짧은 기간에 당시 인구의 50~60%가 사망했다. 왕조 하나 교체하기 위해서 이 많은 인간들이 죽어야 하나? 패현의 건달이 황제가 되기 위해서 그 많은 인간들이 희생되어야 하나?

　새 왕조를 세우기 위한 제사에 그 많은 인간 희생이 필요했던 것인가? – 이것을 중국 사상가들은 심각하게 고민해야 한다. 그러나 아직도 단 하나의 학자도 없다.

　다국 공존일 경우, 두 나라 혹은 해당 국가 사이의 전쟁이다. 그러나 천하 통일 국가가 망할 경우, 천하의 호걸들이 봉기하기 때문에, 나아가 이민족까지 가세하기 때문에 천하가 난장판이 된다. 천하 국가는 천하 전쟁을 필연적으로 수반한다. 반면 다국 공존일 경우 국지전이 된다. 어느 쪽이 더 나은가?

(2) 배신과 결과의 독식

진시황 사후의 천하 전쟁에서 유방이 최종적으로 승리했다. 그 결과 한나라를 세운다. 왕국은 왕이 주인이다. 국토와 백성을 모두 차지한다. 이는 진시황이 확인했고, 하은주 시대에 이미 확립된 원칙이다. - 여기에서 문제가 생긴다.

유방이 승리해서 황제가 되기 위해서는 많은 장수와 사병, 백성이 목숨을 걸고 싸웠다. 그러나 최종 승리의 과실은 유방이 독차지한다. 장수는 물론 새 국가의 관리가 되지만, 그것으로 끝이다. 왕은 세습하지만, 관직은 세습되지 않는다. 목숨 건 것은 같은데 왜 왕이 절대 몫을 가져가는가? 더군다나 백성은 아무 것도 챙기지 못 한다. 전쟁이 끝나고 주어지는 평화가 과실인가? 그러나 그것은 평화적인 권력 교체가 이루어졌다면 할 필요가 없는 전쟁이었다.

정복 전쟁의 배신이 바로 그것이다. 정복의 과실의 대부분은 최고 사령관이 왕이 되면서 다 가져간다. 왕국은 가산(家産) 국가이다. - 이래서 백성과 신하는 배신을 당한다.

진승이 왕후 장상에 씨가 따로 있냐고 주장한 것이 바로 이런 독식과 독차지를 말한다. 그렇기 때문에 천하의 호걸들이 봉기를 한다. 그러나 거기에 참여하여 피를 흘렸지만, 제대로 분배받지 못 한 자들의 불만과 항의는 거의 드러나지 않는다. 후대의 학자 역시 이런 배신과 독식의 문제를 지적한 사람이 없다.

한나라, 위진, 당나라의 건국 모두 이런 배신이 이루어진다. 심지어는 학자들 자신들이 그것을 합리화시킨다. 왕조 말에 전쟁이 일어나고,

무제한의 리그전이 벌어지고, 최후의 승자가 나올 때까지 싸워야 하고, 승자 1인이 왕조를 세워서 왕이 되고, 천하를 독식한다. – 이것을 당연한 것으로 여긴다. 다른 선택의 여지는 전혀 고려하지 않는다. 이는 책으로 쓰지만 않은 것이 아니라, 그런 사유 자체를 하지 못 한다. 공자 맹자 등이 왕과 왕조를 당연시했기 때문에, 자신들의 이성을 그것으로 고정시킨다. 경전으로 모시는 학문은 이런 노예적 이성을 가진 학자들을 만든다. 국가에서 황제가 백성을 노예로 삼듯이, 공맹의 경전은 후대의 학자를 노예로 만든다. 노예이기 때문에 반론을 제기하지 못 한다.

(3) 대안은 없는가?

무제한의 리그전과 최종 승자의 천하 독식, 이것만 있는가? 다른 길은 없는가? 물론 있다. 서양 근대는 국가에 대해서 새로운 질문, 새로운 패러다임을 제시한다. 국가는 어떤 방법으로, 어떤 구조로 건설되어야 하는가? 국가는 누가 소유하며, 누구를 위한 것이어야 하는가? – 이 질문에 따라서 왕정이 아니라 '공화정'을 답으로 내세운다. 국민이 소유하고, 국민을 위한 국가를 만들자.

이는 왕정, 왕국에 대한 반성에서 나온 것이다. 무력으로 최강자가 경쟁자를 격파하고 차지한 땅에 자신이 소유한 왕국을 세운다. 이는 야만적이고 불의한 것이다. 그런 국가를 용납해야 하는가? 이는 어떤 방식으로도 합리화될 수 없다.

이래서 국가 설계도를 먼저 그리고, 그것을 구현할 세력들이 권력을 잡는다. 프랑스 대혁명과 미국 독립, 영국의 명예 혁명, 러시아 혁명이 모두 설계도를 가지고 국가 권력을 잡고, 국가를 구성한 것이다.

한국의 경우 조선이 대표적이다. 이성계가 위화도 회군이라는 쿠데타를 통해서 전권을 장악했다. 이 권력을 가지고 정도전이 만든 『조선 경국전』이라는 설계도에 따라 국가를 건설한다. 이는 유교에서 이상적으로 삼던 모든 것을 구현한 설계도이다. 중국이 실현하지 못 했던 유교적 이상 국가를 조선이 실현한 것이다.

이성계의 쿠데타는 경쟁자를 죽이는데 출혈이 거의 없었다. 대신 이상적 국가 설계도에 집중한다. - 중국의 역사는 바로 이것이 없다.

4) 왕조 교체 - 정복 국가의 문제점

(1) 왕국은 정복 국가이다

중국이나 한국의 경우, 고중세의 국가는 왕국이다. 출발점은 부족 국가였다. 이후 치열한 정복 정복을 통해서 왕국을 건설하고 확장한다. 요컨대 왕국은 정복 국가이다. 정복자가 정복한 땅과 백성을 가지고 국가를 세운다. 통일이란 타국을 멸망시키고 땅과 영토를 흡수하는 것이다.

국가 건설에 있어서 알파요 오메가는 무력이다. 그것이 전부이다. 누가 더 강한 힘을 가져서 남을 멸망시키고, 경쟁자를 죽이는가? - 거기에 따라 국가 성립이 결정된다. 따라서 이렇게 정복 국가는 무력과 전쟁, 정복과 멸망에만 힘을 쏟는다.

그렇게 해서 세운 국가는 전리품이다. 개인 소유물이다.

그러나 국가와 백성은 단순한 소유물이라 하기에는 성격이 완전히 다른 것이다. 집이나 가구는 개인 소유물이 될 수 있다. 그러나 국가와 백성이 그런 종류의 것인가? 이는 또 다른 것이다. 학자들이 반드시 고려해야 했을 사항이다.

이는 국가를 만드는 방법을 고민하는 것으로 나가야 한다. 국가를 만드는 방법이 단지 하나, 힘으로 정복하는 것, 리그전을 벌려서 최종 승자가 되는 것 - 이 한 길 뿐인가? 그런 식의 정복 전쟁의 결과로 왕국이 세워지기 때문에, 국가를 왕 개인 소유로 보게 된다.

(2) 국가의 체제와 내용

① 어떤 나라를 만들 것인가?

정복 전쟁과 리그전으로 국가가 세워지기 때문에, 가장 중요한 사항인 '어떤 국가'를 만들 것인가? 이것을 거의 질문하지도 않고, 고민하지도 않는다. 무력으로 정복한 자가 왕이 되는 것은 당연한 것 아닌가? – 이런 정도로 치부한다.

중국의 전통적인 학자들은 국가 수립 과정 뿐만 아니라, 수립된 국가의 체제와 내용에 대해서도 신경을 쓰지 않는다. 어떻게 국가를 만들 것인가도 중요하지만, 어떤 국가를 만들 것인가가 더 중요하다.

묵자에 따르면, 무력은 국가 만들기 위한 방법이다. 단지 국가를 방어하기 위한 수단이다. 비공(非攻)의 원칙이 그것이다. 현대의 국가 역시 '국방부(國防部)'라고 하여서, 국가 방어 목적의 군대만 인정한다.

따라서 문제는 '무력으로 정복한 과정'이 '국가 구성'을 결정하는 것은 아니라는 것이다. 정복 전쟁의 무장 조직이 그대로 국가 조직이 되어서는 안 된다. 유방에게 권했듯이, 말 위에서 천하를 정복할 수 있지만, 말등에서 천하 국가를 다스릴 수는 없다.

② 서양 근대와 조선의 계획 국가

서양 근대는 어떤 국가를 만들 것인가를 고민한다. 여전히 왕정인가? 아니면 새롭게 공화정인가? 이렇게 고민하는 것은 프랑스 대혁명, 영국의 명예 혁명, 미국의 독립에서 잘 드러난다. 프랑스는 왕정을 폐지하고 공화정으로 간다. 신하들의 지배이다. 영국은 왕과 신하가 타협해서, 왕이 있어서 군림하되, 신하 대표인 총리가 정치를 총괄해서 다스린다. 미국은 선출되는 임기제 왕인 대통령을 뽑는다.

조선의 경우도 설계도에 따라 만든 국가이다. 이성계의 쿠데타로 새 나라를 세운다. 그러나 정도전의 『조선 경국전』이라는 설계도를 통해서, 유교적 이상 국가를 세운다. 조선은 건국을 위해서 거의 피를 흘리지 않는다. 그렇기 때문에 정복 전쟁, 리그전이 새 국가 구성에 영향을 미치지 못 한다. 새로 세울 국가의 체제와 성격을 놓고 유교적 이상을 구현할 수 있었다.

③ 왕정과 공화정

중국의 왕조는 단 하나도 이렇게 국가의 체제와 구성을 제대로 고민해서 세운 것이 없다. 모두 다 정복 왕조이다. 정복 국가이며, 왕조 국가이다. 호걸들의 무제한 리그전의 승리로 천하를 한 개인이 독차지한다. 나라는 그 한 개인의 재산이다. 따라서 국가 체제 역시 그 개인 재산, 집안 재산을 어떻게 유지 관리하느냐에 초점이 맞추어져 있다.

국가의 의사는 왕이 결정한다. 신하는 그 결정을 보조하고 실행하는 조직일 뿐이다. 법이란 왕의 명령과 같다. 따라서 중국에서는 법의 본질과 성격에 대해서 고민하는 것이 없다. 법을 통한 인권과 정의의 구현이라는 생각 자체가 없다. 단지 법과 관련해서 발달한 것은 이런 것이다. – 왕이 모든 사안에 다 명령을 내릴 수 없으므로, 비슷한 사안에 내릴 공통적인 명령을 만들어 둔다. 공통적 명령이 바로 법이다. 그렇기 때문에, 비슷한 사안에 법을 적용할지라도, 왕의 생각이 바뀌면 그 법과 다르게 명령할 수 있다. 왕의 명령이 법이기 때문이다. 나아가 법을 실행하는 관리의 자의성도 인정된다. – 기본적으로 법치(法治)는 존재하지 않는다. 단지 인치(人治)만 있다. 법가라는 『한비자』의 법 이론이 바로 "왕의 명령 = 법"이라는 것이다.

송나라는 쿠데타로 세워진 나라이다. 조선과 비슷하다. 건국에 피를 많이 흘리지 않았다. 그래서 이전 시대를 반성하고, 문민 지배로 나간다. 3국 시대 이래 5대10국까지는 전쟁이 주였던 무사들의 시대이다.

송나라는 무력을 약화시킨다. 대신 지식인 지배로 나간다. 송의 지식인 지배는 신법당과 구법당이라는 당쟁을 낳는다. 그러나 정당 정치를 법제화한 것도 아니다. 나아가 송나라의 문민·지식인 지배의 유산은 원나라를 거치면서 사라진다. 누적적 발전이 없다.

④ 선양과 현자 지배

요컨대 중국은 국가 체제를 놓고, 본격적으로 진지하게 고민하지 않는다. 이는 현재 중국도 마찬가지이다. 모택동처럼 1인 독재를 할 것인가? 등소평이 만든 집단 지도 체제처럼 현자에게 선양을 할 것인가? 이는 중요한 문제이다. 이 중대한 문제를 겉으로 꺼내서 공론화하지 않는다. 인민에게 알리지 않고, 장막 뒤에서 자기들끼리 쑥덕대다가 결정한다. 게다가 결정한 내용을 문서화시키지도 않는다. – 철저하게 인치(人治, 사람에 의한 지배)이다.

그 결과는 다시 황제가 세워지는 것이다. 황제 독재냐, 집단 지도 체제냐, 민주주의이냐, 이는 정말 중요한 문제이다. 그러나 그것을 본격적으로 치열하게 토론하지 않는다. 아니 하지 못 한다. 그냥 최강자가 결정하는 대로 되어 간다. 중국 역사는 힘이, 무력이 장땡이었다. 최강자가 결정하면 모든 것이 다 결정되는 것이다.

진시황이 만들었던 힘 결정론이 아직도 작동하고 있다. 진승이 말했던 호걸 봉기 이론은 아직도 살아 있다.

⑤ 승자 독식 – 왕국 건설

왜 중국에서는 국가를 어떤 체제로 구성할 것인가를 진지하게 고민하지 않았는가? – 않은 것이 아니라, 못 한 것이다. 진시황이 세운 원칙이 바로 그렇게 만든다.

중국은 기본적으로 왕조 교체가 무력에 의한다. 정복 왕조이다. 치열한 전쟁 끝에 최후의 승자가 천하를 독식하고 왕조를 세운다. 이 전쟁 통에서 새로 세울 국가의 체제를 논할 사람은 별로 없을 것이다.

일단 왕조가 세워지면, 국가의 체제를 거론하는 것 자체를 왕조를 탈취하려는 의도로 간주한다. 왕국에서 가장 큰 죄는 대역죄이다. 왕이 가진 재산인 국가를 훔치려는 자들이 바로 대역죄를 범한 것이다. 이렇게 국가를 개인인 왕의 재산으로 간주하기 때문에, 국가의 체제를 논하는 것 자체를 쿠데타, 찬탈, 약탈의 시도로 간주한다. 가장 가혹하게 처벌한다. – 이러니 어느 학자가 왕정에 의혹을 제기하겠는가? 새로운 체제를 논의하겠는가?

새로운 국가 체제를 논의하기 위해서 학문적 자세를 가져서는 안 된다. 그것은 죽음을 부르는 길이다. 진시황이 달리 분서갱유를 했겠는가? 결국 국가 체제를 논하기 위해서는 왕과 정면으로 승부할 각오를 해야 한다. 항우와 유방처럼 무장을 해야 한다. 중국에서는 국가 체제의 논의와 쿠데타 음모를 구분하지 않기 때문이다.

이래서 결국은 아무도 국가 체제를 논하지 못 하게 된다. 왕조가 수립된 시기에 학자가 논하면, 분서갱유를 당한다. 그렇다고 왕조 교체기에 무력으로 봉기한 자들이 한가하게 국가 체제 구성을 권할 수는 없기 때문이다. 오직 승리를 위한 전술 전략만 논해야 한다.

⑥ 왕정 대 묵자의 상동 체제

여기에는 또 하나의 역설이 있다. 왕과 신하 백성은 다르다. 왕의 이익이 꼭 신하와 백성의 이익은 아니다. 그러나 한번 왕이 되어서 권력을 독점하면, 자신의 권력 독점, 가산 국가의 유지를 위해서 신하와 백성을 사용한다. 이렇게 집중된 권력은 반대로 신하와 백성을 감시 탄압하는데 쓰인다. 요컨대 왕은 자신의 힘이 아니라, 국가를 매개로 해서, 신하와 백성의 힘을 통해서 신하와 백성을 통제하고 탄압한다.

이런 역설 때문에 중국은 관성적으로 왕조 국가로 나간다. 왕조 이외의 국가 체제를 선택하기가 거의 불가능해진다. 물론 제자백가 가운데 묵자가 유일하게 왕정과 다른 국가 체제, 즉 상동(尙同) 이론을 제시했다. 그러나 후대에는 완전히 잊혀진다. 왕이 왕조 유지를 위해서 국가의 모든 힘을 사용하고, 비판자를 가혹하게 탄압하는 상황에서 묵자의 이론을 연구할 수는 없었을 것이다. 그러나 이제 현대화된 사회인데, 중국에서 국가 체제에 대해서 논의할 수도 있지 않은가? - 여전히 불가능하다. 진시황의 분서갱유는 여전히 중국에 시퍼렇게 살아있다.

진시황은 중국 역사에 벗어날 수 없는 저주를 남겼다. 중국은 그 저주의 수렁에서 벗어나지 못하는 가혹한 운명을 가지고 여전히 비틀거린다. 중국의 적은 중국 자신이다.

2. 중국의 국제 질서의 형성

여기까지가 만리장성 안의 '중화'의 영역에 한정된 정치 이론이다. 중국 역사는 여기에서 한 걸음을 더 나간다. 이제 만리장성 밖의 세력과 안의 세력의 싸움이 시작된다.

다시 말해서 진시황이 통일했던 영역은 장성 안의 농업 지역이다. 장성 밖의 북쪽과 서쪽 바깥에는 광대한 유목과 수렵 지역이 있었다. 유목 수렵 지역 세력은 끊임없이 중국을 쳐들어왔다. 중국 역사의 절반 이상을 차지하는 것이 바로 이 세력들이다.

유목 세력의 주축은 몽고이고, 만주는 유목과 수렵을 한다. 티벳도 한 부분을 형성한다. 만주 쪽은 유목과 사냥, 두 지역이 다 있다. 일단 서술의 편의상 유목 지역이라 하자.

왕조를 세울 '승자 결정'을 이해하기 위해서는 먼저 '리그' 개념을 설명해야 한다.

1) 중국의 리그 - 무제한의 정복 전쟁

(1) 리그전의 개념

리그전(league戰, league match)은 스포츠 경기에서 각 팀이 다른 팀과 모두 최소 한 번씩 경기를 치르는 경기 방식이다. 반면 두 팀이 단판 승부를 벌려서 승리한 팀은 다음 라운드로 진출하고, 진 팀은 탈락하는 방식을 토너먼트(tournament) 방식이라 한다.

'league'는 '연맹, 동맹' 혹은 어떤 범주에 들어가는 '그룹, 부류, 한 패'를 뜻한다. 한 무리가 서로 경기를 하되, 한번씩 붙는다던지 하는 규칙이 있다.

중국이나 한국 일본의 역사는 바로 이 리그전에 비교해서 설명할 수 있다. 여기에는 네 가지 정도의 요소가 있다. ① 지리적으로 한정된 범위가 있다. ② 참가자들이 있다. ③ 전쟁이라는 경기를 한다. ④ 참여 단위는 국가 혹은 독립 자족하는 단체이다.

이 요소들은 끊임없이 변하며, 일관된 규칙은 없다. 지리적 범위는 늘 확장되었다. 참가자들 역시 달라졌다. 게임이 전쟁이기 때문에 반드시 망하거나 흥하는 자가 생기기 때문이다. 또한 경기의 규칙 역시 없다. 춘추 시대에는 "이웃 국가를 멸망시켜서는 안 된다"는 규칙이 있었지만, 전국 시대에는 이를 깨고 이웃을 무자비하게 정복 멸망시켰다.

이렇게 모든 것이 불규칙하지만, 어떤 특정한 시대를 놓고 보면, 대략 한정된 범위에서, 한정된 참가자들이 전쟁을 벌렸다.

리그전의 목표가 최종 승자를 결정하는 것이다. 중국 역시 진시황을 시작으로 해서 최종 승자를 결정했다. 그가 새 왕조를 세운다. 그리고 왕조가 망하면 다시 왕국은 분리되어서 리그전을 벌인다.

(2) 중국의 두 가지의 리그

중국에 통일 왕조가 들어서지만, 동시에 북서방의 이민족이 중국에 쳐들어온다. 이래서 리그는 두 가지 종류, 이중적 의미를 가지게 된다.

① 중국 국내 리그

전국 시대가 대표적이다. 중국의 영역 안에서 리그전을 벌인다. 항우-유방의 쟁패전, 조조 유비 손권 등의 3국 쟁패, 수나라 말에서 당나라 건국까지의 전쟁, 5대10국, 원나라 말의 전쟁 등이 그렇다. 앞의 1~5까지 말한 것이 이 국내 리그이다.

② 이민족의 침략 리그

중국이 통일된 이후 북서방의 이민족이 침략하여 중국을 정복하는 것이다. 한나라와 흉노의 전쟁, 남북조 시대의 5호 16국, 송나라와 요 금 원의 대결, 원나라와 청나라의 중국 지배가 그것이다.

중국의 농경 리그는 명확하다. 반면 북서방의 유목민들 역시 여러 세력이 있다. 그러나 그들만의 리그를 만들지 않는다. 중국 리그는 일정 영역에서 다투면서도 통일 국가를 만들고, 문화와 경제 단위가 되고, 자기 정체성을 가진다. 그러나 유목민들은 그런 리그를 만들지 않는다. 유목이란 것이 땅에 붙박히지 않기 때문이다. 따라서 흉노나 돌궐의 예처럼 아시아에서 유럽까지 이동한다. 중앙 아시아의 유목 지역에 숱한 국가가 명멸했지만, 중국 리그처럼 자아 정체성을 담는 리그 중심지를 만들지 못 한다. 그러나 일단은 그쪽도 리그라고 하자.

대신 유목 지역은 자신들끼리 싸우면서, 또한 농경 리그를 끊임없이 침략한다. 이들은 중국 뿐만 아니라 러시아, 인도 등의 농경 리그를 침공한다. 그러면서 농경 리그에 붙어서, 그 리그에 흡수되지 않으면서 침략 정복한다. 이것이 바로 ②의 이민족 침략 리그이다.

거칠게 보자면, 중국은 왕조 말기와 망할 때의 ①의 국내 리그, 통일 국가 시기의 ②의 리그 − 이 둘로 나눌 수 있다. 중국이 통일하면, 북서방 이민족은 그것을 약탈하려 침략했다.

기본적으로 중국의 왕조는 거의 모든 것을 자급자족하기 때문에, 이민족을 침략 정복할 메리트가 없다. 반면 유목민은 침략해야 한다. 유목만으로는 생산이 부족하다. 게다가 생활에 필수적인 것을 생산할 수 없다. 따라서 북서방의 유목민은 중국을 침략해서 약탈해야 먹고 살 수 있다. 침략은 필수적인 것이다.

또 하나 중요한 요소는 리그 밖의 존재들에게 중국의 농경 리그는 참여하고 싶은 매력적인 동네라는 것이다. 그래서 외부자는 자꾸 중국 리그로 들어오려 한다.

이래서 이민족의 침공으로, 두 리그는 합쳐지고 겹쳐지고 착종된다. 이민족 국가가 중국 리그에 흡수된 역사를 요약하자면 다음과 같다.

첫 번째는 춘추 시대에 남방 이민족인 초(楚) 오(吳) 월(越)과 서방 진(秦), 북방 연(燕) 등이 주나라 리그에 참여한 것이다.

두 번째는 한나라의 흉노와 위진 시대의 5호 등 북서방 이민족이 중국을 침공해서 중국에 눌러앉게 된 것이다.

세 번째는 요 금 원 청의 이민족의 중국 정복과 국가 수립이다.

여기에 두 가지 특징이 있다.

(ㄱ) 외부 참가자는 중국 리그에 흡수된다는 것이다. 흡수되는 과정이 격렬한 전쟁이다. 중국이 외부 리그, 즉 유목 리그를 공격하는 경우는 있지만, 정복해서 지배하는 경우는 없다. 반대로 늘 유목 리그가 중국의 농경 리그를 정복해서 지배했다. 그러면서 중국 리그에 흡수된다.

(ㄴ) 북방 유목민 국가는 중국 농경 지역 리그와 따로 존재했다. 그러나 끊임없이 남방의 중국 리그를 침공했다. 그 결과 두 리그는 착종된다. 북방 유목민은 남방 중국을 정복해서 국가를 세우려 한다. 그들이 국가를 세우면 국가 중심지는 농경 지역으로 변경된다. 자신들의 출신 지역인 유목 지역은 여전히 변경으로 취급된다.

이 결과 중국 역사의 절반 이상을 차지하는 유목민과 유목 지역은 여전히 중국의 자아 정체성에 들어가지 못 한다. 오직 농경 지역의 문화와 전통만이 중국의 자아를 형성한다. '중화(中華)'라는 중국 민족주의의 핵심이 바로 그런 자아이다. 이는 기묘한 것이다.

현재의 중국 정부는 과도할 정도로 최대 영토에 집착한다. 자아는 농경 리그 지역이지만, 영토는 유목 리그 등을 다 포함한다. 중국 북서방과 대만은 청나라 이전에는 본격적으로 중국 영토가 아니었다. 자신들의 정체는 농경 지역에 있으면서, 영토 문제에는 이렇게 유목 리그와 변경을 포함할 것을 주장한다. 나아가 남중국해의 90%를 자기들 것이라 한다. 유목민들의 정복욕이 어느덧 이젠 중국 사람들의 본성이 되었다. 악마에게 당하면서 악마가 된 것이다.

이하에서는 중국 농경 리그에 북서방의 유목 리그가 합쳐지는 과정을 설명해 보자.

2) 중국 국내 리그

진시황의 원칙과 진승의 원칙을 다시 설명하자면 다음과 같다.

(1) 진시황의 흐뭇한 상상 - 중국의 영원한 소유

① 전제

진시황의 흐뭇한 상상은 이렇다.

국내 - 6국을 멸망시켰다. 만리장성 안에는 적이 없다.

국외 - 국경에 만리장성을 쌓았다. 성 바깥의 적은 쳐들어올 수
　　　없다.

② 결론 - 진시황의 희망

진시황은 자신했다. 장성 안에 세운 나의 통일 국가는 만세(萬世)를 갈 것이다. 만세토록 내 후손이 지배할 것이다. 그래서 진시황은 자신을 '황제(皇帝, 하느님)'이라 하고, 자신을 1세라 했다. 그렇게 2세 3세 해서 황제가 만세까지 이어갈 것이라 자신한 것이다.

③ 현실 - 진시황의 사후 당면한 현실

진시황이 몰랐던 현실 1 - 장성 안의 나의 국가는 현재 평화롭다. 그러나 그 안에는 적들이 잠재되어 있었다. 이른바 왕후장상이 되겠다는 잡룡(雜龍)들, 아니 잠룡(潛龍)들이 득시글대고 있었다. 국가가 누르는 힘이 강해서 그들이 조용할 뿐, 국가의 힘이 약해지면 폭발적으로 대가리를 들고 일어난다. - 진승, 항우와 유방이 그들이다.

몰랐던 현실 2 - 장성 바깥에는 통일 중국을 노리는 이민족들이 호시탐탐 노리고 있다는 사실이다. 진나라가 너무 빨리 망하는 바람에 이민족의 침략을 미처 당하지 않았다. 진나라 대신 한나라가 북방 흉노와 힘겹게 싸웠다.

(2) 중국 역사의 국룰 – 아무나 황제가 된다!

진시황이 보여준 것은, 힘이 있으면 천하를 정복해서 지배한다는 것이다. 이것이 중국 국내와 밖에 전파되었다. 힘이 장땡이다! 힘이 전부이다!

① 중국 국내

유방 이후 황제가 되는 자는 특별할 것이 없다. 유방은 패현의 건달이었고, 유비 역시 백수였다. 주원장은 절의 노비였고, 모택동은 고졸자였다. 이런 애들이 최고 권력자가 된다. 그러니 그들이 세운 나라의 품격이 그 수준이 된다. 전쟁에서 최종적으로 승리한 뒤에 어떤 국가를 세울 것인가는 거의 고민하지 않았다. 그냥 왕국을 세우고 답습한다.

② 만리장성 밖

건달인 유방 등이 황제를 노리는데, 북서방 이민족이 황제를 노리지 못할 이유가 없었다. 이래서 흉노 등의 유목민 국가에게 만리장성은 아무런 의미가 없다. 바로 쳐들어올 수 있다. 중국 역사의 절반을 훨씬 넘는 시기를 그런 이민족이 중국을 정복 지배했다.

(3) 진나라의 패망 과정

결국 진시황이 죽자마자, 진나라의 힘이 약해지고, 잠룡들이 폭발적으로 일어나서 반란을 일으킨다. 진나라는 순식간에 망한다. 항우와 유방의 쟁패로 중국이 극도로 약해진다. 따라서 한나라 건국 이후 북방 유목민인 흉노가 중국 통일 국가인 한나라를 뒤흔들었다.

중국 리그의 통일과 분열, 이민족의 침략 – 이런 과정은 중국 역사 내내 반복된다. 원형의 반복이다. 이를 흥망성쇠의 순환 사관에 비유하기도 한다. 이 순환을 만든 진시황은 중국에 지울 수 없는 저주를 내린 것이다.

3) 중국의 국제 리그 – 중국과 이민족의 대결

중국의 통일 국가 형성은 필연적으로 북서방 이민족의 침략과 대결을 불러왔다.

한나라는 국가 내부에 잠룡들이 득시글댄다는 것을 자각했다. 그래서 진시황처럼 강압적 통치가 아니라, 유가적 온정주의적 통치를 한다. 왕은 황제가 아니다. 자애로운 아버지이다. 이래서 나라를 적어도 진시황처럼 2대가 아닌, 20대는 가게 만들고자 했다.

한나라는 내부적 문제보다 더 커진 것이 외부의 침략이다. 한나라가 건국하자마자 북방 유목민인 흉노가 계속해서 한나라에 쳐들어온다. 한나라는 내내 흉노와 일진일퇴의 전쟁을 힘겹게 치룬다. 이는 전국 시대의 7국 사이의 전투와는 또 다른 하나의 국면을 만든다.

중국이 북방 이민족과 혈투를 벌인 것은 이때가 처음이 아니다. 물론 주나라 시대에도 험윤(獫狁)이 침입해서 주나라가 망하고, 동주 시대가 열린다. 그러나 춘추 전국 시대에는 중국 안에서 서로 치열하게 싸웠기 때문에 북방 민족이 쳐들어오지 못 했다. 그만큼 중국의 군사력이 강했다. 반대로 북방 민족은 단일화되어 있지 않았고, 분열된 채로 중국의 중원 리그에 들어왔다. 예컨대 조나라는 북방 오랑캐의 풍습을 받아들여서 말을 타고, 승마 복장을 입었다. – 이는 리그의 흡수 효과 때문이다. 이민족이 리그 전체를 지배하는 것이 아니라, 그 리그에 참여하며 흡수되는 것이다.

주나라의 봉건 제후국에서 중국은 시작된다. 그 영역으로 보자면, 남방의 초(楚) 오(吳) 월(越)은 명백히 주나라 봉건 제후국이 아니다. 나아가 서방의 진(秦), 북방의 연(燕) 나라 역시 주나라의 봉건 국가가 아니라, 그 바깥의 이민족 국가였을 가능성이 많다. 이들은 중앙의 주나라의 봉건 제후국의 경쟁이라는 리그를 동경하면서, 그 리그에 참여한다. 그래서 중국의 영역에 흡수된다. 춘추 전국 시대의 제후국의 경쟁은 이런 이민족 흡수의 측면이 있다.

요컨대 중국이 통일되면서 중국 리그의 이민족 흡수는 원천적으로 불가능해진다. 따라서 이민족은 통일 중국을 침략 정복하는 길 밖에 없다. 따라서 중국이 통일되면, 북서방 이민족과 치열하게 대결한다. 반면 분열되면 이민족이 중국의 리그에 흡수되는 경향이 있다.

4) 중국의 지정학적 위치

중국 국내 리그와 국제 리그, 둘이 있는 이유는 중국의 지리적 구조도 하나의 원인이 된다.

① 중국 역사의 시작부터 북방과 서방 민족의 침략은 변수가 아니라 상수였다. 침략은 중국의 지정학적 사실 때문이다.

중국은 동그랗게 고립된 영역이다. 동쪽은 길고 큰 바다이다. 서쪽에서 남쪽까지는 높고 험준한 산맥이다. 서북쪽은 광대한 사막이고, 동북쪽은 초원지대이면서 백두산 등의 높은 산이 있다. 바로 그 바다와 산맥, 사막으로 둘러싸인 광대한 농경 지대가 바로 중국이다.

이 농경 지대를 서→동으로 흐르는 큰 두 개의 강이 있다. 위의 황하, 아래의 양자강이다. 주나라는 바로 황하강 유역에 중심을 둔 천자 중심의 제후국 연합이었다. 이들의 리그는 주변 이민족들의 관심을 불러일으키기 충분했고, 춘추 시대를 거치면서 리그는 확장된다. 이 확장된 영역을 모조리 정복하고 독차지한 사람이 진시황이다.

② 이들은 이렇게 산과 바다, 산맥으로 폐쇄된 영역을 '천하(天下, 하늘 아래)'라고 한다. 이는 개천설(蓋天說, 덮개 하늘 이론)에서 나온 것이다.

세계라는 것은 위로는 하늘, 아래로는 땅으로 이루어진 반구(半球) 형의 공간이다. 이는 겉보기 우주론이다.

천하 – 이것이 세계의 전부이다. 천하에는 하나의 나라, 하나의 임금이 있어야 한다. 하늘에 하나의 해가 있듯이 임금도 하나이다. 이것이 주나라의 천자를 합리화시키는 이론이었다. 진시황 역시 통일하면서 중국을 '천하'라는 개천설적 공간으로 폐쇄하려 했다. 바다와 산은 천연의 담장이다. 그러나 북쪽 사막 지역은 막힘이 없다. 그래서 만리장성을 쌓는다. 이로써 천하는 담장으로 둘러싸이게 된다.

③ 담장 안의 천하의 영역은 모두 나의 것이다! 이것이 진시황의 국가관이었다. 그러나 진나라는 통일 뒤에 단지 12년 정도 짧게 존속했기 때문에, 북방의 이민족의 침입을 당할 겨를이 없었다.

한나라는 오래 지속되었기 때문에, 내내 북방의 흉노의 침략에 직면했다. 통일된 집중된 중국의 힘으로 흉노를 간신히 몰아냈다. 그러나 후한이 망하고 위, 촉, 오 3국이 경쟁하면서, 중국의 힘이 약화된다. 위(魏)나라와 진(晉)나라를 거치면서, 더 약화되자, 북방의 이민족들이 제방의 뚝이 터진 듯이 몰려들었다. 5호 16국의 시대이다.

5) 중국 역사 개괄 – 남방 농경과 북방 유목의 대립

(1) 역사의 패턴

진시황의 통일 이후 중국의 정치적 구조는 확 바뀐다. 정치 참여자가 절반 이상 늘어난다. 북방의 유목민 대 남방의 농경민의 대립이다.

① 주나라 → 진나라

바다와 산, 만리장성으로 둘러싸인 영역을 통일한다. 이것이 세계의 전부라고 생각했다. 이로써 중국의 영역이 1차적으로 정해진다.

② 한나라 ~ 청나라

북방의 유목민 대 남방의 농경민의 대립과 정복, 지배의 시대이다.

한나라 때 북방의 흉노를 막아낸다. 이때 북방 사막 쪽의 흉노가 중국으로 쳐들어가는 반면, 만주 쪽의 고구려는 중국이 아니라 한반도로 내려온다. 중국의 통일 국가가 북방 이민족을 막아낸 것은 잠깐이고, 위진 이후 5호 16국이라는 봇물이 터진다. 중국이 완전히 이민족들의 난장판으로 변한 것이다. 이를 통일한 수나라 당나라 역시 북방 이민족들이 세운 것이다.

③ 송나라 이후

송나라 이후는 중국의 양상이 바뀐다. 주나라의 춘추 시대~당나라말 5대 10국까지는 천하가 분열되고, 전쟁해서 통일했다가 분열해서싸우기를 반복한다. 요컨대 분열이 기본이던 시대이다.

송나라 이후는 송-원-명-청으로 천하 통일 국가가 등장한다. 중국 전체의 통일이 기본이다. 분열은 잠깐이다. 분열은 왕조 교체기에 반짝 나타난다.

여기에서 특징은 이민족의 중국 지배의 열망이 엄청나게 높다는 것이다. 통일된 중앙 정권만 정복하면 중국 전체를 지배할 수 있다. 단하나와의 싸움은 매혹적이다. 이래서 역사 시작부터 끝까지 북서방의이민족, 그리고 나중에는 일본이 중국을 쳐들어왔다. 또 하나 '송-원-명-청'은 '중국인 – 이민족'이 번갈아 지배한 것이다.

(2) 송나라 이후의 중국 농경 지역과 북서방 유목 지역의 대결

당나라 말의 5대 10국을 정리하고 송나라가 중국을 통일했다. 송의 건국을 기점으로 그 이전은 분열이 대세였다. 반면 이후는 통일된 단일 국가가 바뀌었다. 송-원-명-청이 그것이다. 이렇게 통일된 단일 국가의 교체에 특징이 있다.

① 중국 통일국에 대한 이민족의 침략이 거세진다. 요나라, 금나라, 원나라가 송나라를 침공했다. 이는 중국의 역사가 농경 민족과 유목 민족의 싸움이 될 것임을 보여준다.

② "중국-이민족-중국-이민족"의 지배가 번갈아간다. 청나라 다음이 현재의 중국 정부이다. 이 공식대로 한다면, 이 다음에 중국은 이민족의 지배를 받는 순서이다.

③ 좁은 중국과 넓은 중국

중국인이 세운 왕조인 송과 명은 영역이 작다. 바다 산 사막으로 둘러싸인 영역만을 중국이라 생각하기 때문이다. 그 영역이 바로 농경 지역이다. 반면 이민족이 세운 원과 청은 영역이 엄청나게 넓다. 거의 두 배 이상이다. 중앙의 농경 지역 뿐만 아니라, 이를 둘러싼 서쪽의 산악 지역, 북쪽의 사막과 만주 지역을 포함하기 때문이다. 이들은 기본적으로 중국 영역, 천하 영역 밖의 유목민 혹은 사냥하던 민족이기 때문에, 외곽 영역을 반드시 중국 영역에 포함시킨다.

이렇게 되면 중국의 심리적 영역은 둘이 된다. 하나는 중국인이 생각하는 천하 영역이다. 농업 지역이다. 두 번째는 이민족 국가가 생각하는 영역이다. 산맥과 사막과 만주를 포함한다.

현재 중국인들은 전자가 아니라 후자가 중국이라고 주장한다. 이는 본래부터 중국이다. '하나의 중국' 원칙은 신성 불가침하다. 이는 중국인은 물론 서방과 미국도 준수해야 할 철칙이다. 한국이나 다른 나라들은 두 말할 필요도 없다. – 이렇게 주장한다. 이때 '하나의 중국' 영역은 중국인 국가가 세운 영역이 아니라, 이민족 국가가 세운 영역이다. 특히 만주족의 청나라가 세운 영역이다.

이 신성 불가침 원칙은 논리적으로는 허점 투성이다. 그러나 중국 정부는 개의치 않는다. 오직 힘으로 다른 나라에 강요한다. 그들에게 합리적 설득, 정의와 이념 – 이딴 것은 없다.

(3) 북방 악마의 가설

청나라 때까지, 아니 현재까지도 정치 경제 문화 등 대부분의 것의 중심지는 농경지였다. 유목 지역은 군사력 이외에 농경지보다 더 강한 것이 없었다. 군사력 이외에 아무 것도 없는 유목 지역과, 군사력 빼면 모든 것을 가진 농경지의 대립, 이것이 중국 역사 전체를 관통한다.

중국에 정체를 가져온 가장 큰 세력은 바로 군사력만 가진 북방의 유목민들이다. 이들은 중국이 역사적 발전을 하려 할 때마다 발목을 잡아 중국을 고대 정복 국가 단계에 머물게 한다.

송나라 때의 문민 통치는 중국 역사상 국가 체제에서 한 단계의 발전을 가져온다. 그러나 이민족 원나라의 무력 지배는 다시 중국을 고대 정복 국가의 수준으로 몰아넣는다.

내부적으로 무제한의 리그전, 외부적으로 유목 리그와의 싸움으로 중국은 물리적 힘, 군사적 무력만 맹신하는 국가가 된다. 현재의 중국도 그렇다. 도대체 중국에는 찬란한 문화, 혹은 문화의 힘, 윤리 도덕이란 도무지 없다.

(4) 만리장성의 안과 밖 - 두 영역의 괴리

중국은 여전히 산 바다 사막으로 둘러싸인 농경 지역(A)을 중국의 정체성으로 생각한다. 그러면서 영토는 산 바다 사막을 포함한 유목 영역(B)을 고집한다.

중국의 정체성은 영역 A에 있는 것이지 영역 B에 있는 것은 아니다. 정치 경제 문화가 다 A 중심이기 때문이다. 변경이며 불모지인 B는 A를 약탈의 대상으로 보았다. 이것은 어디까지나 유목민의 무력이 강할 때의 이야기이다.

총과 대포가 발명된 이후, 말 타고 칼과 활을 쓰던 유목민 군대는 무력을 급격히 상실한다. 청나라 말기 이후 사실상 B 영역은 더 이상 중국 역사의 결정자가 되지 못 한다. 유목 지역은 산업화를 하지 못하기 때문에 군사력이 형편없게 된다.

이제 중국은 외부의 악마가 없는가? - 그렇지 않다. 세계화된 시대에 중국은 세계로 편입된다. 그러면서 악마는 이제 전지구화된다. 이제 북서방 유목 지역이 농경 중국과 경쟁하던 시대는 지났다. 청나라가 그 마지막이다. 이제는 서방 특히 미국과의 경쟁이 된다.

(5) 현대 중국의 두 리그

중국은 요즘에 와서도 여전히 투 트랙의 투쟁이 있다.

첫째, 국내적 패권 싸움이다. 최근에는 장개석의 국민당과 모택동의 공산당의 쟁패가 있었다. 여기에 일제의 침략이 있었다. 이는 내부 투쟁과 외부 공격이라는 중국 역사의 투 트랙이 한꺼번에 진행된 것이다. 결국 최종 승자가 천하를 가져가서 나라를 세운다.

둘째, 외부와의 패권 싸움 - 이제 북방과 서방의 유목 강대국과의 싸움은 없다. 대신 유럽과 미국으로 대표되는 세력, 공업화해서 강대한 군사력을 이룬 서방 세계가 중국과 대립한다.

중국은 결코 서방 세계에 편입될 생각이 없다. 대신 서방을 지배하려 든다. 자신들의 역사가 정복과 지배였다. 결코 리그를 벌이는 다국 공존의 경험은 없었다.

여기에는 주목할 점이 있다.

첫째, 국내적 패권 싸움. 시진핑은 홍콩의 민주화, 대만의 자립, 신장과 티벳의 자치 등을 단지 국내적 패권 싸움으로 본다는 것이다. 호걸들이 기의(起義)해서 천하를 독차지하게 위해서 무제한의 리그전을 벌임 - 이런 것으로 본다. 따라서 홍콩이던 대만이던 무력으로 철저하게 정복 지배할 대상이다. 민주화나 자치 등은 아예 이해를 하지 못 한다.

둘째, 국제적 패권 싸움. 역사적으로 북서방의 이민족이 중국에 침략했다. 중국은 결코 북서방의 유목 지역을 정복 지배할 생각이 없었다. 그러나 현재는 반대이다. 최강국 미국은 중국을 정복해서 지배할 생각이 없다. 반면 2위의 국력을 가진 중국이 1위 미국을 넘어서서 세계 최강국이 되려는 야심을 공공연하게 떠든다. 이러니 미국이 중국을 공격한다.

이 둘 모두 과거 역사적 패러다임과 현저하게 다른 것이다. 그러나 중국은 알지 못 한다.

'하나의 중국'은 정복과 지배를 뜻한다. 중국은 매사를 힘에 의한 판단 결정으로 나간다. 하나의 중국이 되는 과정이 그러하고, '하나의 중국'이 되면 최고의 힘을 가지기에 또한 그렇게 나간다.

3. 중국의 미래 - 저주는 계속된다

1) 중국의 운명과 중국의 미래

(1) 단순 도식의 반복의 역사 - 중국의 운명

중국의 역사 흐름을 보면, 늘 단순한 도식의 반복이었다.

현재도 중국은 여전히 힘이 전부이고 만능이다. 세상을 오직 힘의 관계로만 본다.

힘과 무력만 있으면 장땡이다. 힘으로 뭐든지 다 할 수 있다. 이래서 항우 유방과 같은 야심가들이 봉기를 하고, 흉노나 5호, 거란과 여진족, 몽고족이 중국을 쳐들어온다. 내부든 외부이던 힘을 가지고 천하를 차지하고, 천하의 황제가 되려했다. 이래서 주기적으로 천하가 다 참가하는 리그전을 하고, 최종 승자가 천하 국가를 세운다.

문제는 중국이 숭상하는 그 힘이 단지 무력이라는 것이다. 무력 가지고 남을 멸망시키고, 천하를 독차지하는 것이 공공연한 최종 목표였다. 이처럼 힘으로 정복해서 국가를 세우는 것은 고대와 중세에 일반적인 패턴이었고, 그 귀결은 왕국이었다. 서양 근대는 힘과 정복에 의한 국가 수립에서 벗어나, 국민의 의사를 종합하여 나라를 세운다. 그러나 여전히 힘으로 정복하고 지배하며 국가를 세운 자들이 있었다. 무자비한 침공과 대량 학살로 유명한 사람이 히틀러이다. 그리고 2022년 푸틴도 그렇다. 중국의 시진핑 역시 대만을 침공해서 통일하겠다고 공언했으나, 푸틴의 실패로 주춤한 상황이다.

(2) 통일 = 평화, 분열 = 전쟁

중국의 역사는 힘과 정복으로 결정되었다. 이를 표현하는 이데올로기가 '하나의 중국', 그리고 '위대한 중국'이다. 중국 영역은 하나로 통일되어야 한다. 힘을 결집해서 세계에 호령하는 최강국이 되어야 한다. – 이것이 그 두 모토의 종합이다.

문제는 "왜 하나가 되어야 하나?" "왜 세계 최강국이 되어야 하나?" – 이런 질문이 없다. 아니 없는 것이 아니라, 국가가 그런 의문을 허용하지 않고 탄압한다. 왜 그러한가?

'하나의 중국' 이데올로기는 진시황이 제시한 바가 있다. 이웃 나라를 다 멸망시키고, 중국을 통일시켜야 한다. 이유는 무엇인가? 가장 강력하게 '통일'을 뒷받침한 논리가 "통일 = 평화, 분열 = 전쟁"이라는 것이다. 이는 영화 『영웅』에서 눈물겹게 드러난다. (이후 중국 영화는 망한다.) 실제 역사를 보면, '통일 = 평화'인 적이 없다. 천하 통일을 위해서 지겹도록 전쟁하고, 대량으로 백성을 살해한다. 북방 이민족이 통일 국가를 노려서 침입하고, 통일 국가 말기에 호걸들이 봉기해서 천하 대란을 유발한다. 통일 국가는 이처럼 주기적 대량 학살 전쟁, 이민족의 침략을 필연적으로 함축하고 있다. 사실을 보자면 '통일=평화'가 아니라, '통일=전쟁'이고 대량 학살이다.

요즘 들어와서 '하나의 중국'을 뒷받침하는 이론은 세계 최강국이 되어서, 미국 대신 세계를 좌지우지하고 호령해야 한다. 그것이 중국 민족의 위대함이다. – '위대한 중국' 이데올로기이다. – 이 역시 의문이 든다. 왜 중국이 세계 최강국이 되어야 하는가? 왜 천하를 호령해야 하는가? 물론 최강국이 되면 좋다. 그러나 최강국이 되는 방법이 강력한 중앙 집권적 독재에 의한 인민의 단일 대오 만들기, 힘으로 모든 나라를 찍어 누르기, 이 방법 밖에 없는가?

(3) 하나의 중국

우리는 겉으로 드러난 구호 뒤에 있는 실질적 현실을 보아야 한다. '하나의 중국'과 '위대한 중국'의 주장을 진시황 이래, 왕조의 성립 시기의 잔인한 리그전에서 늘 보아왔다. 통일은 왕조가 세워지고 망하고 다시 세워지고 하는 '멸망과 리그전' 시기에 늘 나타나는 구호였다.

중국은 여러 나라가 공존해서는 안 되고, 반드시 통일되어야 한다. 단일해야 한다. 하나여야 한다. 홍콩 티벳 신장 대만은 늘 중국에 소속되어야 한다. 나아가 남중국해의 90%가 9단선으로 묶여서 중국에 속해야 한다. - 중국 정부는 '하나의 중국' 원칙을 중국인 뿐만 아니라, 전세계에 강요한다. 그것은 회의하거나 의심을 품으면 안 되고, 심지어는 사유의 대상이 되어서도 안 된다. 무조건 받아들여야 하는 철칙이고 하느님의 명령이다. 이것을 주권 국가인 다른 나라에 강요한다. 단지 중국의 힘을 믿고 그렇게 몰아붙인다.

이런 '하나의 중국' 이데올로기는 따지고 보면, 진시황의 통일 이념, 황제 놀음의 연장선일 뿐이다. 하나의 중국은 실제로는 하나의 인간에 귀속되는 것이다. 진시황은 '황제'라 했고, 시진핑은 '주석'이라 한다. 칭호만 다르지, 한 인간이 소유하는 국가라는 점은 다를 것이 없다. 영토나 백성 모두가 한 인간이 소유해야 한다. 백성은 황제의 소유물, 즉 '노예'일 뿐이다. 현재 중국의 인민이 바로 그렇다. 노예에게 가장 큰 금기 사항은 '자유 자율'이다. 모든 것이 다 주인에게 예속되어야 한다. 자율과 자유를 뺏고 예속시키는 것이 '통일'이다.

(4) 위대한 중국

문제는 왜 다른 사람도 아니고 '시진핑'이라는 사람이 중국의 최고 권력자가 되어야 하는가? 여기에 '위대한 중국' 이데올로기가 등장한다.

중국을 하나의 국가로 통일시키는 것은 국력을 결집하는 것이다. 국력의 결집은 다시 국가 모든 권력을 한 사람에게 집중하는 것이다. 그 한 사람이 집중된 권력을 가지고 세계 최강국이 되어서, 세계에 호령하는 것, 이것이 바로 '위대한 중국'이라는 것이다. 위대한 중국을 만든 사람은 오래 권력을 가져야 한다. 자손대대로 소유해야 한다.

이는 진시황이 황제가 되었던 것과 같은 논리이다. 이웃 나라를 다 멸망시켜서 중국을 통일한다. 국민을 철저한 복종물로 만들어서, 그 힘을 결집해서 최강국이 된다. 그리고 북방 서방의 이민족과 싸워서 그들을 정복한다. 세계 최강국을 만들어, 중국의 위대함을 떨치고, 백성에게 위대한 중국의 맛을 보게 해 주는 사람 – 그가 바로 황제이다.

황제가 중국을 소유하여 하는 일이 그것이다. 이는 '가산(家産) 국가'이다. 왕국이다.

중국은 이런 시대착오적인, 그리고 너무 많이 반복해서 지겨울 정도의 논리를 지치지도 않고, 다시 반복한다. 인민은 '위대한 중국' 이념에 도취되어서, 호전적 적대적으로 이웃나라 이웃 국민들을 대한다. 전랑(戰狼) 외교가 민간에게 까지 퍼진다.

하나의 중국, 위대한 중국 이데올로기는 중국을 총체적으로 무장시키고, 호전적으로 만들고, 무력으로 타국을 침공하지 못 해서 안달하는 국가로 만든다. – 바로 문제는 여기에 있다.

(5) 힘 결정론 – 다음번은 이민족 지배

과연 중국이 최강이 될 수 있을까? 우리는 바로 그 점을 의심한다. 세계 최강이 되는 방법으로 '하나의 중국' '하나의 인물이 독재하는 중국'이 유효한가? 우리는 중국 역사에서 늘 보아왔다. 그것은 유효하기는커녕 가장 최악의 방법이라는 것이다. 진시황이 통일한 뒤에 어떻게 되었는가? 진나라가 최강국이 되어서 만방을 호령하면서 영원히 지속되었는가? – 통일 10년 뒤에 진시황이 죽자마자 천하에 호걸들이 봉기해서, 중국은 천하 전쟁에 휩싸인다. 인구의 거의 60% 이상이 죽은 전쟁 뒤에 유방이 한나라를 세운다. 그러나 통일 한나라는 북방의 흉노를 막지 못 해서 늘 쩔쩔매면서 살았다. 그러나 한나라는 양호한 편이다.

조조 유비 손권의 3국 쟁패 뒤에 위(魏)와 진(晉)이 통일하지만, 북서방의 다섯 이민족이 봇물 터지듯이 중국에 난입해서 16개의 국가를 세운다. 5호 16국이 그것이다. 이후 중국은 중국인 자신이 세운 나라를 찾아보기 힘들 정도로 이민족이 지배하는 동네가 된다. 수나라 당나라 요나라 금나라 원나라 청나라가 바로 이민족이 세운 국가이다. 반면 중국인이 세운 것은 송나라 명나라 정도이다. 이 둘은 약체 국가였다.

특히 주목할 것은 송나라 이후의 상황이다. 그 이전은 춘추 전국 시대, 5호 16국 시대, 5대 10국 시대처럼 천하가 분열해서 싸우는 시기가 주기적으로 나온다. 그러나 송 이후는 '송-원-명-청'으로 천하가 통일된 국가로 교체되었다. 이 순서는 이민족-중국인이 번갈아 지배하는 것이다. 현재는 중국인이 세운 국가이다. 그렇다면 순서상 다음번은 이민족이 지배하는 국가가 들어설 것이다. 왜 그러한가?

중국은 진시황 이래 힘과 무력으로 정복하는 패턴을 전혀 바꾸지 않았다. 힘이 모든 것을 결정한다. 그렇다면 힘이 센 이민족이 중국을 지배하는 것은 당연하다. 한나라 이후 중국 역사가 이민족의 지배의 판이 된 이유도 그 무식한 '힘 자랑' 논리 때문이다. 자신의 힘이 어느 정도인지 가늠하지 못 하고 힘 자랑을 하기 때문에, 결국은 더 센 자에게 두들겨 맞고 복종하게 된다. 세상은 넓고 강자는 많다. 통일이 되고, 하나가 된다고 결코 중국이 최강자가 되는 것은 확고한 공식이 아니다.

결국 힘 자랑과 힘 싸움 끝에 이민족에게 지배당하는 것 - 이것이 중국의 운명이다.

중국은 단 한번도 이 운명에 대해서 심사숙고한 적이 없다. 늘 자신들이 통일 국가를 이루면, 천하를 호령하는 최강국이 될 것이라 생각한다. 타성적 관성적 생각에서 벗어날 줄 모른다. 그렇게 당했으면, 반성을 할 수 있지 않는가? 그러나 하지 못 한다. 이유는 황제 지배 체제 때문이다. 백성들은 황제의 소유물이다. 노예이다. 노예가 자유를 가지고 자율적인 생각을 하면 그것은 죽을 죄이다. 그래서 황제 이데올로기, 하나의 중국, 위대한 중국 이념에 대해서 결코 반기를 들거나 심지어 의심을 품는 것조차 용납하지 않았다.

그래서 힘 싸움과 이민족에게 지배당함 - 이것은 중국이 벗어나기 어려운 운명이 된다.

2) 묵자의 대안 - 해결책

(1) 진시황과 진승의 원칙

진시황이 만든 '하나의 중국'이라는 통일 이념, 천하를 한 개인이 소유하고, 천하의 권력을 한 개인에 집중하는 황제 독재의 이념, 천하의 백성을 황제의 소유물로 만드는 백성 = 노예 이론, 이는 중국의 역사와 운명을 규정하는 중요한 원칙이다.

진승이 반란을 일으키면서, "왕후 장상에게 씨는 따로 없다"고 외쳤다. 이후 야심가 호걸들은 너도 나도 황제가 되기 위해서, 국가의 권력이 조금이라도 약해지면 봉기를 했다. 그 결과 천하에 호걸들이 봉기해서, 천하가 싸우는 리그전이 주기적으로 발생한다. 리그전에서 최종 승자가 새 천하 국가를 세우고 황제가 된다.

천하의 호걸 뿐만 아니라, 중국 영역 밖의 이민족 국가가 천하를 차지하기 위한 전쟁에 참여한다. 리그가 이제 중국 국내와 국제, 둘로 나뉜다. 그 결과 중국 내부의 호걸이 천하를 통일하는 것은 드물고, 오히려 이민족이 똘똘 뭉쳐서 중국을 지배하는 것이 더 많아진다.

(2) 묵자의 대안

이런 비참한 현실, 가혹한 운명에 대해서 대안을 제시한 사람은 없었는가? 물론 있었다. 힘과 정복, 왕조의 주기적 멸망과 수립의 사이클에 들어가기 직전인 전국 시대 초기에 묵자가 가장 합리적인 대안을 제시했다. 상동과 비공 이론이 그것이다.

① 국내 질서 – 상동(尙同), 위와 같아짐을 숭상함.
② 국제 질서 – 비공(非攻), 공격을 비난하고 금지함.

(ㄱ) 비공(非攻) – 다국 공존의 국제 질서

① 비공(非攻)은 공격을 비판하고 금지함이다. 한 국가는 타국을 공격해서는 안 된다. 다만 공격을 받으면 방어를 철저하게 해야 한다. 요컨대 "공격 금지, 방어 인정", 이것이 성 방어 전문가로서 묵자의 주장이다. 만약 전국 시대에 7개 국가가 이 원칙을 지켰다면, 다국이 공존하면서, 평화적으로 경쟁하는 국제 체제가 성립할 것이다. 이런 공존과 경쟁은 중국 역사상 기존 왕조 말기, 새 왕조 수립 시기까지의 무제한의 전쟁을 하는 리그전과 대비된다. 7국이 공존하면서 경쟁하기 때문에, 전쟁이 아니라 무역과 문화 학술로 경쟁하게 된다. 물론 전쟁도 하겠지만, 비공의 원칙 때문에 기본적으로 전쟁으로 상대국을 멸망시켜서는 안 된다.

이는 두 가지 리그이다. 건전한 리그와 참혹한 리그전 – 둘이다. 논리적으로 보아도, 현실적으로 보아도 묵자의 비공이 제안하는 '건전한 리그'가 최선이다. 중국은 늘 무력과 경제력의 힘, 물질적인 힘에서 우위를 가졌다. 그러나 문화 학술 이념 등에서는 형편이 없었다. 현재 미국이 세계 최강국이 되는 것은 경제력과 무력이라는 물질적 힘 뿐만 아니라, 문화 학술 이념 등의 소프트 파워에서도 최고이기 때문이다. 중국은 이제 막 경제력을 따라잡으려 하고 있다. 그러나 미국에 비해 중국의 무력은 아직 아니며, 소프트 파워는 넘사벽이다.

● 오직 다국이 공존하면서 경쟁할 때, 문화 학술 이념은 발전한다. 진시황의 통일 국가에서는 절대로 발전할 수 없다. 황제가 천하의 권력을 독점하고, 토지와 재산을 소유한다. 가산(家産) 국가이다. 백성은 황제의 소유물, 즉 노예이다. 노예는 자율적으로 생각하면 안 된다. 사유에서 자유와 자율을 가진 자는 분서갱유를 했다. 산 채로 묻어서 죽이고, 책을 불태웠다. 이렇게 국가가 허용하는 것 이외에는 모두 금지하는 정책은 나라 전체, 천하 전체를 정체 상태로 몰아넣는다. 변화가 없는 국가는 힘이 약해지고, 내부 반란, 외부 침략에 약해진다.

② 비공의 원칙은 아름답다. 여러 나라가 공존하면서, 선의의 경쟁을 하는 체제이다. 무역과 학문 예술의 발전을 꾀할 수 있다. 중국 전체의 부와 정신 수준이 높아진다.

그러나 비공에는 치명적 문제가 있다. 대체 그 비공을 누가 유지할수 있는가 이다. 7국의 자율에 맡기면, 과연 공격 전쟁을 하지 않고, 방어만 할까? 특히 최강국의 입장에서는 뻔히 약체 국가를 멸망시킬 수도 있는데, 정복욕을 참고 약소국을 살려 줄 수 있는가?

여기에서 비공의 역설이 나온다. 최강국이 그 힘을 약소국 공격에 쓰지 않고, 약소국의 존립을 허용할까? 이는 겸애의 역설이기도 하다. 겸애(兼愛)는 전체(兼)를 사랑(愛)함이다. 사랑하기 위해서는 힘과 능력이 필요하다. 힘이 있는 자가 과연 약자를 사랑할 것인가? 약탈할 것인가? 인간의 본성상 사랑보다는 약탈할 것이다.

사랑을 하기 위해서는 힘이 필요하다. 힘은 사랑에도 쓰지만, 공격과 약탈에도 쓸 수 있다. 강자가 힘을 약탈이 아닌 사랑에 쓰라 – 이것이 겸애이다. 마찬가지로 강국이 그 무력을 약소국 공격에 쓰지 말고, 약소국을 존립시키는데 쓰라. 과연 그럴 수 있을까?

이는 현실에서 바라기 어려운 이야기 아닌가?

③ 묵자가 이상적으로 생각한 국제 체제는 주나라의 봉건제이다. 주나라 천자가 최강자로서, 지방의 제후국들을 관찰하고 질서와 평화를 유지한다. 제후국들은 천자의 제어 아래 평화 공존을 한다. ─ 이 체제는 『서경』에 나오고, 공자가 지지했다. 이를 묵자가 이어받아서 '비공(非攻)'이라는 원칙으로 천명했다.

문제는 춘추 시대를 거치면서, 주나라의 천자는 유명무실해졌다. 묵자가 살았던 전국 시대에는 아예 천자의 기능 자체가 정지된 상태였다. 결국 '비공(非攻)'이란 천자 없는 '봉건제'(제후국 체제)이고, 최강자의 관리와 감시가 없는 '다국 공존' 체제이다.

이것이 과연 현실성이 있는가? 앞에서 말하였듯이 겸애와 비공은 역설을 가진다. 그 둘을 하기 위해서는 현실적인 힘, 그것고 가장 강한 힘을 가져야 한다. 그러나 그 힘으로 겸애와 비공을 할 수도 있지만, 약자를 공격하고 약탈할 수도 있다. 묵자는 사람의 이성적 통찰과 선의지를 믿는다. 따라서 최강의 힘으로 약자를 겸애하고 보호할 수 있다고 보았다. 그러나 중국의 역사는 정반대로 간다. 강자가, 그리고 최강자일수록 약자를 공격하고 정복하고 병합했다. 황제는 백성을 노예로 취급한다. 단지 힘의 관계일 뿐이다.

④ 이제 중국도 역사를 반성하고, 최강자가 약자를 공격하지 않고, 겸애하고 비공(非攻)하는 길로 가야 하지 않는가? 최강자가 그 힘으로 약자를 공격 멸망시키는 것은 신물나게 많이 하지 않았는가? 대체 언제까지 그 모양으로 살 것인가?

서양 근대는 치열하게 전쟁했다. 심지어 두 차례 세계 대전을 했다. 그리고 '천자 없는 다국 공존 체제'로 가려고 노력한다. 미국은 최강자로서 그 힘을 약소국 공격과 멸망에 사용하지 않았다. 징기스칸이나 히틀러와 다르다. 오히려 다국 공존을 추구했다. 그렇다고 천자국으로서 간접 지배하려 들지도 않았다. - 이러하기 때문에 미국이 오래 최강국이 된다.

중국은 미국을 대체해서 최강국이 되려 한다. 중국의 전랑(戰狼) 외교, 남중국해 9단선, 대만 무력 침공 시도에서 볼 수 있듯이, 힘으로 다른 나라를 공격하고 정복하려 든다. 역사에서 보여준 버릇을 단 한번도 반성하고 고칠 생각이 없다. 묵자가 말한 비공의 다국 공존은 아예 처음부터 고려 대상에 없다. 이래서야 설사 최강국이 된다 한들 얼마나 오래 갈까?

현재 상황을 보면, 중국이 만약 미국을 대신해서 최강국이 된다면? 약소국을 모조리 직할 지배하거나 병합하려 들 것이다. 진시황의 실패를 다시 반복할 것이다. 중국 역사의 또 다른 특징은 역사에서 배우는 것이 없다는 것이다. 반성하고 새로운 체제를 만들지 못 한다. 황제 아래 모든 백성과 학자 관료가 노예가 되었기 때문에, 자율적 이성으로 창조적으로 생각하지 못 한다. 그렇게 노예들은 멍청한 역사를 반복하고, 끊임없이 이민족의 지배를 받는다. 노예화된 학자들이 만든 이념을 다시 멍청한 최고 권력자가 따른다. 헤어날 수 없는 수렁이다.

⑤ 중국은 '하나의 중국'이라는 통일 이념 밖에 없다. 따라서 다국이 공존하면서 경쟁해서 경제 문화 예술 학술들을 발전시키는 좋은 리그를 알지 못 한다. 그저 무력으로 상대를 공격해서 멸망시키는 전쟁 리그 밖에 알지 못 한다. 다양한 음식도 먹으면 그냥 똥이 된다.

홍콩 대만 등이 독립해서 있을 때, 그것은 분명 중국에 좋은 기여를 한다. 그러나 시진핑은 기를 쓰고 둘 다 자신의 직할 지배 아래 두려 한다. 그래서 무력 탄압과 무력 침공도 불사한다. 그렇게 해서 홍콩과 대만을 직할하면, 중국이 얼마나 더 강해지는가? 얼마나 더 창조적으로 될 것인가? - 더 약해지고, 더 고루해질 뿐이다. 경쟁이 없기 때문이다.

신장과 티벳이 독립하겠다 하면, 무조건 무력으로 탄압하는 것만 생각한다. '하나의 중국' 이데올로기 때문이다. 그러나 반대로 묵자의 비공 원리로 보라. 그 둘을 독립시켜 보았자, 그 둘이 중국에서 벗어나 어떻게 생존할 수 있겠는가? 결국 중국의 막대한 생산력에 의존해서 살 수 밖에 없다. 무력으로 그들을 탄압하고 직할 지배를 하면 반발 밖에 없다. 그러나 독립을 시키면, 그들은 중국에 의존해서 살지만, 또한 창의적 사유와 경제로 중국과 경쟁하면서 전체적으로 중국을 발전시킬 것이다. 두 경우 다 티벳은 중국에 예속되지만, 결과는 정반대이다.

힘으로 찍어 누르면 된다 - 진시황 스타일의 힘 만능주의는 여전히 중국을 지배하고 있다. 단 한번도 묵자처럼 '비공'의 상상을 하지 않는다. 독립하겠다면 독립시킨다. 스스로 자신을 키우고, 그런 독립체들이 선의의 경쟁, 좋은 리그를 벌일 때 발전하는 것을 상상하지 못 한다.

무력으로 진압하면, 결국 무력으로 반발할 수 밖에 없다. 결국 중국은 늘 무력과 무력이 싸우는 전쟁 리그만 상존한다. 독립체들이 자발적으로 경쟁하는 체제, 좋은 리그를 인위적으로 없앤다. 그 결과 중국은 늘 전쟁을 하고, 늘 이민족의 지배를 받는다.

⑥ 중국은 원래 자신들의 영토가 아니었던 티벳 신장 대만을 중국의 고유한 영토라고 주장한다. 나아가 '하나의 중국'을 만들기 위해서 힘으로 공격하고, 중앙 정부의 직할 지배에 넣으려 한다. 그러기 위해서 전쟁도 불사한다. 마치 '하나의 중국' 원칙이 신성 불가침의 원칙인양 떠받든다. - 그래서 그 반대의 측면을 보지 못 한다.

티벳 신장 대만을 독립시키고, 선의의 경쟁의 리그를 만들 생각은 없는가? 현재 중국으로서는 전혀 그럴 생각이 없다. 단지 진시황 식의 정복만 남았다. 그렇다면 또 하나 남은 문제가 있다. 중국은 한국 일본 베트남 등을 어떻게 볼 것인가? 제후국으로서 복종시킬 것인가? 아니면 다국 공존하면서 선의의 경쟁을 하는 좋은 리그로 볼 것인가?

더 나아가 '일대일로' 사업을 하면서 남아시아 서아시아 유럽 아프리카를 중국의 영향권에 편입시키고 있다. 이는 미국과 최강국 패권 경쟁의 일환이다. 결국 크게 보자면, 이 역시 독립된 타자를 인정하지 못하고, 정복 대상으로 보는 진시황 논리일 뿐이다. 이 세계에 어떤 나라도 중국과 동등하지 않다. 중국은 최강국이고, 나머지 나라는 중국에 머리 조아리는 것, 이것이 진시황이 만든 황제 지배 체제이다. 황제 아래 국내에서 백성은 노예이고, 국제에서 이웃 나라는 제후국으로 예속되어야 한다. - 바로 그것이 중국이 생각하는 이상적인 체제이다.

이런 체제를 과연 어떤 나라가 좋아할까? 중국이 최강국도 아닌데, 힘으로 정복하려 든다면, 대체 어떤 나라가 승복할까? 중국은 사드 문제로 한국을 패고, 코로나 문제로 호주를 응징했다. 도무지 다국 공존과 선의의 경쟁이라는 것이 없다. 약한 자가 중국에 딴 소리하면 바로 응징하는 힘의 논리 뿐이다.

왜 중국은 묵자가 말한 비공의 다국 공존 체제를 단 한번도 생각하지 않을까? 중국의 영원한 미래를 위해서는 '비공'이 답일 뿐이다. 진시황의 힘의 논리와 공격은 결국 역으로 중국이 이민족에게 당하는 빌미를 만들어 줄 뿐이다.

(ㄴ) 상동(尚同) - 백성의 복종의 이유

① '尚同'은 아래 사람이 윗사람과 '같아짐을 숭상함'이다. 아래와 위는 권력에 의한 지배 복종의 관계이다. 윗사람이 아래 사람을 지배하면, 아래는 위의 명령을 따른다. 위와 같아짐을 숭상함 - 이것이 '尚同'이다. '상동'은 백성이 지배에 복종해야 하는 이유를 따진 것이다.

중국 역사상 백성이 '지배에 복종해야 하는 이유'를 따진 것은 묵자가 유일하다. 맹자나 한비자는 무력으로 정복하면, 정복당한 자가 정복자에게 복종하는 것을 당연시했다. 복종이란 '힘에 눌림'이다. 만약 복종하지 않는다면, 힘을 가진 지배자가 힘이 없는 피지배자를 죽이거나, 형벌을 가한다. 지배와 복종이란 '힘과 처벌'을 의미했다. 춘추 전국 시대에는 지배하는 것을 '刑政'이라 한다. 형벌을 주는 것이 정치, 즉 통치의 핵심이고 전부였다.

힘을 가진 자가 약한 자를 공격하고 정복 지배하는 것을 당연시하던 시대에 묵자는 '지배의 정당성'을 묻는다. 힘이 만능이고, 힘이 전부이던 시대에, 권력이란 그 지배의 정당성을 가져야 함을 묵자는 묻는다. 왜 백성은 지배에 복종해야 하는가? 묵자의 답은 이렇다.

② 묵자는 태초의 상태를 가정한다. 역사의 시초에 국가가 없었다. 개인들은 자기의 이기심대로 살았다. 자신의 이익(利)을 의로움(義)이라 주장하면서, 남들과 대립하고 싸웠다. 그 개인의 입장에서 보자면, 자신의 이익이 의로움인 것은 맞다. 그러나 남의 입장에서 보자면, 그것은 그의 생각일 뿐이다. 타인 역시 자신의 '이익 = 의로움'이다. 이래서 모든 개인들은 '이익-의로움'을 가지고 타인과 다투고 싸웠다. 그 결과 서로 공격하고 다치고 이익이 줄어들고 손해를 본다. - 이 지점에서 묵자는 대안을 제시한다.

개인들이 전체적인 이익의 극대화를 위해서, 자신들 가운데 현명한 자를 뽑아서, 윗사람으로 삼고, 그가 심판관이 되어서 이익 다툼을 조정하게 해 주자. 모든 개인들은 평등하다. 그 가운데 현자를 뽑아서, 자신들의 위에 심판관으로 올린다. 이렇게 윗 심급(審級)을 만들어, 아래의 개인들의 분쟁을 조정해 주기 - 여기에서 국가 체제가 발생한다.

③ 묵자는 경험론자로서, 개인의 경험과 개인적 이익을 인식론과 윤리학, 국가론의 기초로 삼는다. 나라는 개인들의 이익을 충족시키는

체제이다. 개인들의 이익이 충돌할 때, 그것을 국가가 조정해서, 개인들의 이익을 최대화시켜야 한다. 요컨대 국가는 개인의 이익을 위해서 존재하는 것이다. 그렇기 때문에 국가의 구성원인 관리는 현명한 자들이어야 한다. 개인들의 이익을 최대화되도록 조정하기 때문이다.

지배자는 다툼을 조정하여 아래 사람들의 이익을 최대화시키는 자이다. 따라서 그 사람들을 잘 알고, 이익을 잘 조정해 줄 수 있는 현자(賢者)여야 한다. 그렇기 때문에 마을에서는 그들 가운데 가장 현명한 자를 스스로 이장(里長)으로 추대한다. 고을에서는 이장들이 모여서 가장 현명한 자를 고을의 우두머리 향장(鄕長)으로 뽑는다. 향장들이 모여서 나라의 우두머리인 정장(正長)을 선출한다.

이렇게 묵자는 아래에서 위로 올라가는 권력 구조를 제시한다.

④ 태초의 상태와 개인들의 이익의 극대화, 그리고 아래에서 윗사람을 뽑는 체제 – 이는 서양 근대의 홉스의 국가론과 너무 유사하다. 홉스와 로크, 루소 등의 국가론은 '사회 계약론'이라 한다. 국가 체제는 국민이 계약을 맺어서 만든다. 묵자 역시 아래에서 위로 추대에 해서 지배층을 만든다. 이는 기본적으로 서양 근대의 사회 계약론과 같은 구조이다.

바로 이 지점에서 묵자는 백성이 지배에 복종해야 하는 이유를 훌륭하게 제시한다. 백성들의 이익이 극대화되는 방법이 바로 그 현자의 조정에 따르는 것, 지배에 복종하는 것이다.

서양 근대에는 왕권 신수설에 대항해서 사회 계약론이 성립했다. 왕권은 하느님이 주셨다는 왕권 신수설은 절대 왕정을 옹호하는 이론이었다. 중국에서는 맹자의 '군주 천명론'이 똑같은 역할을 했다. 하늘이 명령(天命)한 자가 왕이 된다. 왕은 하늘의 명령을 받은 자이다. 따라서 왕을 바꿀 수 있는 존재는 오직 하늘 뿐이다. 백성들은 하늘이 명령해서 임명한 왕에게 절대 복종해야 한다. – 맹자의 군주 천명론은 부동의 이론으로 중국 역사상 내내 왕정을 반석에 올려 놓은 군주 수호자가 되었다.

왕권 신수설이나 군주 천명론이나 '하느님'의 명령과 지명(指名)이라는 신화적 이야기에 근거한다. 대체 하늘의 수여, 혹은 명령을 대체 누가 보았다는 말인가? 아무도 본 사람은 없다. 결국 왕국은 무력으로 정복한 다음에 세워진다. 힘에 의한 정복과 왕이 됨이라는 추악한 사실을 가리고, 하느님으로 미화시키는 것이 바로 그 두 이론이다. 이런 사악한 이론이 서양에서는 오래 가지 못 했지만, 중국은 맹자 이래 현재까지도 맹위를 떨치고 있다.

⑤ 묵자의 상동(尙同) 이론은 맹자의 왕권 신수설을 정면으로 반박한다. 맹자는 군주의 지배권이 '위에서 아래로', 하늘에서 백성에게로 내려졌다고 한다. 따라서 백성은 그 지배에 따라야 한다. 하늘에 해가 하나 있듯이, 땅위에는 왕이 하나가 있다. 해처럼 왕도 당연한 것, 운명적인 것이다. 하늘의 명령은 바로 운명을 뜻한다.

이런 신화적인 이론은 조금만 생각해도 황당하다. 그러나 그 오랜 중국 역사 기간에 아무도 반박하지 못 했던 것은 황제가 국가가 주체적이고 자율적으로 사유하는 철학자를 분서갱유를 했기 때문이다. 묵자는 다행히 사상의 자유가 충만했던 전국 시대 초기에 살았기에, 군주 천명론을 받아들이지 않는다. 그것과 반대로 '아래에서 위로' 권력이 올라간다. 백성들이 윗사람인 지배자를 추대한다. 백성의 이익을 위해서 현자를 뽑는다.

위에서 아래로의 군주 천명론과 아래에서 위로의 상동 이론은 극명하게 대조를 이룬다. 전자는 고중세의 왕조 국가를 옹호하는 이론인 반면, 후자는 서양 근대적 국가 이론과 정확하게 일치한다.

중국은 늘 야심을 가진 호걸들이 봉기를 하고, 이민족이 침략을 해서, 천하를 차지하기 위한 무제한의 리그전을 벌린다. 최종 승자가 천하를 차지하고 왕국을 세우고 황제가 된다. 이렇게 만들어진 무력 국가를 합리화하기 위해서 맹자의 군주 천명론이 사용된다. 무력으로 이긴 자이기에 황제가 되었지만, 하늘이 명령을 내려서 황제가 되었다고 한다. 하늘은 무력으로 싸운 자를 합리화시키는 도구가 된다.

묵자는 이런 이론을 부정한다. 그것은 황제가 소유하는 가산(家産) 국가이다. 국가 구성원 모두를 노예로 만드는 야만적인 체제이다. 국가는 백성들의 이익을 최대화시키는 체제여야 한다. 중국은 이런 묵자의 노선을 단 한번도 간 적이 없다. 현재의 중국 역시 그렇다.

(ㄷ) 중국의 운명 - 대안

① 중국 역사는 국내적으로나 국제적으로나 '힘의 지배'라는 점에서 같다. 국제적으로는 강자가 약자를 잡아먹고, 최강자가 나머지를 다 멸망시키고 천하를 혼자 독차지한다. 국내적으로는 황제가 백성을 소유하고 지배를 했다. 맹자의 '군주 천명론'에 따르면, 백성은 하늘이 임명한 군주에 무조건 복종해야 한다. 반대로 임금은 사랑으로 백성을 위해 주어야 한다. 이것이 사랑의 정치(仁政)이고, 백성을 위한(爲民), 백성을 근본으로 삼는(民本) 정치이다. 반대로 말하자면, 백성은 철저하게 통치의 대상일 뿐이다. 절대로 통치의 주체가 되어서는 안 된다.

맹자의 왕도 정치 이론은 현자 지배이며, 철인 정치이다. 현자가 백성을 위하는 정치이다. 만약 백성이 그 다스림에 불만이 있다면, 백성이 정치에 대해서 간섭할 수 있는가? 절대로 그래서는 안 된다. 백성은 통치의 대상이지, 절대로 통치의 주체가 아니기 때문이다.

이처럼 국내적으로나 국제적으로 중국은 힘에 의한 통치, 힘이 결정하는 체제였다. 단 한번도 묵자가 제안한 바, 다국(多國)이 공존하고, 백성의 이익에 근거한 국가를 만들지 못 한다. 선의의 경쟁을 하는 개인들과 국가들 - 이 체제를 만들지 못 한다.

　② 중국의 역사는 단순하다. 두 개의 리그가 반복된다. 국내에서 호걸들의 봉기, 국제적으로는 북방 이민족의 침입이라는 두 리그이다. 동시에 통일 국가는 백성들을 통치의 대상으로 삼아서 억압한다.

　중국은 저주받은 것처럼, 늘 똑같은 도식을 반복한다. 이 저주의 반복을 벗어나는 방법이 없는가? 물론 있다. 우리는 중국 역사 시초인 묵자를 돌아보아야 한다.

　묵자가 살았던 전국 시대 초기는 중국 역사를 좌우할 도식을 결정해야 했다. 다국이 공존하며 경쟁할 것인가? 아니면 1국이 통일하고 망하고를 반복할 것인가? 거기에다가 이민족의 침략을 받아서 이민족 지배를 늘 당해야 하는가?

　중국은 1국이 통일하고 망하고를 반복하는 길을 선택했다. 그것은 인간의 이기심에서 보자면 당연한 것인지도 모른다. 문제는 그것이 중국을 나락으로 떨어뜨리는 길이라는 것이다. 내부적으로는 무제한의 리그전 때문에 많은 백성이 죽고, 많은 것이 파괴된다. 외부적으로는 북서방의 이민족의 침략을 불러들여서, 장기간의 이민족 지배를 초래한다.

　국내적으로는 왕정이었다. 황제 지배 체제로 백성들은 늘 통치의 대상이 된다. 백성들의 이익과 자발성에 근거한 국가를 세워본 적이 없다. 노예화된 백성이므로 국가는 약화된다.

　이제 반대의 선택을 해 볼 때가 된 것이다. 그것은 묵자가 제시한 비공(非攻)과 상동(尚同)의 길이다. 이는 다국이 공존하면서 경쟁하는 것이다. 다국의 공존 경쟁이기 때문에 '천하 전쟁'에 휘말리지 않고, 국지전만 한다. 또한 이민족 역시 다국을 다 정복하기는 어렵고, 오히려 그 리그에 한 참가자로 참여하고자 한다. 이민족이 자발적으로 리그에 흡수된다.

국내적으로는 백성들의 이익에 근거한 국가이기에, 백성들의 자발성과 창의성이 살아난다. 황제가 장기 독재를 위해서 백성을 극도로 말살하는 것이 없다.

1국 통일은 창의성을 극도로 말살한다. 황제의 독재 아래, 사상을 탄압을 하는 분서갱유를 한다. 그 결과 중국은 내부적 동력과 힘을 잃고, 외부적으로 이민족의 침략에 당하게 된다. 반면 다국 공존은 선의의 경쟁을 통해서 창의성을 높인다. 내부적인 힘을 키운다.

1국 통일은 황제 1인 독재이다. 만인의 노예 상태를 초래한다. 반면 다국 공존은 필연적으로 군주권을 약화시키고, 관리와 학자, 백성의 자주성을 높인다. 맹자가 양 혜왕과 제 선왕에게 "왕 자리에서 쫓겨날 수도 있다"고 협박한 것이 대표적이다. 이와 정반대는 진시황이 학자를 분서갱유한 것이다. 분서갱유의 분위기에서 어떤 학자나 관리가 창의성을 발휘하겠는가? 그러니 진나라가 급작스럽게 망한 것이다.

생활의 질을 보아도 그렇다. 다국이 공존하면서 자체 생산을 높이고, 무역을 한다. 그것이 침략 정복해서 상대의 것을 약탈하는 것보다 훨씬 낫다. 다국 경쟁은 과학과 기술의 수준을 높인다. 그렇기 때문에 리그 바깥의 이민족들이 리그에 참여하려고 한다.

만약 중국이 통일된 '하나의 나라'라면, 이민족은 그 '통일된 하나'를 정복하기를 노릴 것이다. 그 하나만 잡아먹으면 중국 전체를 지배할 수 있기 때문이다. 송-원-명-청의 교체가 그것이다. 중국인이 주도한 국가와 이민족 국가가 교대하는 이유가 그것이다. 만약 이것이 법칙이라면, 지금 중국인 지배는 반드시 이민족 지배로 바뀔 것이다.

진시황의 '천하 통일'은 황제 1개인의 천하 지배, 1인 독재를 미화한 말에 불과하다. 이후 중국은 늘 황제 독재 체제였다. 이것 때문에 중국은 늘 심각하게 약화되고, 독재 권력이 약화되면, 호걸들의 봉기로 천하 전쟁에 빠지게 된다. 현재의 중국 역시 그렇다. 도대체 역사에 대한 반성이라고는 전혀 없는 사람들이다.

③ 묵자의 대안에서 가장 중요한 요소는 다국 공존을 관할하는 자이다. 주나라의 천자의 역할을 하는 것이다. 그는 두 가지 중 하나를 선택할 수 있다. 가장 강한 자이기 때문에, 타자를 다 정복할 것인가? 아니면 다국 공존의 핵심 원동력으로 기능할 것인가?

이는 결국 묵자의 겸애의 물음과 같다. 겸애는 전체를 사랑함이다. 사랑하기 위해서는 힘이 필요하다. 힘이 있는 자가 약자를 사랑하는 것이 겸애이다. 강자는 약자를 사랑할 것인가? 아니면 굴복시켜 노예로 부릴 것인가? - 인간의 이기심에 의하면, 결국 후자를 선택할 것이다. 진시황이 바로 그렇다. 이후 중국은 강자가 약자의 공존을 보장하는 울타리가 되지 못 한다. 겸애를 하지 않는다. 반대로 강자가 나머지 모든 약자를 정복하는 길로 간다.

중국은 정글의 법칙이 적용된다. 윤리 도덕과 문화의 품격이라고는 없다. 벌거벗은 싸움이 모든 것을 결정하는 나라가 된다.

중국은 힘으로만 싸우는 저주받은 운명을 언제까지 반복할 것인가? 이제 묵자가 제안한 비공(非攻)과 상동(尚同)의 원리를 채용해서 그 운명을 벗어나 보아야 하지 않는가?

한국의 국가적 정체성

1. 신라의 삼국 통일

고구려 백제 신라 가운데 가장 약하고 외진 신라가 통일했다. 이것이 이후 한반도의 국가인 통일 신라, 고려, 조선, 그리고 현재 한국의 국가적 정체성을 형성하게 된다.

당나라는 셋 가운데 가장 약한 신라와 연합해서 백제와 고구려를 차례로 멸망시킨다. 당의 입장에서는 가장 약한 자가 통일하는 것이 가장 이익이었기 때문이다. 당의 선택 때문에 가장 약자가 승자가 된다. 이는 무제한의 전쟁을 벌려서 최강자인 최종 승자 하나가 천하를 독식하는 중국과는 정반대의 결과가 된다.

한반도라는 닫힌 공간에 갇힌 약한 국가이기 때문에, 무력에 의해서 타국을 침략 정복해서, 천하의 패권을 차지하는 것을 근본적으로 포기한다. 무력 대신 문화적 이념적 최고를 지향한다.

2. 닫힌 지형

한반도는 중국과 비슷한 지형을 가진다. 3면이 바다이고, 북쪽은 백두산 등 험준한 산악 지역이다. 이 안은 농경 지역이다. 따라서 자급적인 독자적 체계가 들어서기 좋다. 외적의 침입 또한 막아준다. 그러나 완벽하게 막지는 못 한다.

만약 서해가 바다가 아니라 육지였다면, 중국의 통일 국가에 흡수되어, 지방의 하나가 될 것이다. 북방의 이민족들은 중국과 한국 가운데 당연히 중국을 선택해서 침략했다. 중국이 훨씬 더 넓고 풍요롭기 때문이다. 그러나 중국을 침공할 때, 한반도 국가는 늘 후방이 된다. 따라서 중국을 정복하기 전에, 한반도의 국가를 먼저 정복하는 것이 필요했다. 요컨대 통일 국가가 이어진 송나라 이후 중국 농경 지역 국가와 북방 유목-수렵 지역 국가가 격돌할 때, 한반도 국가는 그 싸움에 말려들었다.

일본은 바다로 완전히 닫힌 지형이다. 따라서 그 안에서 독자적인 리그를 가진다. 반면 한국과 중국은 북방으로 어느 정도 열려 있기 때문에, 독자적 영역이면서 동시에 북방 혹은 남방의 침략을 받는다.

3. 생존 전략

통일 신라 이래, 한반도의 국가는 북방으로 진출할 생각을 하지 않는다. 농업 국가로 자기 정체성을 확립했기 때문이다. 백두산 지역에서 북쪽은 수렵 혹은 유목 지역이었다. 신라 고려 조선의 입장에서 그런 땅은 아무런 쓸모가 없었다. 따라서 신라는 고작 백제 영역만 흡수하고, 고구려 지역을 포기한다. 그곳은 수렵 유목 지역이기 때문이다.

이 결과 한반도 국가는 태생적으로 중간 국가가 된다. 절대로 최강국이 될 수 없었다. 이를 잘 알았기 때문에, 생존 전략을 문화와 철학 등으로 삼는다. 무력으로는 도저히 동아시아 지역을 제패할 수 없다. 중국과 북방 이민족을 도저히 이길 수 없다. 이에 따라서 생존 전략을 짠다.

첫째, 최강국에 붙는다. 일관되게 이어지는 최강국이 존재한 곳이 중국 지역이다. 따라서 신라 고려 백제는 중국의 통일 국가를 추종한다. 2위 이하의 국가에는 붙지 않는다. 그것은 망하는 지름길이기 때문이다.

둘째, 최강국이 추구하는 목표를 자신의 목표로 삼는다. 최강국이 가진 문화 학술을 받아들이되, 최강국보다 더 완벽하게 구현한다. 물질적 최강국이 될 수 없다면, 정신적 이념적 최강국이 된다. 이 역시 최강국임에 틀림 없다. 예를 들자면, 중국은 유교적 국가를 이상으로 삼는다. 조선은 유교적 이상 국가를 충실하게 구현한다. 중국에는 그런 국가가 없다.

만약 최강국이 추구하는 이념과 문화를 가장 완벽하게 실현한다면, 우리가 최강국이 될 것이다. 또한 자아 정체성이 같기 때문에, 최강국이 우리를 보호해 줄 것이다.

셋째, 이 결과 한반도의 국가는 무력을 포기하고 문화로 향한다. 물질을 경시하고 정신으로 나간다. 한반도 국가는 강한 무력 뿐인 북방의 유목 강대국을 본능적으로 싫어했다. 대신 문화를 갖춘 중국의 국가를 선택한다.

문화를 선택함, 이는 김구 선생의 말로 정확하게 드러난다.

나는 우리나라가 세계에서 가장 아름다운 나라가 되기를 원한다.
나는 우리나라가 세계에서 가장 부강한 나라가 되기를 원하는 것은 아니다.
내가 남의 침략에 가슴이 아팠으니,
내 나라가 남을 침략하는 것을 원치 아니한다.
우리의 부력(富力)은 우리의 생활을 풍족히 할 만하고,
우리가 강력(强力)은 남의 침략을 막을 만하면 족하다.

오직 한없이 가지고 싶은 것은 높은 문화의 힘이다.

문화의 힘은 우리 자신을 행복하게 하고 나아가서 남에게 행복을 주기 때문이다.

문화 강국론 - 이는 한국이 처한 입지와 역사를 정확하게 꿰뚫어 본 것이다. "뭉치면 살고, 흩어지면 죽습네다" 라고 했던 이승만이 도달할 수 없는 경지이다.

4. 중국에서 미국으로 변경

조선 말에서 현재까지 한국이 걸어온 길은 정확하게 그런 것이다. 무력 대신 문화로 나간다. 최강국에 붙고, 최강국의 이념과 문화를 완벽하게 실현한다. 문화적 최강국을 이룬다.

여기에서 중대한 변화가 생긴다. 최강국을 중국에서 미국으로 바꾼 것이다. 이에 따라 추구해야 할 이념과 문화 역시 근본적으로 변화한다.

서양 근대는 자본주의, 자유 민주주의 국가를 만들어냈다. 남한은 정확하게 이 둘을 최고의 수준으로 구현한다. 그에 따라 미국을 추종한다. 중국은 부차적인 것이 된다. 이렇게 해서 남한은 서양 근대가 성취한 모든 것을 가장 완벽한 수준에서 이루었다.

반면 북한은 왕조 국가이다. 전세계에 가산(家産) 국가를 이루려는 독재자들에게 롤모델을 한다. 푸틴과 시진핑이 원하는 국가가 바로 북한의 왕조 국가일 것이다. 북한은 근대를 완벽하게 거스르고 거부하면서, 고중세의 왕조로 남는다.

5. 한국은 중립의 운명

러시아가 우크라이나를 침공하여 전쟁하는 현재, 많은 쪽이 한국에게 많은 역할을 해 주기를 바란다. 한국은 첫째 상식과 이성을 따른다. 둘째 어느 쪽도 편들지 않는다. 입장을 명확하게 하고 남에게 큰 소리를 치지 못 한다. 물질적 힘이 아니라 문화적 강국이기 때문이다. 이역시 신라 이래 한국이 중간국이었던 경험이 그대로 반영되어 있다.

6. 보수와 진보

현재는 공산주의가 사실상 소멸했다. 마르크스 이래로 공산주의와 사회주의가 좌파라면, 자본주의 쪽이 우파였다. 이제 그 구분은 사실상 사라졌다. 그렇다면 정치 세력을 어떻게 구분해야 하는가? 대략 이렇게 될 것이다.

> 보수 – 공격. 국가의 힘 발휘, 자국의 영광을 추구하며, 힘을 발산한다.
> 진보 – 공존. 국가 사이의 공존, 문화적 이념적 가치를 구현하려 한다.

이렇게 보면 한국은 역사적으로 늘 진보의 입장을 취하게 되어 있다. 이는 힘을 추구했던 중국과 일본과 비교해 보면 알 수 있다. 주기적으로 왕조 수립을 위해서 대량 학살을 했던 중국, 무사들의 싸움이 국가적 정체성이었던 일본 – 이 두 나라에서 백성들의 지위는 사실상 파리나 쥐와 다를 것이 없었다. 그에 비해서 한반도의 국가는 국민을 그렇게 소모시키지 않았다. 이는 무력을 포기하고 문화를 선택한 결과일 것이다.

중국 예술의 질곡

1. 경험론 - 근대성의 지표

경험론은 눈 앞에 있는 사실을 중시한다. "존재한다는 것은 지각됨이다." - 이것이 경험론의 근본 원칙이다. 지각함이란 내가 보고 듣는 것이다. 내가 눈으로 본 것이 존재한다. 반대로 눈으로 보지 못 한 것은 존재하지 않는다. 이는 지극히 상식적으로 당연한 이야기이다. 그러나 이 상식이 깨지는 곳이 있다. 중국 미학이며, 중국의 예술이다. 아니 장계군이 쓴 책에 나오는 '중국의 전통적인 예술 이론'이 바로 상식을 몰고 다닌다.[1]

장계군, 왕국유(王國維)가 그리는 중국의 전통적인 예술 이론 - 예술은 초자연적인 초월적 존재를 포착하려는 노력이다. '초자연 초월적 존재'라 함은 감각으로 지각되지 않는 것을 뜻한다. 이른바 '意境, 境界, 心境; 性情, 神韻, 氣味'가 바로 그런 개념들이다. 눈에 보이는 것은 천박한 것(粗), 보이지 않는 것이 순수한 것(精)이다. 보이지 않는 것들이 가장 고상하다.

---

[1] 장치췬(章啓群) 지음, 신정근 번역, 『중국 현대 미학사』, 성균관대 출판부, 2012.

이것이 바로 전통적인 중국 예술이 추구하는 경지이다. 문제는 '意境' 등은 존재하는지 안 하는지조차 모호한 것들이라는 점이다.

2. 중국 예술은 왜 현실 초월의 것을 추구할까?

천하 통일 왕조의 지식인 핍박 통제 제어 때문이다. 진시황이 통일하자마자 "다양성, 자유, 제각기 생각함"을 가혹하게 탄압한다. 분서갱유가 그것이다. 현실적으로 보자면, 진나라가 통일하자마자 전국시대의 제자백가는 순식간에 압살당한다. 진시황이 강력하게 탄압한 것이다. 통일이란 똥과 같은 것이다. 무엇을 먹었던지 간에 나오는 똥은 똑같다.

이후 한나라 때 유가와 도가 정도만 부활하고, 묵가 명가 농가 법가 등은 다 소멸해 버린다. 소멸 이유는 한나라 건국을 위해서 항우-유방이 전국적으로 잔인한 전쟁을 한 것도 있다. 그러나 가장 큰 이유는 진나라, 한나라와 같은 천하 통일 국가의 탄압 때문이었다. 통일과 황제 지배란 모든 것을 한 색깔 한 음조 한 내용으로 획일화시키는 것이기 때문이다.

지식인들이 그리 탄압받았다면, 예술 역시 똑같이 당했을 것이다. 자유로운 예술은 국가가 박멸시켰다. 자유로운 학자와 예술가를 죽였다. 자유는 통일의 반대이다. 통일은 황제 아래 모두를 노비로 만드는 1인의 자유, 만인의 노예의 체제이기 때문이다.

이런 황제 지배 이외에 또 하나의 요소가 있다. 통일과 획일화, 1인의 자유와 만인의 노예 체제는 중국을 심각하게 허약하게 만든다. 그 결과는 이민족의 지배이다. 중국 역사의 3/4이 이민족이 지배한 것이다. 이민족은 지배를 위해서 또 다른 '분서갱유'를 자행한다.

청나라의 사상 통제 - 북방 오랑캐 여진족이 중국을 점령하고 세운 나라가 청나라이다. 따라서 학자들이 현실을 연구하면 탄압했다. 반대로 과거를 연구하게 국가가 돈을 주면서 권장했다. 4고 전서의 편찬이 대표적이다. 이래서 청나라의 주류 학자들은 현재의 현실을 연구하지 못 한다. 아니 안 한다. 대신 과거를 연구한다. 고증학이 바로 그것이다.

이런 탄압은 중국 예술에 똑같이 적용된다. 예술이 현재의 현실을 다루면 탄압을 당한다. 예술의 탄압에 대한 정확한 기록은 없다. 그러나 학자들에 준해서 보면 될 것이다. 학문에 적용된 기준이 예술에도 미쳤을 것이다. 우리는 진시황의 통일 이전과 이후에 예술이 어떻게 변했는지 정확하게 알지 못 한다. 다만 예술에 대한 철저한 국가적 통제가 있었을 것이다. 전 세계 모든 분야에 대한 국가의 통제와 제어, 황제 1인 의사의 반영 − 이것이 진시황 영정(嬴政)이 만든 '천하 통일'이었다. 거기에 예술이 예외는 아니다.

통일 진나라는 짧게 있다가 신기루처럼 사라졌다. 그러나 이후 황제 체제에서 학문과 예술의 국가 통제는 당연한 것이 되었다. 진시황 영정의 "천하 통일 = 황제 1인의 통치 = 단색 단일화"라는 이념은 관철된다. 그러면서 중국에서 순수 학문과 과학, 예술은 치명적인 불구가 된다. 그것은 중국을 자기 스스로 허약체로 만들었다. 한 사람의 집권을 위해서 천하를 희생하는 것은 현재도 마찬가지이다. 이래서 격언이 있다. 중적중이다. − "중국의 적은 중국이다."

3. 자기 검열의 자아화

이래서 지식인과 예술가들은 알아서 긴다. 국가의 통제 이전에 스스로 자기 검열을 한다. "이런 이야기를 해서는 충분히 맞아 죽을 것이다!" − 이래서 아예 원초적으로 상상력을 제한하고, 독창성의 길을 막

아버린다. 자기 검열은 노예의 가장 중요한 심리이다.

자기 검열이 심화되고 지속되면서, 이제 자기 검열은 '자아화'된다. 특별히 스스로를 검열하지 않아도, 내 마음이 그 검열 기준에 맞게 생각하고 행위하게 된다. 나아가 이론화 철학화하고, 그것에 도취되어서 흐뭇해진다.

검열의 내면화 자아화에 이르면 그 경지는 어떻게 나타나는가? – 이는 눈앞의 것을 무시하고, 그 뒤에 있는 것, 초월적인 것, 보이지 않는 초자연적인 것을 추구하게 만든다. 이른바 '神韻 氣味'가 바로 그런 것이다. 예술품 안에 '신비한 소리'(神韻), '기운의 맛'(氣味)이 있다는 것이다. 예술 창작자나 감상자나 다 눈 앞에 보이는 것을 그린 예술품은 치우고, 그 뒤에 혹은 바깥에 있는 '소리와 맛'을 지각하는 것을 찬양한다. 그것이 '도(道)'라는 것이다.

학문과 예술이 현실을 상대하면 국가의 탄압을 받는다. 이래서 학술은 과거의 것으로 도피한다. 훈고학과 고증학이 그것이다. 예술은 초자연과 배후로 초월한다. 신운(神韻) 기미(氣味)가 그것이다. 이런 초자연은 우아하고 기품 있는 것, 높은 것이다. 귀족적 취미이다. 예술가의 지위를 높일 수 있다. 동시에 현실을 말하지 않기 때문에, 국가와 권력의 탄압을 받을 건덕지도 없다. 내가 볼 때, 중국 미술은 자기 검열을 이처럼 '우아 품격 경지'로 포장한다. 내면은 노예화된 정신, 노비가 된 자아일 뿐이다.

● 과거로의 도피와, 초자연으로의 유체 이탈 – 이것이 중국의 학문과 예술이다.

중국 예술은 기본적으로 장자의 '붕새의 나름'과 같다. 붕새는 검은 바다를 차고 올라가 구만리 상공을 6개월 나른다. 바로 그 올라감과 나름 – 이것이 중국 예술이 추구하는 초자연의 의미이다. 신운 기미의 의경(意境)이 바로 붕새가 나르는 경지인가?

'신비한 소리'(神韻), '기운의 맛'(氣味) – 이런 것이 과연 있는가? 소리는 귀로 듣는다. 그런데 그림에 소리가 있다. 맛은 음식에 있다. 그런데 공기의 맛, 기운의 맛이 그림에 있다고 한다. 도대체 이런 소리를 듣고 맛을 보는 사람은 제 정신일까?

이런 초자연적인 것을 주장하면, 반대 이론도 나와야 하는 것 아닌가? 눈앞의 현실에 근거한 예술을 주장하는 이들도 나와야 하는 것 아닌가? 중국에는 그것이 없었다.

4. 중국 예술의 특징

1) 자기 검열의 내면화, 자아화 → 신운 기미 경지의 추구

현실이 아니라, 그 뒤의 초월적인 것(神韻 氣味의 경지)를 추구함 – 이는 현실에 눈을 막게 한다. 정권을 비판하고, 현실에 저항하지 않는다.

이처럼 현실-현재-현상에 눈을 감으라. – 이는 모든 국가 검열이 공통적으로 요구하는 사항이다. 이런 요구 사항을 미학의 가장 최고의 경지로 삼는다. 악마를 신으로 모신 것이다.

2) 노예화된 정신 – 인간의 자발적 노예 근성
= 내면화 자아화된 국가 검열

중국의 주류가 산수화이다. 왜 주류가 되는가? 산과 물을 그리면, 국가가 타박하지 않는다. 항의를 받지 않는다. 그렇기에 산과 물(山水)을 그린다.

그러나 그 산과 물에서 조금만 옆으로 시선을 돌려서 보면, 농촌 마을과 노동하는 현장이 있다. 도회지의 서민들이 있다. 왜 이들을 그리지 않는가? 그러면 담박에 국가의 탄압 대상이 된다. 왜 그림이 비참한 현실을 담지 않는가? 담으면 국가의 실정을 비판하고, 권력에 저항하는 것이 된다. 단지 있는 그대로 모방을 했지만, 그것은 반항이 된다.

나아가 화가는 국가에 예속되고, 지배층에 붙어서 살았다. 혹은 지배층이 예술을 한다. 그러니 백성의 삶과 유리되어 떠도는 것은 당연하다. 그래도 철저하게 현실을 무시하는 것은 심하지 않은가?

3) 여백의 아름다움

중국화에는 여백이 기본이다. 산수화에도 여백을 넣는다. 여백은 그리지 않음이다. 거기에 신운(神韻) 기미(氣味)가 있다고 한다. 심지어는 여백을 그리기 위해서 모양을 그린다고 한다. 그러나 여백은 빈 공간일 뿐이다. 여백에 대체 뭐가 있다는 말인가? 거기에 무엇이 있는가? 그림은 그림이 기본이지, 여백이 기본이 아니다.

현실을 그리지 못 하므로, 초현실 초자연 혹은 현상의 배후를 그린다. 이런 식의 초월의 극단에는 바로 이런 여백의 찬양이 있다. 최고의 웅변은 말하지 않음이고, 최고의 그림은 그리지 않은 것이다. ─ 이런 합리화는 도와 연결된다. 여백이 바로 도의 경지라는 것이다. 도는 무형(無形) 무위(無爲) 무사(無事)이기 때문이다. 이는 실제로는 자기 검열의 예찬, 신비화, 자기 합리화에 불과하다.

내용을 포기하고 형식으로 나가기 때문에, 여백의 미학이 성립한다.

4) 현실이 존재하지 않는 예술

"중국의 예술에는" 치열한 현실, 예컨대 전쟁이나 축제 등의 그림이 없다. 혹은 신화를 그리지 않는다.

산수화 뿐만 아니라 중국 그림에는 '짐승 새 벌레' 등이 있다. 또한 매·난·국·죽의 4군자도 자주 등장한다. 이렇지만 절대로 주제의 핵심에 들어오지 않는 것이 있다. 바로 '사람'이다. 산수화에서 사람은 고작해야 은자나 뱃사공 정도이다. 화조도에는 사람이 없다. 초상화를 빼면 인간이 주제가 되지 못 한다.

조선 후기에는 신윤복이나 김홍도처럼 풍속화를 그리기도 한다. 그러나 삶의 가장 치열한 현상은 늘 비켜 간다. 예컨대 전쟁을 그린 것이 없다. 정치적 격돌의 현장을 그리지 않는다. 그러니 그림을 통해서 현실을 담고 설명하고 해설하는 것은 기대할 수 없다.

이처럼 중국 예술은 무수한 성역과 금기, 솟대가 있다. 이런 결과, 내용은 포기한다. 그리고 형식으로 나간다. 나아가 예술에서 형식미를 가장 높이 친다. 형식미의 극치가 의경(意境 뜻의 경지)이고 신운(神韻) 기미(氣味)의 경지이다.

중국 미술에서 가장 중요한 문제가 있다. 왜 눈앞의 것(현상)을 포기하고, 그 뒤의, 아래의, 혹은 그 어디에 있는 '눈에 보이지 않는 것'을 추구함이다. 왜 보이는 것은 버려두고, 보이지 않는 것을 숭상하는가? 그것이 무엇인지 명확하게 말하지도 못 하면서 말이다.

5. 격조, 신운, 성령

송나라 이후에 문학 이론은 격조(格調), 신운(神韻), 성령(性靈) 등의 이론이 있었다.

격조는 말 그대로 격조를 중시하는 것이다. 이백과 두보 등의 최고의 시인이 이룬 방법을 격조의 전범으로 삼는다. 신운과 성령은 각각 객관과 주관이다.

예술 작품에 '신비한 소리'(神韻)가 있어야 한다. '신비한 소리'라는 말은 물론 비유적 표현이다. 작품의 아우라 혹은 신비한 분위기를 뜻한다. 대상을 직접 지시하는 말을 쓰지 않고, 이렇게 비유적 표현을 쓰는 이유는 무엇인가? 가리킬 대상이 명확하지 않기 때문이다.

성령(性靈)은 '본성의 인식 능력'을 뜻한다. 천재적 직관 혹은 영감이다. 이는 '천기(天機 하늘의 틀)'이라고도 한다. 자연적으로 주어진 재능이다. 살아서 펄펄 뛰는 정신이다.

이상의 셋은 모두 내용보다는 형식과 관련된 것이다. 형식이 주는 아름다움이다.

내용과 관련된다면 명확하게 설명할 수 있다. 그러나 형식미는 뭐라 딱히 설명하기 어렵다. 그렇다 보니 '격조 신운 성령'을 설명하는 말 가운데 명쾌한 것이 없다. 대부분 두루뭉술한 이야기에 알 듯 모를 듯한 비유 뿐이다. 예컨대 "古雅(옛 우아함), 淸素(맑은 소박함), 野逸美(들판 숨은 아름다움), 愚拙(어리석은 졸렬), 陽剛(양의 굳셈), 典麗, 擊縛, 格套, 墨映, 尙意 尙態" 등 한문법에 맞지도 않는 무수한 말을 만들어내서 설명한다. 게다가 그 말들을 번역하지 않고 그냥 쓴다. 번역하면 스스로 봐도 이상하기 때문에 번역하지 않을 것이다.

이상 셋이 형식과 관련된 것이라면, 내용과 관련해서 재도(載道)론이 있다. 문학은 도를 담아야 한다는 주장이다. 공자 이래로 유가에서 주장하는 것이다. 재도론은 예술을 윤리 도덕을 펴는 수단으로 보는 것이다. 이런 도구 이론은 주장하고 싶은 것이 간절한 사람들이 늘 채택한다. 모택동이 연안 문예 좌담회에서 천명한 바, 예술은 프롤레타리아트 혁명의 도구라 한 것도 똑같은 것이다. 결국 재도론 역시 예술이 눈앞의 현실을 담자는 것이 아니다. 이념과 목표를 선전하는 도구로서 예술이다.

6. 형이상자와 신운 기미, 의경의 관계

1) 의경과 신운 기미

신운이 객관적 형식미라면, 성령은 주관적 형식미 이론이다. 예술은 '神韻', 즉 '신비한 소리'를 담아야 한다. 이는 반대로 말하자면, 예술이 담는 내용 안에 '神韻'이 있다는 것이다. 예컨대 산수화를 그렸다고 하자. 그 그림에 '신운'이 있고, 나아가 그림이 담은 산과 물의 경치에도 '신운'이 있다. 따라서 화가는 단순히 '산과 물'을 보지 말고, 거기에서 '신운'을 보아야 한다. 그래야 산수를 그리면서 신운을 담을 수 있다.

산수를 그리는 것은 이해가 된다. 그러나 '神韻'은 대체 뭔가? '신비한 소리'? 우리가 듣는 소리와 다른 무슨 소리가 있는가? 그게 대체 뭔가? 내놓아 보라! 이래서 좀 더 설명하는 말이 '氣味'이다. '기운의 맛'이다. 氣는 공기이며 분위기이다. 그 공기와 분위기의 맛이라는 것이다. – 이 역시 비유적 표현이다. 도대체 공기를 맛보나? '분위기'에 무슨 맛이 있는가?

'意境'이라는 말이 이래서 나온다. '意境' ① '뜻의 경계', 뜻의 수준·차원. ② 뜻과 대상 세계. 불교에서는 境을 '대상 사물'의 뜻으로 쓴다. 따라서 意境은 주관적으로는 나의 의지·뜻(意), 객관적으로는 대상 사물(境) – 이 둘이 합쳐진 것이다. 마음과 대상 – 이 둘이 대등하게 결합된 말이 아니라, 마음의 뜻이 대상 사물에 투영된 것이다. 대상에 투영시킨 뒤에, 그것을 인식한다. 따라서 뜻의 높낮이에 따라서 '차원·수준'이 달라진다. '境'이 바로 그런 것이다.

요약하자면, 신비한 '소리', 기의 '맛'이라는 비유적 표현을 '뜻의 경계'라 한 것이다. 소리와 맛을 '뜻'으로 바꾼 것이다. 소리와 맛은 감각기관인 귀와 혀가 상대한다. 반면 '뜻'은 마음의 사유가 가지는 것이다.

'신비한' 소리, '기'의 맛이라 하는 이유는 눈앞의 현상을 초월했다는 것이다. '신비, 기 = 초월함', 이런 뜻이다. 意境은 뜻을 대상에 투영해서, 그것을 인식하고 예술화하는 것이다. 여기에서 물어 보아야 할 것이 있다. 왜 보이는 현상을 버리고, 그 뒤의 '소리, 맛, 뜻'을 추구해야 하는가? 그 이전에 물어야 할 것이 있다. 도대체 '소리 맛 뜻'이 무엇인가? 그 정체는 무엇인가? 만약 그것이 실체가 있다면, '소리 맛'처럼 비유적으로만 말할 필요가 없다. 그것이 실재한다면, 그것에 맞는 이름을 붙여 주면 된다.

2) 형이상자와 신운 기미

신운 기미는 분명 현상 사물이 아니다. 그 뒤 혹은 바탕 어디엔가 있다. 그것과 형이상자의 차이는 무엇인가? 형이하(形而下)는 '현상의 아래'이니, 현상 자체이다. 형이상(形而上)은 '현상에서 위'이다. 현상을 초월한 것이다. 이데아와 같은 것이다. 그렇다면 신운 기미는 무엇인가? 분명 형이상의 것이기는 하다. 그러나 이데아와는 다르다.

중국 미술은 눈앞의 현상을 버리고, 그 뒤 혹은 그 위의 것인 형이상자를 추구하는가? 그러나 그들이 추구하는 "신운(神韻) 기미(氣味)의 경지, 의경(意境)"은 결코 형이상자가 아니다. 플라톤, 아리스토텔레스의 이데아와 형상은 그런 것이 아니다.

또한 신운은 성리학에서 말하는 형이상의 리(理)와는 완전히 다르다.

그렇다면 신운은 노자가 말하는 도(道)나 무(無)와 같은 것인가? 이 역시 아니다. 신운과 의경(意境)은 노자의 도와 완전히 다른 것이다. 도(道)는 변화의 '길'이다. 변화가 나가는 객관적 필연적 추세이다. 그것을 예측하면, 미래를 만들 수 있다. 반면 신운과 의경은 '신비한 소리, 뜻의 차원'이다.

그런데 중국의 예술 이론, 예술 철학은 자꾸 노자의 도와 무를 몰고 간다. 신운과 의경, 여백이 마치 '도'의 형상화인 것처럼 말한다. 이는 오해이고, 잘못 안 것이다.

7. 성령(性靈)의 발휘

1) 인식 능력으로서 '성령(性靈)'

객관적 측면으로 신운과 의경이 있다면, 창작하는 주체의 측면으로 '성령(性靈)' 개념이 있다. '性靈'은 후대에 만든 말이다. 본래 있던 철학 용어가 아니다. '性'은 본성이고, '靈'은 인식 능력이다. 따라서 '본성의 인식 능력'을 뜻한다. 그러나 이 말을 정의한 사람은 없다.

문제는 그것이 무엇을 가리키는지 명확하지 않다는 것이다. 사람의 마음은 '감성과 이성' 둘로 이루어져 있다. 이는 모두가 인정하는 바이다. '性靈'은 이 둘 가운데 어느 쪽에 속하는가? 아니면 제3의 특수한 능력인가?

칸트는 사람의 마음을 '순수 이성, 실천 이성, 판단력'으로 나누었다. 이는 각각 眞, 善, 美를 인식하고 창조하는 능력이다. 性靈은 '판단력'인가? 그러나 일반적으로 성령을 '천재적 직관, 자유로운 정신, 신비한 능력' 등으로 설명한다. '판단력'과는 거리가 있다.

2) 성령과 감성 이성

감성은 대상의 속성을 지각하여 인상과 표상을 얻는다. 이성은 개념과 관념으로 사유를 한다. 이 둘은 인식 대상이나 방법이 명확하다. 객관 사물을 대상으로 하기 때문이다.

반면 성령이 대상으로 삼는 것이 무엇인지 명확하지 않다. 문학 이론으로 보자면, 신운 기미와 의경이 바로 성령의 인식 대상일 것이다. 앞에서 말했듯이 신운과 의경은 무엇인지 그 정체가 명확하지 않다. 이것과 대응해서 성령이라는 것도 어떤 인식 능력인지 명확하지 않다.

왜 중국 예술은 감각으로 지각하는 대상 사물을 버리고 신운 기미를 대상으로 하는가? 그렇기에 감성과 이성과는 다른 성령으로 창작한다. - 이는 결국 현실에 대해서 다루면 분서갱유를 당하는 것과 연관된다.

3) 성령과 양지

성령(性靈)은 왕수인이 말한 '양지(良知 잘 앎)', 태주학파의 '현성(現成) 양지(良知)', 그리고 이지(李贄 탁오)의 '동심(童心 어린이 마음)' 등과 비슷한 계열의 말이다.

맹자의 선한 본성(性善)을 왕수인은 '양지'라고 한다. 선한 본성은 가능성으로 주어진 것으로 잠재적인 능력이다. 반면 양지는 현실화된 능력이다. 그것을 자각만 하면, 바로 지금 내가 서슴없이 발휘할 수 있는 '잘 앎'이 양지(良知)이다.

양지의 현실화가 극대화가 바로 '현성 양지'이다. '現成'이란 '현재 이루어짐'이다. 현실태라는 말이다. 현재 살아서 펄펄 뛰는 정신이다.

이는 다른 측면으로 보자면, '어린애의 마음'이다. 어린이는 세상을 처음 산다. 매사를 새롭게 본다. 기존의 견해, 사회의 관습, 권력의 힘을 다 무시하고, 있는 그대로 보는 것이다. 모든 권위를 부정한다. 이런 용감한 정신으로 이지는 '분서(焚書 태울 책)' '장서(藏書 감출 책)'을 쓴다. 자신의 책이 태워질 것이니, 감추어야 한다. – 이는 자조적인 말이다.

태주학파의 현성 양지는 당시 소작인들에게 큰 영향을 미친다. 지금 내 마음이 현성 양지이다! – 이렇기 때문에 지주가 소작인을 꾸짖을 때, 소작인이 기존의 권위를 마음 수양으로 내면화하지 않고, 자신의 현성 양지에 따른다. 그렇기에 지주의 부당함을 바로 지적하고 싸우게 된다. 고개를 빳빳이 들고 눈을 부라리며 지주에게 덤비게 된다. – 대장부 소작인의 탄생이다.

4) 성령과 신운 기미

성령이 바로 현성 양지나 동심처럼 기존의 권위와 싸우고, 권력에 도전하는 것인가? 전혀 그렇지 않다. 눈앞의 현상은 패스하고, 그 뒤나 위 옆 어디에 있는 '신운 기미'를 인식하는 능력이 성령이다. 이는 전형적으로 현실 도피이다. 신운 기미는 날마다 노동하는 소작인이 추구할 경지가 아니다. 날마다 풍월을 읊는 지주들이나 추구하는 경지이다.

중국 예술에서 특징이 바로 그것이다. 눈앞의 현실을 버리는 것과 함께 가는 것이 노동하는 백성들과 전혀 무관한 예술이 된다. 예술로서 먹고 살 수는 없다. 그렇기에 예술가는 자신을 먹여 살려주는 후원자(패트론)를 위한 예술을 창작한다. 그렇기 때문에 백성을 위한 예술이 없다, 백성을 버린다는 것은 이해가 된다. 그렇지만 눈앞의 현실 세계를 패스하고, 신운 기미로 간다는 것이 합리화되지는 않는다.

8. 내용과 형식

신운과 성령 등의 이론은 결국 형식미로 나갈 수 밖에 없다. 아니 반대로 형식미만을 인정하기 때문에 신운(神韻)과 의경(意境) 같은 것을 목표로 하게 된다.

중국의 예술은 하나같이 내용을 포기하고 형식으로 나아간다. 형식도 직접 지각이 가능한 1차가 있고, 그 뒤에 있는 2차가 있다. 그들은 형식의 2차를 추구한다. 의경(意境)과 신운 기미가 그런 것이다. (1차, 2차 형식은 왕국유가 한 말이다.)

중국 미술은 대다수가 산수화이다. 산과 물을 그린다. 왜 그런가?

이렇게 설명할 수 있다. 나는 사진 찍기를 좋아한다. 대다수의 사진은 거리 건물과 산과 나무이다. 사람을 찍은 것은 거의 없다. 왜? 사람을 찍으면 항의하거나 싫은 눈치를 준다. 반면 나무나 건물은 항의하는 법이 없다.

산과 물을 그리면 권력이 탄압하지 않는다. 그러나 백성의 삶을 그리면 탄압할 것이다. 있는 그대로의 사실을 그리면 정권에 위태롭다. 중국 미술은 전쟁을 그린 것이 거의 없다. 전쟁은 참혹한 현실의 극치인데, 그림의 소재가 될 수 없는가? 중국의 역사서나 삼국지 수호전은 온통 전쟁 이야기 뿐이다. 그러나 예술은 그것을 소재로 삼지 않는다. 못하는 것인가?

중국을 연구할 때 정말 신기한 것들이 많다. 예를 들자면 '딸'에 해당하는 한자말이 없다. 그 오랜 시간 그 많은 학자들 가운데 왕정-군주정을 부정하고, 공화정을 주장한 사람이 단 하나도 없다. 이는 현재도 마찬가지이다. 정말 신기하지 않은가? 자기 검열이 이토록 철저하다.

이 검열이 내면화되고, 나아가 예술 이론이 된다. 신운 기미가 바로 그런 것이다.

왜 중국의 화가는 있는 현실을 무시하고 패스할까? 현실에 발을 들여놓는 순간, 그의 생명은 보장되지 않기 때문일 것이다.

현실은 내용이다. 아리스토텔레스가 말했다. 예술은 자연을 모방한다. 여기에서 자연은 '현실'이라는 말로 바꾸어도 된다. 그렇듯이 서양 예술은 현실을, 내용을 중시했다. 반면 중국의 예술은 언제나 현실을 초월한다. 산과 물, 풀 나무와 새가 최고의 대상이고, 줄기차게 그것만 그린다. 중국의 시를 봐도 거의 하나같이 서정시이다. 자신의 감정 심경을 그린다. 현실을 그리는 서사시는 드물다. 현실에 대해서 발언을 하면 위험하기 때문이다.

이래서 중국의 예술은 위험한 '내용'에서 안전한 '형식'으로 도피한다. 형식의 아름다움을 최고로 친다. 나아가서 단지 형식 뿐인 예술 형식이 나타난다. 서예가 바로 그것이다. 글씨 쓰기가 예술인 곳은 중국과 주변이 유일할 것이다. 물론 한자는 상형 문자여서 그림의 성격이 있기는 하다. 그러나 글자는 글자일 뿐이다. 글자 쓰기가 예술인 이유는 중국의 특수 상황에서 유래했다.

9. 시와 소설

중국에는 시는 있지만, 소설은 없다. 현실에 대해서 발언하지 못 하기 때문이다.

중국의 전통에는 시와 노래는 있다. 그러나 소설은 없다. 왜 소설은 없고, 시는 있는가? 그 둘의 형태의 차이 때문이다. 시는 직관적이다. 감성적 직관에 호소한다. 혹은 이성적 직관에 따른다. 순간적이다. – 강렬하기는 하지만, 현실을 종합적으로 포착하기는 어렵다.

이래서 시는 주관의 감정 표현에 적합하다. 시는 서정시가 주류를 이루게 된다. 물론 시가 현실을 담고, 현실을 비판하지 못 하는 것이 아니다. 노신의 시를 보라. 강렬한 현실 참여이다. 그러나 전통적인 중국의 시는 서정시가 대부분이다. 주관적이다.

소설은 길고 길다. 따라서 이성적 추론과 분석이 담긴다. 현실을 논리적으로 분석하고 대안을 제시할 수 있다. 소설이 개인의 감정과 순간적 직관을 담기에는 너무 길다. 따라서 소설은 현실이라는 내용을 이성적으로 분석한 것을 담을 수 밖에 없다.

서양에서도 소설은 근대 자본주의의 성립과 더불어서 등장한다. 1차적으로는 민주화로 사상적 자유가 주어지기 때문이다. 현실을 다루고 비판할 수 있게 되었다. 2차적으로는 학문의 발전으로 현실 인식의 심화, 자본주의의 발달로 문학의 시장이 발달하기 때문이다. 자본주의 이전에 예술이 생존하기 위해서는 후원자(페이트론)에 의지하거나, 연극과 같은 공연으로 수입을 얻는다. 중국에서 4대 기서 - 삼국지 수호지 서유기 금병매가 그런 공연으로 시작되었다. 결코 소설로 만들어진 것이 아니다. 혹은 노동요처럼 스스로 부르고 스스로 소비함 - 이것이 당시 예술의 존재 모습이다. 반면 자본주의에서는 예술이 상품이 된다. 그 결과 예술가는 상품을 팔아서 자립적으로 살 수 있는 여지가 생기게 된다.

중국은 시와 부(賦, 혹은 詞)가 번갈아가며 나타난다. 선진 시대에 『시경』의 시와 이소(離騷)와 같은 초사(楚辭)가 있었다. 한나라 때는 부(賦), 당나라의 시(詩), 송나라의 사(詞), 원나라의 곡(曲, 노래 가사), 청나라의 시 - 이런 식으로 발전한다. 정형화되고 압축된 것이 시라면, 형식과 규율을 깨고 비교적 자유로운 것이 부(賦) 사(詞) 곡(曲)이다.

형태야 어떻든 간에 이것들은 기본적으로 소설과 다른 것이다. 중국에서 소설 비슷한 것은 연극 대본으로 시작한다. 삼국지 등 4대 기서가 그것이다. 그후 청나라에 가면 『홍루몽』이 나온다. 4대 기서는 과거의 역사적 사실을 다룬다. 반면 『홍루몽』은 당시의 현실, 남녀의 연애담이다. 따라서 차원이 다르다. 이점에서 어느 정도 소설과 접근한다.

● 소설이라는 장르는 서양 근대, 민주주의 자본주의 시대에 나온다. 서양 근대 이외에는 소설이 없었다. 소설은 객관적 현실을 담는다. 내용의 극치이다. 반면 시는 현실을 적게 담을 수 있다. 형식의 극치로 갈 수 있다.

● 중국의 4대 기서 ① 원래 연극의 희곡이다. 60회 본, 90회본 식으로 되어 있다. 소설이 아니다. ② 과거의 일을 다룬다. 현재의 사실이 아니다. 삼국지 – 위진 시대, 서유기 – 당나라, 수호지 및 금병매 – 북송 말; 이렇게 과거를 다룬다. ③ 보통 사람들에게 오락으로서 예술, 요즘으로 치면 예능이다. 이성적 사유가 아니라, 오락으로 즐기기 위한 것이다. 오락 놀이 유희의 하나이다. ④ 홍루몽은 예외이다. 청나라 당시 젊은이의 연애를 담는다. 현실에 발언을 한다. 이는 춘향전과 같다. 중국에서는 연극에서 소설이 나왔다면, 조선에서는 판소리에서 소설이 나온다. 춘향전 흥부전 변강쇠전 등이 그렇다. ⑤ 이성적 사유가 아니라, 감각적 지각, 혹은 이성적 직관에 의존한다. – 이런 점에서 4대 기서는 소설이 아니다.

● 왜 연극은 그리스에서 처음 발생했는가? – 그리스의 다신교 때문이다. 여러 신들의 이야기는 말로 설명하기 보다는 연극으로 공연하기에 딱 맞다. 반면 히브리의 유일신은 연극으로 이야기하기가 극히 어렵다. 아니 불가능하다고 보아야 한다.

10. 서예와 형식미

1) 제백석의 그림 속의 신운 기미

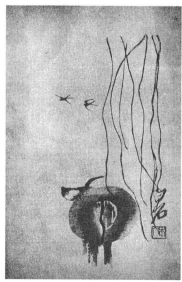

이 둘은 중국 현대의 저명한 화가 아지(阿芝) 제백석(齊白石)의 그림이다. 우리는 확실히 이 그림의 아름다움을 인정할 수 있다. 신비한 소리(神韻), 기운의 맛(氣味)을 느낄 수 있다. 그러나 이 그림은 현실과 사실을 표현하려는 것이 아니라, 신운 기미와 같은 형식의 아름다움을 그리려는 것이다. '구체적인 형상'(a)은 '신운 기미'(b)와 같은 아우라, 혹은 초월적인 형식미를 표현하기 위한 수단이다. (a는 현실, b는 초월자)

이는 플라톤의 '이데아와 현실'의 관계로 말할 수 있다. 그는 동굴의 비유를 통해서 말한다. 이데아(관념 b)만이 참으로 존재하고, 현실의 사물(a)은 그림자에 불과하다. 니체는 이에 대해서 뒤집힌 세계라고 한다. 실재 존재하는 것은 현상(a)이고, 이데아(b)는 그것에 반영이다. 플라톤은 그것을 뒤집어서 말했다는 것이다.

제백석의 그림에 대해서도 똑같이 말할 수 있다. 현실의 구체적인 형상(a)은 신운 기미(b)와 같은 형식미의 표현 수단이다. 왜 구체적인 현실을 수단으로 삼아서 초월적인 신운을 추구하는가? 이 역시 뒤집힌 세계 아닌가?

2) 제2 형식미와 신운 기미

제백석의 그림에서 명확하게 알 수 있는 것은 형식의 아름다움 추구이다.

왕국유는 "모든 미는 형식미이다" 라고 하면서, '고전적 우아미'(古雅)를 제2 유형의 형식미, '형식미의 형식미'라고 한다. 그 예를 다음과 같이 든다.[2]

밤이 깊어 다시 촛불을 잡으니,
서로 마주 대함이 마치 꿈속인 것 같구나! (杜甫, 羌村)

오늘은 밤이 남아도니, 은 등잔을 잡고 비추어 본다.
서로 만남이 꿈속에서일까 두렵구나. (晏幾道, 鷓鴣天)

무리 속에서 그대를 찾느라 천번 백번 헤매었지.
문득 고개를 돌려보니, 그대는 오히려 거기에 있네.
등불이 희미해지는 곳에! (辛棄疾)

---

2   장치췬(章啓群), 앞의 책, 119~122, 144쪽.

술을 마주하고서는 마땅히 노래를 부르리라.

억지로 마시니 도리어 아무 맛도 없도다.

허리띠가 점점 느슨해지더라도 끝내 후회하지 않으리…

그대 때문에 야위어져, 사람이 초췌해지더라도…" (柳永, 鳳栖梧)

왕국유는 사물이 외재적으로 드러난 모양을 제1형식, 예술 자체로부터 드러나는 형태를 제2형식이라 한다. 위의 시들은 2형식인 '옛 우아함'(古雅)을 담고 있다. '옛'이란 예전의 한문 형식을 의미하고, '우아함'이란 신운 기미 비슷한 형식미이다. 이 시들이 그리는 현실(a)을 넘어서서, 이 시들은 '신비한 소리, 기운의 맛'(b)을 담고 있다. 참된 시는 현실이 아니라 '우아한 맛'을 담아야 하고, 독자는 그것을 맛보아야 한다.

시 정신과 소설 정신은 다르다. 왕국유는 시 정신의 극단으로 밀어서 고전적 '형식미'로 나간다. 현상을 초월해서 '우아한 맛'의 시식으로 나간다. 소설의 정신으로 현실을 이성적으로 분석하고 비판하는 것을 천시한다. ― 이것이 특별하지 않은 것이, 그는 중국의 표준적인 예술 이론을 되풀이하기 때문이다. 내용을 버리고 형식의 아름다움으로 나간다.

3) 내용을 창작해야 '서예'가 된다

이렇게 치달리는 형식미의 극치는 서예이다. 예술은 내용과 형식의 종합이다. 서예는 내용을 버리고, 형식으로만 나간다. 이런 점에서 극단적이다.

서예가들은 어느 누구도 내용을 창작하지 않는다. 다만 글씨의 아름다움만 보여준다. 이렇게 내용을 포기하고, 형식미로만 나가도 예술 작품이 될 수 있는가? 서예는 중국의 예술이 망하고 있는 지점을 정확하게 보여준다.

서예전에 가면 수백개의 족자가 걸려 있다. 제각기 아름다운 글씨, 개성이 있는 글씨를 보여준다. 그러나 그게 과연 예술인가? 단지 글꼴 디자인에 불과하지 않는가?

서예가 진짜 예술이 되려면, 글 내용을 서예가 자신이 지어야 한다. 그것을 글자로 써야 한다. 그래야 예술로 인정받을 수 있다. 문제는 대다수의 서예가 한문이다. 한문을 배워서 창작할 서예가는 드물다. 아니 한문으로 내용을 창작한다고 해도, 관람자가 그 내용을 이해하지 못한다. 그렇다고 한글 서예는 한자만큼 형식적 기교를 부리기 어렵다. 한자라는 질곡에 서예는 너무 쉽게 막혀서, 내용을 포기한다. - 결국 서예는 예술이 아니라, 그냥 기술로 살아남을 것이다. 중국 예술의 운명이 그렇다.

4) 전통 예술이 나아갈 길

한국의 전통 예술은 유물 보존 차원에서 국가의 지원을 받는다. 명창 명인이라는 칭호가 바로 그것이다. 이렇다 보니 과거의 예술을 그냥 반복하게 된다. 반복해야 칭호가 지정된다. 이 결과 신인들이 진입하기가 어려워진다.

이렇게 과거의 것의 반복으로서 예술, 이것도 과연 예술이라 해야 하는가? 이 역시 내용 없는 형식으로서 서예의 문제와 똑같다. 현실은 눈앞에 있다. 그러나 전통 예술은 과거의 것의 반복이다. 현실이라는 내용을 무시해도 된다. 새롭게 창작할 필요가 없다. 단지 명창 명인들이 과거의 것을 반복하는 것이 전부이다.

내용을 돌보면, 현실을 직시하게 된다. 현실을 직시하면, 새로운 작품을 만들 수 밖에 없다. 전통 예술이란 박제가 된 새이어야 하는가? 중국 예술은 늘 내용을 경시하고 형식 중심으로 나간다. 그것이 다시 전통 예술이라는 문화재 보호 정책과 만나면, 과거의 것에 정체되고 안주하게 된다.

5) 내용과 형식의 조화

예술은 내용과 형식으로 이루어져 있다. 필자는 내용이 예술의 전부라고 주장하는 것이 아니다. 중국의 예술이 과도하게 형식에 치우친 반면, 내용을 지나치게 무시하고 있다. 이 불균형이 중국의 예술을 망치고 있다.

나는 모든 중국 예술이 다 '내용'을 추구하라는 것이 아니다. 왜 일방적으로 형식미만 추구하는가? 왜 내용은 그렇게 무시하는가? 이점을 지적하고 싶을 뿐이다. 모든 것은 균형이 있어야 한다. 일방적이면 그것은 완벽한 예술이 될 수 없다.

초월적인 신운 기미와 같은 형식미의 추구는 원초적으로 진시황과 같은 절대 권력의 탄압 때문에 내몰린 길이다. 권력과 싸워서 독립한 예술은 아직 중국에 없다. 한류가 전세계를 휩쓰는 것은 권력과 싸워 이겨서 쟁취한 자유의 공헌이 크다.

눈앞의 현실을 직시하고, 예술이 그것을 다룰 때, 생명이 살아난다. 서예처럼 내용을 완전 포기하거나, 전통 예술이 문화재 보존 차원에서 존재하는 것, 이 역시 내용없는 형식이라는 중국 예술의 고질병과 연관된다.

서예가가 내용을 창작해서 쓸 때, 전통 예술이 현재의 상황을 다루는 새 작품을 만들 때, 중국 예술의 고질병에서 벗어날 수 있다. 과연 가능할까?

혜시의 역물 10사의 증명

1. 들어가는 말

혜시는 장자 맹자와 같은 시대 사람으로서, 명가 학파의 대표적인 사람이다. 또한 그의 철학은 장자에 막대한 영향을 미쳤다. 그러나 그가 남긴 글이라고는 『장자』, 『천하』편에 남은 '역물(歷物) 10사'라고 불리는 명제 10가지 뿐이다.

이 10개의 명제는 서너개를 빼고는 아직까지 정확하게 해석되거나 이해되지 않았다고 할 수 있다. 그 명제들은 상식을 비웃는 명가학파의 일반적인 명제들처럼 상식과 반대되는 주장이 대부분이다. 상식과 기존의 철학에 근거해서 그 명제들을 해석하려 하면, 그 명제들은 쉽사리 이해될 수 없다.

이 글은 역물 10사에 대한 새로운 해석을 시도한 것이다. 이 해석의 전략 혹은 원칙은 다음과 같다.

① 이 명제들은 결론에 해당된다. 어떻게 그런 결론을 내리는지, 그 증명이 더 중요하다. 문제는 결론은 남아 있는데, 증명은 없다. 분명히 혜시는 증명을 했기에 그런 결론을 내렸을 것이다. 그러나 증명이

남아 있지 않다. 실제로는 결론보다는 증명이 중요하다. 따라서 결론인 명제를 근거로 해서 증명을 재구성해야 한다. 이 글은 그 재구성에 해당된다.

② 이 명제들은 그 자체가 모순되는 말이거나, 상식과 반대되거나, 상식적으로 이해가 되지 않는 말들이다. 따라서 그 명제들을 상식적으로 이해될 수 있게 변형시키는 것은 안 된다.

③ 모순됨, 혹은 난해함은 이성적인 추론·논증으로 해결될 수 있다. 상식적으로 감각적으로 보면 모순이나, 이성적으로 따지면 증명이 된다.

④ 이 추론·논증에서 일차적으로 근거하는 것은 역물 10사와 당시의 문헌이다. 그리고 서양 철학이나 현대의 여러 해석자 주석가들의 해설을 참조한다.

⑤ 이 글에서 내놓은 논증의 정확성은 어느 정도인가? 이 10개의 명제들은 증명이나 논증이 없다. 다만 결론만 있다. 그 논증 증명은 결국 해석자에 달려 있다. 누가 한 것이 가장 혜시의 원래 논증-증명에 가까운가? 그것은 알 수 없다. 원래의 증명을 복원하는 것은 불가능하다. 따라서 증명의 깊이로 따질 수 밖에 없다. 이 글의 논증의 정확성도 바로 그점에 달려 있다.

● 혜시의 역물 10사는 다음과 같다.
　1. 가장 큰 것은 밖이 없으니, 이를 일러 '큰 하나'라고 한다. 가장 작은 것은 안이 없으니, 이를 일러 '작은 하나'라고 한다.

至大無外 謂之大一, 至小無內 謂之小一.

2. 두께가 없는 것은 쌓을 수 없다, 그러나 (일단 쌓으면) 그 크기는 천리이다.

   無厚不可積也, 其大千里.

3. 하늘과 땅은 나란하다. 산과 연못은 (높이가) 평평하다.

   天與地卑, 山與澤平.

4. 해는 뜨면서 동시에 지는 것이다. 사물은 살면서 동시에 죽는 것이다.

   日方中方睨, 物方生方死.

5. 크게 같음과 작게 같음은 다르다. 이것을 일러 '작은 같고–다름'이라 한다. 모든 사물은 반드시 같고 반드시 다르다. 이것을 일러 '큰 같고–다름'이라 한다.

   大同與小同異, 此之謂小同異; 萬物畢同畢異, 此之謂大同異.

6. 남쪽은 끝이 없으면서 끝이 있다. 南方無窮而有窮.

7. 오늘 월나라에 가서 어제 돌아왔다. 今日適越而昔來.

8. 연결된 고리(連環)는 풀 수가 있다. 連環可解也.

9. 나는 천하의 한 복판을 안다. 연나라의 북쪽이며 월나라의 남쪽인 곳이 그 곳이다.

   我知天下之中央; 燕之北, 越之南, 是也.

10. 모든 사물을 두루 사랑하라! 하늘과 땅은 한 몸이니까.

    汎愛萬物, 天地一體也.

● 역물 10사를 해석하는데 참조하는 '변자들의 명제' 및 기타 명제들
은 다음과 같다.

21. 한 자 길이의 채찍을 날마다 (잘라서) 그 반씩 취한다면 30만년
    에 이르더라도 (채찍은) 없어지지 않는다.
    一尺之捶, 日取其半, 萬世不竭.

9. 수레바퀴는 땅을 밟지 않는다. 輪不蹍地.

11. 손가락은 (어떤 것에도) 닿지 않는다. 닿으면 떨어지지 않는다.
    指不至, 至不絕.

15. 나르는 새의 빛(땅에 떨어진 그림자)은 일찍이 움직인 적이 없다.
    飛鳥之景, 未嘗動也.

16. 화살촉의 빠름으로서도 가지도 않고 멈추지도 않은 때가 있다.
    鏃矢之疾 而有不行不止之時.

1. 달걀에는 털이 있다. 卵有毛.

6. 두꺼비에는 꼬리가 있다. 丁子有尾. (이상은 『장자』, 『천하』 편에 나옴.)

● 그밖에 참조할 곳들

『장자』, 「칙양」의 와우각(蝸牛角)의 비유, 「제물론」의 나비 꿈,
「서무귀」의 장석의 도끼질, 「양생주」의 포정 해우 등.
『노자』 41, 45, 43장
『묵자』 경 159, 61, 69, 172-174 조.
『순자』, 「불구」의 '山淵平 天地比', '齊秦襲'.
『열자』, 「중니」의 '髮引千鈞'.

2. 역물 10사의 증명

혜시의 역물 명제는 크기에 관한 것으로 시작한다. '크기'는 결국 '끝'의 문제이기도 하다. 이를 혜시는 안과 밖으로 바꾸어서 말한다. 원효도 혜시의 이런 정의를 인용한다. 그만큼 유명한 명제이기도 하다.

역물 명제 1

a. 가장 큰 것은 밖이 없으니, 이를 일러 '큰 하나'라고 한다.
至大無外 謂之大一,
b. 가장 작은 것은 안이 없으니, 이를 일러 '작은 하나'라고 한다.
至小無內 謂之小一.
c. 가장 큰 것과 가장 작은 것은 같다.(a와 b에서 딸려 나오는 결론)

1) 자명한 명제 - 토톨로지

이 세상에서 가장 큰 것은 물론 '바깥이 없는 것'이다. 이 세상에서 가장 작은 것은? 물론 '안이 없는 것'이다. 이는 지극히 논리적인 정의이다. 그 정의 자체로 이미 증명되는 말이다. 다시 말해서 이 세상의 것을 관찰할 필요도 없이 이 말 자체로 이미 '참임'이 증명된 논리적 명제이다. 따라서 더 이상 할 말이 없다. a와 b는 그 자체로 자명한 명제이다. 문제는 c이다. 이는 혜시가 말하지 않았다. 그러나 문맥상, 그리고 당시 장자 등이 한 말로 보면 a와 b는 c를 함축하고 있다. 여기에서도 바로 c를 증명하고자 한다.

문제는 명제 1의 a, b가 구체적으로 무엇을 의미하는가이다. 사람들은 이 명제에 대해서 많은 상상을 했다. 원효는 이 명제(a, b)가 일심(一心)을 의미한다고 보았다. 이 마음은 이 세상 모든 것을 인식할 수 있다. 따라서 이 세상 모든 것을 다 담는다. 가장 큰 것이다. 그러나 이 마음 자체는 내 한 개인의 마음이다. 따라서 가장 작은 것이다. 가장 작은 것이 가장 큰 것을 담는 것이다. 이래서 명제 c가 된다. – 이는 그야말로 '마음대로' 상상한 것이다.

c는 "부분이 전체를 담는다"는 유기체론, 생명체론의 논리에 따라 당연히 도출된다.

혜시의 이 명제는 기하학적이고, 물리학적이다. 혜시 당시의 철학 사조로 볼 때, 이는 곧바로 인식론적 명제로 바뀐다. 가장 큰 것과 가장 작은 것은 인식의 문제이다. 설사 그런 것이 있다 하더라도, 그것을 인식하기 이전에는 인간에게는 아무런 의미가 없다.

혜시는 이성적 사유로 가장 큰-작은을 제시하였다. 인식론적 관점이란 경험론적인 것이다. 인간이 감각으로 지각할 수 있는 범위의 한계는 무엇인가? 그것이 가장 큰 것 아닌가? 가장 작은 것이 아닌가?

혜시의 이성적 추론은 곧바로 감각 지각으로 확인할 수 있느냐의 문제로 바뀐다.

a, b 두 명제는 그 자체로 자명한 명제처럼 보인다. 토톨로지(tautology) 명제는 논증할 필요가 없다. 토톨로지는 동어반복을 의미한다. '가장 큰 것'과 '밖이 없음', '가장 작은 것'과 '안이 없는 것'은 각각 서로 같은 것의 다른 표현이라 할 수 있다. 토톨로지인 셈이다.

이런 논리적 형식적 사실적 규정에 따르면, 가장 큰 것과 가장 작은 것은 절대로 같을 수 없다. 서로 반대의 극과 극이다. 따라서 c 명제는 나올 수 없다. 그러나 다르게 생각해 보자.

2) 인식론적 명제 - 명제 c

a, b 두 명제를 인식론의 문제로 바꿀 경우, 많은 함축이 드러나게 된다.

명제 a b의 논리적이고 형식적인 정의를 구체적인 현실에서 생각해 보면, 대일(大一)과 소일(小一)은 인간의 인식의 한계 문제이다. '안이 없는 것'과 '바깥이 없는 것'은 현실적으로 어떤 의미가 있는가? 현실적으로 말하자면, 바로 우리가 인식할 수 없는 것, 그것이 '안이 없는 것'과 '바깥이 없는 것'이다. '안/바깥이 없음'이란 물리적으로, 혹은 기하학적으로 '없음'이라는 것이 아니라, 인식론적으로 '없음'이다. 즉 인식할 수 없기 때문에 '안/바깥이 없음'이다.

다시 말해서, 가장 큰 것, 가장 작은 것이 있을 수 있다. 그러나 우리가 그것을 인식하지 않으면, 그것이 있는지 없는지 알 수 없다. - 결국 우리와 상관없는 것이 된다. 오직 우리가 인식할 수 있는 것만이 실질적으로 우리에게 의미가 있는 존재가 된다.

● 가장 큰 것과 가장 작은 것은 결국 큼과 작음의 끝-극한이다. 따라서 이는 인식할 수 없음의 문제이다. '큼-작음'은 상대적인 개념이다. 그 사이에 있는 것들은 인식할 수 있다. 그러나 큼과 작음의 양끝으로 가면, 어느 순간 인식 불가능한 지점이 나타날 것이다. 이는 이미 노자가 말한 바가 있다. 가장 큰 것은 볼 수 없다. 큰 음은 소리가 드물고, 큰 모양은 형체가 없다. (大音希聲, 大象無形, 41장) 결국 들을 수 없고, 볼 수 없다는 말이다.

이처럼 혜시 당시의 많은 학자들이 비슷한 주제를 말하고 있다. 이들의 이야기를 종합하면서, 혜시의 a, b 명제를 해석해 보자. 그러면 결국 a=b, 즉 '가장 큰 것 = 가장 작은 것'이라는 결론에 도달하게 된다. 이는 역물 명제 5의 필동(畢同) 필이(畢異)로 연결되며, 역물 명제 10과 같아진다. 나아가 이는 부분이 전체를 포함한다는 유기체론이 된다. 이는 중국의 특유한 사고 방식이기도 하다.

이 결론에 도달하기 위해서는 상당히 많은 증명이 필요하다.

3) 점 - 자르기와 붙이기

〈명제 1〉의 딸린 결론 c = 至大와 至小는 같다.

크기는 공간의 문제이다. 자르기와 붙이기, 지소(至小)와 지대(至大), 사건의 지평 – 이 세 측면이 있다. – 역물 10사 가운데 공간을 다룬 명제들은 기본적으로 다음 명제에 근거하여 해석하고 설명할 수 있다.

변자 명제 21

"한 자 길이의 채찍을 날마다 (잘라서) 그 반씩 취한다면, 만대에 이르더라도 (채찍은) 없어지지 않는다."

一尺之捶, 日取其半, 萬世不竭.

채찍을 끝없이 절반씩 자르는 문제는, 선을 절반씩 잘라서 점에 도달하는 문제이다. 다시 말해서 점과 선의 관계는 분할의 문제이다. 선이란 분할될 수 있는 것이고, 점이란 분할될 수 없는 것이다. 선과 점을 구분하는 것은 '분할될 수 있음-없음'이다.

● 점의 두 가지 정의 – 논리적 측면과 현실적 측면

선을 끝없이 절반씩 잘라 나가면, 더 이상 분할 할 수 없는 곳에 다다른다. 그것이 바로 점이다. 그렇다면 '점'이 무엇인가를 규정하는 것은 '더 이상 분할할 수 없음'에 달려 있다. 이 '분할할 수 없음'은 두가지 측면이 있고, 따라서 점도 두가지 측면에서 정의된다. 즉 논리적 측면과 현실적 측면이 그것이다.

(1) 논리적 사유적 측면

논리적으로 보면, 혹은 생각(사유)만 해 본다면, 선은 끝없이 무한히 분할을 할 수 있다. 즉 어떠한 길이의 선이라도 절반씩 자를 수 있는 횟수는 '만세(萬世; 30만년×365번)'에 그치는 것이 아니라, 무궁(無窮) 무한(無限) 무극(無極)인 셈이다. (窮-極-限은 다 '끝'을 의미한다.) 이는 논리적으로 볼 때 그렇다는 것이며, 또 그렇게 생각할 수 있다는 것이다. 그러나 과연 위의 변자 명제 21의 말처럼 끝없이 절반씩 자를 수 있는가? 그리스 철학의 경우 제논이 이와 비슷한 역설을 내어 놓았고, 그 후 유클리드 기하학에서는 '점'을 '위치만 있고, 크기가 없는 것'이라 규정한다.[1]

(2) 현실적 측면 – 분할을 하는 주체인 인간의 한계(유한성, 조건)의 측면

끝없이 절반을 자를 수 있다는 것은 논리적인 것이고, 현실적으로 보면, 분할을 하다 보면, 사람들은 곧 '더 이상 나눌 수 없는 곳'까지 도달한다.

분할하는 행동에는 그 주체가 있다. 즉 사람이 그렇게 분할한다는 것이다. 그 분할이란 '사람'이라는 것에 영향을 받는다. 반대로 말하자면, '사람'이라는 요소는 그 분할에 큰 영향을 미치는 조건이 된다.

현실적으로 더 이상 나눌 수 없는 이유는 두가지일 것이다. ① 인식의 문제; 선의 시작과 끝이 인식이 되지 않는다는 것. 시작 부분과 끝 부분, 그리고 그 사이인 중간 부분을 인식해야 우리는 칼을 그 중간 부

---

1   이 문제는 "2.2 두께에 관한 논증"에서 다룬다.

분에 대고 자를 수 있다. 그런데 시작과 끝이 더 이상 구분이 안 된다면, 칼을 그 중간에 댈 수 없다. ② 칼날의 문제: 선의 시작 점과 끝 점 사이의 길이보다 칼날의 너비가 더 클 경우 우리는 선을 자를 수 없다.

이 한계 때문에 도달하는 '점'이 바로 일반 사람들이 생각하는 '점'이다. 다시 말해서 현실적으로 사람들에게 존재하는 점은 바로 이 점이다. 유클리드 기하학에서 말하는 '위치만 있고, 크기가 없는' 것으로서 점은 현실적으로 일반인에게 존재하는 점이 아니다. 그것은 단지 논리적 이론적 사유로만 설정된 점이다. (그런 점으로 구성된 공간을 논리적 공간 logical space이라 한다.) 이 둘을 각각 현실적인 점과 논리적인 점이라 하자.

이 현실적인 점은 두가지 측면이 있다. ① 그 점은 사람이 더 이상 나눌 수 없다. 사람이 더 이상 나눌 수 없기 때문에 점이라 한 것이다. 즉 사람의 한계 때문에 점이라 한 것이다. ② 그러나 그 현실적인 점은 논리적 이론적으로 사유를 해 보면 계속해서 더 나눌 수 있다.

따라서 인간의 현실에서는 더 이상 나눌 수 없지만, 논리적으로는 계속 더 나눌 수 있는 것, 그것이 바로 '현실적인 점'이다. 그렇다면 이 점은 인간이 아닌 다른 존재-예컨대 사람보다 무한히 작은 어떤 것-에게는, 그것은 더 이상 나눌 수 없는 것, 즉 점인가? 물론 아닐 것이라는 것이 장자나 혜시의 논증이다. 논리적으로 이론적으로는 '현실적인 점'을 계속 나눌 수 있기 때문에, 만약 사람의 한계가 없는 존재는 그 점을 더 나눌 수 있을 것이다. 따라서 그 존재에게 그 점은 '현실적인 점'이 아니다. 이렇게 본다면, 현실적인 점이란 반드시 분할하는/나누는 존재에 따라 다를 수 있다. 그러므로 언제나 그 앞에 수식어-한정어를 붙여야 한다. 즉 '사람에게 현실적으로 점', '하루살이에게 현실적으로 점' 하는 식으로 규정해야 한다는 것이다.

이렇게 말할 수 있는 것은 다음과 같은 전제가 있다. 사람은 눈이라는 인식 기관과 칼이라는 도구에 얽매인다. 따라서 그 기관과 도구의 한계가 바로 인간의 한계이고, 그것은 '바로 사람에게 현실적인 점'으로 나타난다. 만약 사람보다 무한히 작은 어떤 것('蝸牛'[2]라고 짐짓 이름을 지어 보자)이 있다고 한다면, 그것은 그것의 인식 기관과 그것의 칼을 가질 것이다. 사람에 비해서 와우(蝸牛)는 그 크기가 일정 비율로 작아졌을 것이다. (물론 무한히 작아져야 하므로 그 비율은 무한히 클 것이다. 그 비율을 K라고 해 보자.) 그리고 사람의 인식 기관과 도구에 비해서 와우의 기관과 그 도구는 위에서 말한 비율로 작아질 것이다. 작아진다는 것은 정밀해진다는 것이다.

즉 '분할할 수 있다'는 것은 선이라는 말이고, 선이라는 것은 시작 부분과 끝 부분이 구별된다는 말이다. 사람에게는 시작과 끝이 구분되지 않기 때문에 점인 것도 와우에게는 선일 수 있다. 왜냐하면, 와우는 사람에 비해서 K의 비율만큼 작기 때문에, 따라서 K 비율만큼 사람에 비해서 정밀하게 볼 수 있을 것이다. 사람에게 점인 것도 와우에게는 시작과 끝이 구별되고, 따라서 점이 아니라 선이다.

여기에서 약간의 비약이 있다. 과연 와우라는 것은 존재하는가? 일단 존재한다고 치고, 와우가 K라는 무한한 비율로 사람보다 작다고 해서, 그 인식 능력과 칼날의 너비가 그 비율로 작아질 수 있는가? 이는 현실적으로 불가능할지 모르겠다. 그러나 어차피 와우를 이야기하기 시작하면, 이는 현실의 문제가 아니라 논리적이고 이론적이고 사유의 문제가 된다.[3] 일단 그런 것이 논리적으로 존재한다고 치고 논증을 밀고 나가 보자.

---

2 『장자』, 「칙양」, 달팽이의 뿔(蝸牛角) 위에 촉씨와 만씨 나라가 있어서 싸웠다고 한다. 여기에서 '와우'라고 한 것은, 촉씨나 만씨 나라 사람들을 가리킨다.

3 논리적인 것은 가상의 세계에서도 실현되어야 한다. 그래서 등장시키는 가상의 세계는 비유/은유적으로 표현된다. 이렇게 해서 우리의 논의는 현실적 측면에서 다시 논리적 측면, 즉 가상-비유의 측면으로 들어가게 된다. 장자의 논의는 논리-가상-비유에 많이 의존한다.(寓言)

4) 사건의 지평

현실적인 의미의 점이라는 것, 이는 인식의 한계의 문제이다. 사람에게는 점인 것이 와우에게는 점이 아니라는 것은 바로 인식의 한계에 따른 것이다. 다시 말해서 '점'이라는 것은 단순히 분할/나눔이라는 측면에서 볼 때는 기하학의 문제이지만, 분할하는 주체라는 측면에서 볼 때 그것은 기하학의 문제가 아닌 인식의 범위의 문제가 된다는 것이다. 점이란 인식의 범위-한계를 말한다. 사람에게 점이라는 것은, 그 점 안의 내용이 인식되지 않는다는 것이고, 따라서 사람의 인식의 범위 혹은 한계가 바로 그 '점'이라는 것이다. 그러나 와우에게 그것은 점이 아니고 선이기 때문에 그것은 인식의 한계가 아니다.

이제 와우의 측면에서 보자. 즉 사람에게 점은 와우가 볼 때 하나의 원일 것이다. (원이라 한 것은 점이 그렇게 보이기 때문이다. 위에서는 원이라는 말 대신 선이라 했는데, 사실상 같다. 위에서는 분할의 문제 때문에 원이라는 말 대신 선이라 했다.) 와우의 눈에는 원인 것, 즉 그 테두리 선부터 그 안이 사람에게는 전혀 구별이 되지 않는다. 구별이 된다는 것은 분할된다는 말이다. 인식이란 바로 분할해서 보는 것이다. (인식이란 A와 ~A를 구별하는 것이 그 기초이다. 그리고 이는 위에서는 선의 시작과 끝이 구별되어서 자를 수 있음으로 말했다.)

바로 와우에게 그 원으로 나타난 것, 그것은 사람에게는 특이한 지점이다. 그 원 안은 구별이 되지 않고, 인식이 되지 않는 곳이다. 따라서 사람에게는 그 원 안에는 아무런 '사건'도 존재하지 않게 된다. 그리고 원 바깥만이 사람에게 인식되는 사건을 일으킬 수 있다. 따라서 그 원을 '사건의 지평'이라 하자. 지평이란 지평선이다. 지평선 너머는 아무 것도 보이지 않듯이, 이 사건의 지평선 너머에 있는 것은 사람에게는 인식되지 않는다.[4]

---

4 '지평(horizon)'은 사고나 지식의 범위 한계 시야를 뜻한다. '사건'은 이 세상에서 일어나

편의상 우리가 살고 있는 차원을 #1이라 하자. 그러면 '큰 하나' 밖의 차원을 #2라 하고, '작은 하나' 안의 차원을 #0이라 하자.

5) 〈명제 1〉의 딸린 결론 c = 至大와 至小는 같다

혜시는 명제 a, b에서 최소 지평과 최대 지평을 말하고 있는 셈이다. 그것은 각각 '하나'이다. 그리고 그것은 분할될 수 없기 때문에 '하나'라고 한 것이다.[5] 그렇다면 '큰 하나'인 최대 지평과 '작은 하나'인 최소 지평이라는, 이 '하나'들은 서로 어떤 관계에 있는가? 위에서 이미 말했듯이, 그것은 서로 맞물려 있다. #1 차원인 사람에게 '큰 하나'는 #2 차원의 존재에게는 '작은 하나'이다. 따라서 '큰 하나'는 '작은 하나'일 뿐이다. 다시 말해서 똑 같은 '하나'인 어떤 것이, #1에서는 '큰 하나'이고, #2에서는 '작은 하나'이다. (#0과 #1의 차원에서도 똑같은 말을 할 수 있다.) 이 말은 무엇을 의미하는가?

'안이 없는 것'과 '바깥이 없는 것'은 우리가 인식할 수 없는 것, 다시 말해서 '인식의 단절/끊어짐'을 말한다. 이처럼 인식이 끊어지는 곳, 그것을 사건의 지평선이라 할 수 있다. 그 안 쪽에 있는 사건만이 인식되기 때문에 그렇게 말한 것이다. 그러나 만약 우리가 그 '사건의 지평선'에 설 수 있다면 어떤 일이 벌어질 것인가? 그 지평선에 선다면 우리는 #1과 #2의 두 차원을 다 볼 수 있게 된다. 즉 #1에서 최대 지평인 '하나'를 #2의 차원에서 최소 지평으로 볼 수 있게 된다.

이 '단절/끊어짐'은 사건의 지평선의 특징이다. 그러나 지평선에

는 일(Tatsache)로서, 사람이 참여할 수 있으며, 또한 인식할 수 있는 것을 말한다.

5 그것은 '하나'이기 때문에 분할될 수 없는 것이 아니라, 분할될 수 없기 때문에 '하나'일 것이다. 최소 지평의 안이 분할될 수 없음은 '점'에 관한 논증에서 말했고, 최대 지평과 그 바깥이 분할될 수 없음은 '남방의 무궁-유궁'에서 설명했다.

서면 양쪽 차원을 다 볼 수 있다. 이런 점에서 사건의 지평선은 양쪽 차원을 다 볼 수 있는 '특이한 지점'이라 할 수 있다. 또한 그 지평선에서는 최대 지평이 최소 지평으로 변한다는 점에서 '특이점'이라 할 수 있다. 이 특이점은 왜 있게 되는가? '하나의 존재 세계'인데, 인식의 한계, 혹은 인식의 단절 때문에 '큰 하나'와 '작은 하나'로 갈리기 때문이다. 다시 말해서 하나의 존재 세계에 대해서, 인식의 유한성 때문에 두가지 사건의 지평이 성립하기 때문이다.

그렇다면 사람은 그 '사건의 지평선', 혹은 '특이한 지점'에 설 수 있는가? 즉 양쪽의 차원을 다 볼 수 있는가? 역물 명제 1에 따르면, 큰 하나와 작은 하나는 논리적인 개념이고, 인식의 한계/단절이 있는 곳이다. 따라서 그 지평선에 설 수 없다. 그러나 장자는 이 "하나의 존재 세계에 두가지 사건의 지평이 성립한다"는 것을 약간 변형시켜서 제물론의 기초로 삼는다.

역물 명제 1에서 말하는 큰 하나와 작은 하나는 사람이 보기에 그런 것이다. 장자에 따르면, 바깥이 없다는 것과 안이 없다는 것은 사람이 보기에/인식하기에 그렇다는 것이다. 그것은 사람에게만 큰 하나이며 작은 하나일 뿐이다. 그렇다면 다른 짐승들은 어떤가? 『장자』는 인식이 그 주체에 따라 다름을 누누이 논증한다.(제물론) 서시(西施)는 사람이 보기에 미인이지만, 개구리에게 위험한 짐승이므로 피해야 할 대상에 불과하다. 사람의 지평과 개구리의 지평, 원숭이의 지평, 지렁이의 지평이 다 다르다. 그것은 각자 그들의 인식 조건 아래서 하나의 세계일 것이다. 반대로 말하자면, '하나의 존재 세계'를 사람 개구리 원숭이 지렁이가 다르게 인식한다는 것이다. 그리고 그 넷의 인식 지평은 질적으로 차이가 없는 것으로 본다. 따라서 장자는 그 각각 인식 주체에 따라 다른 지평을 넘어서서 그 '하나의 존재 세계'에 육박해야 한다고 한다.(道樞, 朝徹) 그것은 아마 사건의 지평선, 혹은 특이점에 서서 그 인식 주체의 모든 차원을 다 보는 것이리라. 즉 그 모든 지평을 보는 것에 의해서, 인식 주체에 따른 인식 지평의 한계를 극복할 수 있다고 보는 것 같다.

혜시는 인식 주체에 따른 '인식 지평'[6]이 달라짐을 크게 신경 쓰는 것 같지 않다. 그는 다만 논리적인 차원에서 말을 한다. 사람이 사는 차원(#1) 안에 존재하는 원숭이 개구리 지렁이의 인식 지평은 중요하지 않다. 혜시는 사람만이 할 수 있는 논리적 추론에 따라서 말을 하기 때문이다. 이 추론에 따르면 '작은 하나'에는 인식의 단절이 있다. 즉 그 안을 알 수 없다. 또한 '큰 하나'에도 인식의 단절이 있다. 그 바깥을 알 수 없기 때문이다. 작은 하나와 큰 하나 사이에 우리의 세계(#1)가 존재하는데, 그것은 바로 우리가 사는, 우리가 인식하는 세계이다. 이 세계는 어떻게 구성되어 있는가? 그것을 혜시는 다음과 같이 말한다.

역물 명제 2

d 두께가 없는 것은 쌓을 수 없다, 그러나
e (일단 쌓으면) 그 크기는 천리이다.
   無厚不可積也, 其大千里.

포정은 칼로 소 안에 있는 그 틈을 찔렀다. 그리고 그 칼은 '두께가 없다(無厚)'. '두께가 없는 것'은 현실적으로 존재하기 어렵다. 그런데 역물 명제 2에서도, 포정의 해우에서도 '두께가 없는 것'을 말하고 있다.

---

6 이 '인식 지평'은 앞에서 말한 '사건의 지평'과 다르다. '인식 지평'은 사람-개구리-원숭이 등 인식 주체에 따라 지평이 달라지는 것이다. '사건의 지평'은 인식이 끊기는 지점을 논리적으로 설정한 것이다. 다시 말해서 사람의 인식은 개구리나 원숭이 등의 인식에 비해서 질적으로 낫다는 것이다.

어떻게 그것이 가능한가?

　　그것은 논리적 분석에 의해서 도달한 것이다. 앞에서 말했듯이 이것도 채찍 자르기의 문제(변자 명제 21)이다. 논리적으로 볼 때 채찍은 끝없이 자를 수 있다. 만세(萬世; 30만년) 동안 날마다 자르고도 또 자를 수 있다. 그렇게 자르는 것을 막는 한계란, 논리적으로 볼 때 없다. 물론 앞의 1장에서 이미 말했듯이 인간의 한계, 인식-칼의 한계는 있다. 그러나 그것은 논리적인 한계는 아니다. '끝없이(無窮 無極)' 자르면 도달하는 것은 무엇인가? 그것을 혜시는 '두께가 없는 것(無厚)'이라 한다. '두께가 없어야' 더 이상 자를 수 없다. 논리적으로 볼 때 '두께'라는 말은 '자를 수 있다'는 말이다. 만약 두께가 있다면? 물론 더 자를 수 있다. 이 '무후(無厚)'라는 말을 묵경(墨經)에서는 '비반(非半)'이라 한다.

1) 『묵자』 경 159

'더 이상 절반이 되지 않는 것'은 잘리지 않으니,
(자르는) 동작은 그친다. 그 이유는 '점'에 있다.
非半弗斫, 則不動. 說在端.

　　더 이상 '자를 수 없는 것'은 '반으로 되지 않는 것(非半)'이다. 반으로 되지 않는 것은 길이 혹은 두께가 없기 때문이다. 따라서 '두께가 없는 것(無厚)'이야말로 사물의 분석/자름에서 도달하는 최후의 것이며, 동시에 사물을 이루는 최소 단위일 것이다.[7] 반대로 말하자면, 모든 사

---

[7]　'비반(非半)'은 '무후(無厚)'와 반대 개념일 수 있다. 즉 역물 명제 21에서 채찍은 무한히 잘라 나갈 수 있다고 한 것을 비판하기 위해서, 묵경 159에서는 '더 이상 절반으로 자를 수 없는 것(非半)'을 제시했다는 것이다. 만약 비반(非半)이 크기가 있는 것이라면 물론 역물 명제 21을 비판한 것이고, 또 무후(無厚)와 다른 것이다. 그러나 만약 '非半'이 크기가 없는 것이라면 역물 명제 21과 모순되지 않으며, 그것은 '무후'일 것이다.

물은 그 최소 단위가 모여서 된 것이다. 여기에서 우리는 다음 명제를 말할 수 있다.

2) 역물 명제 2

d 두께가 없는 것은 쌓을 수 없다, 그러나

e (일단 쌓으면) 그 크기는 천리이다.

　無厚不可積也, 其大千里.

사물은 덩어리이다. 그 덩어리는 바로 최소 단위인 '두께 없는 것(無厚)'이 쌓인 것이다. 크고 작은 사물 뿐만 아니라 땅과 바다 하늘도 바로 그 최소 단위가 쌓여서 된 것이다. 물이 쌓여서 된 것이 바다이고, 바람이 쌓여서 된 것은 하늘이고, 흙이 쌓여서 된 것은 땅이다.[8] 그리고 그 사이에 있는 모든 사물도 바로 그 두께 없는 것이 쌓여서 된 것이다.

이 논증은 채찍처럼 입체적인 것의 자름에서 나온 것이다. 이를 좀 더 단순화시키면 선에 관한 문제가 된다. 즉 다음의 두 명제가 그것이다.

3) 변자 15, 16

변자 명제 15

"나르는 새의 빛(땅에 떨어진 그림자)은 일찍이 움직인 적이 없다."

　飛鳥之景, 未嘗動也.

---

[8] 『장자』, 「소요유」 1 "夫水之積也不厚, 則其負大舟也無力. … 風之積也不厚, 則其負大翼也無力." 「전자방」 4 "若天之自高, 地之自厚, 日月之自明, 夫何修焉!" 장자는 '덩어리(塊)'라는 말을 자주 쓴다. 이 세상 모든 것은 바로 어떤 것이 쌓여서 된 덩어리이며, 땅이란 그 가운데 큰 덩어리(大塊)일 뿐이다.

변자 명제 16

"화살촉의 빠름으로서 가지도 않고 멈추지도 않은 때가 있다."
鏃矢之疾 而有不行不止之時.

이것은 시간의 문제이면서 동시에 공간의 문제이다. 그러나 기본적으로는 공간의 문제, 즉 직선의 문제이다. 직선을 통과하는 새 혹은 화살촉은 우리의 감각적 경험에 따르면 움직이고 있다.[9] 그런데 감각 경험과 반대로 이 두 명제는 움직이지 않고 있다고 주장한다.[10] 왜 그러한가. 이것도 역물 명제 2와 똑같은 논법으로 증명할 수 있다. 선을 분석해 보자. 아니 잘라 보자. 그러면 논리적으로는 무한히, 끝없이 자를 수 있다. 어디까지 자를 수 있는가? 바로 최소점이 될 때까지 자를 수 있다. 그 최소점의 특징은 '크기가 없다(無厚)'는 것이다. 만약 크기가 있다면? 물론 절반으로 자를 수 있다. 따라서 최소점이 아니다. 그 최소점은 크기가 없기 때문에 절반으로 자를 수 없고, 그래서 그것을 묵경 159에서는 '절반이 되지 않는 것(非半)'이라고 한다.

이 최소점들이 모인 것이 바로 선이다. 그 선을 새의 그림자가 나른다면, 그 최소점들을 지나간다. 그 그림자가 각 최소점에 있는 그 순간에는 그림자는 정지해 있다. 왜냐하면 그 점은 크기가 없기 때문이다. 혹은 화살촉은 '가지도 않고 멈추지도 않을 것'이다. 최소점은 크기

---

9 여기에서 변자 명제 15는 16에 비해서 한 단계 더 비꼬인 것이다. 16은 화살촉의 운동을 말한 것인데 비해서, 15는 나르는 새의 그림자의 움직임을 말한다. 새가 움직이면, 그 새를 비춘 빛은 그림자를 만든다. 새의 움직임에 따라 그림자도 움직인다. 새의 움직임에 비해서 그림자는 약간 뒤에 움직일 것이다. 왜냐하면 새의 움직임을 빛이 가져와서 그림자를 만드는 시간만큼 지연된다. 즉 새와 그림자 사이를 빛이 통과하는 시간만큼 지연된다. 그러나 새의 움직임이 연속되어 있다면, 그림자의 움직임도 연속되어 있다. 따라서 그 시간 지연은 무시해도 될 것이다. 혹은 이는 아마 빛의 속도를 문제삼은 것인지도 모른다.

10 물론 16은 '가지 않음/정지'와 동시에 '멈추지 않음/운동'을 주장한다. 그러나 정지를 주장한 부분이 있고, 이는 상식과 반대된다.

가 없기 때문에 가지 않는다. 그러나 전체적으로 보면 화살촉은 여기에서 저기로 움직인다. 따라서 그 최소점에서 화살촉은 멈추지도 않는다. (혜시나 변자는 시간과 공간의 존재를 부정하지 않기 때문에 운동도 부정하지는 않는다. 따라서 이처럼 움직임도 멈춤도 없는 순간이 있다고 한다. 그러나 이는 논리적인 문제가 약간 있다.)

이상의 논증을 종합하면 이렇다. 기하학적으로 보면 공간 (속의 사물들)은 '점-선-평면-입체'로 구성되어 있다. 변자 명제 15-16에 따르면 선은 크기가 없는 점들이 이어진 것이다. 역물 명제 2에 따르면 입체는 두께가 없는 평면이 겹쳐진/쌓인 것이다. 이렇다면 평면은 물론 너비가 없는 선으로 이루어져 있다고 할 것이다. 왜냐하면 선은 크기가 없는 점으로 이루어져 있기 때문에 길이는 있고 너비가 없기 때문이다. 그리고 평면은 너비가 없는 선으로 이루어져 있기 때문에 넓이는 있되 두께가 없다. 이렇게 해서 기하학적인 공간이 구성된다.[11]

다시 역물 명제 2로 돌아가 보자. 두께가 없는 것이 쌓이면 크기가 천리인 것이 된다고 한다. 여기에서 '두께가 없는 것'과 '크기 천리인 것'은 역물 명제 1에서 말한 소일(小一)과 대일(大一)일 것이다. 작은 하나(小一)는 '안이 없는 것'으로 최소 단위('하나'라는 말은 단위라는 것)이다. 역물 명제 2에서 말한 '두께가 없는 것'이 바로 최소 단위이기도 하다. 그러나 이 둘은 차이가 있다. '작은 하나'는 점에 가까운 것이고, '두께가 없는 것'은 평면이다. 그리고 전자는 사건의 지평 이론과 연관된다.

---

11 혜시나 공손룡을 비판했던 묵가의 논리학자(墨辯)들도 똑같은 말을 한다는 것은 놀랍다. 묵경 상 61, "점이란 선 가운데 두께가 없는 것으로 가장 앞에 있는 것이다." (端, 體之無厚而最前者也.) 즉 선의 맨 끝의 부분으로, 크기가 없는 것이라는 말이다. 경설 상 69, "쌓는 것은 '두께가 없는 것'인 뒤라야 가능하다." (次, 無厚而後可.) 차(次)란 차례 지우는 것, 즉 차례 차례 쌓는 것을 말한다. 이 말은 혜시의 역물 명제 2와 거의 같다. 이상을 종합하면, 선은 크기가 없는 점으로 이루어져 있고, 반대로 그 점들이 모여서 선을 이룬다는 것이다. 따라서 평면이나 입체도 이것에 준해서 생각하면 될 것이다.

그리고 '큰 하나(大一)'와 '크기가 천리인 것'은 약간 다르다. 큰 하나는 역시 사건의 지평이며, 이 세상 모든 것을 포괄하는 것(바깥이 없는 것)이다. 반면 크기가 천리인 것은 입체를 구성한다. 그러나 큰 하나이든 크기 천리이든, 최소 단위(작은 하나, 두께 없는 것)가 모여서 된 것이라는 점에서는 같다.

4) 틈과 두께, 혹은 사물 속의 공간

또한 역물 명제 2와 8은 『장자』 양생주에 나오는 포정 해우와 연관된다. 포정은 '두께가 없는' 칼날로 소를 분해했다. 역물 명제 2에서는 두께가 없는 것이 쌓인 것이 크기 천리인 것이라 했다. 그 쌓인 것, 그것은 포정이 분해한 소일 수도 있고, 역물 명제 8에서 말한 연결된 고리일 수 있다. 그렇게 쌓인 덩어리 안에는 물론 틈(間)이 있다. 이 세상의 어떤 틈도 찌를 수 있는 칼은 무엇인가? 물론 입체의 최소 단위인 '두께가 없는 것(無厚)'일 것이다. 따라서 포정의 칼의 두께는 '무후'이다. 고리는 아예 칼로 자르지 않고, 그 안에 있는 틈으로 나온다. 두 고리 사이에 있는 틈을 맞추어서 빼도 되고, 이쪽 고리에 있는 틈에, 저쪽 고리의 최소 단위, 즉 무후(無厚)를 끼워서 빼내도 된다.

여기에서 우리는 다시 한 가지를 물어야 한다. 그 틈과 두께, 혹은 공간과 사물은 어떤 관계에 있는가? 틈은 공간의 작은 부분이고, 두께 없음은 사물의 최소 단위이다. 공간과 사물이 어떻게 어우러지는가?

혜시나 변자들이나 사물의 최소 단위인 무후(無厚), 혹은 최소점을 논증한다. 그러나 틈은 그 최소 단위를 논증하지 않는다. 다만 그런 빈 틈이 있다는 것을 논증할 뿐이다. (변자 명제 11과 9, 포정의 解牛) 틈 혹은 공간은 최소 단위도 최대 크기도 논할 수 없다. 왜냐하면 공간은 반드시 사물이 있어야 잴 수 있다. 사물이 없으면 공간은 그 크기를 잴 수 없다. 사물을 뺀 채 공간 그 자체는 그 크기 뿐만 아니라 어떤 것도 말할 수 없다.

사물 안에는 틈이 있다. 그렇다면 사물 안에 있는 공간인 '틈'과 사물의 최소 단위인 '두께 없음(無厚)'은 어떤 관계인가? 사물 바깥에 있는 틈과 사물 안에 있는 틈은 약간 성격이 다르다. 사물 바깥에 있는 틈(공간)은 그 사물과 다른 사물을 분리-구분시키는 것이다. 반면 그 사물 안에 있는 틈은 단절된 것이며 동시에 연결된 것이다. 즉 사물을 분리시킬 수 있는 가능성일 뿐이다. 즉 분리될 수도 있고 안 될 수도 있다. (마치 화살촉이 움직이지도 멈추지도 않은 것처럼.)

사물은 최소 단위인 '두께가 없는 것(無厚, 최소점)'으로 구성되어 있다. 그런데 바로 여기에 모순이 있다. 사물은 '두께'를 가진다. 그런데 '두께가 없는 것'이 모여서 '두께'를 이룬다는 것은 모순이다. 두께가 없는 것은 아무리 쌓여도 두께를 이룰 수 없다. 그러나 위의 분석에 따르면 사물은 '두께가 없는 것'에 까지 분석/분해가 가능하며, 그렇다면 반대로 그 '두께 없음'이 쌓여서 사물을 이룬 것이라 할 수 있다. 사물을 분석하면, 그 사물의 기본 단위는 '사물이 아닌 것'(즉 '두께 없음')이라는 결론에 다다르게 된다.[12]

'두께 없음'은 '사물(두께)이 아닌 것'이라면 무엇인가? 그것은 바로 '공간'적인 것이다. 아니 정확하게 말하자면 사물과 공간이 만나는 지점, 혹은 사물과 공간의 그 중간일 것이다. 다시 말해서 '두께 없음'은 사물의 특징이 다한 곳이며 동시에 공간의 성질이 막 나타나는 곳이다. 그것은 1장에서 말한 '사건의 지평선'과 비슷하다. 사물과 공간이라는 서로 다른 차원이 맞물리는 바로 그 지점, 즉 특이점이다.

사물 속에 있는 공간으로서 틈은 어떤 공간보다 작다. 겉보기에 촘

---

12   장자는 이런 맥락에서 "物物者는 非物이라"고 했을 것이다.

촘하게 가득찬 것(延長)인 '사물' 속에 그 공간이 존재하기 때문에 작은 것이다. 그리고 사물 속에 존재하기 때문에 그 공간은 단절의 성격을 가지고 있으면서 동시에 연결의 성격도 가지고 있다. 왜냐하면, 만약 그 틈/공간이 완전히 단절된 것이라면 채찍은 칼을 대기도 전에 조각 조각 분해되어 버릴 것이고, 그것이 완전히 연결되어 있다면 머리카락 한 올이 3만 근을 끌게 될 것이다. 공간의 특성은 단절(틈)이다. 그리고 사물의 특징은 연속(두께)이다. 그런데 사물 속의 공간은 단절 뿐만 아니라 연속의 성질도 가지고 있다. 따라서 그것은 공간의 특성을 벗어나서 사물의 요소에 접근한다. 이 틈도 '사건의 지평선'과 비슷하다. 공간과 사물이 서로 맞물리는 지점, 즉 특이점이다.

이렇다면 사물 속의 '틈'과 사물의 최소 단위인 '두께 없음'은 같은 것이 되어 버릴 것이다. 아니 같다기 보다는 서로 무한히 접근할 것이다. 공간에서 사물로의 지평선에는 '사물 속의 틈'이 있고, 사물에서 공간으로의 지평선에는 사물의 최소 단위인 '두께 없음'이 있다. 두께가 없는 것은 사물의 요소를 벗어난다. 마찬가지로 틈이 없는 것도 공간의 요소를 벗어난다. 서로 접근하는 셈이다. 그래서 그 양자의 성격을 갖게 된다. 모든 사물은 바로 그 두 요소로 이루어져 있다.[13] 반면 공간은 다만 틈으로 이루어져 있다. 이렇게 해서 혜시는 대일(大一)을 구성하는 공간과 사물의 성격을 밝힌다.

---

13 이런 점에서 포정의 해우는 아무나 할 수 있는 것이 아니다. 역물 명제 2에 따르면 사물은 '두께가 없는 것'(無厚)이 쌓인 것이다. 그 안에 과연 포정이 찌른 '틈'이 있을 것인가? 이상의 분석에 따르면 무후(無厚)와 그 틈은 서로 접근하는 것이다. 포정이 찌른 '틈'은 사실상 '무후'일 것이다. 따라서 소를 분해하는 것이나 고리를 푸는 것은 쉽지 않을 것이다.

f 天與地卑 – 하늘은 땅과 더불어 낮아진다. / 하늘과 땅은 낮다.
g 山與澤平 – 산은 연못과 더불어 평평하다. / 산과 연못은 평평
하다.

이것과 똑같은 구절이 『순자』, 「불구(不苟)」에 나온다.

山淵平 – 산과 연못은 평평하다.
天地比 – 하늘과 땅은 나란하다.

이는 순서도 반대이다. 글자도 하나 적다. 결정적으로 卑와 比가
서로 다르다.

1) 첫 번째 명제 - 天與地卑의 증명

比 ① 나란히 있다. 병렬(幷列)하다. ② 서로 접해서 연결되다. 연접
(連接)하다. – 比는 匕가 두 개 있는 글자이다. 따라서 '나란함'과 '접해
서 연결됨'의 두 뜻이 있다. – 명제 3은 이 두 뜻이 다 있다.

天與地卑 – "하늘은 땅과 더불어 낮아진다." 이것이 정확한 번역
이다. "하늘과 땅은 낮다"는 무슨 말인지 명확하지 않다. "하늘이 땅과
더불어 낮아짐"은 하늘과 땅이 높이가 같아짐이다. 따라서 比의 두 번
째 뜻인 '접해서 연결됨'과 같다.

하늘과 땅은 바로 그 두 측면이 있다. ① 하늘과 땅은 나란하다. ②
하늘과 땅은 높이가 같다. – 왜 이런 모순된 결론이 나오는가?

(1) 증명 1: 天與地卑 - 하늘은 땅과 더불어 낮아진다

하늘은 땅과 맞닿아 있다. 지평선과 수평선이 그것이다. 하늘은 내려와서 땅만큼 낮아진다. 따라서 하늘과 땅은 높이가 같다. 이는 겉보기이다. 우리가 볼 때, 하늘과 땅은 늘 닿아 있다. 닿는다는 것은 높이가 같다는 말이다. "하늘은 땅과 더불어 낮아진다." 언제까지 낮아지는가? 땅과 혹은 수면과 닿을 때까지 낮아진다. 따라서 둘은 "서로 접해서 연결된다."

이것이 개천설(蓋天說 덮개 하늘 이론)의 우주론이다.

(2) 증명 2: 天地比 - 하늘과 땅은 나란하다

증명1은 다시 '天地比'의 증명으로 나간다. "하늘과 땅은 나란하다." 왜 그러한가? 하늘이 땅만큼 낮아진 곳, 하늘과 땅·수면이 맞닿은 곳, 지평선을 가면 여전히 하늘과 땅은 위 아래로 있다. 현재 내가 서 있는 곳은 위에 하늘, 아래에 땅이 있다. 그리고 동서남북 사방 끝은 하늘과 땅이 붙어 있다. 내가 선 지점은 하늘과 땅이 위 아래이다. 반면 사방의 끝은 하늘과 땅이 붙어 있다.

이 구조는 내가 어느 지점에 가도 동일하다. 하늘과 땅이 붙어 있는 지평선까지 가면, 다시 위에 하늘, 아래에 땅이고, 사방은 하늘과 땅이 닿아 있다. 향해서 나가면 지평선과 수평선은 늘 그만큼 후퇴한다. 사방 어느 쪽으로든지 끝까지 가도 그 모순이 성립한다. 지평선에는 하늘과 땅이 붙어 있다. 정작 그 지평선에 가면 하늘과 땅은 붙지 않고, 위 아래로 있다.

→ 결론. 하늘과 땅은 나란하다.

(3) 증명 3: 지구는 둥글다

이처럼 모든 방면으로 天地比가 성립한다. 그렇다면 한 방면으로 일정한 방향으로 계속 가면 어떻게 될 것인가? 바로 제 자리로 돌아오게 된다. 이는 돌멩이를 보면 알 수 있다. 돌의 표면에서 한 방향으로 계속 선을 그으면 원래 자리로 오게 되어 있다. 돌멩이는 닫힌 체계이다. 지구는 큰 돌멩이에 불과하다. 만약 지구가 돌멩이와 다르다면, 지구는 열린 체계여야 한다. 그러나 세상에 있는 어떤 고체이던 닫힌 유한한 체계이다. 지구라고 해도 예외가 될 수 없다. − 따라서 지구는 둥근 공이다.

우리는 지구 표면에 발을 딛고 서 있다. 그렇다면 이 지구 표면 반대쪽에는 표면이 없는가? 개천설은 반대쪽 표면을 설정하지 않는다. 개천설은 지구의 밑을 상정하지 않기에 틀렸다.

모든 물체는 닫힌 덩어리이다. 지구 역시 덩어리라면, 돌과 같이 닫힌 덩어리이다.

(4) 증명 4: 지구는 둥글다

왜 하늘과 땅은 天與地卑와 天地比의 모순이 성립하는가? 겉보기는 지평선에 하늘과 땅이 맞닿는다. 가서 보면 나란하다. − 이 모순을 해결하는 방법은?

지구가 둥글다는 것을 인정하면 모순은 해결된다. 지구가 평평하다면, 하늘과 땅이 맞닿은 현상이 발생하지 않는다. 둥글기 때문에 100미터의 높이에서 보면 36km 정도의 원인 수평선−지평선이 생긴다. 배를 타고 가면 명확해진다. 지구가 둥근 곡면이므로, 수평선이 생긴다. 만약 평면이면 무한히 끝에 수평선−지평선이 생길 것이다.

혜시는 1−2의 증명만 한다. 그러나 '天與地卑'의 명제는 증명 3−4를 포함하고 있다. 지구는 둥근 구(球)의 형태이다. 이를 혜시는 증명할 발판을 만든다. − 후대의 학자라면 반드시 선배의 이론을 발전시켜야 한다. 중국은 그러지 못 했다.

지평선·수평선의 문제는 겉보기 우주론인 '개천설(蓋天說 덮개 하늘

이론)'의 치명적인 문제였다. 그것을 지적한 것만으로도 혜시의 공헌은 차고 넘친다.

2) 두 번째 명제

山與澤平 - "산은 연못과 더불어서 평평하다."

(1) 증명 1, 위상 기하학

① 산과 연못은 ∧과 ∨의 관계이다. 서로 뒤집으면, 같은 구조이다. 그랜드 캐년은 2000미터 높이의 산이 아래로 박혀 있다고 보면 된다. 서로 반대로 하면, 결국 높이는 같을 수 있다. - 요컨대 위상을 바꾸어 보면 둘은 같은 것이 된다.

∧과 ∨으로 다른 이유는? ∧은 고체가 쌓임이고, ∨은 액체가 담김이다.

② 왜 산과 연못은 평평하다고 하는가? 몇 가지 의미가 있다.

첫째, 산은 ∧ 모양이고, 연못은 ∨ 형태이다. 그 둘 다를 펴면 ― 형태이다. 평평하다.

이 역시 위상 기하학적 발상이다. 구체적인 모습을 빼고, 최대한 추상을 하면 산(山)은 ∧이 되고, 다시 ∧은 ― 형태가 된다. 평평한 것이다. 연못 역시 똑같다.

요컨대 "산과 연못은 평평하다"는 것은 추상화, 위상화의 문제이다.

둘째, 산과 연못은 높이가 같다. 평평함을 같은 높이로 해석하는 것이다. - 이는 상식적으로도 불가능하다. 티티카카 호수는 4천미터 고지에 있다. 전세계의 웬만한 산보다 높다. 그러나 그 호수 역시 그 주변의 산보다는 낮다.

(2) 증명 2, 사인 곡선

물은 산을 넘지 못 한다. 반대로 산은 물을 건널 수 없다. 산과 강물은 그렇게 서로를 경계지워 준다. 이렇게 경계 지우는 것을 산경표(山經表)라고 한다. 만약 산과 연못이 연달아 있다고 한다면, 위상 기하학적으로 볼 때 다음과 같을 것이다.

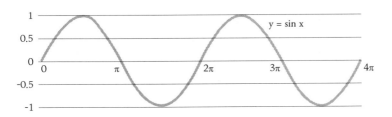

두 봉우리 사이의 골이 연못이다. 2차원적으로 보자면, 봉우리-산 높이만큼 연못의 물이 찰 수 있다. 산은 연못과 더불어서 평평해진다. - 이는 2차원 도형에서만 가능하다.

이 역시 추상화의 결과이다. 산과 연못을 가장 추상화된 도형으로 그리면 사인 곡선이 된다. - 이 곡선이 무엇을 의미하는가? 이는 아직 혜시의 명제에 암시가 없다. 그러나 산과 연못의 문제는 분명히 사인 곡선과 연결되는 사유를 담고 있다.

3) 인식의 차원의 문제

이상의 위상 기하학적 증명 이외에 인식론적으로 이 문제를 해석할 수도 있다.

인식의 차원은 앞의 역물 명제 1에서 이미 설명한 것이다. 그 논증에 이어서 보자면, 세 개의 차원에서 산과 연못의 높이를 해석할 수 있다. 다만 이는 엄밀한 논증은 아니다.

하늘과 땅을 연결한 높이는 바로 #1 차원인 인간에게 하나의 세계, 사건의 최대 지평이다. ('최대 지평'은 뒤에 설명함.) 그러나 그것을 최소 지평으로 삼는 #2의 존재가 있을 것이다. 그 존재에게는 산과 연못은 사건의 지평 너머에 있기 때문에 구분이 되지 않을 것이다. 나아가 하늘과 땅은 #1 차원에서 사건의 지평선을 이룰 것이다. 하늘과 땅, 그것은 일단 인간의 인식이 끊기는 곳이기 때문이다. 역물 명제 9는 수평의 차원에서 최대 지평을 말한 것이라면, 역물 명제 3은 수직의 차원에서 최대 지평을 말한 것이다. 수평과 수직을 합하면 3차원 공간이 된다. 바로 그 어떤 공간이 바로 인간의 지평(#1)이라는 것이다. 그리고 이 인간의 지평을 벗어난 #2에서 본 것은 인간에게는 이해가 되지 않는다. 따라서 이 역물 명제 3도 역물 명제 9처럼 사람들의 감각 경험과는 모순된 것이며, 사람의 시야가 아닌, #2 차원의 존재의 시야에서 말한 것이라 할 수 있다.

이처럼 자신이 존재하는 차원(#1)을 넘어서서 그 위 차원(#2)이나 아래 차원(#0)에서 말하면, 그것은 무의미한 명제, 혹은 모순된 명제로 나타나게 된다. 왜냐하면 그 차원의 경계는 사건의 지평이기 때문이고, 인식의 한계선이기 때문이다. 이 모순된 표현은 『노자』에게서 전형적으로 나타난다. "지극히 큰 것은 눈에 보이지 않고, 지극히 큰 소리는 귀에 들리지 않는다!"(41, 45장) 지극히 큰 것과 큰 소리는 사람의 차원을 넘어선 차원이다. 그 차원은 물론 사람이 자신의 차원을 넘어서야 말할 수 있다.

사람이 일단 논리적으로 추론할 수 있는 차원은 그 셋이다. 그 이상이 있을 수도 있으나 어떤 식으로든지 추론하거나 말할 수 없다. 사람이 자기 차원 이외에 #0 #2를 말할 수 있는 것은 #0과 #2의 차원이 사람의 차원(#1)과 연결되어 있기 때문이다. 따라서 #0과 연결된 저쪽 차원(즉 #-1), 혹은 #2와 연결된 저 너머 차원(#3)은 말하거나 생각하거나 논증할 수 없다.

　문제는 #0이나 #2의 차원이 존재하는지를 확증할 수 있느냐 하는 점이다. 사람은 #1의 차원에서 살고 있으므로, 그 차원들(#0 #2)은 사람의 감각 경험으로 인식할 수 없다. #0 #2는 사람의 인식을 벗어난 사건의 지평선 저 너머에 있다. 그것을 어떻게 인식하고 말할 수 있는가? 그것을 말하기 위한 출발점은 물론 이상에서 말한 논리적 이성적 추론이다. 그 추론을 넘어서서 그 세계, 그 차원이 어떻다고 말할 수 있는가? 말할 수 있는 방법은 바로 상상을 통하는 수 밖에 없다. 이 상상이란 두 차원이 맞물리는 곳 — 즉 사건의 지평선, 혹은 특이점에 서서 양쪽을 다 보면서 말하는 것이다.[14] 그 상상이 과연 그 #0 #2 차원의 세계를 정확하게 말한 것인가? 이에 대해서 묵자 법가, 그리고 유가는 #0 #2를 부정한다. 이 세 학파는 오직 #1 차원만 인정한다.

　그러나 『장자』는 #0 #2 차원을 다 인정하고 말한다. 『장자』는 우언(寓言)의 방법으로 말한다. 『장자』는 나비 꿈을 말하고, 죽은 뒤의 세계를 해골과 대화하면서 말한다. 장자의 세계와 나비의 세계, 죽은 뒤의 세계는 다른 차원의 세계일 것이다.[15] 그 세계는 단지 상상으로만 말할 수 있다. 그리고 엄밀한 논리학자이며 자연학자인 혜시는 그런 상상을 펴지 않는다. 그 상상은 엄밀성이 없기 때문이다.

14　이 상상은 은유(metaphor)로 표현될 것이다. 'metaphor'란 '옮김(transfer)'을 뜻한다. 즉 #2나 #0 차원의 것을 #1의 차원의 사람이 알 수 없으므로, #2나 #0 차원의 것을 #1의 차원의 것으로 '옮김'이 필요하다. 이렇게 '옮기는 것'이 바로 비유/은유이다.

15　묵자가 말하는 하느님과 귀신의 세계는 위에서 말한 다른 세계, 다른 차원, 다른 사건의 지평이 아니다. 그것들은 사람의 일상 상식의 세계(#1)이며, 이 세계와 완전히 밀착되어 있다. 다시 말해서 하느님과 귀신은 이 세계의 하나의 요소이고 부분일 뿐 (물론 중요한 부분이고 요소이지만), 또 다른 차원/세계를 구성하는 것은 아니다.

h   해는 뜨면서 동시에 지는 것이다. 日方中方睨,
i   사물은 살면서 동시에 죽는 것이다. 物方生方死.

역물 명제 1-3이 공간의 문제라면, 4와 7의 명제는 시간의 문제이다. 공간의 문제는 연결과 단절에서 생겨난다. 반면 시간의 문제는 바로 '거슬러 거꾸로 갈 수 없음'(不可逆性)에서 나온다. 시간을 거슬러 갈 수 있느냐 하는 문제이다. 시간은 언제나 과거-현재-미래의 순서로 흐른다. 그리고 그것은 되돌아갈 수 없으며, 되돌릴 수 없다. 자연의 철칙인 셈이다.

그런데 만약 되돌아감이 '완벽하게' 불가능하다면 어떤 일이 일어나는가? 그렇다면 우주 자연의 질서는 깨질 것이고, 이 세계는 현재와는 달라지게 될 것이다. 그것을 혜시와 변자들은 원인-결과의 연결 관계에서 따지고 있다.

다시 말해서 시간의 철칙을 '비가역성'이라 할 때 다음 두 측면이 있다. ① 사물/물체의 시간적 이동: 이는 '거슬러 감', '되돌아 감', '되돌림'이 불가능하다. ② 원인-결과의 시간적 이동: 과거-현재-미래의 '상호 침투' '상호 작용'이 가능해야 한다. 혜시의 명제는 바로 이 ②에 관한 것이다. 시간과 관련된 혜시의 명제는 위의 h와 i이다.

1) 변화의 두 측면

이 명제는, 모든 사물은 두 가지 측면, 즉 모순된 측면을 가지고 있음을 지적한 것이다. 그것은 보기에 따라 그렇다는 것이다. 해는 아침에 동해 바다에서 찬란하게 떠오른다. 그것을 보는 사람들은 해가 뜬다고 할 것이다. 그러나 반대로 보자면, 그 해는 지기 위해서 뜨는 것이고, 따라서 지고 있는 중이라 할 수 있다. 사람은 보통 자신이 살아간다고 생각한다. 그러나 반대로 보자면, 그것은 죽음을 향해서 가는 과정일 뿐이다. 어느 쪽을 보느냐에 달려 있다.

이처럼 모순된 두 측면을 가지고 있는 것은, 모든 사물이 시간 속에 있기 때문에, 즉 시간 속에서 생겨났다가 없어지기 때문이다. (시간-공간 속에 있는 모든 사물은 다 그렇다. 그래서 장재는 시간-공간 속의 모든 사물을 '손님의 모습'(客形)이라 한다. 손님은 왔다가 가는 것이다.) 과거-현재-미래로 흐르는 시간 속에서 보자면, 모든 사물은 시작과 끝이 있다. 그리고 사물은 언제나 '현재'(지금 여기, 독일어로 'da')에 존재한다.(dasein) 말 그대로 '과거(過去)'는 '이미 지나간 것'이고, '미래(未來)'는 '아직 오지 않은 것'이라 본다면, 현재 사물은 과거나 미래와 단절되어 있다. 그러나 따지고 보면 그 사물의 '현재' 속에는 시작과 끝, 즉 과거와 미래가 언제나 동시에 존재한다. 그것이 바로 사물의 본질적인 조건이며, 현재 속에 과거(시작의 요소)와 미래(끝의 요소)가 존재해야 시간은 과거-현재-미래로 흘러갈 수 있다. 역물 명제 4는 바로 이 점을 가리키고 있다.

2) 변증법

첫 번째 의미 - 모든 사물은 모순되는 양면을 가지고 있다.

해는 뜸과 짐을, 사물은 삶과 죽음을 동시에 가진다.

운동과 변화는 모순을 가짐이다. 현 상태를 유지하려는 힘과 그것을 깨려는 힘, 즉 A와 ~A의 모순을 가진다. '변화 = 모순'이다. 이는 변증법의 기본적 발상이다.

이를 더 발전시키면 노자의 도 개념이 된다. 변화 속에 도(道 길)가 있다. 변화해 나가는 길은 결국 두 가지 모순되는 힘이 겨루는 것이다.

현상을 대하면, 변화를 보아야 하고, 변화에서는 그 대립되는 두 힘을 간파해야 한다. 변화를 이끌어나가는 '필연적 추세'로서 길을 알아야, 세상을 슬기롭게 살아나갈 수 있다. 모순·대립자의 공존을 깨우치는 것이 처세술의 핵심이다.

뜨는 해와 지는 해, 사는 것과 죽는 것 – 이 둘은 모순이며 대립자이다. 해를 볼 때, 혹은 사람을 볼 때, 우리는 그 대립자를 간파해야 한다. 둘 중 하나만 보면, 슬기롭게 세상을 살 수 없다.

이렇게 양쪽을 보는 것은 등석의 일화에 나오는 양가(兩可) 논리와 같다. 兩可 – "양쪽 다 가하다." 세상은 모순 대립되는 두 측면으로 구성되어 있고, 둘 다 가능하다. 이 양가(兩可) 논리를 받아들여서 노자는 '대립자의 공존' 원리에 근거한 처세술을 만든다.

혜시의 이 명제는 바로 이런 많은 함축을 가지고 있다.

3) 개천설의 문제

"뜨는 해는 졌던 해이다." 반대로 "졌던 해가 다시 뜬다." – 이것이 맞다. 하나의 해가 날마다 뜨고 져야한다. 만약 지는 해는 사라지고, 뜨는 해가 새로 생겨난다. – 이렇게 말하면 설명해야 할 것이 너무 많아진다. 이는 방어할 수 없다. 따라서 "지는 해는 뜨는 해가 된다."

"지는 해는 뜨는 해인가?" – 이는 하나의 조건이 만족되어야 한다.

여기에서 추론이 들어간다. 과연 해는 매일 지면 없어지고, 아침에 또 생겨나서 또 뜨는 것인가? 그것도 똑같이 생긴 것? 아니면 하나의 해가 매일 지고 다시 뜨는가?

합리적 추론 – 해는 하나이다. 그것이 매일 반복해서 뜨고 진다.

여기에서 다음과 같은 것을 추론할 수 있다.

(1) 개천설에서 지구의 모양 문제

지구의 밑바닥은 유한하다. 그 아래에 공간이 있다. 해가 그 공간을 통과해서, 해가 지고, 해가 뜬다.

이것으로 개천설(蓋天說)은 깨진다. 개천설은 위에 하늘, 아래에 땅이 있는 공간이 우주이다. 이 구조는 천원지방(天圓地方)이다. 하늘은 반구(半球) 형태이다. 해와 달은 반구인 하늘에 붙은 것이다. 따라서 해가 뜨고 지려면, 반구가 돌아야 한다. 해가 뜨고 지게 반구가 도는 것은 불가능하다. - 소박한 개천설은 이로써 부정된다.

개량된 개천설에 따르면, 하늘은 반구가 아니라, 지구-땅의 아래로 연장된 온전한 구형(球形)이다. 이 경우 결국 땅 아래로 천구가 연장된다. 천구의 중간에 지구가 있다. 따라서 해가 뜨고 지려면, 천구(天球, 하늘이라는 공)가 돌아야 한다. 이는 불가능하지는 않지만, 쉽지도 않다. 대체 누가 천구를 돌리는가?

혼천설 역시 위태로워진다. 혼천의 혼(渾)=기(氣)이다. 渾天은 '氣인 하늘'이다. 기 속에 지구가 떠 있고, 태양 역시 기 속에 떠 있다. 지구와 태양의 관계는 무엇인가? - 아무런 추측도 없다. 중국은 운동에 관한 연구를 전혀 하지 않는다.

(2) 개천설 혼천설과 해 지구의 운동

계속해서 해가 반복해서 뜬다. - 이는 해가 지구를 둥글게 돈다는 말이다. 여기에서 천동설이 나온다. 물론 천동설은 천구의 움직임을 가정한다. 태양의 움직임은 조금 다르다.

중국 혼천설은 단지 지구에만 집중한다. 해 달 별의 본모습이 무엇인지 신경을 쓰지 않는다. 그리고 결정적으로 땅을 하늘과 대비시킨다. 즉 지구를 해가 아니라 하늘(천구)과 짝지운다. '天地'라는 말이 그것이다. 결코 日地가 짝이 아니다. 따라서 해와 지구의 운동을 간과하게 된다. 아니 반대로 운동을 간과하기 때문에 日과 地를 짝으로 삼지 않는다.

해와 지구의 운동을 간과하고 괄호를 친다. 해의 운동에 관심을 끄기 위해서 天과 地를 짝으로 한다. 혼천설 역시 天 · 地를 짝으로 한다.

(3) 개천설과 왕의 지위

개천설 우주론은 겉보기 우주이고, 통속적이며, 전혀 학술적이지 못 하다. 그런데 중국 역사 내내 개천설이 주류를 이룬다. 왜 중국은 개천설 우주론을 해체하지 못 했는가?

개천설이 왕정과 맞물리기 때문이다. 개천설은 天人合一의 우주론이다. 하늘과 인간은 합쳐져서 하나가 된다. 인간이 천지와 맞먹는다. 이런 과장인데, 이는 천하를 통일한 군주일 경우 가능하다. 천하 통일 국가의 황제는 천지와 대응한다.

왕은 하늘의 해와 같다. 만약 해가 천동설처럼 지구를 도는 것이라면, 왕의 권위가 떨어질 수 밖에 없다. 하늘과 땅으로 이루어진 폐쇄된 공간, 그 천구에 해가 붙박혀 있음 - 이것이 왕국에서 왕의 지위와 비슷하다.

(4) 개천설에서 혼천설로

결국 중국에서 우주론은 개천설에서 혼천설로 발전하고 난 뒤에 더 이상의 발전이 없었다. 이유는 무엇인가? 첫째 혜시의 명제 등을 논리적으로 추론하지 않았기 때문이다. 둘째 가장 중요한 것이 있다. 운동을 무시한다. 아니 괄호친다. 설명할 생각을 하지 않는다. 왜 그러한가?

사물의 재료를 氣로 본다. 기는 기체이다. 스스로 운동한다. 따라서 운동을 설명할 필요가 없다. 이는 거시적 구조인 해 달 지구의 운동에도 적용된다. 해와 달 별을 하늘에 붙은 무늬, 즉 천문(天文)으로 생각한다. 개천설이 그렇다. 혼천설이 되어서도 천문(天文)이라는 생각은 변함이 없다. - 운동을 배제하기 위해서 일부러 해 달 별을 하늘의 무늬로 생각했을 것이다.

역물 명제 5

j '크게 같음'과 '작게 같음'은 다르다. 이를 일러 작은 '같고-다름'
    이라 한다.

k 모든 사물은 반드시 같고 반드시 다르다. 이를 일러 큰 '같고-
    다름'이라 한다.

    大同與小同異, 此之謂小同異.

    萬物畢同畢異, 此之謂大同異.

1) 사물의 측면

모든 사물은 반드시 같다. 필동 / 반드시 다르다. 필이 – 대동이
사물들은 같고 다름이 있다. 무리를 지을 수 있다. – 소동이

이 같고 다름은 앞의 기하학적 측면의 크고 작은 동이(同異)와 다
르다.

2) 기하학적 측면

역물 명제 5는 기본적으로 역물 명제 1 및 3과 같은 구조이다.

큰 하나 – 하늘과 땅의 높이 같음 – 대동이(大同異)이다.
작은 하나 – 산과 연못의 높이 같음 – 소동이(小同異)이다.

하늘과 땅의 범위는 개천설에서 말하는 세계의 크기이다.

하늘과 땅이라는 테두리 안에 산과 연못이 있다.

따라서 큰 테두리는 대동이, 작은 테두리는 소동이가 된다.

혜시는 대우주와 소우주를 상정한다. 큰 것도, 작은 것도 같다.

역물 명제 1이 그것이다. 사건의 경계선을 중심으로 서로 안과 밖을 볼 수 없다.

3) 사물과 사건의 측면

하나의 사건의 지평(#1) 안에서 구별되는 사물들을 분석해 보면, "반드시 같음 – 크게 같음 – 작게 같음 – 반드시 다름"의 순서로 나눌 수 있다. 이에 대한 일반적인 해석은 다음과 같다.

이 세계에는 완전하게 같은 것이 존재하지 않는다. 모든 사물은 각각 조금이라도 차이가 있다. 모든 사물은 생성-변화 속에 있기 때문에 서로 다르며, 한 사물일지라도 시간의 흐름에 따라 달라진다.(무규정자 apeiron) 따라서 "모든 사물은 반드시 다르다."(畢異) 반대로 모든 사물은 '존재자'라는 점에서 다 같다. 따라서 "모든 사물은 반드시 같다."(畢同) 『장자』 식으로 말하자면, "그 다른 점에서 보면 간과 쓸개도 초나라와 월나라처럼 멀고, 그 같은 점에서 보면 만물은 모두 하나이다."(덕충부) "이것을 일러 '큰 같고-다름'이라 한다."

사물들은 크게 보면 크게 같고, 작게 보면 작게 같다. 예컨대 남자와 여자는 다르지만, 사람이라는 점에서는 같다. 진돗개 풍산개 세퍼드는 다르지만, 개라는 점에서 같다. 사람과 개는 서로 다르지만, 짐승이라는 점에서는 같다. 이처럼 그것들은 크게 보면 '짐승'이라는 점에서 같고('크게 같음'), 작게 보면 각각 '사람' '개'라는 점에서 같다('작게 같

음'). 이것이 '작은 같고-다름'이다. 이 '작은 같고-다름'은 상대적인 것
이다. 분류 기준을 어떻게 '상위-하위'로 잡느냐에 따라 다르다. 예컨대
앞의 예에서는 '짐승'이 '크게 같음'이었지만, 그 보다 더 큰 분류 기준,
즉 '동물 식물'을 포괄하는 '생물'을 말하면, '짐승'은 '작게 같음'이 되
고, '생물'은 '크게 같음'이 된다. 일반적으로 분류의 상위 기준을 '류 개
념', 그것에 포함되는 하위 기준을 '종 개념'이라 한다. 류 개념은 '크게
같음'이고, 종 개념은 '작게 같음'이며, 이렇게 나누는 것은 '작은 같고-
다름'이다.[16] 이런 분류 방식은 생물학에서 부터 우리의 일상 생활에 광
범위하게 쓰인다. 일상을 예로 들자면, 성은 류 개념이고, 이름은 종 개
념이다. '손 영식'에서 '손'은 가족 모두에 붙으므로 류 개념이고, '영식'
은 한 개체에만 붙으므로 종 개념이다.

그렇다면 류 개념의 최상층까지 올라가면, 이 세상의 모든 사물을
포괄하는 명사에 도달한다. 그것은 아마 '존재'라는 말일 것이다. '존재'
라는 말에 포괄되지 않는 사물은 없다.[17] 이 '존재'라는 점에서 모든 사
물은 반드시 같다. 그것이 바로 필동(畢同)이다.

또한 최하의 종 개념이 있다. 그것은 각 사물 자체이다. 앞에서도 말
했지만, 각각의 사물은 다 다르다. 그런 점에서 모든 사물은 반드시 다르
다. 이것이 바로 필이(畢異)이다. 그리고 이 필동과 필이는 바로 '크게 같
고-다름'이다. 이처럼 '크게 같고-다름'과 '작게 같고-다름'은 '반드시
같음 - 크게 같음 - 작게 같음 - 반드시 다름'의 순서로 맞물려 있다.

---

16 플라톤의 경우, 이데아론에서 삼단 논법을 중심으로 하는 형식 논리학이 나온다. 정언적
삼단 논법은 포함 관계를 따지는 것이다. 예컨대 "모든 사람은 죽는다. 소크라테스는 사람
이다. 고로 소크라테스는 죽는다!" 라는 삼단 논법은 종 개념인 소크라테스가 류 개념인
'사람'에 포함된다는 것을 말한다. '사람'이나 '소크라테스'는 각각 하나의 이데아이다.

17 헤겔에 따르면, 이 최상층의 류 개념인 '존재'에는 아무런 수식어를 붙일 수 없다. 만약 수
식어를 붙이면, 그 개념은 한정이 되고, 그러면 최상층의 류 개념이 될 수 없다. 따라서 아
무런 수식어를 붙일 수 없다는 점에서 '존재'는 '무(無)'와 같다.

4) 기하학적 논리적 분석

이 '같고 다름'에 대해서 논리적인 분석을 해 보자. 사람이 사는 차원인 #1은 최소 지평과 최대 지평 사이의 '점-선-평면-공간'이다. 이 공간은 사물들로 가득차 있다. 사물들은 '입체→평면→직선→점'이라는 기하학적 요소로 분해할 수 있다. 다시 말해서 사물들은 더 이상 절반으로 분할할 수 없는 최소점(非半; atom)까지 분할할 수 있다.[18] 이렇게 분해하면 최대 지평의 공간은 무수한 최소점들로 채워질 것이다.

이 최소점은 그 자체로는 사건의 지평이다. 그 안을 구분할 수 없기 때문에 사건의 지평이라 한다. 이 최소점 자체는 다른 최소점들과 구분되는 특징이 없을 것이다. 따라서 모든 최소점들은 다 반드시 같다.(畢同)[19] 그리고 이런 최소점들로 이루어졌다는 점에서 모든 사물들은 반드시 같다.

그 최소점 내부에는 다른 최소점들과 구분될 아무런 특징이 없다. 그러나 그 최소점들은 외부적으로 구분된다. 그것들의 공간적 위치는 서로 다르다. 마치 "점이 크기는 없되 위치를 가지듯이" 최소점은 크기(구분되는 특징)는 없으나, 공간적 위치를 갖고 있기 때문에 다르다. 한 위치에 두 개의 최소점이 존재할 수 없기 때문에 모든 최소점들은 다 반드시 다르다.(畢異)

사물은 이 최소점들이 모여서 된 것이다.[20] 이 사물들 각각은 모두 필이(畢異)이다. 왜냐하면 최소점들이 차지하는 공간적 위치가 다르기

---

18 '비반(非半)'이란 '더 이상 절반이 될 수 없는 것'이란 뜻이다. (묵경 159조)

19 반대로 말하자면, 특징을 잡을 수 없는 그런 점들이 모여서 입체-공간-최대 지평-이 세계를 이룬다. 그러므로 이 세계는 그 최소점들로 이루어진 하나의 덩어리(塊)일 것이다. 이런 점에서 이 세계는 '한 몸'일 것이다. (역물 명제 10)

20 최소점들이 모여 공간을 이룰 수는 없다. 사물은 분석/분해할 수 있으므로 최소점에 도달한다. 그러나 공간은 분석/분해할 수 없으므로 최소점이나 최대점을 말할 수 없다.

때문에, 그 최소점들로 이루어진 사물들의 공간적 위치도 다르다. 따라서 모든 사물은 필이(畢異)이다. 물론 사물들이 운동/변화해도 필이(畢異)이다. 운동/변화해도 사물들을 이루는 최소점들 가운데 한 공간에 동시에 들어가는 둘이 없기 때문이다.

최소점들이 적당히 결합하여 사물들이 생겨난다. 이 결합의 방식에 따라 사물들 사이에는 같음과 다름이 성립한다. 그리고 그 같음이나 다름도 크고 작음이 있다. 즉 큰 같음(大同)-작은 같음(小同), 이런 것이다. 그렇다면 이 '크고 작은 같음'(小同異)은 사물들에게 본래적인 것인가? 그것은 사람들이 인식하기에 그런 것이다. 그리고 사람들이 인식하여 이름을 붙임으로서 그런 크고 작은 같음이 있다. 최소점에 따른 필동필이는 사물에 필연적인 것이다. 그러나 최소점들의 결합 방식에 따라 생기는 크고 작은 같음은 우연적인 것, 즉 사람들이 그렇게 본 것에 불과하다.

다시 말해서, 분할과 결합에서 '같고 다름'의 구분이 직접적으로 나오는 것은 아니다. '같고 다름'은 최소점들의 결합이 가지는 필연적인 특징이 아니다. 그것은 사람들이 사물을 인식할 때 가지는 것이다. 앞의 3)에서 말한 류 개념과 종 개념은 바로 사람의 인식의 틀이다. 그리고 바로 그 틀에서 '큰 같고-다름'과 '작은 같고-다름'이 나온다. 이 틀은 바로 언어적 규정이라는 것이며, '같고 다름'이란 인식-언어에서 나오는 규정이다.[21]

앞의 (1)에서 한 언어적 분석에 따르면 모든 사물들은 관점에 따라서 크게 같거나 작게 같을 수 있으며, 또한 반드시 같고 반드시 다르다.

---

21 혜시는 사물을 언어적으로 분석하기 보다는 논리적 기하학적 물리적 분석을 한다. 사물을 언어적으로 분석하는 사람은 공손룡이다. 따라서 역물 명제 5가 류-종 개념이라는 언어적 분석만을 말하는 것은 아닐 것이다. 그것은 최소점과 그것의 결합으로서 사물, 그리고 #1 차원의 사건의 지평이라는 논리적 분석을 포함하고 있을 것이다.

사물들은 서로 연관 관계 속에 있다는 점에서 '크게 같거나 작게 같다.'
또한 '반드시 다르다'는 점에서 모든 사물들은 다르지만, '반드시 같다'
는 점에서 모든 사물들은 '하나'이다. (2)에서 한 논리적 분석에 따르면
모든 사물은 최소점들로 분해된다. 그 최소점들은 안으로는 구분되는
특징이 없기 때문에 서로 반드시 같고, 또 바깥으로는 공간의 위치가 다
르기에 반드시 다르다. 또한 최소점들이 모여 사물들을 이루는데, 이 사
물들을 언어적으로 규정하면 사물들은 '크게 같거나 작게 같다.' 모든
사물들은 최소점들로 분해될 수 있다. 반대로 보자면, 그런 '반드시 같
은 최소점'들이 모든 공간을 채워서 하나의 세계(#1의 차원)를 만든다. 이
점에서 모든 사물들은 개체의 특성을 버리고 '하나', '큰 하나'(大一), '한
몸'(一體)이 된다.

따라서 우리는 역물 명제 9, 10처럼 말할 수 있다.

역물 명제 9　"우리는 천하의 한 복판을 안다. 연나라의 북쪽이며,
　　　　　　　월나라의 남쪽인 곳이 그곳이다."
따라서
역물 명제 10 "모든 사물을 두루 사랑하라! 汎愛萬物!
　　　　　　　하늘과 땅 (사이의 모든 것)은 한 몸이니까." 天地一體也.

역물 명제 6

l　남쪽은 끝이 없으면서 끝이 있도다. 南方 無窮而有窮.

이는 두 가지 측면에서 설명할 수 있다.
하나는 앎·인식의 문제이고, 또 하나는 현실 사물의 존재 문제이다.

1) 논리적 측면 - 사유와 존재(현실)

논리적으로 볼 때, 자기 크기만큼씩 붙여 나가는 것은 끝이 있을 수 없다.(無窮) 그러나 현실적으로 볼 때 그렇게 해서 늘어나는 길이에는 한계/끝이 있을 수 밖에 없다.(有窮) 다시 말해서 사유할 수 있는 모든 것은 다 존재한다.[22] 우리의 생각 속에서는 채찍을 절반씩 붙여 나가는 행위를 끝없이 할 수 있다. 따라서 그 거리는 끝이 없이 늘어난다. 이것은 물론 우리의 사유 속에서 그렇다는 것이다. 그러나 그렇게 끝없이 늘어난 것을 우리는 현실적으로 확인할 수 있는가?

우리가 감각 경험으로 확인/인식할 수 있는 것은 무한한 거리가 아니라 유한한 거리이다. 우리가 인식한다는 것, 혹은 안다는 것은 뭔가 '끝(窮-極)'이 있는 것, 한정된 것만 가능하다. 앞에서 '사건의 지평' 부분에서도 말했지만, 앎이란 A와 ~A를 구분하는 행위이다. 예컨대 의자(A)를 안다고 하는 것은 그 '의자'(A)와 '의자 아닌 것'(~A)을 구분한다는 것이다. A의 끝은 ~A이다. 그런데 '무한한 거리'는 그렇게 구분되지 않는 것이다. '무한한 거리'는 그런 '끝'이 없다. 따라서 인식될 수 없다. 이렇게 본다면 자기 크기만큼씩 붙여 나가서 남쪽으로 무한히 나갈 때(無窮), 그 남쪽 전체를 우리가 알기 위해서는 뭔가 끝이 있어야 한다. 다시 말해서 인식을 위해서 끝이 있어야 한다.(有窮)

의자의 예에서 말했듯이 A를 알기 위해서는 ~A도 알아야 한다. '남쪽의 끝'(B)을 알기 위해서는 그 '끝의 바깥'(~B)도 알아야 한다. 그런데 끝은 끝이기 때문에 그 바깥은 없다. 이 끝은 인식의 끝이다. (물론 인식의 끝이 바로 존재 세계의 끝이 된다. 인식되지 않는 것은 존재하지 않는 것이다.) 인식의 끝의 바깥(~B)은 의자의 끝의 바깥(~A)과는 다르다. 의자는 이 사건의 지

---

22 '사유/상상할 수 있는 것은 다 존재한다'고 보는 입장 - 『장자』가 대표적이다.

평 속의 한 사물인 반면, 인식의 끝은 바로 사건의 지평선을 말한다. 따라서 '끝의 바깥'(B~)은 바로 사건의 지평 너머에 있는 다른 차원의 세계를 말한다.

인식을 위한 끝, 인식론적 끝은 어떤 것인가? 그 끝의 안은 명백하다. 바로 우리가 사는 지평, 즉 #1의 차원이다. 그렇다면 그 바깥은 무엇인가? 논리적으로 말하자면 '바깥이 없는 것(無外)'이다.(역물 명제 1) 바깥이 없다는 것은 인식이 끊겼다는 것이다.[23] 결국 그것은 우리에게는 사건의 지평이며, 사건의 최대 지평이다.

2) 공간을 채운 사물 - 겸애의 문제

또 하나는 공간과 사물의 문제이다. 공간은 무한하나 사물은 유한하다. 이는 『묵자』「경」172-174에서 논한다. 남방이 끝이 있다면(有窮), 거기에 차 있는 사람의 수는 물론 유한하다. 남방이 끝이 없어서(無窮), 그 남방에 사람이 가득차 있다 하더라도 그 사람의 수는 유한하다. 왜냐하면 공간(~남방)이 무한하더라도, 그것을 채우는 사물(~사람들)은 현실적으로 유한하기 때문이다.[24] 채찍을 자기 크기만큼씩 붙여 나가는 것은 공간 속에서 거리가 확장되는 것이다. 따라서 끝없이 절반을 붙여 나가도 그것은 현실적으로는 언제나 유한하다. 그처럼 남방은 공간으로는 무한하지만, 사물이 존재하는 현실로는 유한하다.

---

23 주희는 그가 10대일 때 이 세계의 끝(極), 이 우주의 끝(窮)을 생각하다 병이 났다고 한다. 그는 세계/우주를 사람이 사는 방처럼 생각한 것이다. 방의 끝은 벽이다. 벽 바깥에는 또 공간이 있다. 그러면 그 공간의 끝에 벽이 있을 것이다. 그 벽의 뒤는? 또 공간일 것이다. 그렇다면 끝은 어떻게 되는가? 끝이 없는가? 없다면, 무극(無極) 혹은 무궁(無窮)이라 할 수 밖에 없다. 무극이나 무궁이란 말은 결국 인식할 수 없다는 말에 불과하게 된다.

24 이 세상의 모래의 숫자는 무한하다고 말한다. 그러나 그 모래가 현실적으로 존재하면 그 숫자는 유한해진다. 또한 이 세상의 모든 사물들이 각각 어디에 있는지 알 수 없다 하더라도 그것이 이 세상에 있는 한 그 갯수는 유한하다.

묵가는 기본적으로 '현실 현상 = 유한함'이라는 가정을 한다. 반면 혜시와 장자는 '상상 추론 = 무한'이라는 가정을 둔다. 추론 속에서는 무한이지만, 그것이 일단 현실화되면 유한하다.

묵경의 이 논증은, 사유/상상할 수 있는 것은 모두 존재한다고 보는 『장자』의 입장을 반박하는 것이라 할 수 있다. 우리의 사유/상상은 무한하지만, 그것이 현실적으로 존재하는 한 유한할 수 밖에 없다는 것이다.

3) 가능성과 현실성

나아가 이런 논증도 가능하다. "사람이 걷는 데는 발바닥의 넓이만 필요하다."[25] "사람의 발은 이 세상 구석구석까지 돌아다닐 수 있다. 그러나 실제로 온 세상을 다 걸을 수 있는 것은 아니다."[26] 발바닥의 넓이로 이 세상의 땅을 다 밟을 수는 없기 때문이다. 이 세상이 끝이 없지만 (無窮) 사람이 밟을 수 있는 곳은 유한하다.(有窮) 이 세상이 무한하지만, 인간의 한계는 명백하다. "우리의 삶은 끝이 있지만, 알 것은 끝이 없다!"[27] 우리의 삶/능력이 유한하기 때문에 우리가 인식하는 것도 유한하다. 그것은 마치 이렇다. "우물 속의 개구리에게 바다를 말해도 소용

---

25 『장자』「외물(外物)」, 『장자』의 이 논증은 무(無)의 쓸모를 논하기 위한 것이다. 걷는데 발바닥 넓이만 필요하다고 해서, 발바닥 넓이 이외의 땅을 다 깎아내 버리면 사람들은 걷지 못할 것이라는 것이다.

26 『순자』「성악」, 순자의 이 논증은 모든 사람이 다 군자가 될 가능성이 있는데, 현실적으로는 모든 사람이 군자가 되지 못함을 설명하기 위한 것이다. 밟을 수 있다고 현실적으로 다 밟을 수 없듯이 모든 사람이 다 군자가 되는 것은 아니라는 것이다.

27 『장자』「양생주」, 장자가 '알 것'이라 한 것은 「양생주」의 바로 그 다음 구절에 따르면, 백이가 추구했던 '착함'과 이에 따르는 '명예'이며, 동시에 도척이 추구했던 '악함-욕망'과 이에 따르는 '형벌'이다. 이 두 가지는 선-악의 양극이다. 그 두 유형의 인간은 자기의 유한한 삶에서 각자의 것을 끝없이 추구했다. 그러나 그것은 끝이 없는 것이고, 그런 것을 추구하면 그 인생이 위태롭게 될 것이라고 한다. 그러면 어떻게 해야 하는가? 바로 포정이 소를 분해하듯이 인생을 살라고 한다.

이 없는 것은, 그 개구리가 살고 있는 좁은 곳에 한정되어 있기 때문이다."[28] 그렇듯이 우리의 세계, 즉 인식의 한계는 명백하다. 그것이 바로 인간의 차원인 #1이며, 우리의 사건의 지평 가운데 최대 지평이다.

역물 명제 7

m   오늘 월나라에 가서 어제 돌아왔다. 今日適越 而昔來.

이 명제는 직관적으로 틀렸음을 알 수 있다. 혜시의 역물 명제는 반대로 하면 맞는 것이 많다. 즉 "어제 월나라에 가서 오늘 돌아왔다"고 하면 맞다. 그런데 혜시는 그 반대로 말한다. 역물 명제는 많은 것이 바로 이런 식이다. "연결된 고리는 풀 수 있다"가 그런 것이다. '있다 → 없다'로 바꾸면 논리적으로 현실적으로 맞는 말이 된다.

1) 시간의 비가역성

여기의 명제 7은 현재의 사물이 과거로 되돌아갔다는 것이고, 시간의 비가역성을 어긴 것이다. 따라서 상식적으로 보면 말이 안 되는 명제이다. 그것은 현실적으로 불가능한 것이고, 타임 머신이 있어야 가능하다. 그런데도 혜시가 이 명제를 주장한 근거는 무엇인가? 이를 살피기 위해서 변자들의 명제 둘을 보기로 하자.

---

28 『장자』 「추수」, 『장자』는 우물 안의 개구리의 시각을 벗어나서 바다를 보는 시각을 갖자는 것이다. 『장자』는 발바닥 이외의 넓이/땅을 보라고 한다. 다시 말해서 알 것은 끝이 없다는 것이다. 『장자』는 사유할 수 있는 모든 것이 존재한다고 보기 때문에 인식의 한계를 돌파하려 한다. 반면 혜시는 사건의 지평을 말하면서 인식의 한계를 정하려 한다.

변자 명제 1, 6

변자 명제 1. "달걀에는 털이 있다." 卵有毛.[29]

변자 명제 6. "두꺼비에는 꼬리가 있다." 丁子有尾.

달걀에는 털이 없다. 달걀이 부화해서 나온 병아리나 닭에 털이 있다. 그런데 왜 달걀에는 털이 있다고 하는가? 또한 두꺼비에는 꼬리가 없다. 그 두꺼비가 올챙이일 때만 꼬리가 있다. 그런데 왜 꼬리가 있다고 하는가?

이렇게 달걀에 털이 있다고 하는 것은 현재[달걀] 속에 미래[털]가 있다는 말이고, 두꺼비에게 꼬리가 있다고 하는 것은 현재[두꺼비] 속에 과거[꼬리]가 있다는 말이다. 이는 시간의 비가역성을 부정한 말이다. 왜 부정을 해야 하는가? 이는 원인과 결과의 문제이다. ① 원인은 언제나 결과보다 먼저 있다. ② 그리고 원인 속에 결과가 있어야 하고, 결과 속에 원인이 있어야 한다. 그래야 원인과 결과는 합당한 관계, 즉 인과 관계를 맺을 수 있다.

변자 명제 1을 예로 들어서 설명해 보자. 파르메니데스라면 "달걀에는 털이 있다"는 명제를 부정할 것이다. 파르메니데스는 "아닌 게 아니라, 없는 것은 없다"고 한다. 즉 '아닌 것은 아닌 것'이고, '없는 것은 없는 것'이다. "달걀에는 털이 있다"는 명제는 "달걀이 변해서 병아리가 되었다"는 것으로 바꿀 수 있다. 그렇다면 "있던 달걀이 없어지고, 없던 병아리가 생겼다는 것"이다. 파르메니데스가 보건대, 있던 것이 없어지고, 없던 것이 있을 수는 없다. "있는 것은 있고, 없는 것은 없기" 때문이다.[30] 따라서 파르메니데스는 그런 변화를 부정한다. 파르메니데스는 감

---

29 卵은 그냥 '알'인데, 편의상 '달걀'이라고 하자.

30 한국 철학회 고전 분과위원회 편, 『문제를 찾아서』, 종로서적 주식회사, 1980년. 윤구병은 파르메니데스의 철학을 "아닌게 아니라, 없는 것이 없다!"로 요약한다.

각 경험으로 볼 수 있는 모든 다양한 것들의 존재를 부정하고, 이 세상에는 오직 '하나(一者)'만이 있다고 주장하기 위해서 그런 논증을 한 것이다.

이들의 논리/논법을 상식의 입장에서 무작정 부정할 수는 없다. 사실 "있는 것은 있고, 없는 것은 없는 것" 아닌가! 만약 그것을 부정하고, "있는 것이 없어지고, 없는 것은 있게 된다"고 하면 현상 세계의 질서는 걷잡을 수 없이 무너질 것이다. 만약 "있는 것이 없어지고, 없는 것은 있게 된다"고 하면, 아무 곳에서 아무 것이나 뜬금없이 없어지고 생겨날 것이다. 그것은 엘리스가 갔던 '이상한 나라(Wonder Land)'일 것이다. 그 나라에서는 눈물이 흘러 갑자기 강물이 되고, 카드가 춤을 춘다. 현실적으로 이런 일이 일어날 수는 없다. 우리의 현실 세계에서는 모든 사물들, 모든 일들은 원인과 결과로 맺어져 있다.

그렇다면 달걀에 없던 털이 생겨나고, 올챙이에 있던 꼬리가 없어질 수는 없다. 반드시 달걀에 털의 요소가 있고, 두꺼비에 꼬리의 요소가 있을 것이다. 그것을 현대의 생물학에서는 '유전자'라고 한다. 달걀에는 털의 원인이 있고, 두꺼비에는 올챙이 꼬리의 결과가 있다. 현재[달걀; 원인]에는 미래[털; 결과]가 있고, 현재[두꺼비; 결과]에는 과거[꼬리; 원인]가 있다.

이처럼 원인과 결과는 시간을 거슬러서, 혹은 시간의 흐름을 지나서 서로 연결되어 있다. 만약 말 그대로 '과거(過去)'는 '이미 지나간 것'이고, '미래(未來)'는 '아직 오지 않은 것'이라 본다면, 현재 사물은 과거나 미래와 단절되게 된다. 그렇다면 원인과 결과는 서로 연관을 맺을 수 없다. 그래서 원인은 결과를 찾아서 헤매게 될 것이다. 시간의 흐름을 거스를 수 없다고 한다면, '방황하는 원인'들로 이 세상은 가득 찰 것이고, 그것은 방황하는 원인들이 아무 데서나 무담시 불쑥 불쑥 현실로 나타나는 엘리스의 '이상한 나라'가 될 것이다.

이렇게 따져 본다면, 역물 명제 7의 "오늘 월나라에 가서 어제 돌아왔다"는 것도 어느 정도 해석이 된다. '감'과 '옴'은 서로 원인과 결과로 연결되어 있다. 갔기 때문에 온 것이다. (하긴 안 올 수도 있다.) 오늘 월나라에 간 것은 아무런 생각없이 내가 간 것은 아닐 것이다. 그렇게 간 것은 내가 어떤 계획을 세웠기 때문일 것이다. 그 계획을 어제 세웠다면, 그 계획에서는 나는 이미 어제 갔다가 온 것이다. 그리고 그 계획에 따라 오늘 간 것이다. 물론 오는 것은 오늘 월나라에 간 이후이겠지만, 아무튼 오는 것은 이미 어제의 계획에 들어 있다. 따라서 어제 돌아왔다고 할 수는 있다. 이는 다만 원인과 결과의 관계에서만 그렇다는 것이다. 현실적으로 '나'라는 것이 오늘 갔다가 어제 올 수는 없다. 이를 다시 한 번 따져 보자.

어제 세운 계획에 따라 오늘 월나라에 갔다가 내일 온다. 이것이 정상적인 시간의 흐름이다. 그런데 원인-결과의 관계에서 보자면, 어제의 계획에는 이미 오늘과 내일의 감과 옴이 들어 있다. 오늘 내가 본다면, 과거에 현재와 미래가 들어 있으며, 어제의 계획이 원인이 되어서 오늘과 내일의 감과 옴이 결과로 나타난 것이다. 이것은 시간 속에 들어 있는 인과 관계이다.

따라서 우리는 둘을 나눌 수 있다. ① 시간의 흐름 속에서 사물/물체의 역이동. ② 시간 속에 들어 있는 인과 관계. ①의 측면에서 볼 때 사물이나 일이 과거-현재-미래 사이의 역이동(즉 미래→현재, 미래→과거, 현재→과거)은 불가능할 뿐만 아니라, 현실적으로 존재하지 않는 일(비존재)이다. 그러나 ②의 측면에서 보면, 사물과 일의 원인-결과가 과거-현재-미래 사이의 상호 침투가 가능하다. 시간의 흐름에 따라 이동을 하는, 혹은 그 흐름을 거슬러 역이동하는 원인-결과가 서로 얽혀 있기 때문에 현상 세계의 질서가 유지된다. 그리고 원인이 결과를 찾아서 방황하는 것이 끝날 것이다. 이것이 바로 혜시가 역물 명제 4와 7에서 하고 싶었던 이야기일 것이다.

정상적인 시간의 흐름으로 보면, 오늘 월나라에 갔다가 어제 올 수는 없다. 뿐만 아니라 달걀에는 털이 있을 수 없고, 두꺼비에 꼬리가 있을 리 없다. 그러나 시간 속에 들어 있는 인과 관계로 볼 때, 달걀에는 털이 있어야 하고, 두꺼비에는 꼬리가 있어야 하고, 오늘 월나라에 가서 어제 올 수도 있다. 이와 같은 것들은 한 사물/일의 존재 기간(시작→끝) 속에 있는 일이다. 좀 더 크게 보자면, 모든 사물/일에는 시작과 끝이 있다. 그리고 그 시작과 끝 사이의 어떤 지점에서도 모든 사물/일에는 시작과 끝의 요소가 동시에 존재한다.(역물 명제 4) 시작에는 이미 끝까지의 요소가 다 있고, 끝에는 여전히 시작의 요소가 있다. 나아가 원인-결과의 관계에서 보자면, 원인에는 이미 결과의 요소가 있고, 결과에는 아직 원인의 요소가 있다.

이는 역물 명제 5에서 말하는 큰 동이(同異)와 작은 동이(同異)의 측면에서 볼 수 있다. 모든 사물/일에는 시작과 끝이 있다. (시작에 이미 끝까지의 요소가 있고, 끝에 아직 시작의 요소가 있다.) 이는 모든 사물/일에 필동(畢同; 반드시 같음)이다. 그러나 그 시작과 끝의 시점이 사물/일마다 다른 점에서 필이(畢異; 반드시 다름)이다.(大同異) 각 사물/일은 시작과 끝 사이의 어떤 지점에서도 다양한 원인-결과를 갖는다는 점에서 '크게 같음'과 '작게 같음'을 가진다.(小同異) (이 소동이는 역물 명제 5에서 말하는 사물들 사이의 동이(同異)의 문제이므로 설명을 생략하겠다. 각 사물/일이 갖는 무수한 원인-결과는 사물들의 동이를 결정짓는 요소 가운데 하나이다.)

2) 시간에 대한 견해 두 가지

이상의 이야기를 다시 정리해 보자. 시간에 대한 견해는 다음 두 가지로 요약할 수 있다.

(1) 영원한 현재

상식적으로 현실적으로 볼 때, 강물은 바다로 흐르고, 시간은 미래로 흐른다. 말 그대로 '과거(過去)'는 '이미 지나간 것'이고, '미래(未來)'는 '아직 오지 않은 것'이라 본다면, 현재 사물은 과거나 미래와 단절되어 있다. 과거는 지나갔으므로 사라져 버린 것이며, 없어진 것이다. 미래는 아직 오지 않았으므로 없는 것이다. 따라서 현재만 있을 뿐이다. 현재는 순간/찰나이다. 따라서 오직 존재하는 것은 순간 순간들 뿐이고, 그 순간들은 서로 단절되어 있다. 시간의 흐름을 직선으로 그린다면, 그 직선을 이루는 점들은 단지 점 점일 뿐, 그 점들 사이는 떨어져 있게 된다. 이는 현재만 인정하고, 과거와 미래는 부정하는 입장이다. 다시 말해서 '영원한 현재'만 있다는 주장이다.

순간 순간으로서 '현재'는 어떻게 확인이 되는가? '현재'란 '지금 여기'(da)이고, 그 '지금 여기'를 직접적으로 확인할 수 있는 것은 바로 '나' (혹은 나의 이 의식)일 뿐이다. '나'는 이 '현재'에 던져진 것이다. '나'는 과거-미래와 단절된, '순간'으로서 현재에 있으므로, 과거-현재-미래에 걸쳐서 이 세계를 강고하게 지배하는 불변의 법칙으로 부터 자유롭다.[31] 따라서 '나'에게는 그만큼의 자유가 주어지고, '나'는 나의 의지에 따라서 어떤 일에도 나를 던질 수 있다. 이러한 시간관을 갖는 철학은 '나'-자아의 절대성을 주장하며, 나 자신의 결단을 중시한다.

이는 중국 철학에서는 선 불교, 육왕/양명학에서 드러난다. 또한 이는 체용(體用)의 관계에서 보자면 용(用)의 형이상학이다. 체는 본체이고 용은 현상이다. 본체는 과거-현재-미래에 걸쳐서 보편적인 법칙이다. 이

---

31 (2)의 '영원한 시간'의 입장에서는 원인과 결과의 연결 관계, 혹은 필연적 법칙을 주장한다. 그러나 (1)의 '영원한 현재'의 입장에 서는 사람들은 그 인과와 법칙을 의심할 것이다. 시간의 흐름 속에서 원인과 결과가 필연적 연결 관계를 맺는다는 것은 사람의 경험으로만 확인할 수 있다. 그러나 경험을 아무리 뒤져 보아도 그것이 필연적으로 연결되었다는 증거를 찾을 수 없다고 할 것이다. (흄의 인과론 부정)

런 본체를 부정하고, 현상만 인정한다면, 결국 그것은 앞에서 말한 영원한 현재 속에 있는 개체만을 인정하게 된다. 그것이 용의 형이상학이다.

(2) 영원한 시간

현재라는 순간을 과거와 미래에 귀속시켜서, 과거로 부터 미래로 흐르는 영원한 시간, 전체 시간을 주장하는 견해가 있다. 이처럼 '현재'를 부정하는 것은 사소한 것이 아니다. 시간의 흐름에서 '현재'를 부정해 버리면, 그 흐름-직선-에서 초점을 지워버린 것이 된다. 그 결과 시간이란 특별히 강조되는 점이 없이 그냥 흐르는 것, 그냥 그어진 직선이 되어 버린다. 다시 말해서, 시간이란 '현재'를 사는 개인들에게는 개인적인 체험으로 나타난다. 그러나 그 초점이 지워지면 그 개인적인 감각-경험-체험이 부정된다. 그 결과 언제나 현재 속에 있는 현상 사물들의 중요성은 지워지고, 그 사물들을 엮어 주는 원인-결과(혹은 법칙)가 중요해진다. 앞에서 설명했듯이 원인-결과는 시간의 흐름을 넘나들며 연결되기 때문이다.

시간의 흐름 속에서 원인과 결과가 연결 관계를 가지며, 그 연결 관계에서 불변의 보편적인 필연적인 법칙을 찾는다. 시간은 현상 세계 속을 흐르며, 그 안에는 현상의 질서를 틀 지우는 법칙들(본체)이 있다. 시간은 표면/현상만을 흐를 뿐, 법칙들을 건드리지 못 한다. 다시 말해서 법칙들은 시간의 흐름을 벗어나 있다. (여기에서 시간이 흐르는 이 세계는 바로 현상/用이고, 법칙들은 본체/體이다.) 사물과 일들은 시간의 흐름 속에 있다. 따라서 시작과 끝 사이를 지나가는 덧없는 것(客形)이다. 사물과 일들은 시작과 끝 사이를 지나가면서 그 보편 법칙들을 따라야 한다. 그렇게 해서 현상 세계의 질서가 유지된다.

이는 중국 철학에서는 주희의 형이상학이 대표적이다. 주희는 본체를 형이상자라고 한다. 형이상자는 특정한 시간과 공간을 벗어난 것,

곧 모든 시간 모든 공간에 존재하는 것이다. 그것이 리(理)이다. 반면 현상 사물은 형이하자이며, 특정한 시간 공간 속에 있다. 이를 기(氣)라고 하며, 장재는 객형이라 했다. 앞에서 말한 용(用)의 형이상학이 보편 법칙을 가볍게 보고, 개체의 절대성을 주장하는 반면, 이 체(體)의 형이상학은 개체를 일시적인 것으로 보고, 이 세계에 질서를 부여하는 보편 법칙을 중시한다.

혜시는 대략 (2)의 입장에 서 있다. 그는 시간의 흐름 속에서 과거-현재-미래를 서로 침투하는 원인과 결과의 계열을 본다. (물론 그는 주희처럼 형이상자로서 보편 법칙을 말하지는 않는다. 그점에서 혜시는 형이상학보다는 과학의 입장에 선다. 물론 이 입장을 밀고 나가면, 시간을 떠나서 보편적으로 적용되는 법칙을 주장하게 될 것이다.) 아직 오지 않은 미래(未來)가 있다면, 이미 지나간 미래, 오래된 미래를 기다릴 수 있을 것이다. 따라서 오늘 월나라에 갔다가 어제 올 수 있다. 벌써 지나간 과거(過去)가 있다면, 아직 지나가지 않은 과거, 오지 않은 과거를 달고 다닐 수 있다. 따라서 두꺼비에는 꼬리가 있다. 이 세상의 모든 사물/일들은 현재 속에 있으면서, 지나간 미래 오래된 미래를 기다리며, 오지 않은 과거를 달고 다닌다.

혜시는 대일(大一)이라는 사건의 지평을 흐르는 시간을 넘어서서 그 지평의 틀을 잡아 주는 원인-결과의 연결을 본다. 그는 사건의 지평을 공간적으로 분석하고, 다시 시간적으로 분석한다. 이렇게 해서 하나의 세계가 구성된다. 이런 점에서 본다면 혜시의 철학은 진나라의 통일로 이루어진 천하의 통일을 굽어보는 이론일 수도 있다.

그렇다면 『장자』의 철학은 무엇인가? 장자는 일반적으로 혜시의 논리적 이론을 심법(心法) 심술(心術) 혹은 처세술로 바꾼다. 혜시는 시간을 넘나드는 원인과 결과들의 잇달음, 영원한 시간 속에 잠겨 있는 필연적인 법칙을 논증했다. 장자는 그 필연 법칙의 존재를 논증하는 것은 혜시에게 맡기고, 시간의 흐름 속에서 덧없는 존재인 현상 사물, 즉 인간들이 그 필연적인 법칙의 손아귀에서 어떻게 행복을 얻을 수 있는지를 말한다. 자연의 필연 법칙을 따르는 자에게 행복이 있을진저! 그 필연을 따르는 것이 너의 자유를 확보하는 길이니라. 『장자』는 영원한 시간 속에서 '영원한 모습'[32]을 보라고 권유한다. 그러면 나의 지금 이 조건은 자연의 필연적 인과 관계 속에서 생겨난 것, 불평을 할 어떠한 이유도 근거도 없다는 것이다. 나의 조건을 그대로 그냥 접수하는 숙명론, 그 속에서 절대의 자유와 행복을 찾는 것을 덕충부에 나오는 불구의 인물들, 대종사에 나오는 자사 자여 자려 자래의 입을 빌어서 말하고 있다.

역물 명제 8

n　연결된 고리는 풀 수가 있다. 連環 可解也.

연결된 고리를 푸는 것은 포정이 소를 분해하는 것과 같은 일이다. 그것은 소를 '자르는 일'이지만 실제로는 '푸는 일(解)'이다. 이것은 틈과 두께의 문제이다. 틈이란 공간 가운데 작은 것이다. 두께란 사물 가운데 어떤 부분이다. 사물은 공간 속에 있다. 사물과 공간은 어떤 관계에 있는가, 이것을 틈과 두께라는 점에서 살펴보는 것이 역물 명제 2와 8이다.

1) 틈에 관한 논증

서로 꿰어져 연결된 고리를 어떻게 풀 수 있는가? 두 고리 가운데

32　풍우란은 장자의 철학을 스피노자의 '영원의 상(相)' 아래서 보는 것으로 설명하고 있다. (『중국 철학사』)

하나를 자르면 물론 풀어서 빼낼 수 있다. 그러나 자르지 않고 어떻게 풀 수 있는가? 이는 마술 가운데 하나이기도 하다. 그 마술의 속임수도 결국 두 고리 가운데 하나(혹은 둘 다)에 아주 작은 단절 부분을 만들어 놓는 것에 있다. 관객의 눈에는 보이지 않으나 마술사는 볼 수 있는 단절 부분, 그 사이로 고리를 빼는 것이다.

혜시도 결국은 고리의 단절 부분으로 고리를 빼어낼 것이다. 그러나 마술사처럼 칼로 그 고리에 단절 부분을 만들면 안 된다. 그러면 어떻게 하는가? 모든 고리에는 단절 부분이 있다는 것을 증명하면 된다. 그러면 어떤 고리라도 언제나 빼어낼 수 있을 것이다.

이는 자름/나눔의 문제인 것 같다. 변자 명제 21에는 채찍을 날마다 절반씩 자르는 것이 나와 있다. 공간을 다루는 앞의 1장과 여기 2장은 채찍 자르기를 기본으로 하고 있다. 1장에서는 채찍을 절반씩 자르거나 붙임을 통해서 사건의 지평에 도달함을 보여 준다. 여기 2장에서는 채찍을 자를 수 있기 때문에 연결된 고리가 풀릴 수 있다고 한다. 그것이 어떻게 가능한가? 마술사는 손수 칼질을 해서 고리를 빼낼 틈을 만든다. 그러나 혜시는 사람이 칼질을 안 해도 자연은 이미 틈을 만들어 놓았다는 것을 증명한다.

채찍 자르기란 채찍과 칼이 있어야 한다. 즉 잘릴 대상과 자르는 도구가 있어야 한다. 칼은 채찍 속으로 들어간다. 따라서 논리적으로 볼 때 채찍은 연속되어 있으면서 동시에 단절되어 있어야 한다. "연속되어 있어야 채찍이 된다." 그러나 "채찍에 단절된 곳이 있어야 칼로 자를 수 있다."[33] 우리가 감각으로 경험하는 채찍은 연속되어 있을 뿐이지, 채찍 안에 단절된 곳은 없다. 그러나 감각 경험을 할 수 없다고 그 단절된 곳

---

33 이 명제는 논리적인 것이다. 논리적으로 볼 때 단절된 곳이 있어야 칼이 그곳을 자른다. 만약 단절되지 않은 곳이라면 칼이 그곳으로 들어갈 수 없다.

이 없다고 할 수는 없다. 감각 경험할 수 없는 곳에도 틈/단절이 있음을 변자의 명제들이 증명을 한다.

변자 명제 9

수레바퀴는 땅을 밟지 않는다." 輪不蹍地.

변자 명제 11

손가락은 (어떤 것에도) 닿지 않는다. 닿으면 떨어지지 않는다."
指不至, 至不絶.

『열자』「중니」명제 5

머리카락은 3만 근을 끄는다." 髮引千鈞

예를 들어서, 내 오른손 집게 손가락(F)을 왼손 바닥(P)에 대었다고 하자. 그러면 손가락은 손바닥에 '닿았다'고 사람들은 말한다. 즉 그렇게 인식이 되는 것이다. 그러나 손가락을 손바닥에서 떼면 떨어진다. 이것은 무엇을 말하는가? 손가락을 손바닥에 대어서, 손가락과 손바닥이 닿았다고 할 때, 손가락 끝과 손바닥 사이에는 '틈', 즉 '단절'이 있다는 말이다. 만약 손가락 끝과 손바닥 사이에 그런 틈-단절이 없이 '닿아 있다'고 한다면, 손가락은 손바닥에서 떨어지지 않을 것이다. 반대로 말하자면, 손가락이 손바닥에서 떨어진다는 것은 손가락 끝과 손바닥 사이에 틈이 있다는 말이다. 단절이 없이 닿아 있다는 것은 연결되어 있다는 말이기 때문이다. 따라서 "손가락은 어떤 것에도 닿지 않는다. 만약 닿았다면 떨어지지 않을 것이다!" 마찬가지로 수레바퀴는 땅을 '밟은' 적이 없다. 만약 밟았다면 수레바퀴는 땅에서 떨어지지 않을 것이다. 어느 정도 떨어지지 않는가? 절대로 떨어지지 않을 것이다. 왜냐하면 머리카락이 3만 근을 끌 수 있기 때문이다. 만약 3만 근을 끄는데 머리카락이 끊어진다면, 물론 머리카락 안에는 틈(間)이 있다는 뜻(증거)이다. 만약 틈이 없다면 머리카락은 3만 근도 너끈하게 끌 것이다.

이것은 무엇을 말하는가? 사람들이 보기에 (인식하기에) '연속된 것'에는 반드시 '틈/단절'이 있다는 것이다. ① 서로 닿아 연속된 두 물체뿐만 아니라, ② 하나의 물체 안에도 틈이 있다. 사물의 특징은 연장(延長)이다. 즉 그 사물의 범위 안은 연속되어 있다는 것이다. 우리가 감각 경험하는 사물은 그렇다. 그러나 위의 세 명제에서 논증했듯이 '연장-연속'이라는 우리의 감각 경험과는 반대로 '틈-단절'이 있다. 변자 명제 9와 11은 ① 서로 닿은 것 사이의 틈을 증명한 것이고, 『열자』 중니 명제 5는 ② 하나의 물체 안에 있는 틈을 증명한 것이다.

2) 장석의 도끼질

서로 닿아 연속된 두 물체 사이의 틈/단절을 『장자』에서 찾아 보자. 영(郢; 초나라 수도) 사람이 흰 흙을 자기 코 끝에 파리 날개만큼 얇게 바르고, 장석(匠石)에게 그것을 깎아내게 했다. 장석이 도끼를 바람 소리가 나게 휘둘렀다. 영 사람은 그 소리를 들었지만 가만 있었고, 흰 흙은 다 깎여 떨어졌지만 코는 다친 데가 없었다.(서무귀 6) 코 끝에 흰 흙을 바르면 코와 흙은 연결되어 있다. 도끼질을 하자 흙과 코는 완벽하게 분리되었다. 코 끝에는 아무런 흙도 남아 있지 않았고 아무런 상처도 입지 않았다. 이렇게 완벽할 수 있는 것은 물론 그 두 사람의 실력 때문이기도 하지만, 또한 흙과 코 사이에 틈/단절이 있기 때문이다.

장자는 혜시나 변자들이 제기한 논리적 물리적 문제를 심술(心術)과 처세술의 문제로 바꾼다. 코 끝에서 흰 흙을 도끼로 떼어내는 것은 틈/단절이 있기 때문이라는 것은 변자들의 명제에서 확인된다. 틈/단절이 없다면, 코에 아무런 상처도 없이, 코에 흙이 조금도 남음이 없이 흙만 떨어질 수는 없다. 그런데 장자는 이를 두 사람의 실력/능력의 문제로 바꾼다. 장석의 도끼질 솜씨도 대단한 것이지만, 도끼질을 하는 데도 가만히 있었던 영 사람도 대단하다. 만약 도끼가 무서워서 조금이라도 흠칫 하면 코가 다칠 것이다. 이 두 사람의 마음가짐과 솜씨, 이는 아래의 이야기에서 나오는 포정의 마음가짐과 솜씨와 비슷하다.

3) 포정의 해우(解牛)

한 사물 안에 있는 틈/단절을 『장자』는 포정이 소를 분해하는 이야기로 말한다.(양생주) 일반인이 볼 때 소는 하나의 '덩어리'이다.[34] 그 덩어리 안에서 틈을 보지 못하므로, 빈틈없이 연결되어 있을 것이라 생각한다. 포정은 소를 분해하는 것을 일로 삼으므로 언제나 그 안에 든 틈을 찾는다. 그 결과 살과 뼈와 가죽 사이의 틈을 발견하게 된다. 맨 처음에는 소만 보였으나, 3년 뒤에는 온전한 소(全牛)가 보이지 않았다. '소'라는 덩어리 안에 있는 틈/단절이 보이기 시작했고, 그 경지가 최고에 다다르게 되자 오직 틈/단절만 보이게 되었다. 일반인에게는 틈도 아닌 것이 틈으로 보였고, 그 틈이 점점 커지더니, 소는 보이지 않고 온통 그 틈만 보였다는 것이다. 그래서 눈 앞에 소가 없었다!(眼前無牛) 이처럼 경지가 높아지자 소만 다르게 보이는 것이 아니라 칼도 동시에 다르게 된다. 두껍던 칼날이 점점 얇아져서, 최후에는 두께가 없어지게 되었다. 두께가 없는 칼날로 넓디 넓은 소의 틈을 찌르는 것, 이것이 포정이 소를 잡는 일이었다. 따라서 포정은 소를 자른 것이 아니라 분해했다.(解牛) 그래서 그가 19년 동안 칼을 갈지 않아도 날이 시퍼렇게 살아 있었

---

34 『장자』에 따르면, 천지(天地; 세계)는 '큰 덩어리'이다. 그는 대일(大一)을 그렇게 말한다.

다. 이는 일반인에게는 없는 뛰어난 인식 능력(神)[35]이 있기에 가능하다. 일반인이나 서투른 백정은 틈/단절을 보지 못하기 때문에 아무 데나 칼질을 해서 칼날이 곧 무뎌지게 된다.

장자는 혜시나 변자들의 논리적 기하학적 물리적 분석을 심술(心術)과 처세술로 바꾸어 버린다. '소'라는 덩어리 안에 있는 틈/단절은 변자 명제 11과 9 등에서는 논리적 물리적 분석으로 확인된다. 그런데 장자는 그런 증명을 생략한다. 변자들에게 증명을 맡겨 버리고, 그 결론만 가져온다. 그리고 그 틈/단절을 인식하는 능력으로 이야기를 몰고 간다. 결국 그것은 인식의 문제가 되어 버린다. 마음이 얼마나 고차원의 인식 능력을 가지느냐 하는 심술(心術)의 문제가 된 것이다. 마음이 그런 높은 인식 능력을 가지면, 이 세상을 매끈하게 살 수 있다는 처세술로 나간다. 소에 틈이 있듯이 이 세상의 모든 일도 틈이 있다. 아무리 어려운 일이라도 그 틈을 찌르면 전혀 힘들지 않고, 즉 노동력을 많이 투입하지 않고도 해결할 수 있다. 마치 포정이 소를 분해하듯이 힘/노동을 적게 들이고 해결된다는 것이다. 이것이 장자 처세술의 핵심일 것이다.

포정 해우(解牛)는 매우 과장된 이야기이다. 그러나 이 이야기의 출발점은 변자 명제 9와 11이라는 것은 확실하다. 일반인이 감각 경험으로 보기에 아무런 틈이 없지만, 이성적 추론을 해 보면 사물 안에는 틈/단절이 있다.[36] 손가락(F)이 손바닥(P)에서 떨어질 수 있기 때문에 포정은 소를 분해할 수 있다. 손가락과 손바닥은 힘을 주면 바로 떨어진다. 그러나 영 사람 코에 붙은 흰 흙은 그 자체로는 떨어지지 않는다. 코와 하나인 셈이다. 그런데 도끼질하면 흙만 완벽하게 떨어진다. 틈이 있기 때문이다. 따라서 소도 코와 흙처럼 붙어서 된 하나의 덩어리라 할 수

---

35 인간세의 첫머리에서는 심재(心齋)할 때 생기는 기(氣)라고 한다.

36 1장의 사건의 지평 이론은 존재를 분석하여 인식의 한계로 나가는 반면, 여기 2장은 인식의 한계를 넘어서 존재의 분석으로 나간다고 볼 수 있다.

있다. 그러므로 그 덩어리 안에는 많은 틈이 있다. 그리고 포정의 두께가 없는 칼날은 소 안의 넓디 넓은 틈을 찌를 수 있고, "천하에 가장 부드러운 것이 천하에서 가장 딱딱한 것(의 안)을 치달리니, (이는 고정된 형체가) 있지 아니한 것(無有)이 틈이 없는 것(無間)에 들어가기 때문이다." (『노자』 43장)[37]

4) 연결된 고리를 풀기

소 안에 틈이 있다면 고리 안에도 틈이 있을 것이다. 두 개의 고리 A와 B가 있다고 하자. A에 있는 틈과 B에 있는 틈을 서로 맞추어서 빼면 A와 B는 분리될 것이다. 이렇게 해서 우리는 칼질을 하지 않고도 "연결된 고리를 풀게 된다!"[38]

─ 그런데 해 보니까 A와 B가 서로 빠지지 않는다고요? 저런, 고리에 있는 틈을 발견하지 못 하셨구먼. 아니면 발견했어도 그 A의 틈과 B의 틈을 서로 맞추지 못하셨구먼. 하긴 포정이 아닌 일반인에게는 틈이 워낙 작을 테니까. 서로 맞추었는데 영 빠지지 않는다고요? 그러면 그 틈을 좀 더 벌려 보시지요. 포정의 두께없는 칼을 빌리면 좋겠지만, 그가 빌려 주지 않는다면 아무 칼이나 빌리세요. 그래서 틈을 좀 더 벌리세요. 그러면 틀림없이 A와 B는 서로 빠져나올 것입니다.

뭐라고요? 그렇게 하는 것은 결국 고리에 칼질을 해서 고리를 절

---

[37] 이는 물의 이미지로 설명된다. 물은 대상에 따라 자신의 형체를 바꾼다.('부드러움/柔'은 바로 형체를 바꿀 수 있다는 뜻이다.) 돌이나 나무같이 딱딱한 것 안에 아무리 작은 틈, 아무리 복잡한 모양의 틈이 있어도 물은 그 틈으로 들어갈 수 있다. 아니 치달릴 수 있다. 틈에 따라 자신의 형체를 바꾸기 때문이다. 포정의 칼날이 두께가 없는 것이라면, 『노자』 43장에서는 형체를 틈의 모양에 따라 바꿀 수 있기 때문에 들어갈 수 있다고 한다.

[38] 이처럼 잘라서 분리시키는 것이 아니라, 이미 있는 틈으로 분리하거나 빼내므로, 포정이 소를 잡는 것이나 고리를 빼내는 것이나 다 '푸는 것(解)'이다. 즉 해우(解牛)이며 해환(解環)이다. '解'라는 말에는 牛+刀가 있다.

단해서 빼내는 마술사와 뭐가 다르냐고요? 물론 다를 것이 없지요. 그러나 마술사는 그런 틈이 있다는 것을 모르고 칼질을 한 것이고, 당신은 그런 틈이 있다는 것을 알고 칼질한 것이 다른 점입니다. 마술사는 서투른 백정에 가깝고, 당신은 포정에 좀 더 가까운 셈이지요. 그게 큰 차이가 아니라고요? 혜시와 변자들에게는 큰 차이일 것입니다. 그들은 연결된 고리를 현실적으로 푼 것이 아니라, 고리에는 틈이 있다는 것을 증명했을 뿐입니다.

　그것은 하나마나 한 증명이라 보일지도 모르겠다. 그러나 사물에 틈(빈 틈)이 없다면, 자름/절단은 불가능할 것이다. 역물 명제 8이 하고 싶은 이야기는 바로 그것이다. 촘촘하고 꽉 찬 것 같은 사물 안에도 반드시 공간(빈 틈)이 있다는 것이다. 그것이 있어야 자름/절단/분리가 가능할 것이고, 그것이 없다면 자름은 불가능해진다. 왜 그러한가?

　이것은 전체적으로 보면 변자 명제 21의 채찍 자르기의 문제이다. 자를 수 있는 조건이 문제가 된다. 현실적으로는 너무 쉽게 채찍을 자를 수 있겠지만, 논리적으로 볼 때 존재가 분할된다는 것은 쉬운 문제는 아니다.

5) 틈 - 사물 속의 공간

　파르메니데스에 따르면, 존재(A)와 존재(B)를 구분하는 것은 또 다른 제 3의 존재(C)가 아닌 비존재(N)이다. 만약 구분해 주는 것이 '존재'라면, 존재(A)와 존재 (B)사이에 또 존재(C)가 있는 것이기 때문에 그 셋은 서로 연결되어 버린다. 왜냐하면 그 셋은 다 존재이므로 서로 구별이 되지 않기 때문이다. 따라서 존재와 존재를 구분할 수 있는 것은 비존재(N)일 뿐이다. 그런데 비존재는 비존재하기 때문에 없다. 따라서 모든 존재는 서로 구별/구분/분할될 수 없고 따라서 모든 존재는 연결되어서 하나이다! 이것이 파르메니데스의 결론이다.

따라서 파르메니데스는 시간과 공간을 부정했다. 오직 존재하는 것은 '하나'이고, 그것이 이 세계의 전부이다. 그 하나=존재에는 아무런 구분도 분열도 없다. 따라서 공간도 시간도 없다. 공간은 여러 사물 및 그 사물들의 운동이 있어야 그것이 있는지 확인이 된다. 여러 사물이 존재하는 바탕이 공간이기 때문이다. 시간은 운동과 변화가 있어야 그것이 있는지 확인이 된다. 사물이 움직이는 궤적은 물론 공간이다. 그리고 움직이는 것은 시간 속에서 이루어진다. 따라서 운동은 공간 뿐만 아니라 시간을 확증하는 수단이 된다. 또한 사물의 변화(예컨대 사람이 태어나서 늙고 하는 것)는 시간 속에서 이루어지는 것이다. 그런데 파르메니데스는 여러 사물도, 그 사물의 운동도, 그 사물의 변화도 부정한다. (따라서 시간도 공간도 부정된다.) 이 세가지의 부정으로 도달하는 결론은 이 세계 전부인 '하나' 그것이다.

이렇다면 존재는 분할할 수 없다. 왜 그러한가? 사물은 공간 속에 있다. 한 공간에 두 사물(존재)이 동시에 있을 수 없다. 어떤 것(예컨대 채찍)을 자른다는 것은, 어떤 것(채찍의 어떤 부분)을 차지하고 있는 한 공간을 다른 것(칼날)이 대신 들어갔다가 나오고, 그래서 공간만 남는 것이다. 이것이 가능하기 위해서는, 채찍 안에 빈 공간이 있어야 한다. 그 공간을 칼날이 들어가던지 아니면, 그 공간에 있는 것을 밀어내고 거기에 칼날이 대신 들어가는 것이다. 물론 밀어내기 위해서는 채찍의 다른 부분에 공간이 있어야 한다. 그래야 채찍의 그 잘리는 부분이 다른 공간 쪽으로 밀릴 수 있다.

연속되어야 채찍이 된다. 그러나 단절된 곳(공간, 틈)이 있어야 칼로 자를 수 있다. 이 틈이 있다는 것은 역물 명제 11과 9나 포정 해우의 일화 등에서 설명되었다. 이것은 그 틈의 존재를 논리적으로 증명했다기보다는, 우리의 감각적 인식의 한계로 보지 못한 그 틈을 예를 들어 보여 준 것이다. 그렇다면 그 틈/공간의 위상은 무엇인가?

그 틈이 완벽하게 단절된 것이라면, 물론 채찍은 연속되지 못하고 조각조각 분해될 것이다. 그렇다면 칼로 자를 것도 없다. 반면 그 틈이 없다면 머리카락은 3만 근을 끌 수 있고, 채찍은 자를 수 없다. 그 틈이란 연속된 것이며 동시에 단절된 어떤 것이라 할 수 밖에 없다. 채찍을 자른다는 것은 그 틈을 연결해 주는 어떤 것을 완전하게 제거해서 절단하는 것이다.

혜시는 시간과 공간을 다 긍정한다. 여기에서 문제는 공간이다. 그는 사물 바깥의 공간을 인정할 뿐만 아니라 사물 안에도 공간이 있다고한다. 사물 안의 공간은 단절된 것이면서 동시에 연결된 것이다. 소가하나의 덩어리를 이루고 있는 것은 공간이 연속되어 있기 때문이며, 포정이 칼을 써서 소를 분해하는 것은 그 공간을 단절시키는 것이다. 이것을 '틈(間)'이라고 한다. 이 '틈'의 특성은 아래의 '두께 없음-사물'에 관한 논증에서 좀 더 밝혀질 것이다.

역물 명제 9

o 나는 천하의 한 복판을 안다. 我知天下之中央;
   연나라의 북쪽이며 燕之北, 越之南, 是也.
   월나라의 남쪽인 곳이 그 곳이다.

『순자』「불구」 명제 2
   제나라와 진나라는 겹쳐져 있다. 齊秦襲.[39]

---

39 이는 역물 명제 9와 같은 뜻이다. 월남-연북이라는 남-북 축의 거리가 이 명제에서는 제

앞의 역물 명제 1 등에서 설명한 '사건의 지평'으로 다음 명제들을 설명을 할 수 있다. 혹은 위의 명제들을 가지고 '사건의 지평'을 설명할 수 있다.

1) 두 지점을 하나의 점으로 만들기

연나라의 북쪽(연북) 어느 지점과 월나라의 남쪽(월남) 어느 지점은 서로 정반대인 곳이다. 따라서 그 거리는 수천만리는 될 것이다. 그런데 그 두 지점이 천하의 중앙이라고 한다. 중앙이라면 하나의 '점'을 말한 다. 따라서 수천만리나 떨어진 두 지점이 중앙이 되기 위해서는 우선 그 두 지점이 하나의 점이 되어야 한다. 그리고 나서 그것이 중앙인지를 말 할 수 있다. 명제 9는 일차적으로는 연북(燕北)과 월남(越南)이 하나의 점 이 됨을 주장하는 것이다.

이는 위에서 말한 분할/나눔의 문제이다. 사람에게는 연북과 월남 을 잇는 선은 수천만리의 거리이다. 따라서 인간의 인식 능력과 칼의 한 계 안에서는 무수하게 분할할 수 있다. 그러나 연북과 월남(혹은 제나라 와 진나라)을 잇는 선(그 선을 지름으로 하는 하나의 원, 그 원이 이루는 하나의 점)을 최소점으로 하는 존재가 있을 수 있다. (이 존재의 차원을 #2라고 하자. 그리고 인간의 차원을 #1이라 하자. 그렇다면 인간보다 작은 존재는 #0 차원이라 할 수 있다. '와우'가 바로 #0의 차원일 것이다.) #2 차원의 존재에게 월남과 연북을 잇는 선을 지름으로 하는 원은 하나의 점이 된다. 그것은 그들에게는 사건의 지평이다. #1인 사람에게는 무수하게 분할할 수 있는 그 두 지점이, #2 에 있는 그들에게는 하나의 점이고, 그 점 안의 것(즉 연북-월남을 잇는 범 위)은 전혀 구분이 되지 않는 사건의 지평 너머의 것이 된다. 그런 #2의

나라-진나라라는 동-서 축의 거리로 변했다.

차원의 존재에게 연북-월남은 하나의 점이 된다. 그리고 그 점이 중앙이 되는 세계가 있다는 것이다. 그것이 바로 #2의 세계이다. 역물 명제 9는 #1차원인 사람에게 적용되는 것이 아니라, #2 차원의 존재에 해당되는 명제이다. 즉 월남-연북은 #2의 존재에게만 천하의 중앙일 뿐이다. 그 존재에게 역물 명제 9는 정상적인 것이지만, #1 차원인 사람에게는 모순되는 명제일 뿐이다.

이 두 명제는 평면 상에서 남북(월남-연북) 그리고 동서(제나라-진나라)로 잇는 선을 분석할 때 도달하는 하나의 존재 차원(#1)을 설명한 것이다. 나아가 상-하를 잇는 선을 분석하여 하나의 존재 차원에 다다를 수 있다.

2) 사건의 지평

다시 역물 명제 9로 돌아가 보자. 연북-월남은 당시 중국 사람들이 '하늘 아래(天下)'라고 말하는 곳, 즉 당시 사람들에게 '세계' 전부였다. 즉 당시 사람들이 생각하는 이 세계의 지름이 바로 연북-월남이다. 그 지름이 만드는 원이 바로 그들의 세계이고, 인식의 한계이고, #1의 차원이다. 그 원 안은 물론 사건의 지평이다. 왜냐하면 그 지평 너머는 인식이 되지 않기 때문에, 어떤 사건이 일어나는지 알 수 없기 때문에 사건의 지평이다.

이렇게 보면 사건의 지평은 둘이 된다. 하나는 위에서 이미 서술했듯이 절반씩 분할을 해 나갈 때, 사람의 한계 때문에 분할할/인식할 수 없는 최소점, 그 점 안을 분할할 수 없고, 인식할 수 없기 때문에 사건의 지평이라 한 것이다. 이는 안으로 들어갈 수 없는 지평, 최소 지평이다. 또 하나는 방금 전에 말한 것으로, 더 이상 바깥으로 나갈 수 없는 지평, 최대 지평이다. 인간은, 아니 인간의 인식이란 바로 그 두 지평 사이에서 존재하고 있다.

역물 명제 9에 따르면 #1 차원에 있는 사람에게 최대 지평은 #2 차원에 있는 존재에게는 최소 지평이 된다. 그 지평선을 경계로 해서 #1차원인 사람은 그 바깥을 알 수 없고, #2 차원의 존재는 그 안을 알 수 없다. 사람에게 최대 지평은 #2 차원의 존재에게는 최소 지평이 된다. 다시 말해서 최대 지평은 최소 지평이라는 말이다. (물론 #1과 #2라는 차원을 주어로 하지 않고 그냥 말하자면 그렇다.) 그리고 이것은 #1과 #0의 차원에도 동일하게 적용된다.

분할의 문제는 변자 명제 21에서 이미 다루었다. "한 자 길이의 채찍을 날마다 (잘라서) 그 반씩 취한다면, 만대에 이르더라도 (채찍은) 없어지지 않는다." 이처럼 무한히 자르면 최소점, 최소 지평에 도달한다. 채찍을 절반씩 자르는 것을 반대로 보자면, 채찍을 자기 크기만큼씩 붙여 나가는 것이다. 사실 자르는 것과 붙이는 것, 그 둘은 같은 것에 불과하다. 절반씩 자르면 최소 지평에 도달하듯이, 자기 크기만큼을 붙여 나가면 최대 지평에 도달한다. 문제는 이렇다. 자기 크기만큼씩 붙여 나갈 때 어느 단계에 이르면 왜 인식이 불가능한 지평에 도달하는가? 그것은 어떻게 논리적으로 증명할 수 있는가?

이는 아마 높이의 문제일 것이다. 붙여 나간 거리를 전체적으로 굽어볼 수 있는 높이, 그것은 사람에게는 현실적으로 한계가 있다. 사람은 무한히 높이 올라가서 볼 수 없다. 높이 올라가는 것도 문제이지만, 높이 올라갈 때 그 전체가 보이지 않는 시력 상의 문제가 있다. 『장자』 첫머리에서 붕새는 하늘 높이 나른다. 땅에서 하늘을 보면 퍼렇게 보이듯이, 그 높이의 하늘에서 이 땅을 보면 (개별 사물은 구별되어 보이지 않고) 다만 퍼렇게 보일 것이라고 한다. 이는 논리적인 추론이다. 그리고 바로 그것이 사람의 인식의 한계일 것이다.

수평의 측면에서 이야기해 보자. 자기 크기만큼씩 붙여 나갈 때 결국 인식이 끊기는 지평에 다다르는 것은 역물 명제 6으로 설명할 수 있다.

역물 명제 10

p   모든 사물을 두루 사랑하라! 汎愛萬物！
    하늘과 땅 (사이의 모든 것)은 한 몸이니까. 天地一體也.

1) 혜시의 합종책

이는 역물 명제의 결론이며, 혜시의 지론이기도 하다. 그는 위나라 혜왕 때 무소 머리(犀首) 공손연(公孫衍)과 함께 합종책을 주도했다. 합종(合縱)이란 진나라를 제외한 나머지 6국이 연합해서 진나라에 대항하는 것이다. 그것이 현실적으로 2위 이하 국가가 살아남는 유력한 방법이었다. 혜시는 합종을 짜면서, 천하의 구조를 연구했을 것이다. 이것이 기하학적 사유로 발전했고, 10개의 역물 명제로 결실을 맺었을 것이다.

이 열 번째 명제는 합종책의 목표일 것이다. 물론 연횡도 이 명제를 목표로 삼아야 할 것이다. 그러나 진시황은 연횡을 하지 않고, 6국을 정복 멸망시킨 뒤에 천하를 독차지한다. 정복은 증오와 적개심의 극단이다.

2) 천지, 천하와 개선철

"천지가 한 몸이다" – 이것이 이유이고, "만물을 두루 사랑하라"가 그 귀결이다. '천지 = 한 몸'임을 증명하면, 만물 사랑은 자연적으로 도출된다. 왜 천지는 한 몸인가?

역물 명제 1은 '가장 큰 것'과 '가장 작은 것'을, 명제 5는 '큰 같고 다름'과 '작은 같고 다름'을 논증한다. 큰 것은 전체이고, 작은 것은 부분이며 개체이다. 전체가 개체를 포함고 있는 것이다. – 이것으로 어느 정도 "천지가 한 몸"이라는 것을 논의할 수는 있다. 그러나 증명되는 것은 아니다.

'천지'라는 말은 개천설에서 나온다. 역물 명제들은 개천설을 돌파하는 것이 많다. 그러나 정작 결론 격인 10번째 마지막 명제에서는 다시 개천설에 의지한다. 하늘과 땅으로 둘러싸인 영역이 천하이고, 세계이다. 닫힌 공간이다. 기하학적으로 이는 '큰 하나'에 해당된다. 현실적으로는 중국은 닫힌 지형이다. 서쪽은 험준한 산맥으로, 동쪽은 큰 바다로 막혀 있다. 남쪽은 산맥과 바다로 막힌다. 북쪽은 사막과 초원이다. 이렇게 크게 둘러싸인 안에 너른 평야가 펼쳐진다. 양쯔강과 황하강이 흘러가는 이 평야 지대가 바로 '천하'이고 '중원(中原)'이며 '중국'이다. 이것이 바로 '천지'라 하는 것이다.

이는 심리적인 영역이다. 이 영역은 주나라의 봉건제에서 출발한다. 춘추 시대에 제후국들이 경쟁하면서, 남쪽의 초 오 월, 서쪽의 진(秦), 북쪽의 연(燕)나라가 가세한다. 이렇게 커진 리그를 진시황이 통일한다. 혜시가 말하는 '천지'가 바로 그 영역이다.

3) 천인합일 이론

왜 산맥과 바다로 둘러싸인 닫힌 공간, 농경 지역이 '한 몸'인가?

그 영역을 개천설의 '天地' 개념으로 정리한 뒤에, 이 '천지'와 인간이 짝을 이룬다, 대등한 존재이다 - 이런 천인합일(天人合一) 이론이 등장한다. "하늘과 인간은 합해져서 하나가 된다." - 이는 인간의 몸을 자연에 투영한 결과일 것이다. 개천설의 천지는 하나의 살아있는 생명체-유기체라는 것이다. 그것은 인간과 짝이 된다.

이런 천인합일 이론은 『중용』에 잘 나타난다. 이는 천하 통일의 정세에 영향을 받은 것이다. 천하를 하나로 통일한 군주는 천지와 짝이 될 수 있다. - 이것이 전국시대 중후기의 풍조였고, 혜시 역시 이런 풍조에 영향을 받았을 것이다. 아니 영향을 주었을 것이다.

이런 천인합일 이론은 송대의 장재(張載)의 『정몽』「서명」에, 그리고 정호(程顥)의 「식인편」에 잘 나타난다. 정호는 그 글에서 아예 천지만물이 '한 몸'이라는 것을 증명한다. 반면 혜시는 증명을 하지 않는다. (다른 명제는 증명을 한다.) 단지 천지가 한 몸임을 확신한다. 증명 없는 확신이다. 그러나 후대에 큰 반향을 일으킨 것이다.

4) 천지가 한 몸이기 때문에, 만물을 두루 사랑하라

한 몸은 팔 다리 머리 등 여러 부분으로 나뉘어져 있다. 각각의 장기가 서로 어우러지며 협력하면서 한 몸을 이룬다. 혜시는 천하가 여러 나라로 나뉘어지지만, 유기적으로 협조하면서, 조화를 이루는 것을 꿈꾼다. 그의 합종의 체제가 그것을 목표로 했을 것이다.

한 몸의 유기체가 이루어지기 위해서는 '사랑'이 핵심 원리가 된다. 두루 사랑하면, 서로 다르지만, 한 몸처럼 잘 작동할 것이다.

그러나 전국시대를 통일한 것은 진시황이었다. 그는 "이웃은 재앙의 뿌리이다" 라는 것을 확신하면서, 타국을 완전히 멸망시킨다. 그리고 천하를 독차지했다. 이는 '가산(家産)' 국가이다. 나라가 한 집안의 재산, 아니 한 개인의 재산이 된 것이다. 이는 결코 '한 몸'이 아니다. 1인의 주인 아래 만인이 노예가 된 체제이다. 몸의 장기들은 주인-노예 관계가 아니다.

이후 중국의 역사는 진시황의 통일을 반복했다. 단 한번도 혜시가 꿈꾸었던 "천하가 한 몸"인, 그래서 서로 사랑하면서 공존하는 체제를 만들지 못 했다. 늘 진시황처럼 증오와 적개심으로 상대를 정복 타도하고, 1인이 천하를 독차지하는 체제를 만들었다.

3. 맺는 말

혜시의 10가지 명제는 공간과 시간이라는 형식 속에 들어 있는 사물들을 분석한다. 그는 '끝'에 까지 분석을 밀어 붙인다. 그 결과 그는 이 세상 전체의 모습과 구조에 대한 이론을 제시한다. 인식의 한계가 바로 존재의 한계라는 것, 사람의 인식의 한계가 우리의 세계의 한계를 이루는 것이고, 그 너머에 대해서는 말할 수 없다는 것. 그 세계는 상대적인 사물들로 이루어져 있지만, 전체로서 하나가 된다. 공간 속의 사물들은 점-선-면-입체로 분석이 되고, 시간 속의 사물들은 거슬러 갈 수 없지만, 원인-결과로 맺어져 있다는 것을 밝힌다.

혜시는 논리적 분석을 거쳐서 인식론적 결론에 도달한다. 혜시의 이런 작업은 당시의 철학을 한 차원 높였을 것이다. 유가나 묵가가 상식과 경험에 근거한 철학들이라면, 혜시의 이러한 철학은 이성적 논리적 분석의 극한까지 간 것으로, 상식과 경험을 넘어선 것이다. 그렇게 상식과 경험에 반대되지만, 그는 과감하게 상식과 경험을 벗어난 초월적 차원을 주장한다.

그의 이런 철학은 『장자』에 반영된다. 혜시는 논리적 분석에 치중하는 반면, 『장자』는 혜시의 결론을 가져다가 인식론적-마음 수양론적-처세술적인 방면으로 적용한다. 『장자』「제물론」은 사실상 논리적 분석이 아니다. 그것은 마음 수양론이며 처세술이다. 「제물론」은 혜시의 분석을 기본적인 것으로 전제하고 논의를 전개한다. '인간의 인식은 한계가 있다'는 것이 「제물론」의 기본 전제인 바, 이는 혜시의 논증에서 나오기 때문이다.

또한 혜시의 이런 논증 때문에 명가 학파가 성립했을 것이다. 그 이전의 명가 학파란 궤변의 수준이었다고 할 수 있다. 그것을 정교한 논리와 이성으로 무장시킨 것이 혜시라 할 수 있다. 명가에서 주요한 두 인물이라면 혜시와 공손룡이다. 혜시는 공간-시간-사물을 논리적 기하학 이성적으로 분석한다. 반면 공손룡은 공간과 시간 속에 들어 있는 사물들을 지칭하고 기술하는 '말'을 이성적으로 분석한다. 혜시는 현상 세계의 분석을 통해서 인간의 인식의 한계를 밝힌다. 반면 공손룡은 현상 세계를 기술하는 언어를 분석함으로써 인간의 인식의 한계를 밝힌다. 이 둘이 종합됨으로써 명가 학파는 어느 정도 구색을 갖추게 되었다고 할 수 있다. 공손룡에 대한 분석은 다음 기회로 미룬다.

한글 전용의 이념

내가 동양 철학을 한지 어언 40년이 훌쩍 넘는다. 가장 어렵다는 주희 성리학을 시작으로 조선 시대 성리학, 그리고 공자 맹자 등 제자백가의 사상을 연구했고, 이제는 『장자』, 『묵자』 등을 다 번역했다. 동양 철학은 한글과 한자의 격돌의 최전선이다. 그 과정에서 느낀 것을 몇 자 적고 싶다.

1. 한자 한문의 번역 문제

理 ─ 이는 신유학의 기본 용어인데, 번역하기가 쉽지 않다. 상식적으로는 '이치'라 번역하지만, 주희나 이황 등이 쓴 문맥에서 무턱대고 '이치'라 번역하기는 쉽지 않다. 그래서 많은 사람들이 '理'라는 말 그대로 쓴다. 원문을 보존하면 원래 뜻이 보존된다! 이런 신앙의 발로이다. '理'라고 원문 그대로 적는다면 물론 원래의 뜻을 담을 수는 있을 것이다. 그러나 읽는 사람은 그 뜻이 뭔지를 전혀 모른다. 그렇다면 아무리 그 한자가 원래의 뜻을 담는다 해도, 읽는 자가 모르니, 아예 아무런 의미가 없는 낱말과 똑같아진다.

이는 번역에서 설사에 해당된다. 내용을 충분히 소화시키면 왜 설사를 하겠는가?

더 큰 문제는 한글 전용이 대세인지라, 번역에 '理'라 적지 않고, '이'라 적는 것이다. 긴 문장 속에 '이'라고 하면, 지시 대명사 '이'와 헷갈린다. 이것은 작심하고 독자를 괴롭히는 것에 해당된다.

그래서 필자는 '理'를 '리'라고 표기하자고 제안했다. 많은 사람들이 따르기는 하지만, 여전히 '이'라 쓰는 사람이 있다. 특별한 경우에는 표기법에 예외를 인정할 수는 없을까? 습관적으로 표기하면서, 독자의 이해는 내팽개친다. 이래서 철학이 발전할 수 있을까?

2. 거시기

'거시기'를 전라도 사투리로 알고 있는데, 요즘은 전국적으로 알려진 말이다. 어원은 '것이기'일 것이다. '것'은 불완전 명사이고, '것이기 →거시기'는 완전 명사이다. '것'은 반드시 수식어와 함께 쓰여야 하나, '거시기'는 그냥 독립 명사로 쓰인다.

거시기의 뜻은 '존재'라고 하는 것이 가장 맞다. 무엇인가 있는데, 그것이 뭔지는 특정할 수는 없다. 있다는 것은 확실하다. '있음 = 존재'이다.

이는 '것'의 의미와 비교하면 명확하다. '빨간 것' '딱딱한 것' '시큼한 것'은 '것'을 '빨간, 딱딱한 시큼한'으로 한정한 것이다. 그러면 명확하게 머리에 들어온다. 그런데 그런 형용사 없이 그냥 '것'이라 하면 무언지 명확하지 않다. 바로 그것이 '거시기'이다.

거시기는 철학에서 '본체, 실체', 혹은 영어로 substance라는 말과 같다. sub+stance = 밑에 있는 것이다. '빨간, 딱딱한 시큼한'이라는 속성

아래에 있는 것이 실체이고 본체이다. 실체는 그런 속성들을 붙잡고 있는 것이다. 실체는 '존재'하기는 하지만, 그것이 무엇인지를 특정할 수는 없다. 그래서 '거시기'이다.

3. 철학의 용어

'거시기' 이야기를 장황하게 하는 이유는 그것이 한글 전용의 문제를 정확하게 보여 주기 때문이다. 철학 책이나 논문에서는 '본체, 실체', 혹은 substance라는 말을 쓴다. 그러나 '거시기'라는 말은 절대로 쓰지 않는다. 만약 '실체' 대신 '거시기'라는 말을 쓰면, 철학 종사자들은 근엄하게 말할 것이다. 장난치지 말라고.

바로 이 지점에서 우리는 멀리 철학의 시초를 돌아보아야 한다. 플라톤이나 아리스토텔레스, 공자나 맹자가 쓰던 용어는 당시에는 그냥 일상 언어였다. 그것을 철학적 사유에 쓰다 보니 철학 용어가 된 것이다. 만약 공자가 '거시기'라는 말을 썼다면 현재는 근엄한 철학 용어가 되었을 것이다.

문제는 왜 우리는 '거시기'를 철학 용어로 쓰지 못 하고, 거시기하게 쓸 뿐일까? 이는 용기의 문제이다. 비난하던 말던 '거시기'를 철학 논문과 책에 쓰고, 용어로 확립하면 되지 않는가? 우리는 왜 그런 용기가 없을까? 왜 그런 시도에 호응하지 못 할까?

이는 언어의 본질 문제이고, 또 학문의 성격 문제이고, 또 민족의 문제이다. 관련된 몇 가지를 이야기해 보자.

4. 의미의 고정 문제

"낱말(소리, 글자) − 의미 − 지시 대상"의 관계는 많은 분야에서 연구되었다. 이 가운데 낱말의 의미를 확정하는 문제, 혹은 고정하는 문제는 1960년대의 치열한 한글 전용 논쟁 가운데 하나의 주제였다.

한자를 써야 한다는 쪽의 주장은 '한자'가 의미를 고정해 준다는 것이다. 이는 언뜻 보면 그럴듯하지만, 조금만 따져도 많은 파탄이 드러난다. '물리학'이라는 말은 '物理學'이라는 한자에서 왔다. 따라서 '물리학'의 의미는 '物理學'이라는 한자가 확정한다. '物理學'이라는 한자를 모르는데 어떻게 '물리학'이라는 말의 뜻을 알겠는가? 이렇게 한자가 의미를 고정시킨다.

반론. '物理學'은 '사물의 이치를 배움'이다. 물리학만 사물의 이치를 배우나? 화학 생물학 수학 천문학이 다 사물의 이치를 연구하는 것이잖아? 게다가 '物'이 '사물'을 의미한다. 이 경우 우리는 '物'의 뜻을 먼저 배우는가? '사물'이라는 말을 알고, '사물'을 '物'에 적용하는가? 당연히 후자이다. 한국말 → 한자, 이런 식으로 배운다. 그렇다면 어떻게 한자가 낱말의 의미를 확정하고 고정시키겠는가? 한자를 배워야 한글의 의미를 안다는 것은 유치한 주장이다.

5. 한글의 고정 - 맞춤법

의미의 확정-고정 문제는 한자에서 유래한 말의 경우만 문제가 되는 것이 아니다. 이는 사소한 문제일 뿐이다. 핵심적인 문제는 우리말 자체에 있다. 고유한 우리말의 의미는 어떻게 고정되는가? 이 문제에 최초로 도전한 사람이 주시경 선생이다. 한글의 역사에서 두 명의 인물이 있다. 세종대왕과 주시경이다. 세종대왕은 한글을 만들었고, 주시경 선생은 한글의 전면 사용을 열었다.

한자를 쓰던 사회에서 한글을 전면적으로 사용하기 위해서는 한글이 고정되어야 한다. 한글은 발음을 표기하기 때문에, 사람마다 제멋대로 쓴다. 초등학교도 못 다닌 곽순임 여사가 한글을 독학해서 쓴 자서전을 보면, 거의 독해가 불가능하다. 자신이 생각하는 발음대로 쓰기 때문이다. 예컨대 "어머님니 본촌으로 죽마쟁이하고 섬보로 갓는대" (원문은 띄어쓰기 안 되어 있음) → "어머님이 본촌으로 중매쟁이 하고 선보러 갔는데"

주시경은 첫 번째로 한글 고정을 한다. 표기 방법을 정하는 것이다. 여기에서 한글 맞춤법이 나온다. 모든 사람이 다양하게 발음을 해도, 표기는 단일하게 해야 한다. 여기에서 '표음 문자'의 규범적 성격이 나온다. 표음 문자라고 해서 누구나 발음대로 표기하는 것이 아니다. 정해진 약속, 즉 한글 맞춤법에 따라 적어야 한다. 나아가 적기만할 뿐만 아니라, 그렇게 발음해야 한다. 이는 당위이고 의무이고 강제이다.

6. 늣씨

이를 위해서 주시경은 한글을 최소 단위까지 분석한다. 분해된 최소 단위들을 분류한다. 여기에서 명사 동사 등의 품사가 나온다. 그리고 다시 최소 단위들을 조합해서 글을 만든다. 문법이 나온다. 그가 초창기에 문법책을 쓴 이유가 바로 한글 표기의 고정 문제 때문이다.

여기에서 주시경은 중대한 발견을 한다. 분석해서 더 이상 분석할 수 없는 최소 단위를 그는 '늣씨'라 한다. 예컨대 '살펴보다'는 '살펴+보다'로 분해된다. '살피다'는 '살피'와 '다'이다. '다'는 마침표 '.'과 같다.

그렇다면 '살피'는 무슨 뜻인가? 이것의 뜻은 어떻게 고정되는가? – 한자에서 유래한 말처럼 한자가 의미라 할 수는 없다.

아마 주시경은 이렇게 생각했을 것이다. 정상적인 한국인이라면 '살피다'라는 말은 직관적으로 이해한다는 것이다. '직관적'이라는 말은 '망설임'이나 '모호함'이나 '사유 없이' 라는 말이다. 왜 그런가? '살피다'는 분석하고 분해한 최소 단위이기 때문이다. 복합적인 것, 예컨대 '살펴보다'는 '살피다+보다'의 둘로 이해할 것이다. 그러나 최소 단위는 그냥 직관적으로 이해된다. 아니 이해한다.

그렇다면 대체 무엇이 늣씨를 이해하는가? 바로 정상적인 한국 사람의 '마음'이다. 그 마음으로 이해한다. 이는 반대로 말할 수 있다. 어떻게 늣씨를 결정하는가? 바로 그 '마음'이다. 대부분의 한국 사람이, 그 마음이 직관적으로 이해하는 최소 단위가 늣씨이다.

여기서 우리는 한 걸음 더 나가야 한다. 한국말은 수많은 낱말들로 이루어진 체계이다. 정상적인 한국 사람이라면 그 체계 전체의 낱말들을 거의 다 직관적으로 이해한다. (일단 이렇게 가정하자.)

모든 사람들이 다 그렇게 직관적 이해를 한다면, 모든 사람들 마음에 '공통된 이성'이 있을 것이다. 사람들마다 각자 '동일한 이성'을 가졌기에, 그 낱말들을 똑같이 이해하는 것 아닌가? (물론 개인들의 이성에 차이 나는 부분도 있지만, 일단 동일한 부분만 거론하자.)

7. 민족 정신, 절대 정신, 단순자

여기에서 주시경이 민족주의자의 면모를 드러낸다. 그는 민족의 핵심을, 정체성을 바로 그 '공통된 이성'에서 찾은 것이다. 한국말의 존재는, 늣씨는 바로 '공통된 이성'을 확증한다.

헤겔은 '절대 정신'을 말한다. 한 시대 사람들의 이성의 집합체가 절대 정신이다. 역사는 절대 정신의 자기 전개 과정이다. - 주시경의 생각 역시 비슷했을 것이다. 일본 제국주의의 식민지화가 거지반 된 상황에서 그는 민족의 정신이 민족의 핵심이며, 민족을 살린다고 본 것이다. 그래서 한글의 표준화와 고정에 힘쓴 것이다. 만약 한글의 표준화가 없었다면, 우리는 강렬한 민족 의식을 갖기도 어려웠을 것이다. 남북한이 분단된 상황에서 완전히 이질적인 언어 환경이 되었을 것이고, 그것은 분단을 가속화시킬 것이다. 비슷한 언어를 가진 인도와 파키스탄을 보라. 남북한은 언어 생활에서 이질성이 적다. 결국 한국 근대사에서 한국의 모습을 실질적으로 가장 많이 결정한 사람은 주시경이다.

주시경보다 약간 뒤에 태어난 비트겐쉬타인도 주시경과 비슷한 작업을 한다. 주시경은 공통된 이성의 언어를 표준화 객관화 고정화를 시도한다. 주시경이 일상 언어를 분석했다면 비트겐쉬타인은 논리적 언어를 다룬다. 초기 비트겐쉬타인은 언어(지식 체계)와 세계를 일대일 대응을 시키려 했다. 방법은? 논리적 언어의 최소 단위를 결정한다. 최소 단위는 세계와 대응된다. 그리고 최소 단위를 논리적으로 결합시킨다. 이 결합 체계는 세계와 일대일로 대응할 것이다. 이렇게 해서 우리는 세계에 대한 완벽한 지식을 가지게 된다! - 이에 대해서 스라파는 '최소 단위'를 어떻게 결정하는가를 묻는다. 최소 단위이므로 더 이상 분해할 수 없다. 단순자이다. 그래서 'simple'이라 한다. 사실 논리적 언어에서 'simple'이라는 것은 결정하기 어렵다. 아니 그것이 존재하는지도 알 수 없다.

8. 주시경의 두 번째 고정

첫 번째는 한글 표기법의 고정이다. 두 번째는 늣씨의 의미의 고정이다. 늣씨는 한국 사람이라면 누구나 직관적으로 이해한다. 공통된 이성이 그것을 직관한다. − 문제는 '공통된 이성'이라는 말이 너무 모호하다는 것이다. 한 개인의 마음은 실제로 존재하지만, '공통된 이성'이 정말로 있나? 이처럼 단순자인 늣씨의 의미를 고정하는 문제는 쉽지 않다.

여기에서 후기 비트겐쉬타인이 주장한 '사용 의미론'을 돌아볼 필요가 있다. 늣씨를 직관적으로 이해한다는 것은 늣씨를 자유자재로 사용한다는 말이다. 늣씨를 알기에, 우리는 일상 생활에서 일상 언어를 막힘없이 쓴다. 반대로, 그렇기 쓰기 때문에 우리는 늣씨의 의미를 고정한다. 이런 상호 작용 속에 늣씨가 있다. 늣씨는 일정불변이 아니라, 살아 있는 생물이다.

일상 언어는 잘 돌아간다. 문제는 학술에 있다. 조선 시대까지 한자로 공적인 모든 문서를 작성했다. 철학도 마찬가지였다. 그들은 늘 쓰기 때문에 한자 한문으로 의사 소통이 되었다. 그러나 주시경의 혁명 이후에 우리는 너무 급격하게 한글의 시대로 이행했다. 그러면서 한자와 단절된다. 그 결과 일제 시대가 되면, 대부분의 사람들은 도대체 이황과 기대승의 47 논쟁이 무슨 말인지 알 수 없게 된다. 한자는 우리의 늣씨가 아니기 때문이다. 한자는 이해도 사용도 하지 않게 되었다. 전통과의 단절은 너무 갑작스럽게 심각하게 진행되었다.

9. 문화 강국론 − 약소국의 생존 방식

이제 다시 조선시대처럼 한자를 늣씨로 사용할 수는 없다. 그것은 불가능하다. 결국 한글 전용을 하면서, 근대 이전의 한자로 된 모든 철학 학문을 한글(늦씨)로 번역해서 이해해야 한다. 여기에는 한자와 한글이라는 차이 이상의 큰 격차 문제가 있다.

조선시대에 왜 한글이 발명되었는데도 고집스럽게 한자와 한문을 썼는가? 최만리가 말한 것 등 많은 이유가 있다. 내가 볼 때, '이성의 종속'이 가장 큰 원인이다. 그들은 자신의 이성을 중국의 이성에 종속시키고자 했다. 이황은 말한다. "주자(朱子)는 나의 스승일 뿐만 아니라, 만대의 스승이다." 여기에는 자부심과 고고함이 깃들어 있다.

김구 선생은 문화 강국론을 주장했다. 우리가 힘으로 강대국이 될 수는 없다. 그러나 문화적으로 강대국은 될 수 있다. 문화 강국은 아무도 경계하거나 탄압하지 않는다. - 이는 김춘추가 당나라를 끌어들여서 백제를 통합한 2국 통일 이래, 신라 고려 조선의 공통되고 일관된 신념이다. 한반도의 작은 나라가 동아시아에서 최강국이 될 수는 없다. 국제 관계는 잔인하다. 중국의 역사를 보라. 진시황처럼 최강자가 2위 이하 모두를 정복하고 멸망시킨다. 그것이 이른바 '천하 통일'이다. '하나의 중국' 이념이다. 이는 징기스칸 역시 그러했다. - 자 만년 2등 아니 3등 이하가 확정된 한반도의 국가가 저런 국제 관계에서 살아남을 방법은 무엇인가?

1위 국가와 문화적으로 같아지는 것이다. 1위 국가가 주장하는 이념과 정의, 윤리와 철학, 종교를 1위 국가 보다 더 완벽하게 이루는 것이다. 문화적으로 1위와 같은 강국이 되는 것이다. 그러면 1위 국가는 한반도 국가를 자신들과 같은 것, 같은 '자아'로 인식한다. 문화는 자아의 핵심이기 때문이다. 같은 자아인데 멸망시키겠는가?

조선 시대까지는 중국의 통일 국가가 동아시아의 1위 국가였다. 따라서 그들과 같아짐이 최선의 방법이었다. 이래서 중국의 종교 문화 철학을 그대로 받아들인다. 중국이 이상으로 제시한 유교적 통치를 조선은 완벽하게 실현한다. 이는 중국의 어느 왕조도 하지 못 한 것이다. 그 결과 중국의 왕조는 한반도의 국가를 자신들과 같은 것으로 인식하고, 보존의 대상으로 삼는다.

바로 이것이 '이성의 종속'이다. 중국과 같은 자아를 가지는 것이다. 중국이 쓰는 언어를 그대로 쓰는 것이 그 최선의 방법이었다.

반면 중국은 인도에서 불교를 받아들인다. 인도 불교 문헌은 산스크리트어로 쓰였다. 중국은 이를 모두 중국어로 번역했다. 그러면 산스크리트어 원문은 어떻게 했는가? 모두 폐기했다. 전해지는 것이 단 하나가 없다. 번역하고 난 뒤에는 원문은 다 버리고 주구장창 한문으로 읽었다. 오역이나 날조 등은 신경도 쓰지 않았다.

그 결과는 어떻게 되었는가? 중국어로 읽고 중국어로 생각하고 말한 결과 중국화된 불교가 탄생한다. 화엄종 천태종 선불교 등이 인도에 없는 중국인이 만든 종파들이다. 이는 '사용 의미론'을 생생하게 보여주는 현장이다.

신라 시대에 중국 불교를 받아들이면서, 일부 문헌을 이두로 작성한다. 그러나 고려 시대가 되면서 모든 이두는 버린다. 한문을 그대로 쓰고 읽고 가르쳤다. 왜 중국은 번역하고, 한국은 한문을 그대로 받아들였는가? 중국은 1위 국가이기 때문에, 주체적인 이성을 가지고 주체적으로 사유한다. 반면 한반도 국가는 2위 이하였기 때문에 1위와 이성에서, 자아에서 동일해지려 했다. 그래서 번역을 하지 않고, 한문을 그대로 쓴다. 이는 생존 전략으로는 너무 훌륭하다.

10. 종속된 이성과 주체적 이성

이제 우리는 주시경의 혁명 때문에 한글로 쓰고 읽고 생각하고 말해야 한다. 이전 역사와는 완전히 달라졌다. 전통적으로는 일상에서는 한국말을 하고, 공문서와 모든 공식 문헌은 한자로 작성했다. 요컨대 일상 생활과 학술·공문서가 2원화되었다. 조선시대에는 일상 생활을 위해서 한글이 있었지만, 일상이 한글로 기록된 것은 거의 없다. 반면 모든 공식적인 글은 다 한문으로 기록되었다. 국가의 일, 학문과 학술은 한자와 한문으로 쓰고 사유했다. 이는 사실상 중국에 '종속된 이성'이다. 소중화(小中華)는 일상적 현실이었다.

이제는 달라졌다. 한글이 일상생활에서 공문서, 학문 등 모든 분야에 기본이기 때문에 우리가 주체적으로 생각하는 이성을 가지게 되었고, 가져야 한다. 주시경이 늧씨를 발견했을 때, 그는 이미 '주체적 이성'을 예비한 것이다. 늧씨는 이성이다. 예를 들자면, 47 논쟁에 오고간 편지는 이제 한글로 번역되고, 한글로 이해하고 사유해야 한다. 한자로 혹은 영어로 논문을 쓸 수는 없다. 한글로 해야 한다면, 결국 우리가 주체적인 이성으로 이해하고 판단해야 한다.

이는 전통 유산 뿐만 아니라, 서양의 학문 역시 마찬가지이다. 그것이 어떤 언어로 쓰였던 간에 우리는 한국말에 기반한 사유를 하면서, 그것을 이해하고 받아들인다. 자연과학의 경우 수학의 도식에 근거하여 영어로 쓰인 것이 대부분이다. 그러하더라도 우리의 일상에서 사는 한 한국말에 기반한 이해와 사유가 핵심이다. 늧씨는 이성이다.

이제 우리는 조선 시대의 난해한 성리학의 철학도 한국말과 한글에 기반해서 이해할 수 있는 단계까지 왔다. 서양의 학문 역시 마찬가지이다. 한국의 과학과 기술의 수준은 세계 최첨단이다. 조선시대의 '종속된 이성'은 없는 것처럼 보인다. 과연 그런가?

우리가 물리적으로 최강국이 아니라는 사실, 2위는 커녕 한참 아래라는 사실은 변함이 없다. 따라서 살아남기 위해서 1위인 국가와 문화적으로 같아진다는 전략도 변함이 없다. 김구 선생은 그 사실을 정확하게 이해한 것이다. 19세기 이래 동아시아의 최강국은 중국에서 미국으로 변했다. 우리는 자아 동일시할 대상 국가를 중국에서 미국으로 바꾸었다. 우리는 미국과 똑같은 정치 체제, 경제 사회 제도를 가졌다. 민주주의라는 점에서 보자면, 오히려 미국보다 더 미국스럽게 완수했다.

이 지점에서 '최강국'이 무엇인지를 생각해 보아야 한다. 물리적 군사적 힘인가? 경제력인가? – 우리가 그런 분야에서 1위 국가가 될 수는 없다. 그러나 문화 분야에서는 1위가 될 수 있다. 그렇다면 가장 필요한 것이 무엇인가? 바로 '주체적 이성'이다. 주체적 이성이 있어야 문화 최강국이 될 수 있다. 바로 그 길을 열어준 사람이 주시경 선생이다. 그리고 문화 강국의 이념을 제시한 사람은 김구 선생이다.

11. 늣씨와 이성

여기에서 짚어볼 내용이 있다. 늣씨는 의미의 최소 단위이고, 그것을 이성이 직관한다면, 늣씨를 제한할 필요가 있는가? 꼭 고유한 우리말만 인정해야 하는가?

세상은 변하고 많은 문물이 쏟아져 나온다. 세계는 넓고 할 일은 많다. 이런 상황에서 고유한 말만을 고집한다면, 현실을 처리할 수 없다. 앞에서도 말했지만, 늣씨는 고정불변의 것이 아니다. 말의 사용 속에서 늣씨도 생명체처럼 살아간다. 우리의 조상은 중국말도 서슴없이 받아들였다. 문화적 강국을 위해서는 변화된 상황을 직시한 것이다.

이제 인터넷이 전세계를 연결한다. 수많은 정보가 쏟아진다. 여기에서 우리는 좀 더 유연하게 생각할 필요가 있다. 늣씨는 이성이다. 그렇다면 늣씨를 기준으로 삼지 말고, 이성을 기준으로 삼아야 한다. 우리가 이성을 최대한 발휘할 수 있게 하기 위해서 늣씨는 어떻게든 채택할 수 있어야 한다. 늣씨가 이성을 제한해서는 안 된다.

이성이 늣씨를 결정하는 것 - 이것이 바로 주시경의 두 번째 고정이라고 필자는 믿고 싶다.

12. 시대의 대세

한글이냐 한자이냐 - 이는 단순한 문제가 아니다. 직접적으로는 개인들의 편리함과 불편함의 문제이다. 한자를 잘 모르는 사람들에게 한자를 쓰라는 것은 정말 힘들고 불편하게 된다. 쉬운 한글로 다 되는데, 왜 한자로 써야 하는가? 한글로 써 버릇하던 습관이 굳었는데, 다시 한자로 적으라고? - 누가 그것을 원하겠는가?

여기에서 가장 중요한 것은 '한글로 다 된다'는 점이다. 사실 1960년대 격렬하게 한글 전용 논쟁이 벌어졌을 때, 한자를 혼용하자는 사람들이 가장 주요하게 제시했던 논점이 바로 그것이다. 한글로만 적으면, 사람들이 그 뜻을 제대로 알아차릴 수 있을까? 없다!

여기에 불을 붙인 미신이 있다. "한글은 표음 문자, 한자는 표의 문자"라는 분류를 말 그대로 믿는다. 한글은 '소리를 표기'(表音)하고, 한자는 '뜻을 표기'(表意)하니, 한글은 뜻을 담지 못 한다. 뜻을 표기하는 한자를 써야 한다! - 이런 주장이다. 그러나 상식적으로 생각해 보자. 뜻을 담지 못 하는 문자가 어떻게 현실에서 의사 소통을 이루겠는가?

한글은 소리를 표기함으로써 뜻을 담고, 한자는 소리를 포기하고 뜻을 담는 기호라는 것이 표음, 표의의 뜻이다. 아무튼 한자를 늘 쓰던 버릇이 있던 사람들은 한글로 적으면 뜻을 담지 못 할 것이라 확신했다.

박정희가 초중고 교육에서 한글 전용을 밀어 붙였으나, 거센 반발에 부딪쳐서 한문을 어느 정도 인정하는 선으로 돌아섰다. 그 후 한글 전용을 추진했던 숨은 조용한 세력이 있었다. 출판업자들이었다. 한자가 들어가면 책이 팔리지 않았다. 사업을 위해서 출판업은 순식간에 한글 전용으로 돌아섰다.

늦게까지 한자를 고수했던 곳은 신문, 특히 조선일보 같은 보수 신문이었다. 이들은 한자 섞어 쓰기를 고수했을 뿐만 아니라, 오른쪽에서 왼쪽으로 가는 칼럼에, 위에서 아래로 글자를 배치했다. 한겨레 신문이 이를 과감하게 버린다. 그들은 한글 전용을 고수했을 뿐만 아니라, 서양처럼 위에서 아래의 칼럼에, 왼쪽에서 오른쪽으로 글자를 배치했다. 1990년대 초반에는 미약했지만, 불과 몇 년을 못 가고, 대부분의 신문이 이를 따라했다.

한글 전용에 쐐기를 박은 것은 인터넷과 휴대폰이었다. 한글은 입력하기 쉽고 가독성이 높다. 반면 한자는 입력하기 어렵고, 가독성도 좋지 않다. 게다가 즉시성, 오락성, 창의성 등 모든 분야에서 한자는 한글에 압도당했다.

이제 와서 한자를 섞어 쓰자는 말을 하는 사람도 없고, 아무도 엄두를 내지 않는다. 역사의 필연성이 한글 전용을 완수한 것이다.

13. 번역과 원어 사용

조선 시대까지는 한자를 기본적으로 사용했다. 공문서는 물론이고, 양반 사대부들의 일상적 언어였다. 입으로는 한국말을 하면서, 글은 한문으로 썼다. 물론 일부 한글을 쓰는 사람들도 있었다. 가장 큰 사용처는 궁궐의 아낙네들이었다. 그들은 한글 소설을 필사해서 읽었다. 그것이 궁궐의 삶에서 큰 즐거움이었을 것이다.

왜 입말과 글말이 다르다는 불편함을 감수하면서까지 한문을 썼는가? 왜 최만리는 그토록 한글 창제를 반대했는가? 겉으로 드러난 이유는 중국 문화에 대한 존숭이다. 공자 맹자의 말씀을 원어로 배우고, 그 생각을 원어로 쓰겠다는 것이다.

그러나 중국은 인도에서 그 많은 불경을 수입했지만, 인도의 산스크리트어로 읽지 않았다. 수입 즉시 중국어로 번역하고, 원문은 폐기했다. 이제는 제대로 번역했는지도 확인할 길이 없다. 그나마 남아있는 몇 자료들을 비교해 보면, 구마라지바나 현장과 같은 번역자들의 의역이 너무 심하다. - 이런 의도적 번역에 근거해서 사유한 결과 중국 불교가 탄생한다. 오해는 창조의 원동력 가운데 하나이다.

번역하면서 자국어를 쓴 중국과 번역하지 않고 한문을 쓴 한국의 차이는 국가의 크기로 결정되었을 수 있다. 한반도 국가는 약소국이었다. 반면 중국 통일 국가는 동아시아 최강국이었다. 약소국이 살아남기 위해서는 최강국과 같아지는 것이다. 자신과 거의 같은 나라를 최강국이 멸망시키지는 않는다. 오히려 자신들의 일부라고 생각할 것이다.

14. 지배의 책략 - 근대화 과제

중국은 그러했는데, 한국은 반대였다. 중국에서 사상만 수입한 것이 아니라, 그 문자까지도 그대로 사용한다. 그 결과 한국의 독창적 종교나 사상이 나오지 않는다. - 그러나 이는 부차적이다. 가장 중요한 것은 한문을 쓰는 것은 지배의 책략이라는 점이다.

고대부터 중세까지 신분제가 귀족들의 권력의 독점의 수단이었다. 신분제는 법적 제도이고, 인위적이다. 따라서 정복과 왕조 교체 등에 따라서 기존 신분제는 무너지고 새 것이 수립된다. 이것보다 안정적인 지배 수단이 있었다.

독점적 지배를 위해서 가장 중요한 것은 정보를 독점하는 것이다. 지배층은 정보를 가지고 피지배층은 없다. 이런 정보 격차가 크면 클수록 지배가 안정적이다. 따라서 고중세 국가는 백성들의 교육을 제대로 하지 않았다. 정보 격차를 근본적으로 규정하는 수단이 바로 문자이다. 백성들이 쓰는 말을 표기하는 문자를 버리고, 자신들만 쓰는 문자를 만든다.

서양의 경우 중세까지 로마의 라틴어를 썼다. 마찬가지로 동아시아는 한문을 썼다. 한문은 표의문자이기 때문에 하나 하나를 외워야 했다. 농업에 허덕이던 백성들이 그 어려운 한자를 배우고, 그 다음에 그것으로 글을 쓰고 읽는 것은 거의 불가능했다. 조선시대에 문맹이 많은 가장 중요한 이유는 바로 한자 때문이다.

조선을 지배했던 사대부는 경제적으로는 지주였다. 육체 노동에서 벗어나자, 한문으로 된 문헌을 읽으면서 지식인이 된다. 그 지식을 가지고 과거 시험을 쳐서 관리가 된다. 요컨대 지주 지식인 관리였다. 이들은 돈 정보 권력을 독점했다. 3위1체를 이루었다.

반면 백성은 주로 소작인과 노비였다. 이들은 돈 정보 권력 가운데 단 하나도 소유하지 못 했다. 이 격차는 사대부의 안정적인 지배를 가능하게 했다.

문제는 근대에 오면서, 세계는 제국주의 앞에 식민지가 될 위험에 처했다. 강해지지 않으면 식민지가 된다. 이에 국민을 교육시키는 것이 중요해졌다. 국민 전체가 똑똑해야 근대적 산업의 역군이 될 수 있다. 기계 공업은 전문적 지식을 필요로 한다.

결국 국민에게 정보를 전파하는 교육이 중요하고, 기본적으로는 국민이 입으로 쓰는 말과 일치된 문자를 사용해야 한다. 서양 근대는 공통으로 썼던 라틴어에서 영어 불어 독어처럼 각국이 쓰는 말을 표기하는 쪽으로 간다. 한국 역시 한문에서 한글로 변했다. 이는 근대화의 가장 중요한 사업 가운데 하나이다. 그것을 주도했던 사람이 바로 주시경이다. 한글의 역사에 위대한 두 사람이 바로 세종과 주시경이다. 세종은 한글을 만들었고, 주시경은 그것을 주된 문자로 만들었다.

15. 주체적 이성과 주체적 사유 - 근대화의 완성

많은 점에서 한글 전용은 한국 근대화의 핵심이다. 첫째, 늧씨라는 의미의 최소 단위가 한글로 표기된다. 의미의 최소 단위는 낱말의 핵심이면서, 동시에 사유의 핵심이 된다. 조선시대까지는 한자가 의미의 최소 단위이면서, 사유의 핵심이 된다. 그 결과 중국 식의 사유를 하게 된다. 그러나 주시경의 한글 전용 이후, 이제 한국말의 의미의 최소 단위, 즉 늧씨가 사유의 핵심이 된다. 여기에서 현대 한국의 주체적인 이성이 완성된다.

조선 시대는 한자의 사용으로 지배층이 정보를 독점했다. 대다수의 백성들은 무지몽매한 상태로 살았다. 현재는 한글의 사용 및 일반적인 교육, 인터넷 등을 통해서 정보가 국민 모두에게 널리 전파되고 있다. 조선시대와는 근본적으로 다르다.

이제 한국은 예술에서 한류가 전세계에 넘쳐나고 있다. 이 역시 한글 전용과 떼어내서 생각할 수 없다. 만약 우리가 여전히 한자를 쓰고 한문으로 생각한다면, 창조적인 한류를 만들 수 있을까? - 이제 한국은 예술에서 과학으로 그 창조성의 영역을 넓혀 가야 한다. 그 기반에는 한글 전용, 그리고 늧씨라는 의미의 최소 단위가 있다. 자율적 이성, 창조적 사유, 논리적 추론, 이런 것들은 바로 일상 언어의 늧씨에 근거해야 한다.

신유학 3파의 새 이름을 제안함:
이진상의 통찰을 바탕으로[1]

1. 들어가며

이 글에서는, 신유학[2]의 계보를 제시한 기존 학설 중 현재 연구자들에게 가장 많은 지지를 받고 있는 '리학(理學)·심학(心學)·기학(氣學)' 3파설의 문제점을 학파의 이름을 중심으로 검토하고, 그 대안을 모색해 보

---

1 이 글은 필자의 글 「신유학 3파의 이름과 대안의 모색」(『철학』127, 2016 여름호, 한국철학회)을 고친 것이다.

2 중국의 송대 이후 청대까지 지속된 새로운 유학 사조 일반을 무엇이라고 부를지의 문제는, 학계의 쟁점중 하나이다. 우선 유학자들이 쓰던 말인 '도학'은 펑요우란(馮友蘭, 1961)이 다시 송대 이래의 유학을 포괄하는 의미로 사용하였다. 하지만 펑의 제자인 천라이(陳來. 1991, pp. 10-11)가 도학을 정주학파에 한정하고 있는 데에서 잘 드러나듯이, 많은 중국학자들은 도학의 의미를 확장해서 사용하는 데에 동의하지 않는 것으로 보인다. 또 틸먼(Tillman. 1992, p. 2), 쓰치다(土田健次郎. 2002, pp. 13-18) 등 중국어권 바깥의 학자들 역시 도학을 송대나 정주학에 국한되는 것으로 본다. 한국학계에서도 배종호(1974, p. 11), 류승국(1976, p. 207), 금장태(1999, pp. 45-47; 2014, p. 81) 등에서 보듯, 도학을 주자학의 동의어로 파악하는 경우가 많다. 한편 한국에서 많이 쓰는 '성리학'은 이상은(1979, p. 198)이나 윤사순(1986, p. 11)에서처럼 육왕학을 포함하는 것으로 규정되기도 하지만, 현상윤(1949, p. 2), 배종호(1974, p. 11), 류승국(1976, p. 207), 유명종(2009) 등에서 보듯, 심학 또는 양명학과 구분되어 주희 철학의 흐름만을 지칭하는 의미로 쓰이는 경우가 많으며, 손영식(1996, p. 80; 2003, p. 294)처럼 아예 주희 철학의 특징적인 이론을 가지고 성리학을 정의하는 견해도 있다. 이 글에서는 이런 용어상의 혼란이 더 적은 것으로 판단되는 '신유학'이라는 말을 쓴다.

려 한다.

신유학이 본격적으로 발흥한 송대 이후의 사상적 흐름을 면밀히 검토하여 그 계보를 정리하는 작업은, 연구자들 사이에는 이미 고전적인 연구 주제의 하나로 자리 잡았다고 할 수 있다. 이 주제와 관련해서 '주자학(朱子學)과 양명학(陽明學)' 또는 '리학과 심학'이라는 두 흐름에 주목하는 2파설이 먼저 제기되었으나, 최근에는 여기에 '기의 철학' 또는 기학이 추가된 3파설이 가장 유력한 학설로 받아들여지고 있다. 3파설은 2파설에서 포착하지 못한 장재-나흠순-왕정상-왕부지-대진으로 이어지는 중요한 흐름을 복원했다는 평가를 받고 있다. 본 연구에서는 3파의 이름에서 드러나는 난점이 무엇인지 확인하고, 한국유학의 여러 자산, 특히 이진상(李震相; 1818~1886)의 통찰을 바탕으로 하여 신유학 3파에 대해 새로운 이름을 제안하려 한다.[3]

한편으로 이 글은, 일찍이 손영식 교수가 학계에 던진 질문에 대한 필자 나름의 대답이기도 하다. 손영식 교수는 한국학계에서 관습적으로 사용하고 있는 '성리학'이란 말에 대해 어떤 연구자도 명확하게 정의 내린 적이 없다는 점을 꼬집으면서, "성리학은 ① 리와 기, 본성(性)과 감정(情)을 엄격하게 구분하는 이원론적 형이상학을 전개하며, ② 거경(居敬)과 궁리(窮理)의 마음 수양론을 제시한다."고 함으로써, 주희 철학의 '성즉리(본성은 리다)'라는 견지와 연결하여 성리학을 규정하였다.[4]

또 그는 일련의 글 속에서 학계에서 통용되는 신유학 2파와 3파의 이름이 갖는 문제점을 신랄하게 비판했다. 손영식 교수에 따르면 "신유

---

3 필자는 신유학 3파의 대안과 관련하여, 몇몇 글에서 간단히 결론만 언급한 적이 있고, 다른 연구자가 필자의 생각을 간접적으로 소개한 적도 있다. 정원재(2005), p. 51; 정원재(2006), p. 37; 정원재(2013), p. 333; 손영식(2009), p. 49; 이현선(2013), p. 33. 참조. 필자의 주장이 어떤 근거에서 나온 것인지 이 글에서 본격적으로 설명하려 한다.

4 손영식(1996), p. 80.

학파의 이름 가운데 가장 심각한 문제를 일으키는 것은 고유명사 이름이다." 손 교수는 '주자학', '양명학'처럼 고유명사에 '학'을 붙여서 쓰는 말은, 특정인의 학설을 가리키는 말이지 특정 학문 분야나 사조를 지칭하는 이름으로 쓰기는 곤란하며, 고유명사를 신유학 학파의 명칭으로 쓰면서 개념 정의를 하지 않거나 반대로 자의적인 정의를 하는 탓에 학술 논의에서 공통된 합의를 이끌어 내기 어렵게 된다고 보았다. 그는 '성리학'이란 말의 구성처럼 "특정 학문 분야는 '연구 대상 + 학'으로 부르는 것이 좋을 것"이라고 제안하고, 이런 점에서 '양명학' 대신 '심학'이라고 부르는 것이 학술적으로 더 엄밀하긴 하지만, 세 학파의 핵심 개념을 잡아서 이름 붙인 '리학·심학·기학'도 "단 한 글자로 요약했기 때문에 학파 규정이 미흡하다"고 여겼다.[5] 필자는 손영식 교수의 이 같은 선구적 작업에 자극받은 바 크다.

2. 신유학 2파와 3파의 이름

1) 2파설의 학파 이름

신유학의 계보에 대한 연구는 크게 2파설과 3파설로 나눠 볼 수 있다. 각각의 계보에 대한 명명 또한 일본과 중국의 학자들 사이에 약간씩 차이가 난다. 우선 2파설에서 일본의 학자들은 전통적으로 '주자학'과 '양명학'이라는 이름을 선호해 왔는데, 대표적인 학자로는 이 이름을 그대로 사용하여 『주자학과 양명학』이라는 신유학 개설서를 낸 시마다 겐

---

5   이상은·손영식(2004, pp. 19-20; 2005. pp. 45-46; 2009, p. 8)

지(島田虔次)를 들 수 있다.[6]

　반면 중국의 학자들은 '리학'과 '심학'이라는 명칭을 써 왔는데, 이 말 자체는 이미 오래 전부터 신유학자들이 사용하던 것이다. 이를 정주학파와 육왕학파만을 가리키는 학술용어로 명확히 사용한 사람은 펑요우란(馮友蘭)이다.[7] 펑은 1934년에 출간된 『중국철학사』(하)에서 정이 정호 형제를 가리켜 "두 사람의 학문은 그 후 송명도학에서, 리학과 심학의 양 파로 일컬어지는 이른바 정주와 육왕의 양 파를 열었다"고 설명한다.[8] 나아가 "리학은 주자가 집대성했고 심학은 양명이 집대성했다"고 본다.[9] 펑이 제시한 리학-정주와 심학-육왕이라는 학파 명칭과 구성은 뒤에 3파설에서도 그대로 물려받는다. 그런데 펑 이전에 신유학자들이 쓰던 '리학'과 '심학'이란 말은 그 의미가 반드시 정주학파와 육왕학파만에 한정된 것은 아니었다. 이 때문에 특정학파를 지칭하는 의미로서 리학과 심학은 이전의 쓰임새와 미묘한 충돌을 일으키게 된다. 한편 펑의 명명에 따라 결과적으로 정주학파와 육왕학파는 각각 '리'와 '심'이라는 단일한 개념을 중심으로 한 이름을 얻게 되었다. 이렇게 학파의 이름으로 특정한 개념을 붙이는 명명 방식 역시 일본과 중국의 3파설에서 모두 기본적으로 계승된다.

　펑요우란은 정주학파와 육왕학파를 리학과 심학이라고 부르는 가장 중요한 근거로 주희가 말한 "본성은 리다"[性卽理]와 육구연과 왕수인이 말한 "마음은 리다"[心卽理]는 명제를 제시하면서, 이 두 명제가

6　島田虔次(1967). 최근에도 일본학계에서는 小倉紀藏(2012)이나 小島毅(2013)처럼 책 제목에 주자학과 양명학을 대비한 신유학 개설서가 계속 출간되었다. 이는 중국학계에서는 찾아보기 힘든 일이다.

7　衷爾鉅(1988), p. 29.

8　馮友蘭(1961), p. 869. p. 894, pp. 938-939도 참조.

9　馮友蘭(1961), p. 947.

"리학과 심학의 근본 차이"[10]라고 말한다. 펑의 이런 설명은 의문을 불러일으킨다. 주희와 왕수인의 두 명제를 비교해 보면, "무엇이 리다"는 구문의 형식은 둘 다 같고, 단지 주제어인 '본성'과 '마음'만이 서로 다르기 때문이다. 따라서 이 명제들에 근거하여 단일한 개념으로 두 학파를 구별할 수 있는 이름을 붙인다면, 아마도 '성학'(性學)과 '심학'이라고 부르는 것이 적절할 것이다. 그리고 리학이란 말은 차라리 두 학파를 아우르는 이름으로 쓰는 것이 나을 것이다. 그런데도 펑은 두 명제에 공통적으로 들어가 있는 '리'를 주희 쪽에만 붙인다. "미국에 유학하면서 서구 근대의 이성주의, 합리주의의 세례를 받은 풍우란으로서는 주자학 전통이 이성주의, 합리주의와 친연성이 강한 철학이라고 전제하고, 그것에 이학(理學)이라는 영광스런 이름을 부여하고 싶었을 것"[11]이라는 해석이 나오는 이유이다. 곧 펑은 뒤에 신리학(新理學)의 체계로 이어지는 자신의 철학적 견지를 관철하느라, 심성론의 명제에서 드러나는 주희와 왕수인의 차이를 특이하게도 리와 심이라는 리기론과 심성론의 개념으로 집약해서 제시한 셈이다. 그 결과 펑의 의도와는 무관하게 리학과 심학이라는 두 학파의 이름은, 정주학파와 육왕학파가 각각 리기론과 심성론에 특화된 이론체계를 가지고 있다는 인상을 주게 된다.[12]

2) 3파설의 학파 이름

3파설은 일본학계와 중국학계에서 거의 비슷한 시기에 비슷한 방

10　馮友蘭(1961), p. 956. p. 939, p. 941도 참조.

11　이용주(2008), p. 397.

12　주희 철학 자체는 물론, 주희의 영향력이 지대한 조선유학이 방대한 심성론 논의의 전통을 갖고 있다는 점에 비춰 본다면, '왕수인 철학=심학'이라는 펑의 명명은 무척 어색하게 느껴진다.

식으로 제시된다. 이들은 공통적으로 개념을 중심으로 학파의 이름을 붙인다는 점에서 펑요우란의 영향을 받았다고 할 수 있으며, 펑이 제시한 리와 마음 개념에 공통적으로 '기'를 새로 덧붙인다는 점에서는 유사한 문제의식으로 조응한다고 할 수 있다.

먼저 일본의 학계에서 3파설이 출현한 것은, 야마노이 유(山井湧)가 중국사상사에서 근대의 단초를 찾기 위해 기를 강조한 몇몇 학자들을 주목하면서부터이다. 그는 기를 일차적으로 욕망의 의미로 읽어 내면서, 특히 명대 이후에 등장한 나흠순 · 왕정상 · 왕부지 · 대진 등의 철학을 '기의 철학'(氣の哲學)으로 명명하고, 이들이 공통적으로 인용을 긍정한다고 본다. 그는 주자학과 양명학은 각각 '리의 철학', '심의 철학'이라고 규정함으로써 '기의 철학'과 더불어 중국유학사의 3파설을 정립한다.[13] 또 야마노이와 같은 시기에 활동한 야마시다 류이치(山下龍二) 역시 '기의 철학'이라는 말을 받아들여 명대사상사를 설명하기도 한다.[14] 하지만 야마노이의 용어 중 '리의 철학', '심의 철학'이라는 말은 현재 일본학계에서는 거의 쓰이지 않는 것으로 보인다. 다만 '기의 철학'[15]이라는 말만 사용되면서,[16] 결과적으로 일본학계에서는 "주자학 · 양명학 · 기의 철학"의 3파설이 통용되고 있는 셈이다.[17]

한편 중국학계에서는 공산화 이후 중국전통사상 안에서 유물론적

---

13 山井湧(1980). 야마노이가 '기의 철학'이라는 말을 사용하기 시작한 것은 1950년에 쓴 논문 「明淸時代における氣の哲学」부터다.

14 山下龍二(1971), pp. 3-125.

15 한국에서는 이를 '기철학'이라는 말로 줄여서 쓰는 것이 일반적이다.

16 馬淵昌也(2007), 大橋健二(2009). 뒤에 大橋健二(2012)는 '기학'이란 말을 표제에 넣은 책을 내기도 했다.

17 예컨대 쓰치다 겐지로는 "원(元)이 주자학을 국교화한 이후부터 주자학의 논쟁 대상은 양명학과 이른바 '기의 철학' 등으로 확장되고"라고 하여, "주자학·양명학·기의 철학"의 3파설을 대체로 받아들인다. 土田健次郎(2002), p. 10.

사고를 찾으려는 노력이 시작되면서 3파설이 제기되었다. 장재·나흠
순·왕정상·왕부지·대진 등의 철학을 물질로서 '기'와 연관 지어 주
목함으로써, 펑요우란이 제시한 '리학'과 '심학'이라는 조류에 더하여
기일원론 또는 '기학'이라는 명칭이 추가된 것이다. 중국 학계에서 3파
설을 제시한 대표적인 연구자로는 장다이니앤(張岱年)을 들 수 있다.

장다이니앤은 1955년에 장재에 대해 쓴 소책자에서, 송원명청시
대의 유물론과 유심론의 투쟁을 둘러싼 중심문제는 기와 리와 마음, 셋
중 어느 것이 첫 번째[第一][18]인가 하는 문제라고 말한다. 여기서 기는 객
관적 실재, 리는 절대관념, 마음은 개인의 정신을 각각 의미하는데,[19] 기
가 첫 번째라는 점을 긍정하면 유물론이고, 리가 첫 번째이고 기가 두
번째라고 여기면 객관적 유심론이며, 마음이 첫 번째라고 주장하면 주
관적 유심론이라는 것이다. 그는 장재, 왕정상, 왕부지, 대진이 기를 첫
번째로 본 철학자들이며 이들이 유물론의 조류를 형성했다고 본다.[20]
또 육구연과 왕수인 등은 주관적 유심론이며,[21] 이정과 주희 등은 객관
적 유심론자임을 시사한다.[22] 이런 생각은 1957년에 쓴 『중국철학대
강』 서문에서는 장재-기-유물주의, 정주학파-리-객관적 유심주의, 육

---

18 장다이니앤은 이 '첫 번째'[第一]라는 말을 1980년에 쓴 『중국철학대강』 「再版序言」에
    서는 '근본'(根本)이라는 말로 표현하기도 한다. 張岱年(1982), p. 3.

19 『중국철학대강』 「재판서언」에서는 기는 물질성, 리는 관념성, 마음은 정신성의 것이라고
    설명한다. 張岱年(1982), p. 3.

20 張岱年, 『張載─十一世紀中國唯物主義哲學家』, 이 책은 1955년에 집필해서 호북인민
    출판사에서 발행했다고 한다. 필자는 張岱年(1990)에 실린 것을 사용했으며, 해당 내용
    은 이 책의 p. 169에 나온다.

21 張岱年(1990), p. 168.

22 張岱年(1990), p. 131, p. 168. 이상 『張載』에 보이는 3파설 관련 내용은, 1957년에서
    1958년까지 『新建設』에 발표된 『宋元明哲學史提綱』에 거의 그대로 나타난다. 다만
    『宋元明哲學史提綱』에서는 유물론자의 명단에 나흠순, 방이지 등이 추가된다. 張岱年
    (1990), p. 387.

구연 · 왕수인-심-주관적 유심주의 · 심학의 세 흐름으로 정리된다.[23] 이후 장다이니앤은 자신이 정리한 세 흐름을 다시 "기일원론 · 리일원론 · 심일원론" 또는 "기일원론 · 리학 · 심학"으로 명명하는데,[24] 이 중 '기일원론'은 여러 논자들에 의해 다시 '기본론'(氣本論)[25] 또는 '기학'[26] 으로 불리기도 한다. 특히 '기학'이라는 용어를 쓰는 학자들은 대체로 다른 두 조류를 리학과 심학으로 부르는 경향이 있고 이런 경향이 중국 어권의 최근 저작에서는 가장 두드러진다.[27] 요컨대 펑요우란이 쓴 리학과 심학이라는 말에 기학이라는 말이 더해진 것이, 결국 중국학계 3파설의 대체적인 틀이 된다고 할 수 있을 것이다.

장다이니앤은 처음 3파설을 주창할 때부터, 리와 기, 마음이라는 세 개념을 중심으로 학파를 구분해야 한다는 의식을 뚜렷이 내비친다. 명백히 이는 펑요우란의 학파 명명 방식을 이어받은 것이다. 게다가 펑이 쓴 리학과 심학이라는 학파의 명칭까지 그대로 사용하면서부터는, 리학과 심학이라는 말에 담긴 전통적 의미가 자신들이 내린 정의와 부딪치는 부담까지 마찬가지로 안게 되었다. 하지만 펑요우란이 내세운

---

23 張岱年(1982), 『新序』, p. 13. 한편, 『中國哲學大綱』의 「서론」에서는 이 세 흐름을 정이 와 주희로 대표되는 유리(唯理)의 조류, 정호·육구연·왕수인으로 이어지는 주관적 유심 론의 조류, 장재에서 비롯하여 왕정상·왕부지·안원·대진으로 계승되는 유기(唯氣), 곧 유 물(唯物)의 조류로 설명하기도 한다.

24 張岱年(1981), p. 24.

25 이 말이 맨 처음 보이는 것은 包遵信(1975), p. 70이지만, 1980년대에 들어서야 다른 필 자들에 의해 본격적으로 쓰인다.

26 필자가 찾은 것으로는 蒙培元(1984)에서 이 용어가 처음 보인다. 멍페이위앤은 특히 명 대 초기에 설선이 주희철학을 기학 쪽으로 발전시켰으며(p. 234), 이것이 명대 중기의 나 흠순, 왕정상 등을 거쳐 왕부지, 안원, 대진 등으로 계승된다고 본다. 한편 기학이란 말이 단행본 제목 안에 들어간 대표적인 저술은 葛榮晉(1990)이다. 이 책의 서문은 장다이니 앤이 썼는데, 그는 이 서문에서도 "기일원론·리학·심학"의 용어를 사용한다. 『序』, p. 2.

27 장리원(張立文. 2013)이 주 편찬자로 되어 있는 최근의 사전에서는 '도학'(道學) 항목에 서 송명도학을 기학, 리학, 심학의 셋으로 구분할 수 있다고 해설하고 있다. p. 181.

리와 마음에 기를 보탬으로써 변화된 부분도 있다. 기는 리와 함께 리기론을 구성하는 주요한 두 개념이기 때문이다. 그래서 펑의 리학-심학의 학파 설정이 리기론 중심의 철학과 심성론 중심의 철학이 대립하는 모양새로 읽히는 데 비해, 3파설은 훨씬 더 리기론 또는 존재론 중심으로 학파를 이해하는 이론이 된다. 장다이니앤이 만년까지도 '기일원론'이란 용어를 선호했던 것 역시 이와 무관하지 않을 것이다. 하지만 이런 전체적인 구도 속에서 왕수인의 '심학'은 다소 어정쩡한 위치를 차지할 수밖에 없다.

3. 3파의 이름이 빚는 오해와 문제

중국철학사 연구에 대한 중국학계의 영향력이 점증하면서, '리학·심학·기학' 3파설이 현재 학계에서는 통설처럼 받아들여지고 있으나, '주자학·양명학·기의 철학'이라는 용어 역시 혼용되고 있는 실정이다.[28] 하지만 두 3파설에서 파악하는 각 학파의 인물 구성은 거의 유사하다. 필자 역시 기본적으로 신유학 3파설에서 상정하는 철학자들의 계보 자체에는 대체로 동의한다. 다만 필자는 3파설은 특히 그 이름이 많은 오해를 낳고 있다고 생각한다. 펑요우란과 장다이니앤 등을 거쳐 성립한 중국학계의 3파설과 야마노이 유의 3파설은, 공통적으로 리·심·기 등 특정한 개념을 중심으로 각 학파의 단면을 포착해 낸 데 특징이 있다. 곧 3파설의 학파 명명 방식은 대단히 단순하면서도 명쾌하다. 이 단순함과 명쾌함이 학파의 성격을 직관적으로 파악하는 데에

---

[28] 린위에훼이(林月惠. 2013)는 한국의 '主理派'와 '主氣派', 일본의 '氣의 哲學', 중국의 '唯氣論', 대만의 '先天型氣學'과 '元氣論' 등 특히 '氣學'과 관련된 동아시아 각국의 용어에 대해서 비교 검토하고 있다.

는 장점으로 작용하지만, 그 점이 때로는 학문적 논의의 진전을 가로막기도 한다. 이하에서는 3파의 이름이 어떻게 문제가 되는지 검토할 것이다. 이 논의에서는 주로 장다이니앤 등의 설명을 기준으로 3파설을 검토하고, 부분적으로 야마노이 유의 견지도 함께 살펴보려 한다.

1) 오래된 이름과 새로운 정의의 충돌

(1) '리학'과 '심학'을 한 학파에 특정할 수 있는가?

리학과 심학은 신유학자들이 오랫동안 다양한 의도로 써 오던 말이다. 그래서 리학과 심학을 특정한 학파의 이름으로 사용할 경우 다른 학파와 충분히 구별되는 배타적인 차별성을 확보하지 못한다는 문제 제기가 계속되어 왔다. 예컨대 리학이라는 명칭을 보자. 공자 이래 유학이 궁극적으로는 '일상의 도덕화'를 목표로 한다고 할 때, 도덕적 가치와 이념을 담보하는 리를 자신들의 이론 체계 중심에 놓고서 사유한다는 점에서는 심학이나 기학도 마찬가지라고 할 수 있다.[29]

우선, 심학을 대표하는 철학자인 왕수인에게서도 리가 마음 못지않게 중대한 의미를 지닌다는 점에 대해서는 황종희의 지적을 참고할 수 있다. 황종희는 왕수인이 말한 '심학'의 핵심을 '마음은 리'라는 명제를 중심으로 파악한다. 왕수인의 심학이 마음을 중시한다는 점에서는 불교와 공통점이 있긴 하지만, 마음에서 다름 아닌 '리'를 찾는다는

---

29 최진덕(2000)의 다음과 같은 단언은 음미할 만하다. "송명리학의 공통된 학문적 목표는 천지 만물의 리, 각기 다르면서도 근원적으로 동일한 그 리를 체득하는 일이다. 송명리학은 주자학과 양명학을 가릴 것 없이 모두 리학(理學)이라 할 수 있다. 학계에서 흔히 기학(氣學)이나 심학(心學)으로 분류되는 것들도 실은 모두 리학이다. 나정암이 양명학에 맞서 변호하고자 했던 주자학의 근본 정신 역시 양명학까지도 공유하고 있는 리학의 근본 정신 외에 다른 것이 아니다. 나정암은 양명학이 리를 알지 못한다고 강하게 비판한다. 이 점이 나정암의 양명학 비판의 핵심이지만, 양명학도 리학의 근본 정신을 주자학과 공유하고 있기 때문에 그의 양명학 비판이 정확한 것이라 보기 어렵다." pp. 8-9.

점에서 불교와 구분된다는 것이다. 그래서 그는 "마음이 마음인 이유는 밝은 지각이 아니라 천리에 있다"는 사실을 왕수인이 분명하게 짚어냈다고 본다. 곧 황종희는 심학이 단순히 마음을 강조하는 데서 그치는 것이 아니라, 마음과 리를 동시에 주장하는 이론이라는 것이다. 또 이런 점에서 왕수인의 심학 역시 리를 추구한다는 점에서는 다른 유학자들도 마찬가지라고 본 것이다.[30] 다만, 다른 유학자들이 리를 바깥에서 찾는 데 비해 왕수인은 마음 안에서 리를 찾는다는 점에서 구분될 뿐이다.[31]

장다이니앤 등이 기일원론 또는 기학으로 분류하는 사조 역시 리를 추구한다는 점에서는 마찬가지이다. 이는 장재가 유물론자임을 입증하기 위해 애쓰던 장다이니앤이, 장재의 윤리학설에 대해서는 "완전히 유심론"이라고 평가하는 데에서 잘 드러난다.[32] 그 이유 중 하나로 장다이니앤은 장재가 예의 중요성을 강조한다는 점을 들면서, 이런 예의 강조는 봉건적 제도를 공고히 하는 역할을 한다고 본다.[33] 이는 유학자로서 장재 역시 예를 통해 개인이 사회와 맺는 관계로서 일종의 '질서'를

---

30 왕수인의 제자 왕기는 왕수인의 학문을 '리학'이라고 부른다. "我朝理學開端, 還是白沙, 至先師而大明." 『龍溪先生全集』10. 「復顔沖宇」. 張立文(1985), p. 13 재인용. 왕기의 이 진술은 "我朝理學正傳, 惟薛文淸陽明先生二人"라고 한 顔沖宇의 견해를 반박한 것이다. 王畿(2007), p. 260.

31 『明儒學案』권10, 「姚江學案」. p. 181. 先生以聖人之學, 心學也. 心卽理也, 故於致知格物之訓, 不得不言"致吾心良知之天理於事事物物, 則事事物物皆得其理." 夫以知識爲知, 則輕浮而不實, 故必以力行爲功夫. 良知感應神速, 無有等待, 本心之明卽知, 不欺本心之明卽行也, 不得不言'知行合一.' 此其立言之大旨, 不出於是, 而或者以釋氏本心之說, 頗近於心學, 不知儒釋界限只一理字. 釋氏於天地萬物之理, 一切置之度外, 更不復講, 而止守此明覺. 世儒則不恃此明覺, 而求理於天地萬物之間, 所爲絶異. 然其歸理於天地萬物, 歸明覺於吾心, 則一也. 向外尋理, 終是無源之水, 無根之木, 總使合得, 本體上已費轉手, 故沿門乞火與合眼見闇, 相去不遠. 先生點出心之所以爲心, 不在明覺而在天理, 金鏡已墜而復收, 遂使儒釋疆界渺若山河, 此有目者所共也.

32 張岱年(1990), p. 155; 張岱年(1978), p. 5.

33 張岱年(1990), pp. 157-158.

희구하고 있었음을 잘 보여 주는 것이다.[34] 게다가 예가 전통적으로 리와 연관된 개념으로 이해되어 왔고,[35] 장재 역시 이런 사고를 따르고 있다는[36] 점을 감안하면, 장재 철학에서도 리는 중심적 개념 중의 하나라고 할 것이다.[37] 한국과 중국의 전통 시대에 '리학'이란 말을 사실상 오늘날의 '신유학'에 해당하는 말로 사용해 왔으며, 현대 중국의 상당수 연구자들도 이런 관습을 따라 리학을 신유학 3파 중의 한 조류가 아니라 2파 또는 3파를 모두 포괄하는 넓은 의미로 사용하고 있다는 사실도 결국은 이런 사정을 반영한 것이라고 할 수 있다.[38]

따라서 신유학 전통에서 어느 한 학파만이 유독 리를 근본적인 개념으로 강조했다고 보기는 곤란할 것이다. 문제는 '리학'이란 이름이 마치 정이나 주희 철학만이 리를 중시했다는 인상을 줌으로써, 실제로 신유학자들의 이론을 학술적으로 접근하는 데에 장애가 되기도 한다는 사실이다. 장다이니앤이 역시 기를 강조한 유물론자라고 본 나흠순에게도 리를 자주 강조하는 면모가 발견되고, 이에 따라 그의 철학이 전체적으로 주희 철학을 계승하고 있다고 보는 견해가 빈번하게 등장하곤 하

---

34 기학을 다시 '선천형'(先天型)과 '후천형'(後天型)으로 구분하는 대만 학자 양루빈(楊儒賓, 2006; 2007)의 문제의식 또한 비슷한 맥락에서 이해할 수 있다. 양루빈은 장재, 나흠순, 유종주 등 그가 선천형 기학이라고 부르는 학자들이 주장하는 기는 형이상학적 함의를 지니며, 천도와 인간의 본성이 근원적으로 동일하다는 전제에 따라 본래의 본성을 회복하는 방식으로 도덕적 가치를 획득하려 한다는 공통점이 있다면서, 이런 까닭에 이들의 이론은 리학으로 분류되어야 한다고 본다. 기학 계열의 철학자들이 도덕을 성취하는 방식을 설명하면서 장다이니앤은 일정한 사유상의 균열을 드러내는데, 양루빈의 문제 제기는 그 균열을 정확히 포착한 것이라고 볼 수 있다. 楊儒賓(2006), 楊儒賓(2007).

35 『禮記』「樂記」, 樂也者, 情之不可變者也. 禮也者, 理之不可易者也.; 『禮記』「仲尼燕居」, 子曰, "禮也者理也. 樂也者節也."

36 「張子語錄」下-5, 蓋禮者理也.

37 장재 철학에서 리가 수행하는 역할에 대해서는 펑요우란이 이미 지적한 바 있다. 馮友蘭(1961), pp. 855-856.

38 대표적으로 다음과 같은 책들을 들 수 있다. 侯外廬 外(1983·1987), 張立文(1985), 蒙培元(1989), 陳來(1991), 吳乃恭(1994), 史革新·李帆·張昭軍(2007).

는 것이나,[39] 한국유학 연구자들이 기대승이나 이이도 리를 강조한다면서 이들의 철학을 주기론으로 불러서는 안 된다고 주장하는 것이[40] 이에 해당할 것이다. 이런 사례들에서 잘 드러나듯이 학파의 구분과 관련해서 중요한 것은, 그 학파에서 리를 중시했느냐 여부가 아니라, 오히려 각 학파가 사용하는 리 개념을 비교하면서 그 함의 자체를 섬세하게 구분해 주는 일이 될 것이다.

'리학'이란 명칭뿐만 아니라 '심학'이란 명칭에 대해서도 똑같은 난점이 지적될 수 있다. 유학적 전통에서는 사회 문제의 해결책을 주로 개인의 마음 안에서 구해 왔다. 따라서 '심학'이라는 명칭도 사실상 신유학의 거의 모든 조류에 적용이 가능하다.[41] 원대 오징(吳澄) 이후 명과 조선에서 '심학'이라는 말이 신유학 전통 일반을 가리키는 말로 쓰였다는 점은 이런 사정을 반영한다.[42] 특히 조선에서는 이황 이후 『심경부주』가 신유학을 공부하기 위한 필독서가 됨으로써, '심학'이라는 말이 매우 광범위하게 등장한다.[43] 현대 한국의 연구자들 일부가 왕수인의 철

---

39   최진덕(2000); 張學智(2000), p. 318.

40   김낙진(2008), 남지만(2010).

41   장다이니앤도 이 점을 의식하고 있었다. 그래서 그는 "정주의 학설도 마음을 말하기는 하지만, 그들이 말하는 것은 육구연의 심학과 같지 않기 때문에, '리학'이라고만 부를 수가 있다."라고 덧붙인다. 張岱年(1981), p. 24.

42   정도원(2010), pp. 223-224. 정도원은 오징의 「靜虛精舍記」에 나오는 "心學之妙, 自周子程子發其秘… 此二言者, 萬世心學之綱要也."와 『고봉집』, 『퇴계집』의 진술을 그 예로 들고 있다. 衷爾鉅(1988) 역시 '심학'은 남송 이래 '리학'과 혼용되던 말로서, 성인의 학문, 공맹의 학문, 유학자의 학문 등을 의미했다고 보았다. 그 증거로 그는 주밀(周密)의 『齊東野語』에 나오는 "方當大軍悉潰亦安在心學哉!"라는 구절과 나흠순의 「與王陽明書」에 나오는 '千聖相傳之心學'이란 구절 등을 제시한다. 또 그는 왕수인이 육구연의 학문에 대해 설명하면서 "聖人之學, 心學也."(『王陽明全集』7, 「象山文集序」)라고 한 데서 나오는 '심학' 역시 육구연의 학문만을 가리킨 것이 아니며, 왕수인은 이 말이 정주학의 심학과 구별된다고 생각하지 않았다고 여긴다. pp. 28-29.

43   가령 『조선왕조실록』, 인조 1년 계해(1623)7월24일(임자) 기사에서는 이수광의 다음과 같은 말이 보인다. 帝王之學, 以治心爲本, 方今所講『論語』·『大學衍義』雖好, 猶不若『近

학과는 다른 의미에서 이황과 퇴계학파의 철학을 '심학'으로 부르기도 하는 것 역시 이와 관련이 있다.[44]

(2) '기학'에서는 과연 기를 근본으로 여겼는가?

'기학' 또는 '기의 철학'이라는 명명은 앞서 검토한 '리학'이나 '심학'과는 조금 다른 성격을 갖는다. 리학과 심학은 과연 그 정확한 함의가 무엇인지를 일단 제쳐 둔다면, 어쨌든 전통시대 학자들이 꾸준히 사용해 온 이름이다. 반면, '기학' 또는 '기의 철학'은 현대의 학자들이 만든 말이다. 그래서 '기학'에 대해서는 과연 기학의 전통에 있는 철학자들의 이론에서 기를 '첫 번째' 또는 '근본'의 맥락에서 독해하는 것이 적절한지가 문제가 된다. 장재나 나흠순, 왕정상 등은 과연 리나 심보다 기를 자신들의 이론에서 더 중심적인 개념이라고 여겼을까?

조선 초의 학자인 정도전(鄭道傳, 1342~1398)은 3파설에서 사용하고 있는 세 개념인 리, 기, 심을 그대로 제목으로 사용한 「심기리편」(心氣理篇)이라는 글을 남겼다. 이 글은 심, 기, 리가 번갈아 등장하여 다른 쪽을 비난하면서, 결국 자기가 더 낫다고 주장하는 식의 구성을 취하고 있다. 여기서 심은 불교를, 기는 도교를, 리는 유학을 상징한다. 눈여겨 볼 것은, '기'가 어떤 맥락에서 도교를 상징하게 되었는가 하는 점이다. 정도전은 기를 일차적으로 '몸'의 의미로 파악하고 있다.[45] 그래서 몸의 영속으로서 불로장생을 추구하는 도교는, 기라는 개념으로 대표되는 것이다. 뒤집어서 말하면 리가 아닌 기가 중심이 된다는 사태는 유학이 아

思錄』·『心經』·『性理大全』等書也. 儒臣中從事學問者, 宜常常顧問也. 臣恐殿下圖治之心, 或未免始勤終怠. 若以心學爲本, 則必無是患矣.

44 윤사순(1996), 홍원식(2004), 유권종(2009), 최재목(2009), 장윤수(2009).

45 『三峰集』10-5ㄴ~6ㄴ. 「心氣理篇」. 「理論心氣」. 於穆厥理, 在天地先, 氣由我生, 心亦稟焉. 有心無我, 利害之趨, 有氣無我, 血肉之軀, 蠢然以動, 禽獸同歸, 其與異者, 嗚呼幾希.

닌 도교에서나 있을 법한 일이라고 본 것이다. 정도전의 이런 생각이 정도전만의 독특한 발상이라고 할 수는 없다.[46] 기는 리에 대비해서는 리의 재료 또는 수단에 불과하므로 언제나 리의 원리에 따라야 한다는 이해는, 신유학자들의 일반적인 사고다. 따라서 이런 견지에 서 있는 신유학자들이 기를 사유의 중심으로 놓을 수 없었다는 것은 자명한 사실이다.[47] 조선시대의 학자들이 선배 유학자들과 자신의 학문을 리학 또는 심학이라는 말로 지칭하는 경우는 빈번하게 등장하는 반면, '기학'이란 말은 부정적인 문맥에서나 간혹 보이는 것은 바로 이 같은 이유 때문이다.[48] 이 점에서 최한기(崔漢綺, 1803~1877)가 자신의 철학체계는 '기학'이라고 자처했던 것은 그래서 획기적인 사태이지만, 그것은 서세동점의 추세가 가져온 근본적인 세계관의 전환이 있었기에 가능한 일이었으며, 최한기의 시대가 그만큼 급변했음을 말해 주는 것이기도 하다.

최한기가 그러했듯, 장다이니앤의 '기학'과 야마노이 유의 '기의 철학'에는 각각 '유물론'과 '욕망의 긍정'이라는, 서구 근대에서 수용한 관념이 자리하고 있으며, 동아시아 전체로도 물론 그만큼의 세계상의 변화가 있었다. 리학·심학과 달리 '기학'은 현대의 이념을 투사한 산물이다. 곧 장다이니앤 등이 리학과 심학에서는 '리'와 '심'을 중시하고, 기학에서는 '기'를 중시한다는 식으로 설명할 때, 이 설명에는 인간 세계의 사태를 평가하는 서로 다른 기준이 시대를 뛰어넘어 엇갈리고 있다.

---

46 정도전의 철학 자체는 3파설에 비춰보면 '기학'으로 분류될 수 있다. 이 점에 대해서는 최천식(2007) 참조.

47 그래서 '기학자'인 정도전조차도 「심기리편」의 마지막에 리가 심과 기를 타이른다는(理諭心氣) 장을 설정하고 리에 따라 기를 길러야만 비로소 기는 도덕적인 용기인 호연지기가 될 수 있다고 결론짓는 것이다. 『三峰集』10-8ㄴ~9ㄱ. 「理論心氣」. 我存爾心, 瑩徹虛明, 我養爾氣, 浩然而生. 先聖有訓, 道無二尊, 心乎氣乎, 敬受斯言.

48 가령 이구(李榘, 1613~1654)는 「氣學出於陸氏」, 「氣學出於佛」이라는 제목의 글을 남기고 있는데, 이 글들에서 그가 '기학'으로 비판하는 대상은 이이의 철학이다. 『活齋集』권2 참조.

'리학'·'심학'과 '기학'이란 말 사이에 놓인 이 같은 시대적 간극이야말로 3파설에 스며있는 근본적 부조화라고 할 수 있을 것이다.

2) 개념 중심의 학파 이해가 빚는 문제

(1) 범주 사이의 착종

3파설은 결국 '리', '기', '심' 세 개념을 축으로 한 분류라고 할 수 있다. 그런데 이 때 '리'와 '기' 둘은 리기론의 범주에 드는 반면 '심'은 심성론의 범주에 포함되므로, 서로 다른 범주에 있는 양쪽 개념 사이에는 엄밀히 말해 대등한 비교가 곤란하다. 그리고 바로 이 때문에 하나의 철학이나 사조가 서로 다른 두 계통에 동시에 속하는 '범주 사이의 착종'의 사례도 얼마든지 나타날 수 있다. 곧 어떤 이론 체계에서는 리 혹은 기가 근본이면서 동시에 심이 근본이 될 수도 있다는 것을 말한다. '기의 철학'이란 말을 제안한 장본인인 야마노이 유와 이 제안을 적극적으로 수용했던 야마시다 류이치(山下龍二)가 리기론에 대한 왕수인의 언급을 근거로 양명학도 기의 철학의 범주에 포함시킬 수 있다면서[49] 혼란스러워 했던 것은 이런 문제점이 명확하게 잘 드러난 사례이다.[50] 하지만 한 걸음 나아가 보면, 이는 비단 왕수인의 철학에만 그치는 문제가

---

49 山井湧(1980), pp. 36-37, p. 189; 山下龍二(1971), p. 4.

50 송명대 신유학에 대한 윤남한(1976)의 다음과 같은 설명은, 오히려 신유학 제 '범주 사이의 착종'을 적극적으로 이용한 사례라고 볼 수 있다. 또 이 설명에는 뒤에 다룰 '성학'이란 말도 사용되고 있음을 볼 수 있다. "즉 宋代의 朱·陸學은 다같이 存在論으로는 理學이었으나 認識論으로서는 性學과 心學이라고 구분할 수 있다면 明代의 朱·王學은 認識論的으로는 다같이 心學이면서도 理氣論的으로 볼 때에는 宋代의 것이 理學이었던 데 비하여 그 중점이 理氣의 합일화를 거치면서 점차 氣學으로서의 특징을 가지게 된 것이었다. 그러므로 宋·明學간에는 그 중점의 이동현상을 볼 수 있는 동시에 이 점에서는 理學이나 性學은 宋代에서, 氣學이나 心學은 明代의 性理學에서 각기 특정한 시대성을 가진 역사적 思想現象으로 개념화될 수 있는 것이었다." 윤남한(1976) pp. 18-19.

아니다. 가령 이황의 철학에서 리와 심 중 어느 한쪽이 더 중요한 개념이라고 선뜻 말하기는 매우 어려운 일이다. 이는 대부분의 신유학자들의 경우에도 마찬가지일 것이다.

(2) 리기론이 없는 철학자들의 자리

3파설은 왕수인의 심학을 제외한 나머지 학자들을 '리학' 아니면 '기학'으로 분류하고 있다. 이는 3파설이 펑요우란의 분류보다는 전체적으로 존재론 혹은 리기론적 접근의 시각을 택한 탓에 가능해진 일이기도 하다. 자연스럽게 연구자들은 검토 대상이 되는 유학자들의 리기론을 주로 분석해서 그들의 계통을 파악하곤 한다. 문제는 이 때 리기론이 없거나 있더라도 미미한 사상가를 어떻게 처리하느냐 하는 것이다. 예컨대 송대 사상계에서 지대한 영향력을 지니고 있었던 학파 중 하나인 호상학파의 종장 호굉(胡宏)이 그러한 경우이다. 이런 어려움 탓인지 일본의 연구자들은 대체로 호굉을 어떤 계통에도 집어넣지 않고 있다.[51] 그런데, 주희가 호상학을 비판하면서 일찍이 지적한 것처럼 호굉의 철학은 마음에 대한 이해에서 장재의 철학과 매우 흡사한 구조를 지니고 있다.[52] 하지만 3파설의 틀 안에서는 장재와 호굉 철학의 연속성을 포착해 낼 여지가 전혀 없다. 신유학자들의 리기론이 대체로 그들의 심성론이나 수양론을 뒷받침하기 위한 것이라는 점을 감안할 때, 신유학자들의 입론에서 심성론만 제시되고 리기론은 생략되는 호굉 같은 사례는 얼마든지 나타날 수 있다.[53]

---

[51] 구스모토 마사쓰구(楠本正繼) 이래 일본학자들은 호굉과 그 제자들을 지칭할 때 지역명을 따서 '湖南學'이라고만 부른다. 楠本正繼(1972), p. 184; 高畑常信(1996).

[52] 손영식(1999a), pp. 244-269.

[53] 한국유학자들 중에서는, 리기론이 거의 드러나지 않는 조식의 철학을 놓고 주자학과 양명학 중 어느 쪽으로 이해할 것인지 논란이 거듭되고 있는 사례를 생각해 볼 수 있겠다. 손영식(1996), 손영식(1999b), 손영식(2003), 오이환(2000), 한형조(2002), 한형조(2008)

따라서 유학자들의 이론에 접근하면서 리기론을 일차적인 잣대로 사용하게 되어 있는 3파설은 근본적으로 분류 방식의 결함을 안고 있는 셈이다. 사량좌를 비롯한 주요한 북송대 유학자들이나[54] 청대 고증학의 세례를 받은 학자들 다수가 3파설의 분류체계에서 적절한 위치를 배당받지 못하고 있다는 점이 이를 실증한다.

(3) 심학 · 성학 · 정학 · 의학

신유학자들이 '심학'을 자신들의 학문을 가리키는 말로 쓰기도 했다는 사실에서 알 수 있듯이, 신유학의 심성론을 대표하는 가장 중요한 개념은 물론 '심'이다. 하지만 이때 '심학'이란 말에 들어있는 '심'은 마음의 영역과 현상 전체를 지칭하는 넓은 의미로 쓰인 것이다. 심성론이라는 말 자체에서 이미 드러나듯이, 마음의 현상을 엄밀히 분석하고 기술할 때에는 '심'이 좁은 의미로도 쓰이며, 이때는 '성'(性) 역시 '심'과 대등한 위치를 차지하는 개념이라고 할 수 있다. 따라서 '성'을 좁은 의미의 '심'보다 더 근본적인 것으로 간주하는 신유학 이론에서는, 심학에 대응하여 '성학'이라는 말을 사용하는 것 역시 가능해진다. 실제로 중국의 연구자들은 이런 시각에서 호굉을 성본론(性本論),[55] 또는 성학(性學)[56]

등 참조. 특히 한형조(2008)는 한형조(2002)를 책에 수록하면서 고쳐 쓴 것인데도, 전혀 다른 결론을 내린다.

54 이정 특히 정호의 철학이 어떤 사상적 계보에 속한 것인지에 대해 오래도록 논란이 지속되고 있는 근본적인 이유는, 후대 유학자들에 비하면 이정의 글에 리기론의 진술이 현저히 적기 때문이기도 하다. 이정 철학의 성격을 둘러싼 다양한 견해에 대해서는 이현선(2013), pp. 18-32 참조.

55 侯外廬 外(1983), p. 291.

56 向世陵(2000). 한국에서는 이종우(2004)가 다카하시 도오루의 주리주기론의 대안으로, 조선 말 유학자들의 논의를 소개하면서 한주 이진상 계열을 심학(心學), 간재 전우 계열을 성학(性學)이라고 부르자고 제안한다. 이는 결국 두 학자들의 이론적 연원인 퇴계학파를 심학, 율곡학파를 성학이라고 부를 수 있다는 점을 시사하는 것이다. 이종우의 논거는 이진상 계열이나 전우 계열은 모두 궁극적으로 리를 지향하지만, 이진상은 '마음을 리'(心

으로 명명하면서 이를 기존의 신유학 3파와 구분되는 제 4의 계통으로 간주하곤 한다.[57]

문제는 여기서 그치지 않는다. 신유학의 심성론에는 심과 성 개념 안에 포섭된다고 단정하기 어려운 다른 개념들이 더 있기 때문이다. 정(情)과 의(意) 같은 개념들이 그것이다. 신유학자들이 흔히 '심 · 성 · 정' 또는 '심 · 성 · 정 · 의'라고 잇달아 부르는 데에서 짐작할 수 있듯이, 이 개념들 역시 심이나 성과는 구분되는 일정한 고유영역을 차지하고 있다. 그러므로 학파와 이론의 구조에 따라서는 이들 개념도 얼마든지 심성론상의 중심 개념이 될 수 있는 논리적인 여지가 남아 있다. 가령, 왕수인 심학의 기조를 극단적으로 몰고나가 정욕을 전면적으로 긍정한 것으로 평가되곤 하는 이지(李贄)의 철학을 '정학(情學)'으로 부르는 것이 그리 어색한 일은 아니다. 이와는 좀 다른 의미에서, 사단과 칠정이라는 두 감정의 관계를 놓고 수백 년 동안 논쟁을 벌인 조선유학을 두고서, '정학'의 전통을 가지고 있다고 설명하는 것 역시 충분히 생각해 볼 수 있는 일이다. 마찬가지로 성의(誠意)를 강조하면서 왕수인과 달리 '의(意)가 마음의 본체'[58]라고 주장하는 유종주와 황종희의 철학을 심학과 구분하

卽理)임을 주장하는 데 반해 전우는 '본성은 리'(性卽理)라고 주장하므로 양자가 구분된다는 것이다. 그래서 '리'가 심성론의 어느 영역에 해당하는 것인지에 따라 '심학'과 '성학'으로 부를 수 있다는 것이다. 이런 주장은 중국학계에서 심학은 물론 성학을 한 유파로 보는 이들의 견해와, 학파의 명명 자체는 문자상으로 동일하다. 하지만, 중국학계에서 호굉 및 호상학파를 '성학'으로 부르는 것은, 정주학파가 우주의 본체를 리로 보고, 육왕학파가 우주의 본체를 마음으로 보는 데 비해, 호굉이 우주의 본체를 본성으로 본다고 여기기 때문이다. 반면 이종우가 전우를 '성학'으로 보는 이유는 전우가 '본성은 리'라고 주장한다는 점이므로, 이 명제만 놓고 보면 주희철학은 물론 이황학파와 율곡학파가 모두 '성학'이라고 불릴 수 있을 것이다.

57 向世陵(2000)과 向世陵(2006). 물론 이미 보았듯이 장재 철학과 호굉 철학에서 드러나는 심성론상의 유사성이라는 점에서 본다면, 이처럼 호굉을 별도의 계열로 상정하는 것이 과연 적절한지에 대해서는 의문을 제기할 수 있을 것이다.

58 『明儒學案』권62, 「蕺山學案」, 「來學問答」, p. 1554, 來教似疑心爲體, 意爲流行. 愚則以爲意是心之體, 而流行其用也. 但不可以意爲體, 心爲用耳.

여[59] '의학'(意學)이라고 부르자고 제안해 보는 것 역시 가능한 일이다.

요컨대 학파의 특징을 파악하기 위해서는 먼저 중심 개념을 추려내야 한다는 생각이 전제되는 한, '심학'이라는 말이 존재한다는 것만으로도, 연구자들의 관점에 따라 훨씬 더 많은 학파가 분화할 가능성을 열어 놓은 것이 된다.[60]

4. 개념에서 명제로

3파설의 특징이자 장점은 리·심·기 등 단일한 개념을 중심으로 각 학파를 분류한 데에 있다. 하지만 이 같은 개념 중심의 학파 명명은, 다시 학파의 이름이 된 특정한 개념을 위주로 학파의 철학 체계에 접근하는 결과를 낳게 되고, 이것이 결국 많은 문제를 불러일으킨다고 할 수 있다. 그런데 이렇게 신유학의 학파에 신유학의 중요 개념을 하나씩 붙여줌으로써 학파의 이름을 짓는 방식은, 3파설에서 처음 시작한 것이 아니다. 이런 방식을 학술적으로 맨 처음 명확히 제시한 이는 펑요우란이다. 그렇다면 3파의 명명에서 드러나는 모든 문제의 기원은 어쩌면 펑요우란에게 있다고 할 수 있다.[61]

---

59 특히 대만학계에 지대한 영향을 미친 모우종산은 독자적인 신유학 3파통설을 제시하면서, 유종주를 육구연-왕수인과 구분하여 별도의 계통으로 상정한다. 牟宗三(1968), p. 54.

60 조우팡민(周芳敏. 2009) 역시 3파 외의 다른 분파를 가리키는 명칭들이 연구자들 사이에 사용되고 있다는 점을 지적한다. 곧 朱漢民, 王立新, 向世陵 등은 '性本論'이라는 용어를 쓰며, 馮達文은 心本論을 陳獻章의 '情本論'과 陸王의 '志本論'으로 구분한다는 것이다. 周芳敏(2009), pp. 139-140.

61 그럼에도 불구하고 펑요우란의 2파설 분류가 어느 정도 두 학파간의 차별성을 확보할 수 있었던 것은, '리'와 '심'이 리기론과 심성론이라는 서로 다른 범주에 있는 말이었기 때문이다. 그런데 3파설에서는 여기에 '리'와 마찬가지로 리기론의 범주에 있는 '기' 개념이

앞서 검토한 황종희의 진술은, 펑요우란처럼 단일 개념을 가지고 학파에 이름을 붙이는 방식이 드러내는 한계에 대한 지적이라고 볼 수 있다. '마음'을 중시한다는 점에서는 왕수인의 철학이나 불교나 마찬가지이므로 이론적으로는 둘 다 '심학'이라고 부르는 것이 가능하다는 것이다. 따라서 황종희는 왕수인 철학이 불교와 구분되는 독자적인 특징은 마음 개념 자체가 아니라, 마음에서 리를 찾는 것이라고 보았다. 이는 결국 왕수인 철학은 '심'이라는 단일 개념으로 포착되어서는 안 되고, '마음은 리다'는 명제를 중심으로 파악되어야 한다는 주장이라고 할 수 있다.

황종희의 이 주장은 3파설의 난점을 해소하는 방안이 될 수 있다. 곧 하나의 개념만으로 학파들을 구분하기보다는, 각 학파의 철학적인 견지를 대변할 수 있는 핵심적인 명제들을 사용하여 학파를 구분하는 방법을 대안으로 생각해 볼 수 있는 것이다. 문제는 각 학파의 주장 중 어떤 것을 채용하느냐 하는 것이다. 각 학파의 이론적 근간을 이루는 주장이면서도 동시에 학파간의 차별성을 명확히 드러내 주는 명제를 찾기란 쉬운 일이 아니기 때문이다.

이 지점에서 펑요우란이 주희학파와 왕수인 학파를 리학과 심학이라고 이름 붙인 근거가 무엇인지 다시 살펴 볼 필요가 있다. 펑은 두 학파를 리학과 심학으로 부르면서, '본성은 리다'와 '마음은 리다'는 명제를 가장 중요한 근거로 내세웠다. 황종희가 왕수인 철학의 핵심으로 제시한 '마음은 리다'는 명제를 펑 역시 똑같이 왕수인의 가장 중요한 주장이라고 주목했던 것이다. 왕수인의 이 명제는 물론, 주희의 '본성은 리다'는 명제 역시 왕수인 철학과 주희 철학의 가장 중요한 주장에 포함된다는 사실은 오늘날까지도 이론의 여지가 없다. 따라서 필요한 것은

학파 명칭으로 추가됨으로써, 새로운 혼란과 충돌을 야기한 것이다.

펑요우란이 앞세운 리와 심이 아니라, 펑이 그 개념으로 압축한, 주희와 왕수인의 '근본적 차이'라고 본 두 명제를 다시 복원하는 것이다. 그리고 이 명제를 학과 구분의 준거점으로 삼을 수 있는 길을 탐색하는 것이다.

그런데 이 두 명제는 기본적으로는 모두 심성론의 명제이다. 이는 펑요우란으로서는 당연한 선택이었을 것이다. 주희에 비해 왕수인은 리기론에 대한 진술의 양 자체가 현저히 적기도 하지만, 이일분수와 같은 주희 리기론의 중요 명제들과 같은 층위에서 비교할 만한 명제를 찾기가 힘들기 때문이다. 그리고 수양론에서도 이러한 사정은 어느 정도 마찬가지라고 할 수 있다. 따라서 왕수인 철학의 특성을 고려한다면 주희 철학과 왕수인 철학을 직접적으로 비교할 수 있는 명제는 심성론상에서 찾는 것이 가장 적절할 것이고, 이 점에서 '본성은 리다'와 '마음은 리다'는 두 명제를 채택한 펑요우란의 생각은 여전히 유효하다.

그렇다면 펑요우란이 중시한 이 두 명제를 3파설의 구분에도 그대로 적용할 수 있을까? 3파설에 이 방식을 적용하려면, 먼저 '기학'의 핵심명제를 찾아서 보태야 할 것이다. 이 경우에도 왕수인 철학과 정당한 비교가 가능하려면 우선적으로 심성론의 명제 중에서 앞서 두 명제에 상당하는 비중을 가진 명제를 선택해야 할 것이다. 이렇게 하면 설사 리기론이 없는 철학체계라 하더라도 각각의 전통에 편입시키기가 쉬워지며, 범주 사이의 착종 같은 문제는 원초적으로 발생하지 않는다는 장점이 생긴다. 그런데 기학의 심성론에서 두 명제와 비교할 수 있는 명제를 찾으려 하면 새로운 난관에 부딪치게 된다. 기학의 전통에서는 펑요우란이 주희 철학의 근본명제라고 지목한 '본성은 리이다'를 인정하는 듯한 진술을 자주 만날 수 있기 때문이다.[62]

62　胡宏,『知言』「一氣」7, 大哉性乎! 萬理具焉, 天地由此而立矣.;『知言』「義理」1, 義理, 群生之性也. 羅欽順,『困知記』1下:38, 夫佛氏之所謂性者覺, 吾儒之所謂性者理.; 1上:1, 夫心者, 人之神明, 性者, 人之生理. 王廷相,『王氏家藏集』33「橫渠理氣辨」, p.

이렇게 되면 '본성은 리이다'는 명제는 리학과 기학에 공통된 명제가 될 수 있으므로, 심학과 더불어 이들 학파의 차별성을 드러내기 위해서는 기학은 물론 리학, 곧 주희 철학 안에서도 왕수인의 '마음은 리다'와 비교할 수 있는 새로운 명제를 찾아야 할 것이다. 곧 세 학파 사이에 공평한 비교가 가능하려면, 우선 심성론상의 명제여야 하고, 각 학파의 면모를 명확히 드러내는 핵심적 주장이면서, 동시에 세 학파 어느 쪽에서도 공유하지 않는 명제여야 하는 것이다. 이런 조건을 만족시킬 수 있는 명제를 찾는 것은 당연히 매우 힘든 일이 될 것이다.

5. 3파의 이름에 대한 대안과 이진상

이 점에서 필자는 조선 말의 유학자 이진상의 통찰을 원용해 보고 싶다. 이진상은 「심즉리설」(心卽理說)이라는 글에서 자신 이전에 있었던 신유학자들의 마음 이론을 크게 셋으로 구분하고 있다. 곧 "마음은 리"[心卽理], "마음은 리와 기가 합쳐진 것"[心合理氣], "마음은 기"[心卽氣]라는 세 주장이 그것이다. 여기서 "마음은 리"라는 명제는 물론 왕수인의 이론이다. 이진상은 왕수인의 주장은 본래 육구연에게서 나온 것이라고 설명한다. 또 "마음은 리와 기가 합쳐진 것"이라는 명제는 이황의 것이며, 이 명제는 "마음이 본성과 감정을 거느린다"[心統性情]는 주희의 명제와 연결되는 것임을 시사한다.[63] 이진상은 「심즉리설」에서는 "마음

602. 仁義禮智, 性也, 生之理也.;『王氏家藏集』28「答薛君采論性書」, p. 518. 夫性, 生之理也. 王夫之,『讀四書大全說』4「公冶長篇」1, p. 651. 性卽理也, … 性藏夫理, 而理顯夫性.

63 『寒洲集』32-1,「心卽理說」, 論心莫善於心卽理, 莫不善於心卽氣. 夫心卽氣之說, 實出於近世儒賢, 而世之從事此學者多從之. 若所謂心卽理, 乃陽明輩猖狂自恣者之說, 爲吾學者莫不斥之爲亂道, 今乃一切反之何也? … 退陶李先生論心曰統性情合理氣, 而中

은 기"라는 주장이 가까운 시대의 훌륭한 학자들[近世儒賢]에게서 나왔
다고만 할 뿐, 누구의 것인지 명확히 밝히지 않지만, 다른 글에서는 이
것이 율곡학파의 이론가인 한원진(韓元震, 1682~1751)의 것이며,[64] 중국
학자 중에서는 나흠순이 이런 주장을 했다고[65] 설명한다. 결국 이진상에
따르면 신유학의 마음 이론에 "마음은 리"임을 주장하는 육구연-왕수
인과, "마음은 리와 기가 합쳐진 것"임을 주장하는 주희-이황, "마음은
기"임을 주장하는 나흠순-이이-한원진의 세 조류가 있었다고 하는 셈
이 된다.

　　마음을 둘러싼 세 조류에 대한 이진상의 이 같은 설명은, 조선유학
의 전통에 크게 힘입고 있다. 이황은 주희의 "마음은 본성과 감정을 거
느린다"는 주장을 리기론으로 정당화하기 위해 진순의 설명을 빌어 "마
음은 리와 기가 합쳐진 것"임을 확고히 한다.[66] 이후 이 주장은 퇴계학

圖單指理, 下圖兼指氣. 夫所謂合理氣, 卽此乃玉石之說, 而單指理者, 明其所用之在玉,
兼指氣者, 示其所包之實石也. 然而卞和之獻, 以玉而不以石, 論心者主理而不主氣. 先
生嘗曰心之未發, 氣未用事, 惟理而已, 安有惡乎? 此乃的指心體之論, 吾所謂莫善於心
卽理者此也. 若夫禪家之說, 則認氣爲理而謂心卽理, 彼所謂理者, 卽吾之所謂氣也. 象
山以陰陽爲道, 以精神爲心, 朱子譏之曰, 象山之學, 只在不知有氣稟之雜, 把許多麤惡
底氣, 都做心之妙理, 率意妄行, 便謂無非至理. 又曰, 釋氏棄了道心, 卻取人心之危者
而作用之. 然則象山之所謂心者氣而已, 而所謂理者非眞理也, 陽明之學, 原於象山. 물
론 이진상이 이 논설을 지은 의도는, "마음은 리와 기가 합쳐진 것"이라는 이황의 주장을
극단적으로 밀고나감으로써, 왕수인과는 다른 자신만의 "마음은 리"라는 명제를 확립하
기 위한 것이었다.

64　『寒洲全書』4, 505쪽, 『辨志錄』4「南塘集」, 若乃陽明之所謂理, 卽吾儒之所謂氣, 其謂
心卽理者, 便是南塘之心則氣也. 琴章泰(2000), p. 178 재인용.

65　『寒洲全書』2, 127쪽, 『理學綜要』8-36ㄱㄴ, 陽明以精神言心, 以心卽理之說行焉, 整菴
以道心爲性, 而心卽氣之說肪焉. 琴章泰(2000), p. 177 재인용. 이 인용문 바로 앞에서
이진상은 "心學復晦, 異說益肆"라고 말한다. 이진상 역시 '심학'이라는 말을 왕수인의 철
학이 아닌 '이상적인 유학'의 의미로 사용했음을 알 수 있다.

66　『退溪集』7-23ㄴ~24ㄴ,「心統性情圖說」, 兼理氣統性情者, 心也.;『退溪集』18-12ㄴ,
「答奇明彦 別紙」, 理氣合而爲心, 自然有虛靈知覺之妙, 靜而具衆理, 性也. 而盛貯該載
此性者, 心也. 動而應萬事, 情也. 而敷施發用此情者, 亦心也. 故曰, 心統性情.

파의 주요한 학설이 되었다. 또 이이가 "마음은 기"[67]임을 천명하면서부터 이 주장은 율곡학파의 지결이 되었다.[68] 특히 이이의 "마음은 기"라는 명제는 주희의 "마음이 본성과 감정을 거느린다"는 이론을 부정하는 것이 된다며, 정약용 등에 의해 비판받기도 했다.[69] 또 조선 후기에 이르면 이황과 이이의 이 두 주장을 중심으로 다양한 반론이 오가면서 연구자들이 '심설 논쟁'으로 부르는 긴 논의가 이어지기도 했다.[70] 이진상은 조선유학에서 벌어졌던 이 같은 논의의 지평을 중국 신유학사 전체로 확장해 나간 것이다.

그런데 이진상이 마음에 대한 세 가지 주장으로 제시한 것은, 실제로 신유학 3파의 핵심적 주장이기도 하다. 가령 주희는 자신의 철학적 지반을 "본성은 리이다"[性卽理]와 "마음은 본성과 감정을 거느린다."는 심성론의 주장으로 요약한 적이 있다.[71] 주희의 이 명제에 대항하여 왕수인이 자기 철학의 구호로서 제시한 것은 "마음은 리다"[心卽理]와 이를 심화시킨 '양지를 밀고나가라'(致良知)이다. 또 "마음은 기다"[心是氣]라는 명제 역시, 종래 기학으로 분류되어 온 장재-호굉-나흠순-이이 등의 심성론에 공통적으로 적용할 수 있는 주장이라고 할 수 있을 것이다.[72] 또한 이진상이 세 가지 조류를 설명하면서 포함시킨 인물군의 설

---

67 『栗谷全書』10-28ㄴ, 「答成浩原」(답6서), 且朱子曰,'心之虛靈知覺一而已矣, 或原於性命之正, 或生於形氣之私.' 先下一心字在前, 則心是氣也.

68 다카하시 도오루(1999), p. 100, p. 155.

69 정원재(2001), pp. 86-89.

70 이에 대해서는 이상호(1995), pp. 249-291; 이종우(2005).

71 『주자어류』5:70, 伊川'性卽理也', 橫渠'心統性情'二句, 顚撲不破!

72 황종희는, 본성과 마음을 명확히 구분하는 나흠순의 주장이 호굉의 성체심용설을 다시 반복한 것이며, 이는 본성을 리, 마음을 기로 봄으로써 "리가 기를 낳을 수 있다"는 이론과 같아진다고 지적한다. 『明儒學案』권47, 「諸儒學案中一」, 「文莊羅整菴先生欽順」, 1107쪽, 先生以爲'天性正於受生之初, 明覺發於旣生之後, 明覺是心而非性.' 信如斯言, 則性體也, 心用也. 性是'人生以上', 靜也. 心是'感物而動', 動也. 性是天地萬物之理, 公

정은 현대의 신유학 3파설의 것과 대부분 일치한다.

그래서 필자는 이진상이 마음을 이해하는 세 조류로 제시한 내용을 원용하여 신유학 3파를 분류하고 이를 통해 3파의 이름을 지어 볼 수 있다고 생각한다. 이진상의 학파 분류는, 3파의 근본 명제를 반영하고 있다는 점에서, '심'이라는 같은 층위에서 세 계통을 동등하게 비교하는 것이 가능해진다는 점에서, 또 심성론에서 출발하지만 리기론을 동시에 아우르고 있는 명제에 주목한다는 점에서, 리기론을 우선적인 준거점으로 삼으면서도 정작 각 계통의 사상적 구조는 제대로 반영하지 못하는 기존의 3파설에 비해 논리적 우위를 지닌 명명 방식이라고 할 수 있다. 따라서 이진상의 방식대로 마음에 대한 3파의 명제를 이용하여 일관되게 심성론에 근거한 각 계통의 분류와 명명을 시도해 볼 수 있을 것이다.

우선 "마음은 리와 기가 합쳐진 것이다"라는 명제에 따라, 주희의 철학을 '심리기학'(心理氣學)이라고 부를 수 있을 것이다. 또, 왕수인의 철학은 "마음은 리다"는 말을 살려서 '심리학'(心理學)이라고 부를 수 있을 것이다.[73] 또 종래 연구에서 기학으로 분류되어 온 신유학 이론은 "마음은 기다"를 반영하여 '심기학'이라고 부를 수 있을 것이다. 이 새로운 분류 방식은 호굉처럼 기존의 분류에서 빠진 학자들을 포함하고 있을 뿐만 아니라, 세 계보 사이의 공통점과 차이점이 기존의 3파설보다 훨씬 명확히 드러난다는 장점이 있다. 예컨대 우리는 그 이름만으로도 '심기학'이 그 이론적 지향에서 '심리학'인 왕수인 철학의 대척점에

也. 心是一己所有, 私也. 明明先立一性以爲此心之主, 與'理能生氣'之說無異. 정원재 (2001), pp. 30-31.

73 '심리학'은 현대 한국에서는 우선적으로 'psychology'의 번역어로 이해되므로 혼란의 여지가 있을 수 있다. 따라서 이 말이 신유학의 한 학파를 지칭하기도 한다는 사실이 충분히 인지되기 전까지는 잠정적으로 '심즉리학'이란 말을 쓸 수 있다고 생각한다.

있는 것임을 금세 짐작할 수 있다. 또 주희의 철학은 심기학과 심리학 중간쯤의 위치를 차지하고 있다고 볼 수 있을 것이다.

<손영식 첨가> 생물학에서는 분류가 가장 중요한 분야 가운데 하나이다. 한 계통을 정할 때, 그것의 핵심적 특징, 본질적 요소를 명확하게 제시한다. 예컨대 포유류는 새끼를 몸 안에서 형성시키고 낳아서는 젖을 먹인다. 이는 이 종안의 모든 개체가 다 그렇다.

신유학은 다양한 학자와 학파가 있다. 이를 명확하게 계통별로 분류하기 위해서는 그 학파의 핵심 명제를 파악해야 한다. 마치 '포유류'의 핵심 특징을 태아와 젖이라 정하는 것과 같다. 이렇게 보면 '심즉리, 심즉기, 심통성정'은 신유학의 세 학파의 기본 명제이고 지결(指訣)이고 종요(宗要)이다. 그것에 따라서 이름을 짓는 것이 최선이라 할 수 있다.

문제는 이름 짓기에 대해서 학자들이 관심을 두지 않기 때문에, 합의를 보려 하지 않는다는 점이다. 그리고 늘 '주자학, 양명학' 식의 '이름+학'을 쓴다. 이는 신유학 연구를 원시 시대로 몰아넣는 만행이다.

참고문헌

1. 고전 저서

鄭道傳. 1989. 『三峰集』(『韓國文集叢刊』24). 民族文化推進會.

李榘. 2007. 『活齋集』(『韓國文集叢刊』續32). 民族文化推進會.

李震相. 1980. 『寒洲全書』1-5. 亞細亞文化社.

張載. 1978. 『張載集』. 中華書局.

胡宏. 1987. 『胡宏集』. 中華書局.

陳澔. 1985. 『禮記集說大全』. 成均館大 大東文化研究院.

羅欽順. 1990. 『困知記』. 中華書局.

王廷相. 1989.『王廷相集』. 中華書局.

王畿. 2007.『王畿集』. 南京: 鳳凰出版社.

黃宗羲. 2008.『明儒學案』(修訂本). 中華書局.

王夫之. 1991.『船山全書』6. 嶽麓書社.

2. 현재의 저술

금장태. 1999.『한국유학의 탐구』, 서울대학교출판부.

금장태. 2000.『퇴계학파와 리철학의 전개』. 서울대학교출판부.

금장태. 2014.『한국유교의 정신』, 세창출판사.

류승국. 1976.『한국의 유교』. 세종대왕기념사업회.

박병련 외. 2002.『남명 조식: 칼을 찬 유학자』. 청계.

배종호. 1974.『한국유학사』. 연세대학교출판부.

서울대학교 철학사상연구소 엮음. 2013.『마음과 철학(유학편)』. 서울대학교출판
      문화원.

손영식. 1999a.『이성과 현실』. 울산대학교출판부.

유권종. 2009.『예학과 심학』. 한국학술정보.

유명종. 1994.『성리학과 양명학』. 연세대학교출판부.

이상은. 1979(개정중판).『유학과 동양문화』. 범학.

이종우. 2005.『19·20세기 한국성리학의 심성논쟁』. 심산.

이현선. 2013.『장재와 이정형제의 철학』. 문사철.

윤사순. 1986.『한국유학사상론』. 열음사.

정원재. 2006.『이이『율곡전서』』. 서울대학교 철학사상연구소.

최재목. 2009.『퇴계 심학과 왕양명』. 새문사.

최진덕. 2000.『주자학을 위한 변명』. 청계.

한국철학사상연구회. 1995.『논쟁으로 보는 한국철학』. 예문서원.

한형조. 2008.『왜 조선유학인가』. 문학동네.

현상윤. 1949.『조선유학사』. 민중서관.

葛榮晋. 1990.『王廷相和明代氣學』. 中華書局.

牟宗三. 1968.『心體與性體』1. 臺灣: 正中書局.

蒙培元. 1984.『理學的演變』. 福建人民出版社.

蒙培元. 1989.『理學範疇系統』. 人民出版社.

史革新 李帆 張昭軍. 2007.『淸代理學史』. 廣東敎育出版社.

吳乃恭. 1994.『宋明理學』. 吉林文史出版社.

張岱年. 1982.『中國哲學大綱』. 中國社會科學出版社.

張岱年. 1990.『張岱年文集』4. 北京: 淸華大學出版社.

張立文. 1985.『宋明理學硏究』. 中國人民大學出版社.

張立文 主編. 2013.『朱熹大辭典』. 上海辭書出版社.

張學智. 2000.『明代哲學史』. 北京大學出版社.

陳來. 1991.『宋明理學』. 遼寧敎育出版社.

馮友蘭. (1934)1961.『中國哲學史』下. 中華書局.

向世陵. 2000.『善惡之上: 胡宏·性學·理學』. 中國廣播電視出版社.

向世陵. 2006.『理氣性心之間: 宋明理學的分系與四系』. 湖南大學出版社.

侯外廬 外 主編. 1983.『宋明理學史』(上). 人民出版社.

侯外廬 外 主編. 1987.『宋明理學史』(下). 人民出版社.

高畑常信. 1996.『宋代湖南學の研究』. 秋山書店.

楠本正繼. 1972.『宋明時代儒學思想の研究』. 廣池學園事業部.

大橋健二. 2009.『氣の文明と氣の哲學』. 勉誠出版.

大橋健二. 2012.『新生の氣學: 団藤重光「主体性理論」の探求』. 勉誠出版.

島田虔次. 1967.『朱子學と陽明學』. 岩波書店.

山井湧. 1980.『明淸思想史の研究』. 東京大學出版會.

山下龍二. 1971.『陽明學の研究』下(展開編). 現代情報社.

小島毅. 2013.『朱子學と陽明學』. 筑摩書房.

小倉紀蔵. 2012.『入門 朱子學と陽明學』. 筑摩書房.

奧崎裕司 編. 2007.『明淸はいかなる時代であったか: 思想史論集』. 汲古書院.

土田健次郎. 2002.『道學の形成』. 創文社.

Tillman, Hoyt Cleveland. 1992. *Confucian Discourse and Chu: Hsi's Ascendancy*, Honoluu: University of Hawaii Press.

3. 논문

김낙진. 2008. 「主理論으로 읽어본 기대승의 사단칠정론」. 『퇴계학논집』124. 퇴계학연구원.

남지만. 2010. 「퇴계 호발설의 '七情氣發'에 대한 고봉의 비판과 수용」. 『동양철학』33. 한국동양철학회.

손영식. 1996. 「남명 조식의 주체성 확립 이론과 사림의 정신(Ⅰ)」. 『남명학연구논총』4. 남명학연구원.

손영식. 1999b. 「남명 조식의 주체성 확립 이론과 사림의 정신(Ⅱ)」. 『남명학연구논총』7. 남명학연구원.

손영식. 2003. 「조식 철학으로 들어가는 두 개의 통로」. 『남명학연구』15. 경상대 남명학연구소.

손영식. 2004. 「존재 물음에 내몰린 '퇴계학', 겨우 존재하는 리」. 『오늘의 동양사상』13. 예문동양사상연구원.

손영식. 2005. 「'율곡학'이 '주자학'인가?」. 『오늘의 동양사상』11. 예문동양사상연구원.

손영식. 2009. 「성리학과 심기학」, 『대동철학』47. 대동철학회.

오이환. 2000. 「남명과 육왕학」. 『남명학연구논총』8. 남명학연구원.

윤남한. 1976. 「한국의 기사상과 기학」. 『세계의 대사상』33. 휘문출판사. pp. 15-32.

윤사순. 1996. 「월천 조목의 주자학적 심학」. 『퇴계학과 유교문화』24. 경북대 퇴계학연구소.

이상호. 1995. 「심설논쟁」. 한국철학사상연구회(1995). pp. 249-291.

이종우. 2004. 「한국유학사 분류방식으로서 주리, 주기에 관한 비판과 대안」. 『철학연구』64. 철학연구회.

이용주. 2008. 「중국 사상사의 '근대' 논의: 신유학 사상 연구의 방법적 반성」. 『다산학』13. 다산학술문화재단.

정도원. 2010. 「전통적 學 개념과 퇴·율 성학의 이학-심학 연관 구조」. 『한국사상사학』36. 한국사상사학회.

장윤수. 2009. 「조선후기 퇴계학파의 心學的 특징」. 『민족문화논총』43. 영남대 민족문화연구소.

정원재. 2001. 「지각설에 입각한 이이 철학의 해석」. 서울대학교 철학과 박사논문.

정원재. 2005. 「이이는 성리학자인가?」. 『문학·선』 2005 하반기. 산맥.

정원재. 2013. 「이이: 마음은 기」. 서울대학교 철학사상연구소(2013). pp. 309-334.

최천식. 2007. 「정도전 철학의 재검토」. 서울대 석사학위논문.

한형조. 2002. 「남명, 칼을 찬 유학자」. 박병련 외(2002). pp. 11-81.

홍원식. 2004. 「'퇴계학', 그 존재를 다시 묻는다」. 『오늘의 동양사상』 10. 예문동양사상연구원.

다카하시 도오루(高橋亨). 1999. 「조선 유학사에서 주리파·주기파의 발달」. 『조선의 유학』. 조남호 편역. 소나무

패러다임을 바꾸는 묵자의 계약론적 국가론

1. 들어가는 말

고대 중국은 다양한 국가가 공존하며 세계적인 문화와 문명을 이루었다. 그 힘의 원천은 주나라 봉건 체제에 있었다. 주나라 봉건제는 천자 아래 제후들이 서로 공존하고, 경쟁하여 평화로운 상태를 유지하는 정치체제이다. 그러나 춘추 시대부터 주나라 봉건 체제가 흔들렸고, 주나라 천자는 받들되, 자신이 실질적으로 천자 노릇을 하는 패자(覇者)가 되려 했다. 전국 시대에는 제후들이 천자(天子)를 무시하고, 다른 나라를 멸망시키고, 천하를 통일하기 위해서 치열하게 정복 전쟁을 벌였다. 치열한 전쟁의 결과로 백성들은 삼환(三患)에서 벗어날 수 없었다. 지배층은 일방적인 개인의 야망 충족에만 목적을 두고 전쟁을 벌일 뿐, 피지배층의 고통과 피해는 아랑곳 하지 않았다.

이런 시기에 중국에서는 많은 사상가들이 출현했다. 그들 중에 백성들의 입장에 서서 주나라 봉건제를 이상으로 하는 국가를 구상한 사상가가 묵자이다. 묵자는 국가를 구성함에 있어 '10론'을 핵심이론으로 삼았다. '10론'은 상동과 상현, 겸애와 비공, 천지와 명귀, 절용과 절장, 비악 비명 비유이다. 그 가운데 상동(尙同) 겸애(兼愛) 천지(天志) 등에서 지배자와 피지배자의 계약적 관계를 엿볼 수 있다.

상동(尙同)은 묵자의 주된 사상으로 가장 이해하기 힘든 이론이다. 일반적으로 겸애(兼愛)는 묵자 사상의 전부로 알려져 있다. 상동과 겸애는 개별의 사상으로 국한시킬 것이 아니라, 서로 맞물려 있는 교환체제로 이해해야 한다. 묵자의 국가 구성 기본지침은 무력에 의한 타국 공격의 반대에 있다. 개인의 이익 분쟁이나 싸움을 중지시키려면 조정자가 필요하다. 국가 간의 전쟁에서는 더욱더 강력한 힘의 존재가 조정을 할 수 있다. 묵자는 여기서 상위 심급(審級)의 조정자의 판단과 조정을 따르는 상동(尙同)을 제시한다. 이 때 조정자의 덕목으로 겸애를 제시한다.

묵자는 상동(尙同)과 겸애(兼愛)의 상호 교환이 서로에게 이익을 최대화 시키는 방안이라고 보았다. 정복전쟁은 서로에게 많은 손해와 피해를 가져온다. 전체의 이익을 최대화 시키려는 묵자의 입장에서는 정복전쟁이 최대의 악(惡)이다. 묵자는 언제나 백성의 삼환(三患)에 대해 고심을 한 사상가이다. 전쟁은 백성을 고통과 재앙으로 밀어 넣는다. 최대의 피해자가 백성이 되는 것을 안타깝게 여긴 사람이다. 전쟁은 한사람의 사적 재산의 증식을 위한 도구적 방식이다. 1인의 황제 만인의 노예가 되는 것이다. 전쟁에 대한 묵자의 입장은 비공(非攻)에 잘 나타나 있다.

묵자는 상식적인 경험주의자로 인간의 감각 지각에 따른 욕망과 이기심을 인정한다. 개인 각자가 이기심을 따르는 데서 발생하는 이익 다툼의 분쟁 조정을 위해 상동(尙同)을 지시한다. 상동(尙同)은 윗사람의 조정을 아랫사람이 받아들이는 것이다. 이 조정 과정에서 전체의 이익의 극대화를 도출시키고자 한다. 이런 상동의 체계가 바로 국가의 체계이다.

묵자의 문제 의식은 백성들의 세 가지 근심(三患, 의식주 문제)의 해결에 있다. 정복 전쟁에 가장 피해를 보는 것은 백성이다. 3환은 주로 정복 전쟁 때문이다. 정복 전쟁은 군주 개인의 천하 제패의 욕망에 따른 것이다. 나아가 최강국의 군주가 천하를 통일하려는 야망 때문이다. 천하 통일은 결국 천하를 사유 재산으로 만들겠다는 것이다.

묵자는 비공(非攻)과 겸애(兼愛) 천지(天志)를 통해서 이것을 해결하려 했다.

비공(非攻)은 국제 관계에서 상동(尙同)과 겸애(兼愛)를 실천하는 것을 말한다. 개인 간의 분쟁 조정은 추대된 현자가 한다. 상동(尙同)이 가능한 것은 현자의 겸애(兼愛)를 보장받을 수 있다는 점에 있다. 그러나 국가 사이의 분쟁 조정과 현자의 추대에는 난점이 있다. 권력의 특성상 서로가 양보하는 합의를 거쳐 평화를 보장하는 조정자를 추대하기 어렵다. 합종(合縱)책이 끝가지 유지되기 어려운 이유가 여기에 있다.

묵자는 그럼에도 불구하고 기존의 국가 구조방식을 깨고 새로운 패러다임을 주장한 사상가이다. 인간의 이기심으로 발생되는 정복 전쟁을 최소화 시키고, 국가적 이익을 추구하는 방법을 제시한다. 애민(愛民) 정신을 몸소 실천한 구도자이기도 하다. 본 연구는 '10론' 속에 담겨져 있는 그의 국가 구상을 면밀히 살펴, 기존의 나이브한 묵자 해석을 좀 더 깊이 고찰하고자 한다.

2. 계약론적 국가론의 의미 – 두 가지 국가 이론

1) 왕정 국가와 계약론적 국가

묵자의 계약론적 국가론은 현재에 어떤 쓸모가 있는가?

주나라 봉건제가 무너지고, 춘추 시대에 들어서 제후들이 서로 싸웠다. 춘추 시대에는 주나라의 권위가 완전히 상실되었고, 전국 시대에는 주나라가 사실상 소멸하고, 전쟁하는 시대가 되었다. 최후에 7국이 남아서 서로 죽고 죽이는 전쟁을 했다. 이 시대에 제자백가들은 이런 상황에서의 국가에 대해서 심각히 고민하고, 새로운 국가 구조와 국제 질서를 세우려 했다.

국가 구조와 국제 질서에 대해서 두 가지 모델이 가능하다.

첫째, 왕정 혹은 군주정의 모델이다. 왕국은 정복 전쟁을 통해서 성립한다. 무력으로 이웃을 침공하여 점령한 곳에 나라를 세운다. 춘추 시대에 수백 개가 되던 주나라의 봉건 제후국은 전국 시대에 들어서서 단 7개만 살아남는다. 7국의 뿌리는 원래 주나라 제후국이라 하더라도, 본질은 정복 국가이다. 그래서 이들의 목표는 천하를 통일하는 것이다. 이는 정복 전쟁의 논리적 귀결이다. 세계 끝까지 다 정복함이 바로 천하 통일이다.

둘째, 묵자의 상동의 국가는 이와 정반대이다. 개인들이 이익 다툼을 하다가, 그것을 조정해 줄 윗사람을 선발하고 추대한다. 이것이 국가의 뿌리이다. 조정자인 윗사람들의 체계가 바로 국가의 체계이다. 국가는 국민의 요구를 해결해 주는 체계이다. 이점에서 정복 국가와 정반대이다.

2) 왕정과 군주정 비판

왕정은 본질적으로 정복 전쟁의 논리 위에 서 있다. 따라서 춘추전국 시대의 국가는 모두 그 논리에 바탕을 둔다. 정복의 끝은 단 하나가 나머지를 다 잡아먹는 것이다. 전국시대의 7국 경쟁은 진시황의 통일로 끝났다. 이후 중국은 진시황 모델을 계속 반복한다. 통일하기 위해서 전국적으로 전쟁한다. 잔인한 살상과 파괴 뒤에 새 국가가 건설된다. 150-200여년의 평화 뒤에 다시 무제한의 전쟁을 한다. 이는 최악이다.

왕정은 정복 전쟁에 근거한 국가이기에, 국가는 군대와 같다. 나아가 군주와 신하, 지배층과 피지배층의 관계는 주인과 노예이다. 일방적으로 위가 아래를 지배한다. 위의 필요를 아래에 강요한다. 신하와 백성은 군주의 종이고 노비이다. 군주의 정복욕을 위해서 모든 것을 바쳐야 한다.

묵자는 이런 국가를 정면으로 반대한다. 국가는 개인들의 욕구를 충족시키기 위해서 존재한다. 태초의 개인들은 욕망과 이기심만 가졌다. 자신의 이익을 의로움이라 한다. 모두 다 자신의 "이익=의로움"을 주장하므로, 서로 다투고 싸운다. 이 혼란을 해결하기 위해서 현명한 자를 뽑아서 중재하게 한다. 현명한 자들의 중재 체계는 개인들 위에 있어야 한다. 이 체계가 바로 국가이다.

묵자의 국가는 평등하고 자유로운 개인에서 출발한다. 그런 개인들을 규제하고 통제 지배할 수 있는 방법은 계약이다. 계약은 자유로운 당사자들의 약속이다. 이들의 계약으로 성립한 국가는 개인들을 위한 것이다. 국가는 개인들의 분쟁을 해결해 주는 이상을 개입하지 않는다. 이것이 최소 국가이다. 이에 비해서, 왕정은 국가가 개인들을 노비와 종으로 부리는 체제이다. 이는 최대 국가이다.

묵자의 국가론은 서양 근대의 계약론과 비슷하다. 계약론을 가지고 묵자의 이론을 살펴보면 묵자의 국가론은 다른 이론과 선명하게 대비된다. 기존의 학자들은 맹자와 한비자의 국가론만 연구했다. 그것만 가능한 것으로 생각했다. 그러나 묵자의 이론과 비교해 보면, 맹자와 한비자의 국가론이 얼마나 강압적이고 전근대적인 것인지 명확하게 드러난다.

묵자야말로 가장 합리적이다. 이는 서양 근대의 민주주의나 공화정 등과 비슷하다. 중국이 현재 절실하게 필요한 것은 서양 근대의 국가론과 일치하는 묵자의 모델이다. 왕정과 상동의 두 모델은 중국 역사를 분석하고, 현재 중국을 이해하는데 도움이 된다.

3) 10론 - 묵자의 국가 이론

고대 중국은 주나라 봉건제를 통해 다국 공존의 체제를 유지했다. 국내와 국제 질서가 유지되고 평화로웠다. 춘추 시대 후반부터 봉건제가 흔들렸고, 제후들의 패권 다툼은 중국을 전쟁의 혼란으로 빠트렸다. 묵자가 살았던 전국시대 초기는 정복 전쟁이 일상화되고, 국제 질서가 불안정한 시기였다. 그래서 묵자는 주나라 봉건제 이념의 재건을 위해 노력했다. 이를 위해서 '10론'을 구상했다. 10론을 국가 구성의 핵심 이론으로 기획한다.

'10론'은 상 중 하로 구성된다. 여기에서 묵자는 지배자와 피지배자의 계약론적 관계를 암시하고 있다. 상동(尙同) 겸애(兼愛) 천지(天志)를 중심으로 한 그의 이상 국가는 매우 근대적이다. 묵자의 이론은 개인의 이기심과 이익을 긍정하는 공리주의적 입장과 개인주의에 근거한다. 이런 점에서 그의 이론은 근대적인 측면이 있다.

묵자의 국가 구성 이론의 핵심 사상은 상동과 겸애이다. 이에 대한 기존의 묵자 해석은 법가적 전체주의와 기독교적 사랑 이론으로 규정하는 것에 집중된다. 기존 해석은 묵자 사상의 깊이를 파악하지 못 했다.

묵자의 상동(尙同) 겸애(兼愛) 천지(天志)는 서로 얽혀져 있다. 묵자가 명시적으로 말하지는 않았지만, 묵자의 사상에는 계약론의 요소가 있다.

● 묵자는 공자를 이어받아서 주나라 봉건제의 재건에 관심을 가졌다.

봉건제는 천자가 조정하고 관리하는 가운데 국내외적 질서와 평화를 이룬다. 이로써 지배자와 피지배자의 조화가 유지된다. 봉건제의 제후국의 다국 공존의 구조는 전쟁의 피폐와 가산국가 구조를 막을 수 있는 현명한 체제이다.

전국시대의 군주들은 대통일(大統一)의 야망을 가졌다. 천하 통일이란 군주 개인이 천하를 사적으로 소유하는 것이다. 통일이란 군주의 사리사욕 충족에 머무는 것이다. 이를 위해서 7국은 치열하게 서로 정복 전쟁을 벌였다. 천하가 혼란에 빠졌다.

묵자는 국가의 존재를 물질주의적, 경험주의적으로 규정한다. 국가는 백성의 이익 다툼을 조정하고, 백성의 세 근심(三患 의식주의 문제)의 해결하고, 백성의 안위와 생명 보장하는데 있다. 지배자가 이중 하나라도 등한시 한다면 그 자리는 위태로워진다.

3. 상동(尙同) 이론

1) 지배와 복종의 정당성 물음

'尙同'은 "위와 같아짐" 혹은 "(위와) 같아짐을 숭상한다"는 뜻이다. 묵자는 '尙同' 개념을 통해서, '지배'의 의미, 정당성을 묻는다. 묵자는 중국에서 최초로 '지배-복종'의 근거를 따졌다. 왜 백성은 지배에 복종해야 하는가?

이를 주장하기 위해서 태초 상태를 가정한다. 이는 홉스와 로크의 자연 상태와 비슷하다.

태초에는 국가가 없었다. 개인들이 제각기 자신의 이익(利)을 의로움(義)이라고 주장한다. 백 명이면 백 개의 의로움, 천 명이면 천 개의 의로움이 있다. 이래서 만인이 만인에 대해서 이익 다툼을 하게 된다.

이에 대한 답이 상동(尙同)이다. 개인들이 자신의 이익을 의로움이라 주장하며 서로 다툴 때, 아래 사람들이 자신들 가운데서 현명한 자를 뽑아서 윗사람으로 삼고, 중재에 '복종'한다. 윗사람은 조정자이다. 현자(賢者)인 조정자는 자신들 안에서 현명한 자이다. 외부에서 온 강자가 아니다. 가까이서 보았기 때문에 그 능력을 잘 안다. 이렇게 마을에서 뽑은 이가 이장(里長), 고을에서 향장(鄕長), 나라에서 정장(政長)을 추대한다. 현자는 공정하고 공평하게 조정하는 능력을 갖춘 자이다. 이 능력을 겸애라고 한다. 겸애(兼愛)는 '전체를 아우르는 사랑'이다. 분쟁 당사자 전체를 고루 사랑하기 때문에 공정한 중재를 한다.

이처럼 권력은 아래에서 위로 올라가서 성립된다. 여기에서 추대는 계약론과 연결된다.

묵자는 개인의 이익을 인정하고 옹호한다. 따라서 모두가 서로 싸우면, 전체의 이익이 줄어든다. 그래서 이익 다툼을 조정해서 전체 이익을 최대화시켜야 한다.

이처럼 개인들이 서로 다툴 때, 조정자가 필요하다. 조정자는 다투는 개인들보다는 한 단계 위의 심급(審級)이어야 한다. 대등한 개인은 분쟁을 해결하기가 거의 어렵다. 그래서 사람들은 자신들 가운데 현명한 자를 조정자로 추대한다.

여기에는 분쟁하는 개인이나 조정하는 현자 모두에게 요구되는 것이 있다. 개인에게는 상동이, 현자에게는 겸애가 요구된다. 개인들은 현자의 조정에 반드시 따라야 한다. 즉 위에 있는 현자와 같아져야 한다. 이것을 상동(尙同)이라 한다. 반대로 현자는 조정할 때, 겸애를 발휘해야 한다. 겸애는 '전체를 아우르는 사랑'이다. 분쟁하는 모든 개인을 다 배려하는 마음이다. 어느 누구도 차별하지 않음이다. 이는 공정함, 공평함이다. 정의이다.

여기에서 상동과 겸애는 맞교환하는 것이다.

2) 상동(복종)과 겸애(지배)의 맞교환 계약

그렇다면 맞교환의 목표는 무엇인가? 전체의 이익을 극대화시키는 것이다. 바로 이점 때문에 윗사람의 지배가 정당화된다. 모두의 이익을 최대화시키기 때문에, 그 지배는 필요하고, 정당한 것이다. 분쟁 조정에서 가장 중요한 것은 공정성과 공평성이다. 이를 위해 겸애가 필요하다. 만약 윗사람이 겸애하지 않으면, 아래도 상동할 이유가 없다. '전체 사랑'(兼愛)은 공정함이다. 윗사람의 조정에 아랫사람이 따름(尙同)은 상동과 겸애의 맞교환이다. 위가 겸애하기 때문에, 아래는 상동을 한다. 이는 계약적인 의미를 가진다.

묵자의 상동과 겸애는 지배-복종의 근거를 제시한 것이다. 통치의 정당성을 바로 그런 계약론적 관계에서 찾는다. 이는 정복 전쟁으로 나라를 세우고 통치하는 것에 대한 정면의 반대이다.

이처럼 상동은 묵가의 국가 구성 이론이다. 조정하는 윗사람이 국가 조직을 만든다. 마을에는 이장, 고을에는 향장, 나라에는 정장이 추대된다. 이들이 국가를 구성한다.

이장 향장 정장은 당시에 없던 직책이다. 묵자가 이론적으로 구성한 직책이다.

국가라는 것은 백성 개인들의 이익을 최대화시키는 조직이다. 개인들에게 그 이상의 간섭을 하면 안 된다. 최소 국가 이론이다.

⬤ 상동의 역설: 사람들이 자기 이익을 의롭다 하여 서로 싸운다. 그 결과 전체적인 이익이 줄어든다. 그래서 자기들 가운데 현자를 뽑아서 윗사람으로 삼아서, 다툼을 중재하게 한다. 그 중재를 절대적으로 받아들인다. 이것이 '같아짐을 숭상함'(尙同)이다.

윗사람은 중재자이면서, 권력자가 된다. 그는 겸애를 가지고 분쟁 당사자를 공평 공정하게 조정해야 한다. 자신의 이익 사심이 없어야 한다. 이것이 과연 가능할까? 결국 윗사람을 추대하는 것은 위와 아래의 계약이어야 한다. 만약 위가 겸애를 하지 않고, 자기 이익을 따를 때, 그를 끌어내려야 한다. 그러려면 계약 관계가 필요하다. 이런 계약이 가능하겠는가?

4. 비공(非攻) – 공격 부정

1) 공격 전쟁 부정과 무장 중립

'非攻'은 "공격을 비난한다"는 뜻이니, '공격 부정'을 뜻한다.

묵자 당시는 전국 시대이다. '戰國'은 '싸우는 나라'를 뜻한다. 누가 누구를 공격하는가? 나라가 나라를 공격하는 것이다. 비공 이론은 국가 사이의 공격 전쟁을 부정하는 것이다. 공격 전쟁이 없다면, 다국(多國)이 공존하게 된다. 비공은 다국 공존론이다. 이는 주나라의 봉건제와 같다. 봉건제는 천자의 관할 아래, 제후국들이 평화롭게 공존하는 체제이다.

주나라 봉건제의 와해로 제후국들의 질서를 잡아줄 천자가 사라졌다. 그래서 제후들이 서로 치열하게 싸우고 공격하면서, 상대를 멸망시키려 들었다. 힘에 의한 정복 전쟁은 논리적으로 결국 최강국이 나머지를 다 잡아먹는 것으로 귀결된다. 1국이 나머지 국가를 통합하는 것과 다국이 공존하며 경쟁하는 것, 어느 쪽이 더 나은가? 1국의 통일은 이익 보다는 손해가 많다. 1국이, 혹은 1명의 왕이 천하를 독식하는 것이 어떤 파국적 결과를 가져오는 지는 진시황이 생생하게 보여준다. 그것은 1인의 주인, 만인의 노예 체제이다. 천하가 반란에 휩싸이게 한다. 나아가 경쟁이 없음은 중국의 힘을 약화시켜, 이민족의 침략을 불러들인다.

묵자는 조정자인 천자가 없는 다국의 무제한 전쟁을, 비공(非攻)을 통한 다국 공존으로 재정비하고자 했다. 비공(非攻)은 공격 반대, 수비 방어 전쟁 찬성이다. 모든 나라가 이 전략으로 나가면, 다국 공존의 현상 유지가 가능하다. 이에 자국을 경제적으로 개발하고, 국제적으로 무역을 한다. 이것이 침략 전쟁보다는 국가 사이의 이익을 극대화시키는 전략이다. 다국의 평화적 경쟁은 중국 전체의 힘을 증가시켜, 이민족의 침략에 효율적으로 대비할 수 있다.

비공은 당시의 정복 전쟁에 대한 비판이고 대안이다. 비공은 국제적으로 상동(尙同)과 겸애(兼愛)를 실천하자는 주장이다.

2) 최강자가 보호하는 국제 체제 - 천자 없는 봉건제

묵자의 비공은 '천자가 없이, 제후국이 공존하는 방법'이다. 통제하는 천자 없이, 제후국들이 공존하기는 매우 어렵다. 개인들의 이익 다툼에는 윗사람이 조정한다. 상동(尙同) 이론이다. 그러나 나라들 사이의 전쟁은 조정할 존재가 없다. 묵자는 하느님을 말하지만, 하느님이 조정하는 것은 아니다.

천자 없이 제후국이 공존하는 방법은 무엇인가? 공격 전쟁 반대, 수비 방어 전쟁을 인정하는 것이다. 논리적으로 보자면, 모든 제후국이 공격하지 않고, 수비와 방어만 한다면, 이는 '무장 중립' 상태이다.

문제는 있다. 과연 무장 중립이 가능한가? 이것은 불가능하다. 강자는 당연히 공격하게 되어 있다. 힘이 있는데, 공격하지 않을 이유는 없다. 진나라가 6국을 공격한 것이 그것이다. 상위 심급(審級)이 없기 때문에, 강자를 제어할 방법이 없다.

● 이에 대해서 묵자는 '정의'를 말한다. 남의 닭과 소를 훔치면, 도둑이라 한다. 남의 나라를 공격해서 약탈하면, 의롭다고 칭송한다. 이는 완전히 전도된 사고방식이다. 이런 공격은 하느님의 뜻인 겸애에 어긋나는 것이다.

묵자의 이런 주장은 강자가 받아들이지 않으면, 아무 소용이 없다.

묵자는 다음을 반대한다. 자기 나라의 황무지를 두고, 남의 나라를 공격해서 땅과 사람을 뺏는 것을 비난한다. 공격해서 약탈하는 것보다, 자기의 황무지를 개간해서 생산을 늘리는 것이 더 낫다. 전쟁은 파괴이다. 반면 개간은 생산이다.

결국 묵자는 자기 나라의 경제를 개발해서, 다른 나라와 교역해서 이익을 나누는 것을 권한다. 자신이 노동해서 생산한 것을 교역한다. 그래서 얻은 이익은 정의롭다. 공격해서 약탈하는 것은 불의(不義)이다.

생산해서 교역할 것인가? 공격해서 약탈할 것인가? – 강자들은 양자택일을 해야 한다. 묵자가 볼 때 생산 교역이 훨씬 이롭다. 공격해서 약탈하는 것은 결국은 망하게 된다. 이것을 보여준 사람이 바로 진시황이다. 만약 당시에 진나라가 공격해서 천하를 통일하지 않고, 7국이 공존하면서 교역했다면? 진나라는 적어도 100년 이상 존속했을 것이다. 진시황이 6국을 멸망시키고, 그 땅과 백성을 약탈했다. 그 결과 6국의 유민들이 원한을 가진다. 그래서 진시황이 죽자마자, 진나라 전국이 반란에 휩싸인다. 그리고 바로 진나라가 처참하고 잔인하게 멸망당한다.

묵자의 권고를 무시한 댓가는 이렇게 엄청나다.

3) 절용과 절장 - 절약

절용(節用)은 '씀을 절약함'이다. 묵자는 생산보다는 절약을 강조한다.

묵자는 절용을 백성이 아니라 지배자에게 권한다. 백성은 이미 생산에 너무 혹사당한다. 지배자는 낭비한다. 그래서 절용(節用) 절장(節葬) 비악(非樂) 등을 주장한다. – 소비를 절약함, 장례식을 절약함, 음악을 부정함 등이다.

비공(非攻)은 공격 대신 생산을 하라는 것이다. 절용은 소비 대신 절약을 하는 것이다. 목표는 비슷한 지점에 있다. 생산과 절약은 물자를 풍부하게 만들고, 국가를 부강하게 한다.

묵자가 원하는 방향은 물질적 이득의 충족에 있다. 그것을 위해서는 열심히 노동하여 생산을 증식시켜야 한다. 또는 재화를 절약하고 소비를 최소한으로 줄이는 것이 도움이 된다. 그래서 유가의 예(禮)에 따른 허례허식(虛禮虛飾)을 비난한다. 비현실적인 것을 줄이고 현실적인 대안을 마련하고자 한다. 이처럼 비공(非攻)의 실천은 전체 이익의 극대화 시키는 연장성에 있다. 묵자의 현실적인 실용주의자이다. 현실에서 실질적인 이익 추구가 그의 목표이다. 이는 백성의 세 가지 근심(三患)의 최소화, 혹은 그 해결로 귀결된다.

● 비공과 절용은 논리적으로 서로 맞물려 있다. 공격 전쟁을 하는 이유는 정복해서 상대의 것을 약탈하려는 것이다. 고중세에 가장 큰 수익 사업이 바로 공격 정복이었다. 묵자는 이를 부정한다. 전쟁에 이겨서 약탈한 것은 궁극적으로 큰 이익이 되지 못 한다. 자신의 피해가 있고, 상대의 보복을 감당해야 한다. 정복이 더 이익인가, 절약이 더 이익인가?

따라서 묵자는 정복과 약탈의 이익 대신, 눈을 안으로 돌려서 국내 생산의 증진, 물자의 절약, 그리고 이를 바탕으로 교역을 하라. 그 이익이 훨씬 더 많다. 절용은 교역을 함축한다. - 이는 매우 합리적이고 효과적인 방법이다. 그러나 당시의 군주들은 정복에 눈이 멀어서 날뛰었다.

● 묵자는 생산보다는 절약을 강조한다. 특히 절장(節葬) 비악(非樂)처럼 지배층의 절약을 주장한다. 지배층이 사치를 부리는 것은 결국 백성에게서 세금으로 뜯어낸 것이다. 이는 내부적인 공격과 약탈에 불과하다. 백성은 육체 노동으로 많은 생산을 한다. 그러나 지배층은 대체 무엇을 생산하는가? 좋은 통치가 그들의 생산품이다. 좋은 통치 가운데 하나

가 절약이다. 지배층의 절약은 백성에게 이익을 주는 것이기 때문이다.

5. 겸애(兼愛) – 전체적인 사랑

1) 무조건적 사랑과 배분적 정의

겸애는 '전체를 아우르는 사랑'이다. 전체 중 어떤 것에도 차별이 없는 사랑이다. 전체의 반대는 부분이다. 유가에서 부분만 사랑하는 것을 '별애(別愛)'라고 한다. '別愛'는 '구별하여 사랑함'이다. 대표적인 것이 유가의 사랑(仁)이다. 유가의 사랑은 '가족'에서 출발한다. 공자는 사랑이 효제(孝弟)에 근거한다고 본다. 효는 자식의 어버이에 대한 사랑. 제(弟)는 형제 사이의 사랑이다. 그리고 맹자와 『대학』은 "수신 제가 치국 평천하"를 주장한다. 이는 가족에서부터 사랑이 확장되는 것이다.

겸애는 전체를 모두 배려하되, 평균적 정의가 아니라, 배분적 정의이다. 지배자가 상동(尚同)을 할 때 겸애가 필요하다. 겸애는 전체 모두를 고려하는 공정함과 공평함을 의미한다. 그래서 조정자인 윗사람이 가져야 할 덕목이다. 위가 겸애를 할 때 아래가 상동을 한다. 겸애와 상동의 교환에서 지배와 복종의 정당성이 성립한다. 지배자가 피지배자의 전폭적인 지지를 이끌어낼 수 있다.

겸애는 무조건적인 사랑(agape)이다. 인간들의 조건적인 이기주의적 사랑(eros)이 아니다. 이런 점에서 겸애의 맨 위에는 하느님의 뜻(天志)이 있다. 하늘의 뜻은 겸애이다. 모든 사람이, 특히 땅위의 강자들이 겸애를 하라 – 이것이 하늘의 뜻이다. 현실에서 강자는 그 힘으로 약자를 공격하지, 겸애하지는 않는다.

묵자는 나와 남의 가족을 구별하지 않고, 모두 평등하게 사랑함을 겸애라 한다. 나아가 강자와 약자 사이에서 겸애를 말한다. 묵자는 당시의 문제를 이렇게 말한다. "큰 나라가 작은 나라를 공격한다. 큰 집안이 작은 집안을 유린한다. 강자가 약자를 겁탈한다. 다수가 소수에 횡포를 한다. 영리한 자가 어리석자를 속인다. 귀한 자가 천한 자를 멸시한다."

2) 겸애의 역설 - 강자의 공격과 겸애

강자는 약자를 겁탈할 수도 있지만, 사랑할 수도 있다. 사랑한다는 것은 구체적으로 상대에게 이익을 주는 것이다. 따라서 능력과 힘이 있는 자가 한다. 강자는 힘을 가졌다. 힘으로 겸애할 수도 있고, 약탈할 수도 있다. - 묵자는 강자에게 겸애하기를 요구한다. 겸애는 강자의 약자에 대한 사랑이다. 이는 상동 이론에서 윗사람이 아래 사람들의 이익 다툼을 조정해 주는 것과 같은 이야기로 나가게 된다. 현실은 윗사람인 강자가 아래 사람을 약탈한다.

과연 강자가 약탈 대신 겸애를 선택하겠는가? 하기 어렵다. 그래서 묵자는 하느님의 뜻을 말한다. 하느님은 최상위 심급이다. 가장 강한 존재이다. 따라서 땅위의 강자들은 하느님의 뜻을 따라야 한다. 그렇다면 과연 강자가 따르겠는가?

● 사랑함이란 상대에게 직접적인 이익을 주는 것이다. 이익을 주기 위해서는 힘을 가져야 한다. 힘이 클수록 더 많이 사랑을 베풀 수 있다. 여기에서 역설이 성립한다. 강자는 약자를 사랑할 수도 있지만, 공격하여 뺏을 수도 있다. 최강자는 나머지 모두를 다 사랑할 수 있지만, 나머지 모두를 공격해서 노예로 만들 수 있다. 과연 최강자가 겸애를 할까? 공격을 할까? 인간은 인간의 한계를 가졌기 때문에, 공격을 할 것이다. (겸애의 역설은 그대로 상동의 역설과 같다.)

이 지점에서 질서와 평화는 이런 역설 위에 서 있음을 알 수 있다. 최강자가 겸애와 공격의 모순 지점에서 겸애를 선택해야 평화가 온다. 그러나 인간이라면 공격을 선택할 것이다. 그렇다면 어떻게 해야 겸애를 선택할 것인가? 바로 하느님의 뜻을 따를 때이다. 초자연적 세계가 있어야, 자연적 현실 세계에 이상적인 이념이 성립한다.

● 천하 통일과 천하 전쟁; 진시황은 하느님을 무시한다. 그리고 자신이 하느님-신이 된다. '皇帝'가 바로 '하느님, 신'을 의미한다. 유한하고 결점 많은 인간이 절대자인 하느님을 자처하면, 결국은 망하게 된다. 인간이 자만심에 차면 반드시 그 댓가를 치르게 된다. 그래서 진나라는 통일 뒤에 약 10년 만에 처절하게 멸망한다. 7국 가운데 가장 잔인하게 망한다.

비공 겸애 등은 사실 권력자가 무시할 수 있다.욕심 때문에 미래를 내다보지 못 한다. 그러나 그 결과가 참혹함을 알지 못 했다. 결국 묵자를 무시한 댓가는 크다.

겸애의 최종 지점에는 하느님이 있다. 하늘의 뜻은 겸애의 실천이다. 겸애의 실천 여부에 따라 상과 벌이 결정된다.

6. 천지(天志) - 하느님의 뜻

1) 하느님의 뜻 - 욕망과 이성의 한계

天志는 '하느님의 뜻'을 의미한다. 志는 '뜻, 의지'이다. '천의(天意)'라고도 말한다. '의지'는 강제와 처벌을 함축한다. 의지는 따라야 한다. 따르지 않으면 벌을 받는다. 이런 점에서 묵자의 하느님은 절대자이고,

인격신이다. 인격이란 인식 능력과 감정 욕망을 가짐을 뜻한다. 절대자란 모든 사람 위에 군림함이다. 사람이 하느님의 뜻을 따르거나 어김을 하느님이 인식하고 안다. 그 결과 감정을 가지게 되고, 그래서 상과 벌을 내린다. 인간은 어느 누구도 하느님의 눈과 손을 벗어날 수 없다. 왕도 마찬가지이다.

묵자는 하느님을 도입하여 상동(尚同)과 겸애(兼愛), 비공(非攻)의 실천을 유도한다. 인간은 자유의지를 가지고 행위를 한다. 하느님은 인격신이다. 전지전능하며, 자유 의지를 가지고, 인간에게 상과 벌을 내린다. 결국 하느님의 존재는 인간의 욕망과 이성에 한계를 긋는 역할을 한다. 전국 시대는 힘이 지배했다. 강자는 무력으로 약자를 공격했다. 이런 강자를 제어할 존재는 땅 위에는 없었다. 오직 하느님만이 그것을 제어할 수 있다. 문제는 그 강자들이 하느님을 무시하면 그만이다. 그러나 무시의 댓 가는 참혹하다. 진시황이 죽은 뒤의 진나라가 그렇다. 묵자가 하느님의 상과 벌을 말하는 것은 바로 그런 의미이다.

묵자는 국가와 국제 질서의 핵심으로 겸애와 비공, 상동을 든다. 이 셋은 결국은 천지(天志)의 기반 위에 있다. 묵자는 이 네 개념을 통해서 백성들이 가진 의·식·주의 세 가지 근심을 해결하는 국가를 만들고자 한다.

2) 하느님과 귀신의 상벌 - 상동과 비공 실천의 최종 근거

하느님이 원하는 것, 즉 하느님의 뜻은 겸애를 하는 것이다. 겸애는 '전체를 사랑함'이다. 구체적으로 묵자는 겸애의 반대를 "큰 나라가 작은 나라를 공격하고, 큰 집안이 작은 집안을 유린하고, 강자가 약자를 겁탈하고, 다수가 소수에게 횡포를 부림"이라 한다. 한 마디로 말해서, 강자가 약자를 공격하고 겁탈하는 것이다. 이것을 하느님뿐만 아니라 귀신도 용납하지 않는다.

● 이것은 논리적인 문제이다. 묵자 당시는 '싸우는 나라'(戰國)의 시대이다. 강자가 약자를 일방적으로 공격할 때, 그것을 막을 방법이 없다. 결국 묵자는 하느님과 귀신을 도입한다. 땅위의 강자들을 제어할 유일한 존재가 바로 그 둘이다. "하늘이 두렵지 않냐?"

문제는 그렇다고 하느님이 땅위의 강자를 제어할 수 있는가? 이는 강자가 하느님을 믿을 때만 가능하다. 만약 믿지 않는다면, 강자를 제어할 방법이 없다.

그래서 묵자는 하느님과 귀신이 상과 벌을 내린다고 한다. 이를 세 가지 판단 기준(三表)으로 증명한다. 이 역시 강자가 상과 벌을 믿을 때만 유효하다. 믿지 않으면 아무 쓸모가 없다. 하느님은 강력하지만, 현실에 몸소 개입하지 않는다. - 이것이 문제이다.

● 이럼에도 불구하고 왜 묵자는 하느님과 귀신을 주장하는가? 하느님과 귀신으로 강자를 제어할 수는 없지만, 정의와 이념을 보존할 수 있는 자는 하느님과 귀신이다.

인간은 불완전하다. 그래서 욕망 감정에 사로잡힌다. 그래서 강자가 되면 약자를 공격한다. 당시의 군주들은 불의의 표본이었다. 오직 강자인데도 약자를 사랑하고, 정의를 실현하는, 그 모델은 하느님뿐이다.

의로운 정치(義政)는 하느님일 경우만 보존이 된다. 그리고 인간은 하느님의 뜻을 보면서 이념, 정의, 의로운 정치를 할 수 있는 힘을 얻게 된다. 순수한 정의는 초자연적 존재인 하느님에게 보존된다. 성왕(聖王)들이 하느님의 뜻을 따른 것도 바로 그것 때문이다.

3) 천지(天志)와 천명(天命)의 차이

묵자의 하느님은 유가의 하늘과 정반대이다. 묵자에게는 하느님이 내 밖에, 즉 하늘에 있다. 단 하나이다. 반대로 유가, 특히 맹자에게는 하느님이 내 마음속에 있다. 이 둘은 밖과 안의 차이이다.

신과 내가 분리되어서, 각자 의지를 가지고 주체적으로 행위하는 것이 천지(天志) 이론이다.

반면 내 안에 신이 있다. 나의 의지와 신의 의지가 분리되지 않는다. 이것이 천명(天命) 이론이다. 하늘은 내 마음속에 있으면 명령을 내린다. 그런데 내가 그 명령을 따르거나 따르지 않으면, 신은 나에게 상벌을 내릴 수 없다. 나와 신은 분리되어 있지 않기 때문이다.

묵자의 하느님은 나의 밖에 있기 때문에, 내가 따라야 한다. 밖에 있기 때문에 신이 나에게 상과 벌을 내린다. 논리적으로 그렇다. 반대로 맹자의 하느님은 내 마음에 있기 때문에, 나에게 오직 말씀으로만 존재한다. 내 마음에 속삭인다. 천명(天命 하늘의 명령)이 그것이다. 그 말을 듣느냐 마느냐는 나 자신에 달려 있다. 내 마음에 속삭이는 하늘의 명령(天命)은 결국 나의 이성의 명령(性命)과 같다. 이 명령은 나의 인격의 근원이 된다.

묵자의 하느님은 유일신이다. 맹자의 하느님은 범신론이다.

● 자유 의지와 신의 상벌; 하느님은 인간에 대해서 상과 벌을 내린다. 이는 인간의 자유 의지를 인정한 것이다. 사람이 자신의 의지에 따라서 행동했기 때문에, 그 결과에 대해서 하느님은 상과 벌을 내릴 수 있다. 인간의 모든 행동을 하느님이 결정한다면, 인간에게 책임을 물을 수 없다.

하느님도 자유로운 의지를 갖는다. 동시에 인간도 자유로운 의지를 가진다. 자유 의지를 가진 존재들이 서로 관계를 맺는 방법은 무엇인가? 그것은 계약이다. 이는 기독교에서 모세와 여호와 하느님이 10계명을 놓고 계약을 맺은 것에서 잘 드러난다.

묵자는 계약을 말하지는 않았지만, 그의 천지(天志) 이론은 계약을 함축하고 있다. 그리고 이런 계약 관계는 상동 이론에서 아래 사람과 윗사람의 관계에도 적용된다.

4) 밝게 아는 귀신(明鬼)

明鬼는 '밝게 아는 귀신'이라는 말이다. 사람이 했던 행위를 정확하게 알아내고, 그것을 심판해서 상과 벌을 내린다. 이런 점에서 묵자는 하느님을 보조하는 명귀(明鬼)를 등장시켜 겸애의 실천에 대해 체크를 하게 한다.

묵자가 이렇게 하는 이유는 힘의 강약이 존재하기 때문이다. 강자의 폐단은 약자의 피해로만 남는다. 현재 사회 보장제도와 같은 복지 체계가 약자에 대한 보호책이다. 묵자의 모든 문제의 요지는 백성 또는 하층민에게 집중되어 있기에 이런 이론이 나타난다.

「명귀」편을 보면, 주로 사람이 죽은 귀신이다. 땅과 공중의 귀신은 이야기하지 않는다. 산신령 물귀신 조왕신 총각귀신 처녀귀신 저승사자 선녀 삼신할매 등은 없다. 사람이 억울하게 죽으면 귀신이 되어서 보복한다. 이래서 평소에 착하게 살라는 것이다. 인간 관계가 귀신까지 확장된다.

원귀(冤鬼)는 무섭다. 반대로 좋은 귀신은 없는가? 나쁜 귀신이 인간이 된 것이라면, 좋은 귀신도 인간이 된 것이다. 요 순 우와 같은 옛날의 성왕들이다. 여기에서 삼표 이론으로 연결된다.

5) 판단의 세 가지 기준 - 삼표

三表는 "세 개의 말뚝"을 뜻한다. 이는 판단의 세 기준이다. 성왕의 사적(事跡), 백성이 보고 들은 사실, 나라와 백성의 쓸모가 바로 세 판단 기준이다. 요순우와 같은 성왕들이 하셨던 일이 첫째이다. 둘째는 백성이 보고 들은 것이다. 이는 경험론이다. 셋째는 쓸모와 유용성이다. 이 역시 경험론이다. 첫째는 경험론이 아닌가? 물론 경험론이다. 죽은 자의 좋은 일을 따르는 것은 산 자의 의무이다. 산 자의 경험을 보완해 주는 것이다.

하느님과 귀신은 그 존재를 인정하지 않는 사람들이 대부분이었다. 그래서 묵자는 그 둘의 존재를 증명하기 위해서, 세 가지 판단 기준을 동원한다. 묵자는 증명하면, 사람들이 받아들일 것이라 가정한다. 현실적으로 증명해도 사람들은 받아들이지 않고, 빡빡 우긴다.

묵자는 이런 관계를 증명하기 위해 삼표(三表)와 소염(所染)을 예로 들어 논리적으로 설명한다. 과거의 사건 속에서 이롭고 필요한 부분을 현실에 적용하는 면에서 묵자가 온건한 경험주의자임을 알 수 있다. 공손룡과 같이 극단적 경험주의와는 비교가 된다.

7. 상식적 경험론

1) 물들임(所染)

所染은 '물들여지기'라는 뜻이다. 사람은 물들여져야 한다.

묵자는 하늘의 뜻인 겸애로 자신의 마음을 물들이라고 한다. 인간의 마음은 백지와 같아 어떤 것을 물들이냐에 따라서 마음의 색이 결정된다. 이는 경험주의적 입장이며, 백지설—성악설이다.

이는 마음을 백지로 보는 이론이다. 이것은 경험론이다. 경험론의 기본 이론은 마음은 백지이고, 이것에 외부의 감각 자료가 들어와서 물들인다는 것이다.

물감에 해당되는 것은 하느님의 뜻, 성왕(聖王)의 일과 말씀, 그리고 묵자의 가르침이다. 묵자의 세계는 과거와 현재, 하늘과 땅 모든 것이 서로 긴밀하게 연결되어 있다. 떨어져 나와서 외톨이인 것은 없다.

2) 개인 - 이익, 경험주의

묵자는 경험론자이기 때문에, 경험의 단위인 인간을 국가의 기본 단위로 본다. 개인은 지각 욕망 감정을 가진다. 묵자는 이 셋을 기본적으로 긍정한다. 그리고 지식은 감각 지각에, 국가는 개인의 욕망에 근거해서 수립한다.

감각 지각에 의한 경험치가 인간의 마음에 저장된다. 쌓인 경험은 욕망으로 표출된다. 각 개인의 욕망의 대립을 묵자는 인정한다. 개인에 있어서 자신의 이익에 방해되는 도덕이나 선은 인정하지 않는다. 그래서 욕망과 이익에 대한 다툼이 발생하고, 그것을 조정하려는 입장이 상동이다. 상동과 짝을 이루는 겸애는 하느님의 시선으로 세계를 직시하라고 한다. 하느님은 선의 운용자이므로 모든 이에게 공정한 판결과 전체를 아우르는 사랑을 내릴 수 있는 존재이다.

8. 맺는 말

1) 백성의 이익에 근거한 국가 체제

묵자의 '10론'은 이와 같이 깊은 통찰을 담고 있는 이론이다. 기존의 연구는 지배자의 입장을 가지고 해석한다. 그러나 현 연구는 지배자와 피지배자 사이의 관계 즉, 계약적인 면을 고찰하여 묵자가 제시한 비전을 직시하고자 한다. 상동을 지배자에 대한 무조건적 복종으로, 겸애를 지배자가 내리는 아량적인 사랑으로, 천지를 집단의 규율 강화에 귀착시키는 것은 잘못된 해석이다. 이 부분을 본 연구에서 검토한다.

묵자는 모든 사상에서 백성을 중심에 둔다. 정복 전쟁에서 가장 피해를 보고, 의식주의 삼환(三患)의 늪 속에 빠지는 백성을 구제하고자 했다. 묵자는 철저하게 금욕 고행하면서까지 백성에게 물질적 이익을 주는데 발 벗고 나섰다. 당시에 지배자의 논리에 빠진 철학들에 찬 물을 끼얹는 일침을 가하는 이론이 묵자의 이론이다.

묵자는 공자의 학교에서 배웠기 때문에, 유가적 질서를 바탕에 깔고 간다. 그는 공자가 강조한 『서경』의 봉건제를 부활시키고자 했다. 그렇기 때문에 유가를 넘어서서 정치 이론에서 혁신을 이루었다.

2) 경험론 – 중국 학문 발전의 원동력

묵자는 상식적 경험주의자이다. 현실적이고 물질주의적 입장에서 논리적인 이론을 펼친다. 『묵자』 원전을 보면, 묵자 스스로 계약론적 국가를 명시하지는 않는다. 그러나 그의 이론을 곰곰 씹어 보면, 홉스가 『리바이어던』에서 제시하는 계약론과 유사한 부분이 있다. 홉스는 계약을 얘기하지만, 묵자가 명시적으로 계약을 언급한 것은 없다. 그 고대의 분위기상 두루뭉술하게 그 비슷한 것을 던져 놓을 뿐이다. 전국 시대에는 정복 전쟁이 일반적이었다. 정복 전쟁의 결과 강력한 왕국이 성립했다. 묵자의 이론은 정복 전쟁에 반대하는 이론이므로, 실행이 어려웠다.

그러나 현재의 관점에서 묵자의 이론을 살펴보면, 놀랄 만큼 근대적이다. 그 오래된 기원전 시대에 계약론을, 혹은 국민 중심의 국가를 제창한다. 그런데 후대에 어떤 학자도 이를 계승하거나 발전시키지 못했다. 철저하게 묵자의 이론을 과소평가하고, 무시했다. 중국의 역대 왕조는 황제 중심이었다. 국가를 왕의 개인 소유로 보는 가산(家産) 국가였다. 이와 정반대를 주장한 묵자의 이론이 살아남을 수는 없었다.

국가는 오묘한 공동체이다. 백성들은 국가가 자신에게 어떤 현실적 이익을 주는지에 예민하게 반응한다. 그러나 왕정에서는 백성의 이익이 관철되지 못 한다.

3) 묵자 철학과 중국의 근대성

중국에 이런 근대적인 이론이 있었다는 것은 높이 평가할 일이다. 아쉬운 것이 있다. 진시황에서 현재의 중국까지 묵자의 이론과 반대로 가고 있다. 오히려 한국이 묵자의 이론에 근접하는 정치를 펼치고 있다.

현대 중국은 묵자가 필요하다. 시진핑의 입장에서 본다면, 중국이 묵자의 정치를 구현하고 있다고 여길 수 있다. 묵자의 상동이다. 전인대로 뽑아서, 현자가 국가를 이끈다. 인민들을 물질적 부강으로 이끈다. 묵자적 시스템이다. 중국 정치 체제는 현자 독재이다. 그들이 볼 때 묵자를 구현했다고 볼 수 있다.

그렇다면 과연 현재 중국은 상동(尙同)과 겸애(兼愛) 체제인가? 시진핑은 스스로 그럴 것이라 주장한다. 묵자의 상동에서는 개인의 이기심과 욕구를 인정한다. 중국은 현자 지배 체제라고 하면서 개인의 이익과 욕망을 인정하는가? 중국은 인터넷 정보 독점하고 있다. 모든 시스템을 동원하여 개인의 일거수일투족을 감시한다. 상동은 그런 체계가 아니다. 중국에서 개인의 이익은 전혀 안중에도 없다. 중국의 감시는 겸애를 벗어난다. 상동만을 강조하고, 겸애는 행하지 않는다. '보이지 않는 손'으로 국가 경제를 조정하는 것이 자유 시장 경제체제이다. 중국은 그런 자본주의를 도입한 후 경제 발전을 이룩했다. 그렇다고 자율적으로 국가의 경제를 개인에게 맡겨서 이룩된 것은 아니다. 중국은 정치 체제는 과거의 유가 체제로 머물러 있다. 결과적으로 상동과 겸애의 체제는 아니다. 서구와는 다른 패턴이다.

모든 집단주의와 개인주의에서 욕구를 충족시키는 점은 같다. 그러나 어떻게 충족시키느냐의 방법적 차이를 가진다. 묵자는 집단이 개입하지 않고, 개인 이익을 최대화시키는데 중점을 둔다. 그러나 중국은 집단이 관여하여 개인의 이익을 규제하고 조정하고 있다. 묵자의 뜻에 어긋나는 정치를 하고 있다. 중국 자체에서는 유가를 높이지만, 자율적 지식인을 없애는 것이 문제이다. 중국학자들의 불만만 늘어난다. 어용 지식인만 남겨놓는다. 실제로 말만 유학이다. 내용 속으로 들여다보면 법가적 정치 구조이다.

4) 철학의 모범 - 묵자의 철학

철학의 역할은 무엇인가? 현실의 문제에 대해 밝은 혜안을 가지고 대안을 제시하는 것이다. 묵자의 이론을 우리 현실에 적용하면, 많은 도움을 얻을 수 있다.

묵자는 새로운 패러다임의 국가 이론을 제시한다. 물론 다른 제자 백가들도 다양한 국가 이론을 제시했다. 그들은 대부분 강자인 지배자의 위치에서 사상을 펼친다. 이에 반해 묵자는 약자인 피지배자 즉, 백성의 입장을 대변한다. 묵자의 이론은 현실성이 강하다. 그리고 이기적인 인간의 본능을 인정하는 입장에서 이론을 엮어나간다. 철학의 역할을 충실히 이행하려고 했다.

● 본 연구를 통해, 필자는 묵자와 많은 대화를 했다. 그러나 자료의 미비점 때문에 그의 사상의 정확한 모습을 찾기가 쉽지 않았다. 기존 연구는 묵자의 사상을 있는 그대로 보지 못 한다. 너무나 많이 왜곡시키고 있다. 본 연구는 다른 연구자에게 묵자의 참된 의도를 전달하고자 한다. 묵자 이후 묵가는 중국에서 사라지고 소멸되었다. 그 아쉬움에 그 사상을 현재에 되살려 보고자 한다.

묵자의 정치 사상은 현재의 정치에도 충분히 적용시킬 수 있다. 특히 한국에서 현실적으로 적용되는 점이 많다. 한국은 실용적인 대안을 적극적으로 활용할 줄 아는 특성을 가진다. 더불어 아주변 국가로서 위기 적응능력이 특출하다. 민주주의의 이념은 민(民)이 주인이 되는 것에 있다. 한국은 이런 민주주의 이념을 충실히 이행하는 국가이다.

또 한국은 중국보다 더 중국스럽게, 미국보다 더 미국스럽게 변용하는 능력을 가진 민족이다. 우리가 묵자의 뜻을 좀 더 유용하게 활용할 수 있다면, 한국의 미래는 더 빛날 것이다. 묵자가 이루고자 했던 이상국가에 가까워질 수도 있을 것이라는 희망을 가진다. 이것이 본 연구의 목적이다.

5) 묵자의 병법 - 무기와 시설의 중요성

묵자는 비공(非攻)을 주장하면서, 성 방어에 대한 이론을 정밀하게 펼친다. 이번 연구에 이어, 건설 토목 화학 물리 등의 이론을 펼친 '성 방어' 부분을 연구하고자 한다. 그가 비공(非攻)을 당당하게 주장할 수 있었던 이유를 살펴보고자 한다.

　전쟁의 승패를 좌우하는 가장 큰 요소는 무기이다. 중국은『손자 병법』이래 무기를 경시하고, 전술 전략을 중시했다. 그러나 유일하게 묵자가 무기의 중요성을 강조했다. 현재 중국이 아무리 노력해도 군사적으로 미국에 밀리는 이유는 무기 때문이다. 미국이 세계 최강의 군대인 이유는 무기가 최강이기 때문이다. 중국은 발벗고 뛰어도 따라잡을 수 없다. 묵자를 무시한 댓가이다. 묵자는 중국의 희망이다.

노자의 기본 사상:
도와 덕

1. 들어가면서

도가(道家)를 대표하는 사람이 노자이다. 노자 사상을 제대로 파악하려면, 그 시대를 이해하여야 한다. 노자가 살던 시대는 정복전쟁의 시대이며, 정복전쟁의 비참함을 경험한 노자는 힘으로 밀어붙이는 것을 반대한다. 싸우지 않고 이기는 것이 최선이라고 강조한다. 전쟁을 하면, 양쪽 다 막대한 피해를 입는다. 힘으로 밀어붙이는 것은, 길게 보면 결과가 좋지 못하다.

우리가 일반적으로 생각하는 노자는 현실을 초월한 사상가, 또는 세상을 등지고 숨어서 사는 은자라는 이미지가 강하다. 사마천도 『사기(史記)』의 「노장신한(老莊申韓) 열전(列傳)」에서 노자라는 사람을 세 사람으로 제시한다.[1] 그래서 노자라는 인물이 더 신비롭게 생각된다.

그러나 실제로 노자는 신비보다는 오히려 현실적인 것을 말하고 있다. 욕망을 비우고 치밀한 계산을 하는 현실주의자이다. 노자는 마음

---

[1] 사마천은 『史記』의 「老莊申韓列傳」에서 이이, 노래자, 태사담의 세 사람을 제시한다. 이렇게 기록한 것은 사마천 자신도 정확하게 알지 못했기 때문이다. 「老莊申韓列傳」은 노자, 장자, 신불해, 한비 네 사람의 기록이다.

을 비우라(虛心)고 한다. 나의 욕망을 버리고 평정심을 가져야 현실에서 결과가 좋아진다. 이렇게 객관적으로 길고 멀리 보기 때문에, 결과가 좋아지고 이긴다.

노자는 언제나 현실을 냉엄한 힘의 관계로 파악한다. 강한 힘이 오히려 나쁜 결과를 가져온다고 말한다. 이런 점에서 노자는 유가보다도 더 현실적인 힘을 가진다.

공자의 유가 사상은 중국의 정통 사상이고 오늘날까지도 주류가 된다. 반면 노자와 장자의 도가 사상은 유가 사상을 비판하면서, 의도적으로 공자의 유가 사상과는 반대로 간다.

공자는 변화하는 세상에서 불변의 것을 추구했다. 여기서 말하는 불변의 것이란 이름이다.

공자의 이름은 불변의 것을 만든 것이다. 정명론(正名論)이 그것이다. "임금은 임금다워야 한다." 여기에서 '임금다움'은 이상적인 군주상이며, 불변의 것이다. 정명(正名)은 이름(관념) 속에 보존된 이상을 현실에서 구현하는 것이다. 공자의 생각은 임금다움은 임금다움으로 완성된다. 임금이 임금답고 신하가 신하다우면 잘 다스려진다는 생각이다. 그런 의미에서 공자의 윤리, 도덕은 변하지 않는 개념이다.

공자의 정명(正名)논리의 이상이나 이름(관념)은 어떤 상황에서도 변할 수 없음을 강조하므로 그 자체가 모순이다.

이런 공자의 정명론(正名論)에 반박하는 것이 노자의 무명론(無名論)이다.

노자가 볼 때, 현상세계에서는 변하지 않는 이름이라는 것은 없다. 노자는 공자가 주장했던 이름과 이상을 의도적으로 부정한다.[2] 그것이

2　노자는 공자의 정명을 의도적으로 부정한다. 이것으로 볼 때, 노자는 공자 이후에 나온 것으로 생각된다.

무명론(無名論)이다.

노자의 무명(無名)은 규정할 수 없다는 뜻이다. 사물은 변하는 것이라서 고정된 이름이 있을 수 없다고 한다. '임금다움'은 '임금답지 않음'도 같이 생긴다. '임금다움'과 '임금답지 않음'이 공존하는 이유는 임금답지 않으므로 임금다움을 이야기한다.

또 하나 공자와 노자의 차이가 대립자의 공존이고 또 하나가 현실주의이다.

공자가 말하는 이름이라는 것에도 이 대립자의 공존 논리가 적용된다. '임금다운 임금'에는 '임금답지 못 함'이 반드시 있다. 이를 통해서 노자는 공자가 주장하는 '이름-이상'이라는 것들은 결국 권력 추구의 도구이고 허식에 불과함을 강조한다. 이런 노자의 반론에 유가는 큰 타격을 받는다.

노자의 대립자의 공존 논리는 현실에서 실질적으로 강력한 힘을 가진다. 이런 노자의 대립자 공존이라는 처세술은 나아가 정치사상으로까지 확대된다. 공자의 이상주의적 정치는 '임금다움'이나 '신하다움'이라는 이름을 이상으로 정해놓고 끊임없이 노력하면 '~다움'이라는 이름을 완성한다는 것이다.

공자의 이상주의적 정치와는 반대로 노자는 '임금다움'이나 '신하다움'을 노력하면 현실에서는 그와는 반대로 '임금답지 않음', '신하답지 않음'이 반드시 생기는 현실주의적 정치를 말한다.

노자는 도(道)를 따르라고 한다. 도(道)는 길이다. 이 세상은 변화해가는 것이고, 그 변화하는 것에는 나의 의지와는 상관없는 어떤 객관적인 추세인 길이 있는 것이다. 그래서 도(道)는 객관필연성이다.[3] 노자는

---

3 손영식 교수는 노자가 말하는 道를 '객관 필연성'과 '대립자의 공존'이라는 말로 표현한다. 道라는 개념을 현실적 관점에서 바라본 해석이다. 손영식 교수의 이런 현실적 시각은 노자를 연구하는 사람들이 깊이 생각해 봐야 할 점이다. 현재 노자를 연구하는 사람들의

이 객관필연성인, 도(道)를 따를 때 결과가 좋아진다고 생각한다. 노자는 일반인들과 반대로 생각하고, 상식을 뒤엎는다. 높음보다는 낮음을, 강함보다는 부드러움을, 남성적인 것보다는 여성적인 것을 취하라고 강조한다. 일반적으로 "강함, 남성적임, 앞으로 나섬"을 취하면, 눈앞에 보이는 현실에서는 결과가 좋다. 당시의 군주들은 모두 이런 태도를 가진다.

노자는 이것을 반대한다. 힘으로 하는 강함은, 당장에 좋은 효과를 가진다. 그러나 길게 보고, 멀리 보면, 반드시 실패하게 된다. 진시황은 강한 힘으로 통일을 이루지만, 오래가지 못하고 망한다.

2. 노자의 기본 사상 - 도(道)와 덕(德)

『노자』는 1~37장의 「도경(道經)」과 38~81장까지의 「덕경(德經)」으로 이루어져 있다. 그래서 『노자』를 '도덕경(道德經)'이라 한다. 각각 도와 덕을 주안점을 두어서 설명했다.

백서 노자[4] 및 『한비자』의 「해노(解老)」「유노(喩老)」[5]는 덕경(德經)부터 시작한다. 반면 왕필본[6]에 근거한 통행본은 도경과 덕경의 순서이다. 한비자는 상덕(上德)은 도가 체화된 것으로 보았고, 下德은 仁, 義, 禮로 이 둘은 대비되는 중요한 기준이다.

대부분은 노자를 현실적으로 인식하기보다 형이상학적으로 해석한다.

4 『帛書本』: 1974년에 한대 이전의 무덤인 마왕퇴에서 발견된 『老子』 사본으로 비단에 기록되어 있어서 『帛書 老子』라고 불린다. 「甲本」과 「乙本」으로 구성되어 있고, 『王弼本』과는 반대로 「德經」「道經」의 순서로 되어있다.

5 『韓非子』의 「解老」와 「喩老」는 『老子』 최초의 주석이다.

6 『王弼本』은 王弼이 17세에 『老子』를 주석한 것이다. 후대에 통용되는 대부분의 『老子』 원문은 王弼의 주에서 나오는 것이다. 『王弼本』이 중요한 이유는 원문을 확정했다는 점이다.

'道'의 뜻은 '길'이다. 노자의 생각은 현실의 세상이 변화해 나가는 것은 필연적인 과정이 있다. 이 세상이 나아가는 길은 주관적이지 않고 객관적이다. 따라서 도(道)는 객관적이고 필연적인 추세이다.

이 세상은 변화하고, 변화 속에는 길이 있다. 이것이 객관필연성이다. 객관 필연성은 나와 상관없이 진행된다. 요점은 객관 필연성에 따라야 한다는 것이다. 그래야 주관이 능력이 생기는 것이다. 주관을 버리고 객관을 따라야 한다. 능력은 주관인 마음이 본래 가지는 것이 아니다. 도라는 객관성을 인식할 때, 밖에서 들어오는 것이다.

이렇게 도(道)를 인식해서 행동하면 나에게 능력(德)이 생긴다. 현실 세상의 객관적인 필연성을 이해하고 따르면, 모든 일처리가 쉬워진다.

이렇게 하면 얻을 수 있는 것이 바로 나의 능력인 '德'이다.

'德'은 ① 능력과 힘, ② 특징이라는 두 의미를 가지고 있다. 도를 알고 따를 때 생기는 능력, 혹은 특징을 '덕'이라 한다. 도(道)를 얻으면, 생기는 능력이 덕이다.

그래서 노자는 '마음을 비우기'(虛心)을 주장한다. 주관을 비울 때, 객관을 정확하게 인식할 수 있다.

이는 유가의 덕 개념과는 정반대이다. 유가는 마음 자체의 능력을 인(仁)이라 한다. 인(仁)은 사랑함이며, 이 사랑을 바탕으로 키우는 인격과 인품이다. 이는 객관에서 오는 것이 아니라 주관의 능력이다.

노자는 세상이 변하는 길, 즉 도를 인식하라고 한다. 반대로 공자는 마음의 능력인 인(仁 사랑 인격)을 함양하라고 한다. 확립된 인격으로 세상을 바꾸라는 것이다.

3. 도와 현상

1) 본체와 현상

노자는 이 세상을 '도와 현상'이라는 두 가지 대립의 형태로 본다. 도와 현상은 『노자』 1장에서 나오는 무명과 유명으로 설명할 수 있다.[7] 무명(無名)과 유명(有名)의 대립, 무욕(無欲)과 유욕(有欲)의 대립이 그것이다. 道는 無名이며 無欲인 것이다. 이름과 욕망이 없다.

반면 우리가 사는 현상 세계는 有名이며 有欲이다. 이름이 붙어서 있고, 욕망의 대상이 있는 것이다. 道라고 하는 것은 이름이 없는 것이다. 道는 객관적인 추세이다. 이것은 '대립자의 공존'이라 할 수 있다. A라는 것이 있으면, 반드시 ~A가 있게 된다. 그래서 이 도(道)를 알기 위해서는 '대립자의 공존'이라는 것을 이해해야 한다. 그래서 노자는 변화 속에서 대립자의 양쪽을 다 보는 '포일(抱一)'을 강조한다.

노자의 이론은 '도와 변화 · 현상'라는 두 가지를 가정한다. 도는 현상 속에 들어 있고, 현상이 변화하는 길을 정한다.

형이상학의 가장 중요한 도식이 '본체와 현상'이다. 본체는 현상을 만들어내며, 본체가 드러난 것이 현상이다. 반대로 현상의 질서를 본체가 규정한다.

노자는 현(玄 검음)의 사상을 전개한다. 도는 현상의 배후에 있으므로 '검고 오묘한'(玄) 것이다. 이런 점에서 분명히 도는 본체이다.

그러나 노자는 '본체와 현상'의 관계를 적극적으로 제시하지 않는다. 그의 철학이 불변의 고정된 영원한 것을 부정하고, 변화하는 상황을

7　『老子』 1章: 道可道, 非常道, 名可名 非常名. 無名天地之始, 有名萬物之母.; 天地之始가 帛書本에는 萬物之始라 한다. 후대에 바꾼 것 같다.

선택했기 때문이다. 본체는 영원불변한 것이다.

도와 현상을 무(無)와 유(有)라고 한다. 현상은 존재하므로 유(有)이다. 반면 본체인 도는 현상 뒤에 있기 때문에 그 존재를 감각 지각으로 확인하기 어렵기 때문에 무(無)이다.

또 무명(無名)과 유명(有名)이라 한다. 현상은 드러난 것이기 때문에, 이름을 붙일 수 있어서 유명(有名)이다. 규정된 것이다. 반면 도는 현상 뒤에 있기 때문에 감각 지각되지 않는다. 오직 이성적 사유로 포착할 수 있다. 도는 이름을 붙일 수 없어서 무명(無名)이다.

道의 세계는 이름이 없기 때문에 무모순의 세계이다. 어떤 것도 도라고 하는 이름이 없는 세계 안에서는 A와 ~A로 나눌 수 없다. 즉 자신과 남의 구별이 없는 세계이다. 이것을 '혼(混)'이라고 하고, 하나이기 때문에 '일(一)'이라 한다. 각자의 개체가 구별 가능해야 비로소 이름을 붙일 수 있다. 그러나 구분 되지 않으므로 이름도 없고, 따라서 언어로 표현 할 수도 없는 세계이다. 이러한 세계에서는 모순 공존의 악순환이 일어나지 않는다. 그래서 이상적 세계인 것이다. 노자는 이렇게 이름도 없고, 말도 없는 도의 세계로 돌아가자고 주장한다.

2) 도가 현상을 낳음

道와 현상(만물)이라는 것의 관계를 노자는 42장에서 '낳음'(生)으로 말한다.[8]

여기서 핵심적인 문제는 낳고(生)라는 말이다.

이 관계를 해석하는 방법은 발생론과 구조론 둘이 있다.

발생론은 도가 현상을 낳았고, 발생시켰다는 것이다. 시간적으로

---

8 『老子』 42章: 道生一, 一生二, 二生三, 三生萬物

道에서 현상이 나왔다는 것이다. 즉 어머니에게서 자식을 나오듯이 발생, 유출했다는 것이다. 도와 현상은 시간적으로 보자면 선과 후이다.

구조론은 도와 현상이 고정된 구조이다. 도와 현상이 고정된 구조로 포개져 있다. 세계의 고정된 구조로서, 도가 현상을 결정한다. 道와 현상이 동시에 존재한다는 것이다.

노자의 사상은 표현 자체로만 놓고 보자면 발생론으로 보이는 구절들이 많이 나온다.

1장의 '無名에서 有名이 나온다.'는 것과, 42장의 '道生一, 一生二, 二生三, 三生萬物'로 진행되는 형태는 발생론적인 입장에서의 설명이다. 道에서 현상이 나오고 있다는 설명이다.

그러나 이런 노자의 말은 시간적 개념의 설명이 아니라 논리적 개념을 설명한 것이다.

노자는 도(道)와 현상을 시간적 선후나 생산의 관계가 아닌, 이 세상에 항상 동시에 같이 존재하고 있는 중요한 구조적 개념으로 본 것이다. 그리고 이것은 도의 측면, 현상의 측면, 두 측면을 모두를 보는 세 가지로 나눌 수 있다. 여기서 대부분의 일반인들은 현상의 측면만 생각하고 본다.

따라서 노자의 철학은 구조론에 가깝고, 도(道)가 만물을 창조했거나 만들었다고 할 수 없다. 도(道)는 신과 같이 천지를 창조하거나 만드는 개념이 아니다. 이 세상은 어떤 것들이 끊임없이 생겨났다가 사라진다. 그리고 이런 생겨남이라는 창조의 개념은 도(道)가 아닌 곡신(谷神)의 개념으로 6장에서 이야기 한다. 이것은 신이 무엇을 창조하고 만드는 개념과는 다른 것이다.

하나라는 것은 본래의 태초 상태로 모든 것이 구분할 수 없는 미구분인 것이다. 둘이라는 것은 그것이 둘로 나누어진 상태인 것이다. 이 둘을 보통 음과 양이라고 한다. 強과 弱, 堅과 柔등이 바로 둘로 나누어진 상태이다. 셋이라는 것은 최초의 미구분인 것과 陰과 陽이 합해져서 셋이 된 것이다. 이렇게 미구분인 상태에서 陰과 陽이라는 서로의 대립이 성립한다. 陰과 陽은 서로 순환하면서 대립하는 관계이다.

그래서 노자는 40장에서[9] 도가 움직이는 것은 되돌아오기 위함이고, 도의 작용과 쓰임은 약함인 것이다. 되돌아오는 것은 모든 근원적인 것이 뿌리로 돌아가는 것을 의미한다. 그것이 도의 상태이고 쓰임이다.

노자의 가장 큰 특징은 그 반대되는 것들의 우선순위의 반전이다. 생존 전략에 있어 약자의 입장에서 충고할 때, 노자는 능동보다는 수동을, 양(陽)보다는 음(陰)을 따르라고 전략적 충고를 한다.

강함(强), 딱딱함(堅), 위에 있음(上), 앞서고(前), 또 있음(有) 이라는 것은 무엇이든 약함(弱), 부드러움(柔), 밑에 있음(下), 뒤로 밀리고(後), 그리고 없음(無)이 된다. 그리고 그것은 시간이 지나면 변하기 마련이다. 이렇게 수동은 능동의 토대가 된다.

어떤 대상에 이름을 붙인다는 것은, 다른 대상과 구별을 한다는 것이다. 즉 A라는 것과 ~A라는 것을 구별하는 것이다.

40장에서 노자는 도의 작용을 약함의 부드러움이라고 강조한다. 여기에서 노자가 말하는 수동적인 특징들은 서로 은유들로 연결되고 그것들을 통해 얽혀져 있다.

예를 들어 6장의 골짜기(谷神)와 암컷(玄牝)[10]이라는 표현은 부드럽고 약한 여성성의 상징이다. 언제나 골짜기는 비어 있고 아래에 처한다. 산정상은 높아서 보기에는 좋지만 실제로는 살기가 어렵다. 그러나 골짜기는 아래에 있지만 모든 생명을 기른다.

그리고 물도 부드럽고 약하고 아래에 처하는 성질을 가진다. 이렇

---

9 『老子』40章: 反者道之動, 弱者道之用. 天下萬物生於有, 有生於無.

10 『老子』6章: 谷神不死, 是謂玄牝. 玄牝之門, 是謂天地根. 綿綿若存, 用之不勤.

게 물은 부드럽고 약함으로 계곡과 여성성을 표현한 것이며, 그것을 연결시키는 통로이기도 하다

물의 비유에서 알 수 있듯이 약함, 되돌아옴, 부드러운 것을 가장 잘 하는 것은 물이며, 이런 물의 특성과 가장 가까운 것이 도(道)의 모습이다.

공자는 요, 순에게서 배우자는 생각을 한다. 이것은 주나라의 봉건 제로 돌아가자는 것이다.

그러나 노자는 물에서 배우자고 한다. 약함과 부드러움이 강함과 단단함을 이긴다는 것이다. 이것은 초나라의 힘으로 하는 정복전쟁에 대한 반성일 것이다.

노자는 7장과 78장에서 물이 가지고 있는 부드러움과 약함의 효능을 이야기 한다.[11] 물의 부드러움과 약함이 단단하고 강한 것을 이기는 이치가 도와 같다는 것이다.

또 43장에서는 물은 부드럽고 약하기 때문에 단단하고 강한 돌보다 훨씬 자유롭게 움직인다.[12] 따라서 단단하고 강한 돌보다 위에 존재를 한다. 그리고 물은 가장 작은 틈도 파고든다. 이런 물처럼 '無'는 '有'가 비워놓은 작은 틈조차 파고든다.

노자의 사상 중에 가장 놀라운 점은 '無'를 이야기 하면서 상식과 반대로 '無'를 '有'의 위에 놓는다는 점이다. 현실 속에서 일반적인 사람들은 강해지려고 하고 높은 자리를 차지하려고 한다. 그래서 사람들 대다수가 유(有)를 따르고 선택하려 한다. 이렇게 하면 자연적인 추세를 거스르게 되고 부작용이 따른다. 이것을 노자는 강조한 것이다.

---

11 『老子』 7章: 上善若水. 水善利萬物而不爭. 處衆人之所惡, 故幾於道.
　　78章: 天下莫柔弱於水, 而功堅强者, 莫之能勝, 其無以易之. 弱之勝强, 柔之勝剛, 天下
　　莫不知, 莫能行.

12 『老子』 43章: 天下之至柔, 馳騁天下之至堅, 無有入無間. 吾是以知無爲之有益. 不言之
　　教, 無爲之益, 天下希及之.

78장의 부드럽고 약함이 단단하고 강함을 이기는 물의 사례나, 43장의 부드러움이 단단함 속을 치달린다고 한 것은, 물의 유연함을 처세술로 바꾼 것이다.

4. 인간 행위와 도

1) 무위와 자연

무위(無爲)는 도(道)라는 사상에서 연역되어 나온 것이다.

도(道)에 따라 함이 없이 일이 이루어지는 것을 노자는 '무위(無爲)'라고 강조한다. 주관적인 내 욕망과 의지를 가지고 일을 하게 되면 일이 실패하기 쉽다. 그러나 나의 주관이나 욕망을 버리고 객관적 필연성인 도에 따르게 되면, 내 힘은 들이지 않으면서 하는 것이 없어도(無爲) 일은 잘 이루어고 효과가 좋아진다.

노자는 기본적으로 무위(無爲)를 통치의 방법으로 제시한다. 무위(無爲)가 이루어진 통치는 우민(愚民) 정치, 소국과민(小國寡民)이다. 왕국에서는 우민 정치로 소국과민을 구현해야 한다. 우민(愚民) 정치는 왕정모델이다. 근대적 국가 모델이 아니다.

노자는 공자의 정명론(正名論)을 부정하고, 무명론(無名論)을 제시한다. 정명론(正名論)은 이름에 따라 구조를 만든다. 무명론(無名論)은 '이름을 부정'하는 것이다. 이런 부정을 통해서 노자는 국가의 '구조, 틀'을 만드는 이론에서 벗어난다.

노자의 정치 사상의 핵심은 도(道)에 따라 무위(無爲)의 통치를 하는 것이다. 힘으로 하는 정치를 증오한다. 그래서 무위(無爲)의 정치로 나간다. '무위(無爲)'는 '함이 없다'는 뜻이다. '자연(自然)'은 '스스로 그러함'

이다. 어떤 것이 저절로 그렇게 되는 것이다. 이것은 '無爲而無不爲'[13]이다. '함이 없으나, 하지 않음이 없다'라는 뜻이다. 노자는 '無爲 自然'의 통치를 이상적인 것으로 여겼다. 이것이 통치론의 핵심이다.

'自然'은 '스스로 그러함'을 뜻한다. 道라는 것은 객관 필연성이고, 이것은 '스스로 그러하게' 진행되는 것이다. 따라서 이 '自然'은 道의 대표적 특징이며 가장 중요한 부분이다. 또한 '스스로 그러함'이라는 측면에서 보자면 '自然'은 '자유'라는 뜻으로도 연결이 가능하게 된다. 내가 나의 의지인 '스스로 그러하게' 행위를 한다는 것을 '자유'라고 한다. 그래서 어떠한 것에서 완전히 자유를 찾으려면 '道'를 따르고 행해야 한다.

노자는 이런 이야기를 하면서 경고한다. "常道를 알지 못하면 허튼 짓을 하여 흉한 일을 초래하게 된다." (不知常 妄作 凶) 이것은 자연의 법칙을 알아야 되고, 이 법칙에 따라서 행위 해야 한다는 것이다. 노자는 이렇게 행위 하는 것을 '밝은 지혜를 감추고 간직하는 것', 즉 습명(襲明)[14]이라고 말한다.

구체적으로 보자면 습명(襲明)은 반대쪽에서의 출발을 의미하는 것이다. 우리가 생각하는 일반적인 출발은 자신의 지혜를 발휘하면서 밝게 드러내는 것이다. 그러나 이렇게 반대에서 출발하는 것은 지혜를 감추고 숨기는 행위이다. 일부러 감추고 숨기기 위해서 반대에서 출발한다.

습명(襲明)이 말하는 일반적인 법칙은 무엇을 이루려고 하면 그 반대에서 생각하고 출발해야 하며, 무엇을 보존하려고 하면 그 속에는 그것과 반대되는 어떤 것이 있음을 알아야 한다. 그래서 무엇인가가 강하게 되려고 한다면 약한 것의 감정에서 출발해야 하며, 자유를 보존하려면, 그 자유의 속에는 통제가 있음을 알아야 한다.

---

13 『老子』 37章: 道常無爲而無不爲, 侯王若能守之, 萬物將自化.

14 『老子』 27章: 是以 聖人常善救人, 故無棄人, 常善救物, 故無棄物, 是謂襲明.; '襲明'은 '밝은 지혜를 옷으로 덮어서 가림'이다.

따라서 노자는 이와 같은 말을 한다.

"성인은 자신을 남보다 뒤로 돌림으로써 언제나 앞서며,
그 몸을 돌보지 않음으로써 오히려 자신을 보존한다."(7장)[15]

"스스로 나타나지 않은 자가 도리어 뚜렷이 나타나고,
스스로 옳다고 주장하지 않은 자가 도리어 빛나며, 돋보이고
스스로 자랑하지 않은 자가 도리어 공이 나타나며,
스스로 자만하지 않는 자가 도리어 오래 간다.
다투지 않은 자는 그러기 때문에 천하의 누구도 그와 대적할 자가 없
다."(22장)[16]

습명(襲明)은 스스로를 나타내거나 옳다고 주장하지 않는 것이다.
지혜를 가리기 때문에, 오히려 밝게 드러난다. 이처럼 지혜를 감춘 자는
곡신(谷神)과 비슷하다. 지혜를 감추는 이유는 일을 이루기 위한 것이다.

2) 근본으로 돌아옴과 대립자 공존의 처세술

대립자의 공존을 이용해서, 처세술로 삼는 것은 노자의 기본적 사
상이다. 이를 노자는 '反本', 즉 '근본으로 되올아 옴'[17]이라 한다.
이것은 어떻게 하면 인간이 사는 세계에서 생명을 보다 오래 보존
하고, 위험을 피할 갈수 있는가 하는, 도가의 문제의식에 대한 노자의

---

15 『老子』 7章: 是以聖人後其身而身先, 外其身而身存.

16 『老子』 22章: 不自見 故明, 不自是 故彰, 不自伐 故有功, 不自矜 故長. 不唯不爭, 故天
下莫能與之爭.

17 『老子』 40章: 反者道之動, 弱者道之用. 天下萬物生於有, 有生於無.

해결방법이고 지혜이다. 이 세상을 지혜롭고 슬기롭게 사는 사람은 연약하게 보이고 겸손 할 줄 알며, 소박한 일에도 만족을 할 줄 안다. 그래서 반대로 연약하고 소박한 것은 자기의 힘을 잘 보존하고 나중에 강해질 수 있다는 것이다. 겸허하고 겸손한 태도는 교만과 반대되는 태도이다. 교만하다고 하는 것은 그 인간의 진보가 그 극한의 끝에 도달했다는 신호이고, 겸손하다는 것은 그것과는 반대로 한계가 아직 멀다는 신호이다. 그래서 만족하는 사람은 지나치게 하지 않게 되고, 이것이 극한의 끝으로 가는 것을 막게 된다.

이와 같은 사상들은 되돌아오는(反)것이 道의 운동이고, 이것은 노자의 이론에서 나왔다고 할 수 있다. '無爲'로 알려진 이론 역시 노자의 이 이론에서 나왔다고 볼 수 있다.

우리가 무엇을 하는 목적은 무엇인가를 이루려고 하는 것이다. 그러나 지나치게 무엇을 하려고 하면, 그 결과는 아무것도 하지 않는 것보다 나빠 질 수 있다.

5. 도와 언어

1) 부정문과 부정 화법

본체와 현상의 차이점은 현상은 이름을 붙일 수 있고, 본체는 이름을 붙일 수 없다는 점이다. 그래서 노자는 부정문과 부정 화법을 쓴다.

노자는 유난히 부정어 "아니다, 없다, 않는다"를 많이 쓴다. 여기서 '아니다'라는 설명의 핵심은 '도'라는 것을 무규정으로 본다는 것이다. 이런 무규정이라는 것은 기존 이론의 비판이고, 현실 권력의 비판이다.

이처럼 노자의 말은 많은 부분 부정의 의미를 가지는 부정의 화법이다.

노자는 1장에서 道라는 것은 '말할 수 없는 것'이라는 말을 한다. 노자는 이렇게 말할 수 없는 道에 대해서 1장에서 81장까지 말을 했다. 이렇게 말할 수 없는 道에 대해서 많은 말을 한 것은 자기모순이다. 말할 수 없는 것을 말하는 것이 부정 화법이다.

道는 형체, 소리, 색깔이 없다. '없다'라는 식의 부정 화법을 통해 노자가 말하려고 하한 것이 道를 無라고 표현이다. 그래서 『노자』라는 책에는 '아니다, 없다'라고 하는 부정어나 부정 화법이 아주 많다. 이처럼 부정문은 사람을 헷갈리게 만든다.

그래서 노자의 無名은 이름을 부정하고, 유가나 법가의 사상적 이론과 이념의 부정이며, 문명사회로의 발전을 부정한 것이다. 이렇게 노자는 말과 이름을 부정했지만, 그 이면에는 자기의 방식으로의 말들을 많이 했고, 대안과 이론도 제시를 한 사람이다.

노자가 말하는 道는 보이지는 않지만, 현상 세계의 뒤에 존재하면서 현상 세계나 사물을 실제로 지탱해 주는 역할을 한다. 보이지는 않지만 존재하고 지탱해주는 본체인 道를 無또는 무명(無名)이라 하고, 이것은 노자사상의 핵심이 된다.

2) 도와 무명(無名)

노자는 1장 첫머리에서 도와 이름을 직접적으로 연결시킨다. 도와 이름은 쌍벽을 이룬다.

도는 천지의 시작이며 배후의 본체이다. 이것은 무명이다. 반면 모든 사물은 현상 세계이며 유명이다.[18]

18　『老子』1章: 道可道 非常道, 名可名 非常名. 無名天地之始, 有名萬物之母.

노자는 도, 즉 무명(無名)을 주장한다. 이에 비해서 공자는 '정명(正名)'을 주장한다. 노자가 공자 뒤에 나왔으므로, 노자의 무명론은 공자의 정명론에 대한 반박이다.

공자의 정명(正名)은 "이름을 바로 잡는다"는 뜻이고, 이것은 이름을 올바르게 세운다는 의미이다.

노자의 무명(無名)은 "이름을 없앰"이다.

공자는 '正名'을 "君君 臣臣 父父 子子"[19]라고 한다.

'임금'은 현실의 개체이다. '임금다움'은 이상적인 모습이다. 따라서 君君은 '현실→이상'을 닮고 실현시켜야 한다는 말이다. 이상이 현실에 실현되어야 한다. 이를 개인의 차원에서 구현한다. 개인이 인격을 이루면, 이상이 현실에 실현된다. 이름은 이상을 담고 있는 규정이다. 현실의 개체는 이상을 담은 이름으로 규정되어야 한다. 正名 이론은 규정 이론이다.

노자는 이를 정면에서 부정한다.

노자는 대립자가 공존한다고 한다. '임금다움'을 주장하는 자는 실제로는 '임금다움'이 없기 때문이다. 사람은 자신에게 없는 것을 원한다.

공자의 '君君'의 권고는 평범한 임금을 인격자로 만들기 보다는, 찬탈자에게 권력의 정당성을 주는 도구가 될 가능성이 더 많다.

이것은 대립자의 공존 논리이다. 이것이 공자의 정명론에 대한 노자의 반론이다. 노자는 항상 변증법적인 생각을 한다. 그래서 노자는 공자와는 반대의 개념인 무명론을 주장한다.

무명이란 것은 이름을 없앰이고 이름을 없애는 구체적인 방법은

---

19 『論語』「顏淵」: 君君臣臣父父子子; 공자는 '~ 다움'으로 正名을 이야기 한다. '~ 다움'이라는 것은, 시대나 국경을 초월한 변하지 않는 개념이다. 그러나 이 세상에 변하지 않는 것은 없다. 모든 것은 시대나 상황에 따라 변한다. 이런 점에서 볼 때, 노자의 無名의 개념은 큰 힘을 갖는다.

그 이름에 반대되는 측면을 보는 것이다.

무명론은 일종의 이데올로기 비판의 측면이 있다.

도(道)는 '길'을 의미한다. 사람들의 길은 人道라고 하고, 하늘의 길은 天道라고 한다. 이처럼 이 세상의 어떤 것도 변하는 것이며, 그 모든 것이 변해가는 과정의 길을 '道'라고 한다. 이런 길이나 방법을 따라가지 않고 역행하면, 반드시 결과가 좋지 못하게 되고 실패를 하게 된다.

25장에서는 그 이름을 알 수 없어서, 별명(字)으로 대신해서 '道'라고 부른다. 다시 말해 '道'라는 것은 본질적 규정의 말이 아닌 것이다. 그리고 道를 억지로 이름 붙인 것이 '大'라고 한다. 道의 본질을 규정하는 말로 '大'를 쓴 것이다. 노자는 道라는 말을 규정하려고 억지로 '크다'의 뜻이 있는 大를 말한다.[20]

3) 자연(自然) 개념

道를 규정하는 말로 '無'라고도 한다. 無라는 것은 정확하게 말하면 無名의 줄임말이다. 이런 無나 無名은 道의 다른 이름인 것이다.

무(無)는 무명(無名), 즉 무규정이다. 규정됨이 없으면, '스스로 그러함'(自然)이다.

자연(自然)은 두 가지 뜻이 있다.

첫 번째는 물질적 자연이다. 문명사회를 벗어나서 자연 상태로 가는 것이다. 많은 사람들이 이런 해석을 한다. 그러나 이것은 노자를 잘 모르고 하는 해석이다

두 번째는 스스로 그러함이다. 변화 속에 필연성이 있어서, 저절로

---

20 『老子』 25章: 吾不知其名 , 字之曰道 , 强爲之名曰大。大曰逝 , 逝曰遠 , 遠曰反。
故道大, 天大 , 地大, 王亦大。域中有四大 , 而王居其一焉.

그렇게 됨을 말한다. 내가 굳이 힘을 들여서 人爲를 할 필요가 없다. 이 것이 노자가 주장하는 것이다.

노자는 일반적인 사람들이 가지는 이성의 한계를 극복하고 무와 자연이라는 사상을 제시하고 발전시킨다.

앞에서 정명(正名)과 무명(無名)을 비교할 때, 이미 서술한 것처럼, '이름'(名)은 '규정하는 것', 즉 규정자이다. 공자는 '이름'이 가진 규정자 의 성격을 이용해서, 사회와 국가에 질서를 이루려 한다.

반면 이름의 규정성을 노자는 정치에 적용한다. 정치를 분석하는 데 '이름'의 규정성을 사용한다.

이름으로 규정을 한다면, '규정하는 자'와 '규정된 자'가 나누어지 게 된다.

권력자는 누군가에게 이름(名)을 내리는 자이다. 이름을 내려서 규 정하는 자이다.

권력자는 남을 규정하지만, 남에게 규정되지 않는 자이다. 권력이 높을수록 더 그렇다. 최고의 권력자는 모든 사람을 다 규정하지만, 정작 자신을 규정할 존재는 아무 것도 없다. 그러나 반대로 자신이 '무규정' 이기 때문에, 다른 모든 것을 규정할 수 있는 규정자이다.

노자는 '자유=권력'으로 등치시킨다. 권력의 크기만큼 자유가 있 다. 따라서 이 자유는 '힘'과 같은 개념이다. 힘이 있는 만큼 사람은 자 유롭게 활동할 수 있다. 그렇다면 '자유'는 무엇인가? 노자는 무명을 자 유로 본다. 이는 공자의 정명 개념에서 자가 발전한 개념이다.

권력의 크기만큼 힘을 가지고, 자유를 가진다. 이는 "규정되지 않 으면서, 규정할 수 있음"을 뜻한다. 바로 이 지점에서 '무규정자'(無名)는 도와 같다.

6. 도와 덕의 이미지

1) 곡신, 현빈, 박(樸)

노자는 곡신(谷神), 현빈(玄牝), 박(樸)을 통해 도(道)를 설명한다.

'곡신(谷神)'은 '골짜기의 신'이고, '현빈(玄牝)'은 '신비한 암컷'이다. 산의 정상은 사람들이 다 올라가고 싶어 하지만, 실제로 생명체가 살기는 어렵다. 반면 골짜기는 드러나지는 않지만, 모든 생명을 낳고 키운다. 그래서 이것을 '신비한 암컷(玄牝)'에 비유한다. 도(道)라는 것도 이렇게 곡신처럼 겉으로 드러나지는 않지만, 실제로는 모든 만물의 생명을 있게 하는 근원이다. 도(道)를 알고 덕(德)이 있는 사람의 모습도 그러하다. 모든 것을 낳고 만드는 능력이 생기는 것이다.

곡신(谷神)과 현빈(玄牝)은, 둘 다 여성의 성기를 비유한 것이다.

노자가 이 곡신(谷神)과 현빈(玄牝)을 도(道)라고 비유를 한 이유는, 도(道)라는 것이 이 세상의 만물을 낳는 힘이 있다고 생각한 것이다.

노자는 곡신(谷神)이라는 말로 그 당시의 권력자인 군주들의 행동 방향을 제시했다. 노자는 군주들이 곡신과 같은 정치가 이상적 정치라고 생각한다.

박(樸)은 원재료를 뜻하며 가공 되지 않은 통나무이다. 그래서 통나무(樸)는 무규정자이다. 규정을 할 수는 있지만 규정당하지 않는 것이 국가 최고 권력이다.

이렇게 노자는 '樸'이라는 원재료의 통나무를 가지고 국가의 최고 권력을 이야기 한다. 국가 최고 권력이라는 것은 어떤 것이라도 규정은 할 수 있지만, 어떤 것에도 규정을 당하지는 않는다. 그리고 최고 권력은 그 쓰임이 다하면 다시 무규정자인 통나무로 돌아가야 한다. 그래서 통나무는 그 쓰임에 맞게 어떤 것으로도 변할 수 있는 가능태이다. 그래서 통나무(樸)는 어떤 것으로도 만들어 지고 변화 할 수 있는 가능성과 힘이며, 동시에 자유이다.

2) 덕의 생성

도(道)와 덕(德)의 관계는 비교적 명확하다. 덕(德)의 근원은 도(道)가 된다. 도(道)를 알아야 능력이 생긴다. 도(道)는 객관필연성이고 이것은 인식대상이다. 노자의 덕(德)은 키울 대상이나, 수양의 대상이 아니고 객관을 인식하는 힘인 것이다. 다시 말해 도(道)를 인식하는 능력인 것 이다.

이렇게 덕(德)이라는 것은 밖의 내용인 도(道)로써 마음 안을 채우라 는 것이다.

그렇게 하는 1단계가 허심(虛心)이다. 이것을 노자는 매우 강조한 다. 허심(虛心)은 마음 비우기이다. 노자는 욕망, 감정, 편견, 선입견 이런 것들을 다 비우라고 한다. 마음비우기의 반대가 마음 채우기이다. 마음 을 채우고 만드는 것은 인, 충효, 오륜, 겸애, 비공, 이성이다.

노자는 감성도 이성도 다 비우라고 한다. 이렇게 다 비우고 난 뒤에 '도(道)'로써 채우라고 한다. 반면에 유가와 묵가는 비우기가 없고 처음 부터 채우기이다. 유가 묵가는 현실적 입장에서 좋은 것으로 채우라고 한다.

노자는 마음 비우기(虛心) 방법으로 대욕(大欲)이 무욕(無欲)이라고 한다.

자기 욕망을 줄이는 가장 큰 이유는, 내가 그 욕망을 실현시키고 싶 어서이다.

간절히 그것을 하고 싶으면, 그 욕망 자체를 죽이고 냉철하게 이성 적으로 객관적인 상황을 보라는 것이다. 노자는 이성과 욕망은 같다고 본다. 욕망이 큰 사람은 성공을 하고 싶고, 그렇게 하기 위해서는 객관 필연성인 도를 인식하는 것이 중요하다. 그러면 내 마음이 '도'로 가득 차게 된다. 그러면 덕이 생긴다.

노자는 도가 이성이라는 생각을 한다. 도를 인식하고 도를 마음에 가득 채우라고 한다. 그 도를 키우는 원동력은 욕망이다. 왜냐 하면 욕 망은 본래 주어진 것이고 이성은 굴러온 돌이다. 그러면 바깥에서 들어 올 수 있는 원동력이 있어야 하는데, 그것이 욕망이다.

유가나 묵가는 이념과 이상이 들어간다. 반면 노자는 이념, 이상이 없다. 오로지 성공과 실패의 관점에서만 본다.

3) 덕의 이미지 - 화광동진, 습명, 현동

노자는 도를 인식해서, 덕을 체득한 사람의 모습을 화광동진(和光同 塵)이라 한다.

그 중에서 4장과 56장[21]이 유명하다.

노자는 도인(道人)의 모습을 화광동진(和光同塵)과 습명(襲明)이라는 말로 표현한다. 노자가 말하는 도(道)는 몸으로 체득한 높은 경지의 처 세술이다. 그래서 도(道)를 체득한 사람은 마음속에 전술과 전략이라는 고도의 처세술을 감추고 또 사용한다.

화광동진은 얽힘을 푸는 방법이다.

논리적으로 정확하게 분석을 하고, 사실을 인식하고, 시시비비를 정확하게 가리는 방법은 유가적인 방법이다. 반면 시시비비를 따지지

---

21 『老子』 4章: 挫其銳, 解其紛, 和其光, 同其塵.
　　56章: 知者不言, 言者不知. 塞其兌, 閉其門, 挫其銳, 解其紛, 和其光, 同其塵, 是謂玄同.
　　'和其光, 同其塵'은 '그 빛을 누그러뜨리고 그 먼지와 같아짐' 이때 빛은 지혜의 빛이다.
　　'현동(玄同)'은 '어둡게 같아짐'이다. 和光同塵은 玄同과 같은 뜻이 된다. 앞에서 말한 襲 明과도 같다.

않고, 상대의 것을 다 받아들이고, 중재해 주는 것은 노자의 화광동진이다.

지혜는 날카로운 것과 같다. 반짝반짝 빛나는 내 지혜를 그대로 드러내면 사태가 악화된다. 그래서 지혜는 안에 있는데, 겉으로는 먼지를 뒤집어 쓴 남루한 사람처럼 행동하라고 한다. 노자에서 '화(和)'는 조화시키는 것이다. 줄이는 것, 누그러뜨리는 것의 목표는 '조화'와 '중용'이다. 과(過)와 불급(不及)이 없는 것이 중용이다. 그것은 사람이 길러야 생겨난다.

노자는 지혜를 가졌으면 절대로 드러내지 말라고 한다. 이것은 처세술이다.

56장에서 제일 중요한 말은 현동(玄同)이다. 현상은 밝음(明)이고, 본체는 어두움(玄)이다.

현동(玄同)은 내가 모든 일에 본체가 되는 것이다. 현상은 본체를 따르게 된다. 그래서 처세술로써 현동이 중요하다.

이것은 유가와는 완전히 반대이다. 유가는 이념과 윤리, 도덕을 가지고, 상대방을 바꾸려고 한다. 노자는 자신을 드러내지 않고 상대를 바꾸는 것이다.

노자는 통치의 방법으로 화광동진(和光同塵), 습명(襲明). 현동(玄同)을 말한다. '화광동진(和光同塵)'은 권력을 사용하는 것을 자제하고, 최소화하라는 말이다. '습명(襲明)'은 지혜를 겉으로 드러내지 않고, 감추는 것이다. '현동(玄同)'은 겉으로는 내가 상대와 같아지지만, 실제로는 상대가 나와 같아지게 만든다. 곡신(谷神)과 현빈(玄牝)도 같은 맥락의 이야기다. 이런 태도는 여성적인 것이다. 이것이 처세술의 핵심이다. '현(玄)'은 '검음, 어둠. 본체'를 표시하는 말이다. 이런 것들은 공통적으로 감각으로 인식되지 않는다는 뜻이다. 여기서 노자의 핵심 사상을 엿볼 수 있다. 높은 곳 보다는 낮은 곳, 정상보다는 골짜기, 밝음 보다는 어두움을 지향한다. 은 '어두운 암컷'이다. 어둠 속에 숨겨져서 드러나지 않는 암 컷이다. 이것들은 모두 '현(玄)'(검음, 어두움)의 사상이다.

7. 맺음말

노자는 도(道)와 덕(德)의 사상이라 할 수 있다. 현실의 세상은 개인 의 의지와는 상관없이 필연적으로 흘러가는 어떤 추세나 길이 있다. 이 것이 도(道)이다. 현실 세상의 객관적인 필연성을 이해하고 따르면, 얻을 수 있는 것이 바로 나의 능력인 '德'이다.

노자는 무위자연(無爲自然)을 말한다. 무위(無爲)는 자신의 욕망에 따라 행위 하지 않음이며, 대신 도(道)의 필연성을 따름이다. 이렇게 도 (道)를 따르면, '자연(自然 스스로 그러함)'이 된다.

노자는 힘으로 하는 정치를 증오한다. 그래서 무위(無爲)의 정치로 나간다. 강량(强梁)은 강함을 떨치는 것으로, 남성적인 것이며 유위(有爲) 이다. 반면 유약(柔弱)은 부드럽고 약함으로 여성적인 것이며 무위(無爲) 이다. 노자는 무위의 정치, 유약(柔弱)의 통치를 주장한다. 무위자연의 통치는 구체적으로 유약으로 드러난다. 그래서 유약의 사상을 가지게 된다.

노자는 이 세상을 '도(道)와 현상'이라는 두 가지 대립의 형태로 본다.

무명(無名)과 유명(有名)의 대립, 무욕(無欲)과 유욕(有欲)의 대립이 그 것이다. 도(道)는 무명(無名)이며 무욕(無欲)이고, 현상 세계는 유명(有名) 이며 유욕(有欲)이다. 도(道)는 이름이 없는 것이다.(無名) 따라서 말로써 도를 포착해 낸다는 것은 결코 쉽지 않은 일이다.

노자의 도(道)와 현상 세계로 나누는 발상은 2원적인 것이다. 현상 세계 뒤에는 보이지 않는 도가 있다. 도는 눈에 보이는 현상을 움직이는 배후의 실체이다. 도와 현상의 관계는 왕과 국가의 관계와 같다. 군주권이 본체라면, 국가는 그것이 드러난 현상이다.

노자는 마음에서 욕망과 감정을 지우라고 한다. 허심(虛心)이 그것이다. 노자가 마음을 비우라고 하는 이유 역시 상황의 관리, 처세술 때문이다.

화광동진(和光同塵), 습명(襲明), 현동(玄同)은 본체가 되는 방법이다. 이것은 대립자의 공존 논리를 처세술과 제왕학에 응용한 것이다. 최고 권력자가 알아야 한다.

노자는 자신을 드러내지 않고, 조종하고 관리할 것을 주장한다. 자신은 현상 뒤로 잠기게 하고, 현상만 드러나게 하는 것이다. 이것은 도의 역할과 비슷하다. 도는 현상의 뒤에 숨어서 현상을 조종한다. 현덕(玄德)이 바로 그런 능력이다. 막후의 실력자가 된다. 이를 '곡신(谷神)'이라고 한다.

노자는 현(玄, 어두움)을 강조한다. '현(玄)'은 본체의 특징이다. '곡신(谷神)'과 '현빈(玄牝)'은 어둠 속에 숨겨져서 드러나지 않는 암컷이다. 여기서 노자의 핵심 사상을 엿볼 수 있다. 높은 곳 보다는 낮은 곳, 정상보다는 골짜기, 밝음 보다는 어두움을 지향한다. 이것은 '현(玄)'의 사상이다. 노자는 유약(柔弱)의 입장에 선다. 힘으로 하는 남성적인 것을 반대하고, 여성적인 부드러움으로 통치할 것을 주장했다.

현상 속의 도(道)는 대립자의 공존이라 할 수 있다. A라는 것이 있으면, 반드시 ~A가 있게 된다. 노자는 일반적인 상식을 파괴하고, 상식과는 반대로 뒤집어서 생각을 하고, 그것을 철저히 실천한다. 이 상식을 뒤집어 생각하는 실천의 결과로 나온 것이 '대립자의 공존'이다. 대립자의 공존 논리는 변증법과 유사하다. 변증법이 구조론이라면, 대립자 공존 논리는 상황론이다. 노자는 A와 ~A의 어느 하나만 보면 안 된다고 한다. 반드시 둘 다를 보고, 전체를 파악해야 한다. 이것이 '하나로 껴안음(抱一)'이다. 노자는 현상 세계를 변화로 본다. 변화는 모순의 공존 현상이다.

노자는 부정의 화법을 쓴다. 부정화법의 핵심은 '아니다, 없다'이므로, 도(道)를 무규정으로 본다는 것이다.

노자는 도(道)와 이름을 직접적으로 연결시킨다. 무명(無名)은 도(道)와 짝이 되고, 유명(有名)은 현상과 함께 한다. 공자의 정명론(正名論)은 이름을 세우는 이론이다. '이름'은 이상을 담고 있고 개체를 규정하는 것이다. 반면 노자의 무명론(無名論)은 이름을 부정하는 것이다.

정명론은 이름에 맞게 역할을 잘 하라는 것이다. 이름이 구조를 만든다. 반면 무명론은 이름이 현실을 규정하고 질서와 평화를 이룰 수 없다는 것이다. 이런 비판과 부정을 통해서 노자는 국가의 '구조, 틀'을 만드는 이론에서 벗어난다.

노자는 자유와 권력이 같다고 본다. 권력의 크기만큼 자유가 있다. 이 자유는 '힘'과 같은 개념이다. 노자는 군주를 무규정으로 정의한다. 그를 규정할 수 있는 것은 없다. 반대로 그는 모든 것을 규정할 수 있다. 군주는 아무 것도 함이 없다. 반대로 신하는 모든 것을 다 한다. 따라서 군주는 함이 없지만, 하지 못 하는 것이 없다. 이를 노자는 '無爲而無不爲' 혹은 '無爲自然'이라 한다. 이런 노자의 사상은 중국 군주정의 기본 원리가 된다.

불교 철학에서 상(相) 개념의 변천과 해석에 관한 연구:

니미타와 락샤나를 중심으로

　'상(相)' 개념은 초기 불교 경전에서부터, 아비달마 논서는 물론, 대승 불교의 중관과 유식 불교에 이르기까지 끊임없이 지속적으로 등장하고 있다. 더구나 인도를 넘어서 중국으로 불교 경론이 전해지면서, 오랜 기간에 걸친 번역과 해석의 역사에서도 '상' 개념은 하나의 중추를 이루고 있다.

　그러나 지금까지의 연구에서 '상' 개념은 개별적인 문헌에 나타난 뜻에만 주목했을 뿐, 개념사에 초점을 맞추어 종합적인 분석을 시도하여 성과를 이루지는 못한 것으로 보인다. 이와 같은 문제 의식에 따라 본 논문에서는 불교 경론에 따라 다양하게 나타나는 '상' 개념의 의미와 변천 및 그 해석에 대한 연구를 중심 과제로 삼은 것이다.

　불교는 해탈을 추구한다. 이 수행론을 분석하는데, 니미타와 락샤나가 강력한 도구가 된다. 이 두 개념을 중심으로 불교 이론을 재조명해 볼 필요가 있다.

1. 니미타와 락샤나, 상(相) 개념

본 논문은 불교철학에서 '상(相), 니미타, 락샤나' 개념을 연구하였다.

본 연구에서는 상(相) 개념에 해당하는 원어를 가지고, 초기 불교 경전부터 아비달마와 대승 불교에 이르기까지 불교 사상의 연속성과 차이점을 밝히는데 초점을 맞춘다.

이 논문은 '상, 니미타, 락샤나' 개념을 기본적 뼈대로 한다. 이 셋은 인식론적 개념이다. 대상 사물의 속성·모습이 지각되어서 주관에 들어오면 표상·인상이 된다. 그리고 표상과 인상이 마음속에서 개념과 관념으로 변한다. 사람은 개념과 관념으로 사유한다. – 이것이 기본 뼈대이다.(뼈대 도식)

객관 대상 사물의 속성과 모습 → 주관에 지각되면, 표상과 인상 → 개념과 관념

이는 단순한 도식이지만, 상당히 많은 내용을 담고 있다.

1) 속성, 모습; 대상 사물 = 실체 + 속성; 용수 이래로 '실체' 부분을 '自性'이라 한다. '자성' 개념은 중관과 유식이 다르게 사용한다. 본 논문에서는 실체와 자성이 아니라, '속성'을 중심으로 불교를 고찰한다. '속성'이라 하지만, '모습 모양'이라 할 수도 있다. 이 논문에서는 '속성, 모습'이라고 주로 표시한다. 이를 한자로는 '相'이라 한다.

2) 표상과 인상 개념도 다르다. 서양 근대 철학에서 경험론자들은 '인상'이라 하고, 합리론에서는 '표상'이라 했다. 대상의 속성이 그대로 주관에 들어와 찍힘이 인상(印象)이다. 印象은 '모습(象)이 도장 찍힘'(印,

impression)이다. 반면 표상(表象)은 주관이 대상의 속성·모습을 가져옴이다. 주관에 따라서 가져오는 속성·모습이 달라진다.

인상과 표상은 경험론과 합리론이라는 큰 차이가 있다. 그러나 불교에서는 이 차이를 가지고 논쟁하지 않는다. 여기에서는 '인상과 표상'이라는 두 말을 구별하지 않고 쓴다. 일반적으로 니카야를 번역하는 사람들이 '표상'이라는 말을 더 잘 쓴다.

nimitta가 '표상, 인상'을 뜻한다면, lakṣaṇa는 일반적으로 사물의 '표시 표식', '모습 특징'을 의미한다. 그리고 saṃjña는 '생각 개념'을 뜻한다.

3) 관념과 개념; 『금강경』의 아상(我相), 인상(人相)의 相은 saṃjña이다. 이는 일차적으로 '생각(想), 개념'을 뜻한다. 우리는 개념과 관념을 가지고 생각하고 추론한다. 이 개념은 사물의 '모습 특징'을 가리킨다. 따라서 saṃjña는 '개념'이면서, 동시에 사물의 '모습'을 가리킨다. 따라서 '我相'은 "'나'라는 개념, 모습"을 뜻한다.

엄밀하게 보면 관념과 개념도 다르다. 그러나 불교는 이를 구별하지 않으며, 나아가 '관념, 개념'이라는 것을 주목하지 않는다. lakṣaṇa가 '모습'을 뜻한다면, saṃjña는 '개념'을 주로 뜻한다. 그런데 이 둘은 '모습 - 개념'으로 서로 연결된다. 따라서 구마라집 이후 번역자들은 "니미타, 락샤나, 삼전야"를 모두 '相'으로 번역한다. 그래서 셋의 구별이 사라지며, 특히 'saṃjña'는 더욱 무시된다.

4) '相'은 본래 ① 서로, ② 보다, ③ 돕다. - 주로 이 세 뜻으로 쓴다. 특이하게 중국 불교에서는 '相'을 대상의 '모습 모양'(象, 狀)의 뜻으로 쓴다. 그래서 '니미타'와 '락샤나'를 '相'으로 번역한다. '相'에는 '표상 인상'의 뜻이 없다. 또한 '개념 관념'의 뜻도 없다.

붓다의 경우, 사물의 속성 · 모습 → 마음에 생긴 표상 · 인상 (니미타)
대승의 경우, 사물의 속성 · 모습 → 마음이 하는 생각 개념 (삼전야)

'相' 개념은 이 두 가지의 변화를 무시하게 된다. 나아가 '속성 모습'(락샤나) → 생각 개념(삼전야)를 제대로 추적했다면, 불교의 진면목을 제대로 볼 수 있었을 것이다.

5) 붓다와 초기 불교는 경험론자이다. 따라서 사물의 속성을 지각한 내용인 '표상 인상'을 중시한다. 5온 12처 등의 분류는 사실상 표상된 지식들을 나눈 것이다. 이런 표상 인상을 '니미타(nimitta)'라고 한다. nimitta는 일차적으로 표상을 가리키고, 이차적으로 대상의 속성을 가리킨다.

6) 용수 이래 이런 도식을 바꾼다. 앞에서 말한 뼈대 도식에서, "사물의 속성 모습 → 주관의 표상 인상"으로 연결시킨 것이 붓다라면, 용수는 "사물의 속성 모습 → 주관의 개념 관념"으로 연결시킨다. 이래서 사물의 속성과 모습을 중시하며, 이를 '락샤나(lakṣaṇa)'라고 한다. 락샤나는 일차적으로 사물의 속성 · 모습이며, 2차적으로는 내 마음의 '개념 관념'이다.

니미타 "사물의 모습 · 속성 → 마음의 표상 · 인상"; 붓다와 아비달마
락샤나 "사물의 모습 · 속성 → 마음의 개념 · 관념"; 대승 불교 – 중관과 유식

7) 여기에서 문제가 있다. 구마라집 등은 '니미타, 락샤나, 삼전야 (saṃjñā)'를 구분하지 않고 모두 '상(相)'으로 번역한다. 적어도 인도의 문헌에서는 nimitta와 lakṣaṇa를 구분해서 표기한다. 그러나 중국에 오면 이 둘의 구분을 무시하고, 다 '相'이라 한다. 이래서 그믐밤에 까마귀와 백로가 구별되지 않게 된다.

8) 왜 붓다가 '니미타' 개념을 중시했고, 이후에도 불교 사상에서 핵심을 차지하는가? 그 이유는 '해탈' 때문이다. 붓다는 '고통 → 해탈'이라는 도식을 제시한다.

사물의 **속성·모습** → 이것이 마음에 지각되면, **표상·인상** → 욕망 감정 → 집착 번뇌 → 고통; 이 과정은 모든 인간이 다 가지는 것이다. 이 고통에서 벗어남이 해탈이다. 따라서 '속성·모습 → 표상·인상'의 과정이 최초이고, 가장 중요하다.

2. '상(相)' 개념을 통한 불교 변천 해석

1) 붓다의 경험론

고대 인도의 정통 사상은 베다와 우파니샤드이다. 세계의 실체가 브라만이고, 마음의 실체가 아트만이다. 브라만=아트만이라는 범아일여가 기본 사상이다. 이를 인식하는 것이 목표이다. 종교로서 베다에 근거한 정통 사상은 많은 신들을 제시한다. 제사와 의례를 통해서 인간을 구제하려 한다.

우파니샤드에 따르면, 세상은 브라만이 드러난 것이다. 따라서 기본적으로 세상은 진정한 존재(sat), **아름다운 것**, 즐거운 것(ananda)이 된다. 붓다는 이를 정면으로 반박한다.

붓다 당시에는 정통 사상을 부정하는 6사 외도가 있었다. 이런 비정통 사상 중 가장 큰 세력이 붓다의 불교였다. 브라만-아트만은 **이성적 사유와 추론**으로 인식하는 것이다. 붓다는 이와 반대인 경험론으로 나간다. 경험적으로 파악한 인간의 존재는 고통 그 자체였다.

사물의 모습 속성을 사람이 지각하면, 마음에 표상과 인상이 생긴다. 이 표상된 내용을 정리해서 5온, 12처, 18계 등을 제시한다. 이것은 '브라만=아트만'이라는 도식과는 엄청난 차이를 보인다. 전자는 감각으로 지각할 수 있는 것이지만, 후자는 감각 지각할 수 없고, 이성적 사유로 도달한다.

붓다의 경험적 인식은 대상의 모습을 지각한 표상에서 출발한다. 이 '표상'을 '니미타, nimitta'라고 한다. 불교는 인간의 고통에서 벗어나 해탈을 추구한다. 해탈하기 위해서는 '속성-표상'(nimitta)의 이해가 중요하다. 고통은 바로 이 지점에서 시작되기 때문이다. 붓다의 이론적 분석이나, 수양론은 바로 이 지점에서 출발한다.

2) 초기 불교 – 아비달마

붓다 입멸 후 보수적 경향의 상좌부(上座部, Theravāda)와 진보적 경향의 대중부(大衆部, Mahāsāṁghika)로 근본 분열이 일어난다. 이후 분열을 거듭한 끝에 부파 불교 즉 아비달마(阿毘達磨, Abhidharma) 불교의 시대가 도래한다. 부파 불교는 법(法 다르마) 중심의 불교, 계율을 중시하는 출가자(승려) 중심의 불교였다. 그러나 재가자의 종교적 욕구에 따라 불탑 교단의 재가성과 신앙성이 주요 원인으로 대승불교가 성립하게 된다.

붓다와 아비달마는 **경험론자**이다. 감각 지각에서 욕망 감정, 번뇌 집착, 고통이 생기는 과정을 경험적으로 분석한다. 초기 불전이나 아비달마 문헌이 개수를 나열하는 것 자체가 경험론에서 나온다. 5온, 6처, 12입, 18계, 5위 75법 등이다.

초기 불교와 아비달마 (남전, 북전)에서는 니미타의 두 측면인 대상의 **속성**과 마음속의 **표상** 가운데 '표상'에 초점을 맞춘다. 그들은 감각으로 지각한 내용들, 표상한 내용들을 종합하여 분류 정리한다. 이것은 아비달마의 교학 체계로 발전한다. 또한 해탈을 향한 수행도 니미타와 연결된다. **무상**(無相) 삼매가 그것이다.

3) 대승 불교 - 중관과 유식

(1) 대승의 핵심 개념은 '空'이다. 대상의 실체에 대한 사유에서 공 (空) 이론이 나온다. 대상 사물에는 실체, 즉 자성(自性)이 비어 있다, 없다. 그래서 '공하다', '색즉시공(色卽是空)'이다. - 대승에서 늘 관심의 초점에 있었던 것은 바로 '실체-자성'이 없다는 '공' 개념이었다. 반면 사물의 속성 · 모습(相)에 대해서는 소홀하게 생각한다.

사물 = 실체 + 속성; 이 도식에서 붓다는 '속성'의 지각을 중시한다. 반면 용수는 '실체'를 자성(自性)이라 하면서, 그것을 부정한다. 이것이 공空 사상이다. 왜 관심이 '속성'에서 '실체'로 변했는가? 대승 불교는 붓다에서 아비달마까지의 경험론에 근거한 복잡한 이론 체계를 부정하고자 한다. 그 이론 체계는 '속성'에 근거하고 있으므로, '속성'에 근거해서는 부정할 수 없다. 따라서 '실체'를 선택한다.

붓다의 "사물의 속성 → 주관의 표상" 도식을 대승은 "사물의 속성 → 주관의 개념 · 관념"으로 바꾼다. 관념에 대응하는 것은 사물의 속성이 아니라 '실체'라는 것이다. 아비달마의 범주들, 예컨대 5위 75법 같은 것을 '속성'이 아니라 '실체'로 간주하고, 실체와 대응되는 '관념'을 부정한다. 실체가 비어 있다, 즉 공(空)하다.

(2) 불교를 연속된 것이라고 본다면, '속성-표상'이라는 관점에서 대승의 이론을 분석할 필요가 있다. 대승에서 '속성→실체'로 바꾸기, 이는 '니미타→락샤나'로 개념 변천으로 드러난다.

대승 불교의 중관과 유식에 오면, 니미타의 두 측면인 대상의 **속성**과 마음의 **표상** 가운데, 대상의 **속성·모습**에 초점을 맞춘다. 그러면서 '니미타'라는 말 대신에 '락샤나'를 주로 사용한다. 주관의 표상이 아닌, 대상의 속성을 사유의 핵심으로 삼는다.

초기 불교와 아비달마 논서에서는 lakṣaṇa는 거의 나타나지 않는다. 반면 nimitta라는 말이 핵심적으로 쓰인다. 따라서 대승 불교 이전의 상(相) 개념은 니미타 개념을 중심으로 연구를 진행하는 것이 타당하다.

중관 이래 대승은 **이성적 사유, 논리적 추론**에 근거한다. 중관中觀은 부정 논법으로 그 이전의 모든 아비달마의 이론을 부정한다. 공, 반야 지혜, 진제와 속제, 파사현정 등이 그런 이론이다.

유식(唯識)은 대상 사물의 실체, 즉 자성(自性, 실체)의 비어 있음(空)을 주장한다. 다만 사물의 속성만 존재한다. 이 속성을 8식 알라야식의 씨앗이 만든다. 그래서 사물의 속성, 즉 법상(法相)만 존재한다.

(3) 크게 보면, 초기 불교와 아비달마는 경험론이면서, 주관의 '표상'에 근거한다.

대승 불교는 객관 대상의 속성·모습에 근거해서 추상적 이론, 이성적 추론을 전개한다. 이런 점에서 대승 불교에서는 '니미타'는 버리고 '락샤나'라는 말을 주로 쓴다.

니미타는 표상의 뜻에 가깝다면, 락샤나는 대상의 속성에 가깝다.

초기 불교와 아비달마는 주로 니미타를 쓰고, 대승 불교는 락샤나를 주로 한다. 반대로 말하자면, 전자는 락샤나를, 후자는 니미타를 거의 쓰지 않는다.

4) 원효와 『대승기신론』

(1) 원효의 사상은 『대승기신론』에 근거하고 있다. 『금강 삼매경론』 역시 『기신론』의 '一心 二門' 체계에 따라서 해석하고 있다.

『기신론』은 인도의 소승과 대승 불교와는 완전히 다른 스타일을 가지고 있다. 특히 心性 개념이 기본 틀이라는 점이 그렇다. 붓다는 '무아설'을 기본으로 삼았다. 따라서 그의 이론 체계에는 아예 '마음'이라는 용어 자체가 잘 등장하지 않는다. '마음 = 나'이기 때문이다. 이런 무아설의 원칙은 아비달마 뿐만 아니라 중관 유식에도 관철된다.

心性은 마음과 본성이다. 心은 포괄적인 개념이고, 性은 마음의 본래 상태이다. 이는 불교 이론이 아니라, 중국의 전통적인 이론이다. 一心 二門이 그 전통과 연결된다.

(2) 본 연구는 원효의 사상을 "取相 − 離相 − 無相"이라는 틀에서 서술했다. 일반인은 '사물의 속성·모습'을 취한다. 그것을 지각하면 마음에 개념·표상이 생긴다. 이것에 의해서 사람이 고통에 빠진다. 取相은 '속성-관념'이 사람에게 고통을 준다는 것이다. 이는 유식의 도식에 근거한 것이다.

따라서 고통에서 벗어나기 위해서는 '모습에서 떨어짐'(離相)을 해야 하고, 궁극적으로 '모습을 없앰'(無相)에 도달해야 한다. 도달하는 방법은 금강 삼매이다.

이런 '相'과 관련된 도식은 인도의 대승 불교를 어어받은 것이다. 나아가 붓다 이래로 '取相−無相'의 도식이 있었다. 사람이 고통에 빠지는 이유가 取相 때문이다. 붓다는 "'사물의 속성 지각 - 표상 - 욕망 감정 - 번뇌 집착 → 고통"이라는 순서를 제시한다. 반면 대승은 "사물의 속성 - 마음의 개념 관념 → 고통"이라는 순서를 제시한다. 순서는 다르지만, '取相－無相'의 도식이라는 점은 같다. 초기 불교에서부터 '無相 삼매'가 있었고, 이는 원효에게까지 이어진다. 원효는 '무상 삼매' 대신 '금강 삼매'를 말한다.

3. 초기 불교 - 니미타

(1) 본 연구는 외부의 대상을 인지하고 판단하는 인간의 마음 현상이 발생하는 최초 사건인 '상(相, 니미타)' 개념에 주목한 것이다. '니미타 nimitta' 개념의 뜻을 우리말로 번역할 경우 최적의 단어는 '모습, 속성'이다. 눈에 비친 사물의 모습과 속성은 니미타의 일차적인 뜻이라는 데는 이견이 없을 것이기 때문이다.

그러나 니미타의 우리말 번역어를 선택하고 그에 타당한 근거를 마련하는 과정에서 니미타의 기본적인 뜻을 '모습, 속성'으로 정하고, 문맥에 따라 달라지는 니미타의 뜻을 각각 ① '원인, 근거', ② '암시, 징조', ③ '모습, 특징', ④ 마음이 담은 '모습' 등 크게 네 가지로 나누었다.

① '원인, 근거': 우리말 '원인'으로 바로 대체하기가 곤란한 경우와 '바탕, 이유, 조건'의 뜻이 포함되어 있어서 '근거'라는 말로 이해하는 것이 더 적절한 경우이다.

② '암시, 징조': 팔리어 사전에서 니미타의 뜻을 '암시(sign), 징조(omen), 조짐(portent), 예견(prognostication)'으로 분류한 것을 토대로 경문을 분석한 결과 '암시, 징조'의 두 가지 항목으로 나누어 설명하는 것이 적절하다고 판단하였다.

③ 사물의 '모습, 특징': 니미타의 가장 기본적인 뜻이다. '모습'은 '모양, 표상, 특징, 특성, 현상' 등의 개념들과 연관되는 말로서 경전에서 매우 빈번하게 나타나는 대표적인 뜻이다.

④ 마음이 담은 '모습': 기존의 연구에서 '심상적 니밋따'로 분류한 니미타를 여기서는 '마음이 담은 모습'으로 옮겼다. 마음이 담은 '모습'의 내용과 그 내용으로 발생하는 '마음의 변화'이다. 마음이 담은 '모습'인 니미타로 부터 향상의 길과 퇴보의 길이 모두 열려 있기 때문이다.

(2) 초기 불교의 기본적 도식을 "取相 – 無相"으로 볼 수 있다. 取相은 '相을 取함'이다. 사물의 모습을 지각해서 마음에 표상이 생기는 것이다. 이것이 고통의 원인이 된다. 따라서 '無相', 즉 '相을 없앰'을 해야 한다. 없애는 방법이 바로 '無相(삼매)'이다.

4. 아비달마 - 니미타

붓다의 사상을 이어받은 아비달마 불교는 크게 남전 스리랑카의 상좌부와, 북전 간다라와 카시미르 지역의 설일체 유부가 있었다. 이 둘은 매우 차이가 크다.

남전은 팔리어로 적혀 있다. 반면 북전은 설일체유부의 문헌인데, 한문 번역본만 남아 있고, 산스크리트어 원문은 거의 없다. 따라서 남전은 'nimitta'로 검색하고, 북전은 '相'으로 찾는다.

1) 남전 상좌부 7론 중에서

(1) 『법집론(法集論, Dhamma saṅgaṇi)』에서 니미타 개념은 '표상(nimitta)', '표상 없음[無相, animitta]', '표상[全體相]을 취함(nimittaggāhī)'의 세 낱말이 발견되었는데, 이 중에서 '표상 없음'의 내용은 '항상, 견고,

즐거움, 자아'라는 관념들을 제거하는 것으로 해석되었다. 수행론을 중심으로 한 니미타 개념의 이해이다.

(2) 『무애해도(無礙解道, Paṭisambhidāmagga)』에서는 '떠오른 모양', '드러난 모습', '영상', '여운' 등 네 가지 뜻이 나타났다. '모습'의 경우, 니미타의 뜻이 한편으로는 수행에 도움을 주는 모습과 그렇지 못한 모습을 잘 구분해야 수행의 성취를 거둘 수 있다는 취지가 또렷하게 드러났다. 니미타가 '숨이 닿는 곳'이란 뜻으로 쓰이거나 무상無相의 의미를 '나'와 '나의 것'이라는 생각이 중심이 되는 상태에 구속되지 않아야 한다로 해석한 곳에서도 수행론 중심의 성격을 살펴볼 수 있다.

(3) 『청정도론(清淨道論, Visuddhimagga)』에 나타난 니미타는 크게 '특징' 등의 뜻을 지니고 있는 약간의 사례와 '취하지 않아야 할 모습 또는 대상'과 '수행의 계기로 삼아야 할 모습 또는 대상'으로 나오는 대부분의 사례로 나눌 수 있다. 특히 니미타를 '수행의 계기로 삼아야 할 모습 또는 대상'으로 여기는 경우가 두드러지는데, 이것은 니미타를 발판으로 하여 대부분 선정 수행의 경지를 높이는 방법으로 삼는다는 점에서 좀 더 다듬어진 체계라고 평가할 수 있다.

2) 설일체유부가 중심이 되는 북전 7론 중에서

(1) 『아비달마 집이문 족론』에서는 '이치에 맞게', '사유하여', '선택하다'는 세 가지가 육근 수호를 실천하는 조건으로 등장하고 있어서 사유를 중시하여 수행의 동력으로 삼는 방식을 보여주고 있다.

(2) 『법온 족론』「염주품(念住品)」에 서술된 신관(身觀)의 내용 중 순

외신관(循外身觀)의 대상을 타인의 몸속에 있는 신체 기관들을 각각 지수화풍 등의 요소들로 구별하여 아는 것을 그 내용으로 하고 있다. 이때의 니미타는 각 요소로 분류할 수 있는 고유한 특징을 의미하는 것이다. 한편 「무량품(無量品)」에서 자심정(慈心定)의 참모습을 설명하는 가운데 락상(樂相)도 등장하는데, 이는 모두 성취한 경지를 승화시키는 데 니미타가 활용되는 사례이다. 니미타가 사유의 측면 뿐만 아니라 수행에서도 활용되고 있다는 사실을 나타내고 있는 것이다.

(3) 『식신 족론』과 『계신 족론』에서는 '현상의 특징·모습'이라는 뜻인 '사상(事相)'이 나타난다. '특징'이란 뜻의 니미타는 개념으로 담아 낼 수 있는 현상의 구체적인 모습이자 내용에 해당하는 것이다. 『식신 족론』에서는 3삼매가 중시되는데, 공공(空空), 무원무원(無願無願), 무상무상(無相無相)과 같이 중복된 형태로 나타난다. 『계신 족론』 「본사품(本事品)」에서는 '간택(簡擇)'이란 말이 나타는데, 이는 지혜의 힘에 의거해서 정확한 판단을 일으켜 거짓을 버리고 참됨을 취하는 것을 가리킨다는 뜻이다. 이 판단력을 향상시켜 최고의 수준으로 성취한 것을 최극(最極) 간택(簡擇)이라고 하였다. 이때의 니미타(相)는 인식 대상을 제대로 아는 모습을 뜻하므로 '면모'로 해석하였다.

(4) 『아비달마 발지론』과 『아비달마 대비바사론』에서는 3삼매에 대한 해석이 두드러진다. 『대비바사론』의 해석에 따르면, 장애를 다스리는 역할에 따라 공 삼매는 유신견(有身見), 무원삼매는 계금취(戒禁取)를 각각 분담(近對治)시키고 있다. 무상 삼매가 맡아서 다스리는 장애는 의疑라고 하였는데, 무상 삼매는 견해와 관련되는 이지적(理智的) 번뇌를 다스려 견도(見道)를 성취하는 수행의 요체가 된다는 해석인 것이다. 또 3전 12행상을 해석하는 대목에서는, 무상 삼매가 지향하는 바는 비친

모습으로부터 발생하는 괴로움의 소멸(滅), 소멸에서 생겨나는 고요함 (靜), 괴로움이 존재하지 않는 뛰어남(妙), 괴로움의 원인으로부터 벗어 남(離)이 핵심이라는 해석을 제시하고 있다.

(5) 『아비달마 구사론』에서도 니미타는 무상 삼매의 의미를 해석하 는 부분에서 등장하는데, 이 내용은 『분별정품(分別定品)』에서 확인할 수 있다. 여기서는 특히 멸(滅)·정(靜)·묘(妙)·리(離)라는 네 가지 지식의 대상 중에서 정(靜)만을 취하는 이유에 대해 강조한다. 첫 번째로 비상 멸(非常滅)과 혼동되기 때문이라고 하였는데 이것은 무원무원 삼매의 행 상과 겹치는 혼동을 피하기 위해서 지적한 것으로 보인다. 두 번째로는 무기성(無記性)이기 때문이라고 하였으니 무상무상 삼매로 성취한 무루 법에는 택멸이 존재하지 않으므로 그 본성이 확정되지 않는 점을 말한 것으로 보인다. 세 번째로는 이계과(離繫果)가 아니기 때문이라 하였는 데 마찬가지로 묶여 있는 상태를 벗어난 결과에 속하지 않는다는 점을 가리킨 것이다. 이렇게 해서 『대비바사론』에서 등장한 삼중삼매는 『구 사론』에 이르러 거기에 내재된 무루의 특성을 해석하는 데 치중하고 있 음을 알 수 있다.

3) 니미타와 무상(無相)

이상 아비달마 불교는 남전이던 북전이던 모두 '니미타' 개념에 근 거해서 말하고 있다.

남전 아비달마는 붓다의 사상에 충실하며, 수행론을 중심으로 한 다. 반면 북전 아비달마는 붓다의 사상을 발전시킨다. 추상적 사변을 통 해서 복잡한 이론을 생산해낸다. 이론이 중심이기는 하지만, 수행이 결 합되어 있다.

아비달마 논서에 나타난 상(相) 개념은 붓다의 '니미타' 공식과 거의 비슷하다. 문제 의식과 이론, 수양론까지도 대략 같다. '니미타'라는 개념에서 '무상(無相) 삼매'가 나온다. 그들은 3삼매 이론을 더욱 발전시키고, 나아가 삼중 삼매를 제시한다.

전반적으로 'nimitta'와 '相'을 키워드로 해서 검색을 해 보면, 아미달마 문헌에서는 '수양론' 부분이 많이 나온다. 불교가 원래 해탈을 추구했고, 그것을 이루기 위한 핵심적인 방법이 '니미타'의 통찰이다. 고통이 시작되는 지점이 바로 '속성-표상'이라는 '니미타'이기 때문이다. 이 지점을 관리하는 것이 '명상(삼매)'이다. 명상은 일단 평소의 인식 지각 과정을 괄호치는 것이다. 그리고 마음 내면에서 '표상'을 점검 관리하는 것이기 때문이다.

5. 대승불교 경론 - 락샤나

1) 대승은 크게 셋으로 나누어서 고찰한다

(1) 용수와 반야 계통 - 반야경, 『중론』, 『12문론』, 『대지도론』.
(2) 유식 사상 - 『유가사지론』, 『해심밀경』.
(3) 중국적 사유 - 『대승기신론』

붓다와 아비달마가 밀접한 연관이 있다면, 이 셋은 소승과 차이는 물론, 셋 사이에 서로 차이가 많이 난다. 중관과 유식은 인도적 사유가 명확하다. 반면 『대승기신론』은 중국적 사유에 기반해서, 인도 대승 불교를 해석하고 있다. 그래서 『대승기신론』은 원효와 묶어서 설명하는 것이 더 나을 수 있다.

2) 반야경과 중론, 대지도론

『반야경』의 본문에 나오는 상(相)은 초기 불교 경전이나 아비달마 문헌과는 달리 'nimitta'가 아닌 경우가 많다. 'nimitta'의 '표상' 대신에 '속성, 모습, 표시'를 의미하는 'lakṣaṇa'가 이를 대체하는 경우가 많다. 『반야경』이나 『중론』 등의 산스크리트 원문에서 'nimitta'를 검색해 보면 빈번하게 등장하는 'lakṣaṇa'에 비해 거의 언급되지 않는다는 사실을 확인할 수 있다.

(1) 반야경

『마하 반야바라밀경(摩訶 般若波羅蜜經)』의 제78 「4섭품(四攝品)」의 3 삼매 서술에서 무상 삼매의 특징을 알 수 있다. 여기서 무상 삼매는 적멸(寂滅), 즉 대상의 속성, 특징(nimitta, 相)을 인식하여 그것을 실체화하는 관념을 없애어 고요한 평온을 성취하는 수행(寂滅行)과 실체 관념의 구속에서 벗어나는 수행(離行)으로써 이해되고 있다. 또한 제19 「광승품(廣乘品)」, 제79 「선달품(善達品)」 등에서 모든 존재에 대한 관념은 실체라고 할 만한 것이 없다는 무상 해탈에 대한 관점이 나타난다. 대상을 인지한 모든 모습(相)에 대한 관념을 파괴하는 것이 무상(無相)이라는 해석이다.

(2) 중론

『중론』의 본문 제27품 가운데 본문 게송에서 락샤나(lakṣaṇa)를 직접적으로 다룬 것은 제5 「관6종품(觀六種品)」에서 살펴볼 수 있다. 여기서 첫 번째인 허공을 비롯해서 6종에 대한 서술을 모두 살펴보면, 니미타 개념을 대신하여 락샤나(lakṣaṇa)를 내세워서 상(相)을 지닌 존재도, 상으로 드러나는 존재도 성립할 수 없다는 점을 논증하고 있다. 이제 니미타 개념은 이전과는 전혀 다른 이론적 틀로 나타난 것이다. 즉 경험현상의 토대가 된 니미타는『중론』의 락샤나 개념과 더불어 이성적이고 논리적 사유의 대상, 즉 개념으로서 변모했음을 확인할 수 있다.

(3) 대지도론

『대지도론』의 설명에 이르면, 앞서 살펴보았던 '대상을 인지한 모든 모습(相)에 대한 관념을 파괴하는 것'에서 더 나아가 관념의 얽매이지 않는 실천력을 성취하게 되는 방법을 제시하고 있다. 바로 관념으로써 대상을 실체로 규정하려는 태도를 언어의 길과 마음의 길이 끊어짐으로 표현하여 드러낸 것이다.

3) 용수와 중관 사상

용수가 아비달마 철학을 비판하고, 공 사상에 근거해서 대승 불교를 열었다. 여기에서 핵심은 '니미타 → 락샤나' 변화이다. (기존 사상은 용수의 혁명을 '자성(自性)-공(空)'이라는 점에서 설명한다.) 붓다가 '사물의 모습 → 마음의 표상(니미타)'으로 연결시켰다면, 용수는 '사물의 모습(락샤나) → 마음의 개념'으로 잇는다.

붓다와 아비달마가 '속성→표상'으로 연결시켰다면, 용수는 '속성→개념'으로 연결시킨다, 개념 · 관념은 불변자(자체 존재자, 自性)이다. 이에 따라 용수는 붓다와 아비달마가 속성에 '자성自性'을 인정했다고 해서, '속성'을 부정한다. 사유의 추론 판단 이론화 등은 다 개념을 가지고 한다. 용수는 기존의 이론들을 '자성'에 근거해서 부정한다.

붓다와 아비달마는 '모습-표상'을 종합하고 분류한다. 5온, 6근, 5위 75법이 그것이다. 75법은 '말'로 표현된다. 그 '말'로 지시하려는 대상은 사물(의 '모습')이다. 사물은 늘 변화한다. 반면 '말'이 실제 지시하는 대상은 불변자이다. 불변의 것을 '자성自性'이라 한다. 이래서 말의 지시 대상은 '사물'과 '불변자'의 둘이 된다. 말은 본성상 불변자와 연결된다. '말 – 사물(의 모습)'로 연결되어야 하는데, 실제로는 '말 – 불변자(자성)'로 연결된다. 말의 지시 대상이 되려면, 사물은 불변의 자성을 가져야 한다. 그러나 변화하는 사물의 모습만 있다. 말의 지시 대상인 불변자(자성)는 사물의 모습과 다르다. 말은 사물의 실제 모습을 담지 못 한다. 모든 이론들은 낱말로 구성된다. 따라서 이론은 실제를 반영하지 못한다. 그래서 '희론(戱論, 말장난)'이다.

용수는 사물의 '모습·속성'(락샤나)에 대해서 논리적으로 사유한다. 사유의 대상은 '개념·관념'이다. 개념·관념은 말로 표현되며, '자성'이 있어야 한다. 용수는 '자성'이라는 점에 근거해서 이성적 사유와 추론으로 모든 이론을 비판 부정한다.

사유와 추론 속에서 사물의 '모습'은 '개념'으로 된다. 모습이면서 개념인 것이 '락샤나'이다. 이래서 '락샤나'에 '자성' 개념이 부가된다. 개념은 '불변자'(자성)이기 때문이다. 용수는 '자성' 개념으로 상대의 이론을 논파했지만, 용수 역시 말로 비판한다. '락샤나'에 근거한 말로 설명한다는 점은 상대나 용수나 다 같다. 이래서 용수는 진제와 속제를 구분한다.

붓다의 '모습 – 표상'이라는 도식을 용수는 '모습 – 개념'으로 바꾼다. 그리고 경험된 내용을 분류했던 붓다와 달리 용수는 '개념'을 가지고 이성적 사유와 추론을 한다. 이것이 대승 불교의 기본적 성격이 된다. 대승은 경험 분류를 포기하고, 사유 추론으로 치달린다.

4) 유식 사상

용수는 '자성' 개념을 통해서 기존의 이론들을 논파한다. 반대로 말하자면, 자신의 이론을 제시하지 못 한다. 그래서 유식학파가 등장한다. 이들은 '唯識無境'을 통해서 현상 사물을 설명하는 이론을 제시한다. 용수가 자성(自性)을 부정하고 공(空)을 주장했다. 사물=실체+속성. 여기에서 유식은 사물의 실체를 부정하고 공이라 한다(法空). 대신 속성은 8식의 씨앗이 드러난 것으로 존재한다. 유식(唯識)은 8식 이론으로, 무경(無境)은 3성 이론으로 구체화된다.

(1) 유가사지론

『유가사지론(瑜伽師地論)』「섭결택분(攝決擇分) 보살지(菩薩地)」; 오사(五事) 가운데 "모양 · 모습(相), 명칭(名), 분별(分別)" 셋에 대한 이해를 다음과 같이 요약할 수 있다.

상(相)이 '세속의 존재'(世俗有)가 되는 이유로 '잡염을 일으킴'(雜染起)과 '시설하는 그릇'(施設器) 두 가지를 든다. 그리고 이 두 가지 특징은 명칭과 분별이 세속의 존재인 이유가 되는 공통 요소로 나온다. 따라서 상(相), 명(名), 분별(分別)은 모두 세속의 존재로서 번뇌를 일으키는 측면과 동시에 언어 표현의 근거가 되는 것이라는 공통의 특징을 가지는 것이다.

명(名)의 구체적 특징은 "말의 의지할 바(言說所依)"라고 한 것처럼 표현의 기체가 되는 니미타가 명칭에 의지하여 언어로 드러나는 과정에 중추가 되는 점을 나타내고 있다. 분별(分別)의 구체적 특징은 "말의 수면(言說隨眠)"이라고 한 것처럼, 명칭이 부여되는 곳의 바탕에 잠재해 있으면서 언제나 작용하는 측면을 가리킨다. "말로써 따라 깨닫기(言說隨眠) 때문이다"라는 서술처럼, 언어 표현이 일어나는 곳에서 언제나 분별이 발생한다. 이는 표현된 언어에 의지해서 실재인 니미타의 특징을 아는 것이라는 뜻을 말하는데, 이때의 뜻은 언제나 표현된 언어에 근거하면서도 제한된다는 양측면을 가리킨다. 결국 붙여진 개념에 따라 니미타를 알 수 밖에 없는 진실의 측면, 즉 내가 본 모습만이 진실이라고 믿는 경향성을 정면으로 탐구하기 시작한 것이다.

(2) 해심밀경

『해심밀경』은 3성과 3무자성을 이야기한다. 변계소집상(遍計所執相)은 이름 붙이기이고, 의타기상(依他起相)은 연기를 분별함이고, 원성실상(圓成實相)은 진여(眞如)이다. "집착한 바를 두루 계산한 모습"(遍計所執相)은 대상 사물에 이름 붙이기로 드러난다. "남에 의지해서 일어난 모습"(依他起相)은 붙인 이름을 가지고, 연기(緣起, 말미암아 일어남)하는 대상 사물과 사태를 분별함이다. 이는 대상 사물의 모습·속성(相)에 '이름'을 붙이고, 분별함을 말한다. 여기에서 말하는 '相'은 락샤나이다. 사물의 모습·속성에 이름을 붙인다. 이는 속성-개념과 연결시키는 것이다.

(3) 용수의 변경

유식은 용수의 공 개념을 대상 '사물의 실체' 부정에 사용한다. 용수와 달라진다. 반면 '사물의 속성·모습' →개념 →말로 바꾸고, 분별해서 이론을 만드는 것을 비판하는 것은 받아들인다. '相'을 락샤나로 보는 것은 계승한다. 이렇게 보면 용수 이래 대승의 특징은 공 개념 보다는 오히려 '락샤나' 개념인 것 같다.

5) 대승기신론

이 책은 인도적 특성이 사라지고, 중국적 사유가 도드라진다. 따라서 중관과 유식에서 인식 대상의 특징 또는 관념을 의미하던 '상(相)' 개념이 전면적으로 등장하지는 않는다. 그러나 『해석분』에서 '깨닫지 못함'(不覺)에 따라 발생하는 마음을 삼세(三細) 육추(六麤)의 9가지 항목으로 분별하므로 여기에 나타난 '상' 개념에 주목하였다.

첫 번째로 무명업상에서 '상'이란 '깨닫지 못해서 생기는 모습'을 뜻하는 말이 된다. 그러므로 이때의 '상'은 중관과 유식과는 달리 언어 또는 관념의 의미가 아니라 문제점이 발생하는 모습을 '관찰하는 대상'으로 변모시킨 것이다. 이러한 관점은 언어, 관념, 실재에 대한 논리적인 오류를 따지거나 대상에 대한 참된 인식이 불가능하다는 문제 등을 논하는 경향과 달라진 부분이라고 말할 수 있다. 두 번째로 분별의 주체인 능견상(能見相)을 가리키면, 세 번째로 자연스럽게 그 분별의 대상이 되는 경계상(境界相)을 거론하게 된다. 세 가지 모두 진여와 어긋나는 지점이다.

『기신론』은 산스크리트본이 없으므로 이 상(相)이 니미타인지 락사나인지 밝힐 수 없지만 '깨닫지 못한 결과로 나타난 모습(相)'을 뜻하는 것은 분명하게 보인다.

육추(六麤)는 모두 분별에 의해 야기되는 모습이니, 본각(本覺)과 멀어져서 진여(眞如)를 가리는 현상으로 나타난 것들이다. 여기서 '지(智)'는 애착에 따라 분별이 발생한 모습이고, 이 지상에 따라 괴롭거나 즐거운 느낌이 끊임없이 생겨나는 모습이 두 번째인 '상속상(相續相)'이다. 이 느낌에 집착을 일으키는 모습이 세 번째인 '집취상(執取相)'이고, 여기에 명칭을 덧붙여 집착을 증폭시키는 모습이 네 번째인 '계명자상(計名字相)'이며 이 결과 갖가지 업을 지어내는 모습이 다섯 번째인 '기업상(起業相)'인 것이다. 마지막으로 이 업에 묶이어 괴로움의 결과를 받게 되는 모습을 '업계고상(業繫苦相)'이라 하였다.

따라서 이 육추(六麤)는 분별이 발생하고 전개되어 중생심衆生心을 더 거칠게 만드는 과정과 결과를 나타낸 것으로 이해할 수 있다. 그러므로 앞에서 살펴본 삼세와 더불어 이 '상(相)'은 모습의 뜻으로 쓰이지만 깨닫지 못한 사람들의 마음에 발생하여 본성인 '진여를 가리는 현상

(相)'의 의미를 담고 있음을 알 수 있다.

6. 『대승기신론』과 원효 - 락샤나

원효 철학을 인식론과 실천론으로 구분할 때, 인식론에서 다루어야 할 중요한 개념은 상(相)이다. 원효 전서에서도 상 개념은 중시되고 있는데, 특히 취상(取相)이라는 말로 시작하여 무상(無相)이라는 용어로 완결되고 있다.

1) 대승기신론

『대승기신론』「해석분」에서 진여의 여실공(如實空)을 해석하면서 원효는 소(疏)에서 첫째 '물들이는 사물'(染法)들이 서로 응하지 않는다고 한 것은, 주관(能)과 객관(所)으로 나누는 구별함(分別)이 서로 응하지 않기 때문이다.

둘째 "모든 사물의 차별되는 모습을 여의었다"(離一切法 差別相)는 것은, '취해진 바의 모습 · 속성'(所取相)에서 떠났기 때문이다.

셋째 '허망(虛妄)한 심념(心念)이 없기 때문'(無虛妄心念)이라는 것은 '능히 취하여 봄'(能取見)에서 떠났기 때문이다. 이 셋은 "염법(染法) 대 능소분별(能所分別), 차별상(差別相) 대 소취상(所取相), 허망심념(虛妄心念) 대 능취견(能取見)"의 대비를 한 것이다. 이는 주관과 객관의 분별이라는 유식(唯識)의 관점에 의거한 것이다. 상은 주관이 개입되어 만들어 낸 객관이다. 원효는 현실에서 생겨나는 번뇌의 문제를 해결하기 위해 상을 주목한다.

2) 이장의

『이장의(二障義)』; 원효는 『대승기신론』에서 제시한 현료문(顯了門)과 은밀문(隱密門)의 개념을 『이장의』에서 체계적으로 설명한다. 현료문은 '이장(二障)'의 개념에, 은밀문은 이애(二礙)의 개념에 배정한다. 2장은 '번뇌'라는 장애(煩惱障)와 '아는 것'의 장애(所知障)이다.

'아는 것'의 장애는 외부 대상의 참다운 모습을 인식함을 방해하므로 '객관 대상에 대한 집착'(法執)과 같은 미혹(惑)을 불러일으켜 올바른 관찰(觀)을 하지 못하게 한다. 곧 『유가사지론』은 번뇌장(煩惱障)이 인집(人執)이고, 소지장(所知障)이 법집(法執)이라 한다. 원효는 이 설명을 받아들여 번뇌론(煩惱論)을 구성한다. 이렇게 보면 "대상에 대한 올바른 이해를 가로막는 법집"이 인식의 최초의 사태인 상과 연관되고 있음을 알 수 있다. 취상(取相)하여 분별(分別)함은 법집에서 나온 것이니, 법공(法空)의 이치에 무지하기 때문에 소지장(所知障)이 생긴다. 원효는 취상을 시작으로 하여 소지장에 대한 해명을 한다. 이와 같은 취상의 인식 과정은 각자가 경험한 현상(nimitta, 相)을 판단의 근거로 삼기 때문에 대립과 갈등을 일으키는 원인이 된다.

원효는 이 취상의 내용인 소연경계(所緣境界)를 분별하는 것에서 벗어남이 바로 무분별(無分別)과 상응한다는 것이다. 그러므로 리상(離相)이야말로 진여(眞如)를 증득하는 방법이 된다.

3) 금강삼매경

리상(離相)은 『금강삼매경론』의 「무상법품(無相法品)」에 나오는 무상의 관점으로 이어진다. 여기서는 12회에 걸쳐 해탈 보살의 질문이 나타나지만, 이 문답의 내용을 해석한 원효의 관점은 공심(空心)에 초점이 있다는 사실은 첫 번째 질문만으로도 충분히 확인할 수 있다. 곧 취상(取相)의 문제가 '무상(無相) = 공심'의 획득으로 귀결되고 있기 때문이다. 그러므로 '취상 → 리상 → 무상'의 논리적 전개가 원효 저서에서 발견되는 해탈론이라고 말할 수 있다.

이상에서 원효가 말하는 '相' 개념은 '락샤나'이다. 그는 기본적으로 대승 불교에서 '相' 개념을 사용하는 맥락을 따른다.

4) 원효의 특징

원효는 『기신론』과 『금강삼매경』에 근거해서 철학을 전개한다. 이 둘에 주석을 쓰고, 또 『이장의』라는 저술을 한다. 여기에서 원효의 '相' 개념은 '락샤나'이다. 그는 기본적으로 대승 불교에서 '相' 개념을 사용하는 맥락을 따른다.

'相'과 관련해서 보면, 원효의 사상은 "취상(取相) - 리상(離相) - 무상(無相)"으로 요약할 수 있다. 대상 사물의 모습을 취함이 '取相'이다. 그래서 말을 만들고, 분별을 한다. 여기에서 고통이 생긴다. 따라서 '사물의 모습'에서 떨어지고(離相), 나아가서 사물의 모습을 완전히 없애야 한다. 이것이 無相이다.

원효는 다음 두 노선을 따른다. ① '취상-무상'의 도식은 붓다 이래 아비달마의 기본 가르침이다. ② "대상의 모습 - 말 - 분별"로 연결시키는 것은 용수 이래 유식이 기본적으로 가진 생각이다. 이런 '相' 개념은 '락샤나'이다. 원효는 소승과 대승을 적절히 종합하고 있다. 그리고 중국 불교의 화엄 선 천태 정토와 다른 길로 간다.

7. 취상-무상, 니미타와 락샤나

1) 니미타와 락샤나 개념으로 불교의 변천을 고찰하면, 불교의 핵심 철학을 좀 더 자세하고 명쾌하게 직관적으로 이해할 수 있다.

붓다가 정통 철학인 베다와 우파니샤드의 '브라만-아트만' 도식을 거부하고, 경험론에 근거해서 '고통 – 해탈'의 도식을 제시했다. 이 경험론의 핵심은 '사물의 속성 – 마음의 표상'이라 보아야 한다. 속성과 표상을 '相'으로 번역한다. 상을 취하는 것(取相)이 고통의 원인이 된다. 따라서 '相을 없앰'(無相)이 목표가 된다. 해탈하는 방법은 일반적으로 8정도라고 한다. 相의 관점에서 볼 때는 '무상 삼매'를 수행하는 것이다.

이 '取相 – 無相'의 도식은 아비달마 불교에도 그대로 이어진다. 나아가 유식 불교, 원효도 이 도식을 그대로 채택한다. 이 도식은 '고통 – 해탈'을 인식론적으로 바꾼 것이다.

2) 이 과정에서 중대한 변화가 생긴다. 반야 사상에 근거한 **용수**가 붓다와 아비달마의 경험론을 박차고 나와서, 이성적 추론을 중시하는 대승 불교의 기반을 만들었다. 붓다의 경험론과 대승의 이성론으로 달라지게 된다.

이 차이가 명쾌하게 드러나는 것이 바로 '相' 개념이다. 붓다와 아비달마는 '니미타' 개념에, 대승은 '락샤나' 개념에 근거한다. '니미타'는 '대상의 모습 – 마음의 표상' 가운데 '표상'에 중점을 둔 개념이다. '락샤나'는 대상의 모습 속성을 나타내는 말이다. 그리고 라샤나의 경우 "대상의 모습 · 속성 – 마음의 개념 · 관념"과 대응된다.

요컨대 니미타는 '대상의 속성 – 마음의 표상', 둘 다를 가리키되 '표상'을 주로 의미한다. 이는 경험론의 기본적 틀이다. 니미타를 종합 정리한 것이 붓다와 아비달마에서 제시하는 그 많은 범주들이다.

락샤나는 기본적으로 '대상의 모습·속성'을 의미한다. 그리고 '표상 인상'이라는 뜻은 없다. 그렇다고 '개념 관념'을 의미하는 것도 아니다. 대승에서 '相' 개념을 가지고 논하는 것을 보면, 일차적으로는 '대상의 모습·속성'을 가리키지만, 실제로는 그 속성과 모습이 '개념과 관념'과 같다. 대승은 '속성'(락샤나)을 가지고 논증을 한다. 이 논증은 이성적 사유이다. 사유는 개념과 관념을 가지고 한다. 결국 락샤나는 '대상의 속성·모습'을 가리키지만, 실제로는 그 모습·속성에 대응하는 '개념·관념'일 뿐이다.

이처럼 '니미타'와 '락샤나', 그리고 이 둘을 다 번역한 '相'이라는 말을 통해서 우리는 불교의 변천의 핵심을 파악할 수 있다. 불교 철학의 기본적 구조의 차이를 확인할 수 있다.

로고테라피와 유식(唯識) 사상의 비교 연구

이 논문은 로고테라피와 유식(唯識) 사상의 유사성과 상이성을 비교 연구한 것으로 지도교수님이신 손영식 교수님의 헌신적인 노력으로 완성되었습니다. 밤늦은 시간까지, 휴일도 마다하지 않으시고 제자의 모자람을 깨우치기 위해 힘써 주신 교수님께 진심으로 감사드립니다. 논문을 작성하는 동안 심신은 고되고 힘들었지만, 하나씩 완성되어 가는 것에 기쁨을 느꼈습니다, 진정한 학자가 어떤 모습이어야 함을 몸소 보여주신 손영식 교수님께 깊은 존경과 감사의 마음을 전합니다. 이제 정년을 기념하는 논문집에 부족한 글을 올리게 되어 송구합니다. 교수님의 앞날에 무한한 영광과 행복이 함께 하시기를 발원합니다.

1. 들어가는 말

로고테라피의 창시자 빅토르 프랑클은 인간이 삶의 의미를 발견할 수 있도록 도와주는 것을 자신의 삶의 목표로 삼았던 신경과학자이자 정신과 의사였다. '의미'의 사전적 정의는 '어떤 말이나 글이 나타내고 있는 내용'이다. 프랑클은 "사람이 살아가는 이유가 삶의 의미를 찾는 것에 있다"고 하였다. 인간은 행복을 추구하는 존재이면서도 실생활에서 고통을 느끼면서 살아가고 있다. 고통은 그 자체가 문제일 수도 있지만 고통을 바라보는 관점에 따라 여러 가지로 해석될 수 있다. 이에 관해 니체(Nietzsche)도 "왜 살아야 하는지를 아는 사람은 그 어떤 상황도 견딜 수 있다"고 하였다.

프랑클은 의미가 사물 그 자체에 있는 것이 아니라 사람이 발견하는 것이라고 하였다. 프랑클은 모든 사람에게 가장 공평한 것이 죽음이며, '죽음이 삶을 더욱 풍요롭게 하고 의미 있게 한다'고 주장했다. 프랑클의 의미 치료는 태도적 가치추구의 결정판이다.

본 논문은 프랑클의 로고테라피가 말하는 삶의 의미와 불교 유식 사상에서 말하는 의식(識, 마음)이 어떤 유사성과 상이성이 있는지 알아보고자 했다. 그동안 프랑클의 로고테라피를 연구한 사례는 많았지만 불교, 특히 유식(唯識) 사상과 비교하여 연구한 문헌은 없었다.

그런데 프랑클의 로고테라피와 대승불교의 유식사상을 비교하는 본 연구에는 나름의 한계가 있다. 두 사상은 시공간적으로 같은 시대에 있지 않고, 동서양의 사고방식에도 차이가 있기 때문이다. 또한 프랑클의 로고테라피를 전적으로 다루지 못했을 뿐만 아니라 유식사상 전체를 포괄적으로 다루지 못하고 있기 때문이다.

이 연구에서는 실존의 의미와 유식사상의 '의식'(識)을 비교한다. 프랑클의『무의식의 신』에서의 무의식과 불교에서의 심층 의식인 알라야식과 아말라식을 비교하였다. 이를 통하여 오늘날 실존적 공허에 사로잡혀 고민하는 사람들이 스스로 삶의 의미를 부여하는 태도의 가치를 가지게 한다. 실존의 의미와 마음이 주는 메시지를 알아차림으로써, 실존적 고민을 해소하고, 삶의 질을 향상하도록 한다. 프랑클의 로고테라피와 불교의 유식사상은 서로 닮아 있으면서도 다르다.

헤라클레이토스는 "모든 것이 변한다"고 했다. 변화 속에 로고스가 있다. logos는 진리이며, 이성이다. 이는 불교의 무상(無常)과 연결하여 생각해 볼 수 있다. 무상(無常)은 일정함이 없음, 변화함을 뜻한다. 변화를 받아들임, 즉 변화 속에서 의미를 찾아야 한다. 로고테라피 역시 삶에서 로고스, 즉 의미를 발견하는 것이다.

프랑클이 말하는 '의미'나 불교의 유식사상에서 말하는 '의식(識)' 혹은 마음은 유사성이 있다. 둘 다 일어난 사건의 발생 상황에서 어떻게 생각하고 바라보느냐에 따라 결과가 달라진다는 것을 이야기한다. 마음·의식이나 의미는 둘 다 눈에 보이는 것이 아니고, 어떤 현상에 대한 나의 생각이나 태도이다. 다만 로고테라피는 인과 관계를 따지지 않는 대신 불교는 인과와 인연의 연기법을 기본으로 한다는 것이 다른 점이다.

사람이 어쩔 수 없는 상황이나 운명에 처했을 때, 마지막으로 가질 수 있는 것이 태도의 자유이다. 그 상황에서 어떤 태도를 가지느냐에 따라, 그 일이 나에게 온 이유나 의미를 찾을 수 있다. 프랑클이 말하는 의미가 그런 것이다.

유식사상에서 마음의 바탕은 8식이나 9식이다. 8식의 씨앗이 드러나서 현상 세계를 이룬다. 이것을 깨달을 때, 나와 세계의 의미를 발견할 수 있다. 9식은 모든 사물이 서로 관계를 맺게 만든다. 이에 따라 한 사물은 우주 전체와 관계를 맺게 된다. 우주적 의미를 가지게 된다. 유식에 따르면, 사건이 일어난 뒤에 깨닫는 것뿐만 아니라, 그 일이 일어나기 이전부터 마음의 속성을 알아차림으로 인해 지혜를 얻게 된다.

의미 치료는 예컨대, 예기(豫期) 불안으로 오는 신경증이나 공포증을 역설의도 기법, 반응억제 기법 등을 사용하여 치료한다. 로고테라피가 치료에 중점을 두었다면, 유식사상은 처음부터 실체의 속성을 바르게 알아차려 발병되지 않도록 미리 예방하는 의미가 있다.

초기불교에 따르면, 고정불변의 마음이란 없으며, 다만 연기적 조건에 의해서 일어나고 사라지는 것이다. 마음은 분명 눈에 보이지는 않는데 그 때문에 괴롭거나 즐겁다면, 칸트가 신을 요청하는 것처럼, 프랑클이 의미를 찾는 것처럼, 우리는 마음의 존재를 요청할 수 있다.

양심이나 도덕성과 윤리는 외면하는 사람에게는 의미가 없지만, 그것에 관심을 가지는 사람에게는 지침이 되고 가치관이 된다. 타인의 시선으로 자신을 비하하거나, 미리 다가올 시간에 대해 걱정하지 말라. 이 세상 어떤 것도 단일로 독립되어 있지 않다. 삶의 의미를 찾아가는 것이 중요하다. 이것을 의식하면서 오늘 지금 바로 여기에서 매 순간순간 의미 있게 살아가는 것이 우리가 할 일이다.

2. 로고테라피

1) 로고테라피의 탄생 배경

빅토르 프랑클(Viktor E. Frankl, 1905~1997)은 로고테라피(Logotherapie)의 창시자이다. 그는 1905년 오스트리아 빈 체르닌가세 6번지에서 2남1녀의 차남으로 태어났다. 1924년에 프랑클이 쓴 논문 「긍정과 부정에 대한 연구의 초안」이 프로이트에 의해 『세계 정신분석 학술지』에 실렸으며, 그로부터 1년이 채 안 된 1925년에 두 번째 논문 「심리치료와 세계관」을 알프레드 아들러의 "International Journal of Individual Psychology"에 발표하기도 했다.[1]

프로이트와 아들러는 프랑클의 성장에 지대한 영향을 주었으며 이들과의 학문적인 인연은 독자적인 실존분석과 그 치료방법으로서의 로

---

1 빅토르 E. 프랑클, 『책에 쓰지 않은 이야기』, 박현용 역, 책세상, 2012, 66쪽.

고테라피를 창시하는데 큰 바탕이 되었다. 프랑클은 프로이트의 전기를 쓴 비텔스[2]와 함께 의료 심리학회를 창립했다. 1924년과 1926년의 논문들을 통해서 프랑클은 심리치료 전개 과정에 참여했으며, 각 단계를 거치면서 <역설적 의도>라는 심리치료를 제시했다. 1926년 프랑클은 뒤셀도르프에서 열린 개인심리학회의 국제 학술회의에서 핵심 연구와 기본 연구에 대한 발표를 하면서 정통노선에 벗어난 주장을 하였다. 그 내용은 실제로 우리 생활 곳곳에서 볼 수 있는 노이로제가 '타협 성격' 이론의 의미에서 목적을 위한 순수한 수단이라는 주장을 반박했다. 그 대신 노이로제를 도구의 의미에서 뿐만 아니라 표현의 의미에서 '표현' 으로 해석해야 한다고 주장했다. 이는 노이로제에 대한 기본 개념을 깨는 것이었다.

　프랑클은 1929년에 삶의 마지막 순간까지 삶의 의미를 주는 세 가지 가치와 가능성에 대해 구상하고 있었다. 그 세 가지는 우리가 하는 행동, 우리가 하는 일, 그리고 경험, 만남, 사랑이다. 이것은 이후에 인간의 세 가지 가치로 구체화된다. 창조적 가치와 경험적 가치 그리고 태도적 가치가 그것이다. 인간은 바꿀 수 없는 운명, 불치병이나 수술이 불가능한 악성종양의 발병 등과 같이 여러 가지 힘든 상황으로 고통 받을지라도 그 고통을 승화시킬 수 있는 능력이 있다. 그것은 고통 속에서도 고통이 주는 의미를 발견함으로 인해 가능해진다는 것을 연구하고 있었다.[3] 프랑클은 자신의 실존치료 방법론을 로고테라피라고 명명하였다.

　프랑클은 제2차 세계대전[4] 당시에 3년 동안 아우슈비츠와 테레지엔슈타트, 제3카우페링 수용소와 튀르크하임 수용소를 전전했다. 수감

2　비텔스(1880-1950) 신경학자, 정신과 전문의, 정신분석가

3　빅토르 E. 프랑클, 『책에 쓰지 않은 이야기』, 93쪽.

4　1939년 9월 1일부터 1945년 9월 2일까지 치러진, 인류 역사상 가장 많은 인명 피해와 재산 피해를 남긴 가장 파괴적인 전쟁이다.

번호 119104번으로 아우슈비츠의 수용소에 수감된 프랑클은 풀려난 뒤 수용소에서 겪었던 참담한 생활을 책으로 출판하게 되었다. 우리나라에서는 『죽음의 수용소에서』라고 번역되었는데 이 책은 전 세계적으로 백만 권 이상이 팔렸다. 이는 수용소에서 살아남은 의사의 생생한 증언과 극복을 기록한 것으로 전쟁의 후유증으로 실존의 의미를 잃고 방황하는 많은 사람에게 감동을 주었다. 사람들은 최악의 상황에도 살아남기 위해 견뎌내는 모습을 보았고, 극한의 수용소에서도 의미를 찾아가는 것을 보면서 용기를 얻었으며 자신들의 삶은 수용소보다는 낫다는 위안을 받았다. 그리고 사람들에게 주어진 환경에서 최선을 다해야 한다는 교훈을 주었다. 프랑클이 죽음의 수용소에서 살아남는 유일한 희망은 다른 수용소에 있을 아내와 가족들을 다시 만나고, 자신이 연구하고 작성한 로고테라피의 초안을 책으로 만들어 세상에 알리겠다는 의지였다. 하지만 아버지는 테레지엔슈타트 수용소에서 프랑클의 품안에서 돌아가셨고, 어머니는 아우슈비츠 가스실에서, 형은 아우슈비츠의 부속 수용소로 이송된 뒤 광산에서 숨을 거두었다. 그리고 첫 번째 아내인 틸리도 스물다섯 살의 나이로 수용소에서 죽었다. 우연히 접하게 되는 어떤 글귀나 책, 경험들은 앞날을 선택하게 하고 인생을 다시 살게 하는 계기가 된다. 프랑클은 개인적으로 수용소에서 살아남을 수 있었던 것은 무엇보다 잃어버린 초고를 다시 써야겠다는 의지와 가족을 만나는 희망 때문이었다고 확신했다.

2) 로고테라피의 정의

그리스어 로고스(logos)란 단어의 사전적 의미는 "우주의 원리" 혹은 신학적 용어로 "하나님의 말씀(혹은 의지)"이다. 하나님의 말씀이라고 하면 불필요한 종교적인 함축성을 띨 수도 있기 때문에 프랑클은 이 로고스(logos)를 "의미(meaning)"로 번역했다. 프랑클은 종교적인 의미를 뛰어넘기 위해서 '의미'라는 용어를 사용했다. 로고스를 의미로 표현하는 것이 가능한 것은 모든 것이 언어로 표현될 수 있기 때문이다. 우리는 언어를 통해 상대방을 알 수 있고 의사소통을 할 수 있다. 언어뿐만 아니라 의성어, 의태어로 표현되는 모든 것은 그것이 지닌 고유의 의미를 가지고 있다. 그러므로 로고스를 의미라고 한 것이다.

로고테라피(logotherapy)란 단어를 글자 그대로 해석하면 '의미를 통한 요법'(therapy through meaning)이 된다. 로고테라피는 로고스(logos)와 테라페이아(therapeia)의 합성어인데 로고스를 의미로 해석하고, 테라페이아는 의학적으로 돕는다는 뜻이 있으므로 의미치료라고 한다. 또한 로고테라피는 '의미를 통한 치료'(healing through meaning)로 해석될 수도 있다. 로고테라피는 의미중심(meaning-centered) 혹은 정신(psycho-centered)의 요법이다.[5]

일반적인 로고스(logos)는 모든 사물의 존재에 적용되는 보편적인 법칙과, 행위가 이행되어야 할 규칙을 인식하고 따르는 분별과 이성(理性)을 뜻한다. 로고스는 고대 그리스 철학이나 신학의 기본 용어이다. 헤라클레이토스는 로고스의 의미에 대해 "모든 것은 흐른다. 변화한다"는 뜻이라고 말했다. 정지해 있는 것이 아니라 모든 것이 흐른다고 했을 때 '그것은 무엇이다.'라고 정의할 수 없다. 계속 변하고 있기 때문이다. 모든 변화하는 것들을 설명하려면, "모든 것은 변화 한다"는 법칙이 불변적 진리이어야 한다. 그것이 바로 로고스이다.

로고스가 모든 것이 변한다는 뜻이라면 불교의 무상(無常)과 다를 바 없다. 무상은 제행무상을 말하는 것으로 고정불변의 상(형태, 모습)이 없다는 뜻이다. 이는 계속 변화하는 현상만 있음을 뜻하기 때문에 유사

---

5   빅터 프랭클, 『의미를 향한 소리 없는 절규』, 오승훈 역, 청아출판사, 2012, 25쪽.

한 의미를 가진다.

헤라클레이토스는 사람들이 로고스의 원리가 무엇인지 모르고 잘 못된 인식으로 살아가는 것에 대해 불평했다. 사람들이 모든 만물은 서로 관련이 있고 그로 인해 모든 자연현상이 생긴다는 보편적 사실을 모른다는 것이다. 이는 또한 불교의 연기(緣起)와 비슷한 의미를 지닌다. 연기는 모든 것이 연관되어 일어나고 서로 관련이 있다는 것이다. 헤라클레이토스가 발견한 로고스가 만물의 변화를 설명하는, 확증해 주는 자연법칙이자 입법이라면 기본적인 의미에서 불교와 많이 닮아있다.

3) 로고테라피와 자유 의지

프랑클은 프로이트와 아들러의 환원주의적 심리학을 넘어서고자 했다. 환원주의 극복을 위한 핵심은 인간에게 자유 의지가 있는가 하는 문제이다. 인간은 운명 지어지고 결정된 존재인가? 아니면 자신의 삶을 선택할 수 있는 의지의 자유를 지닌 존재인가? 프랑클의 로고테라피가 이전 심리학, 즉 프로이트의 정신분석학과 아들러의 개인심리학과 결정적인 차이는 무엇인가? 그것은 바로 인간의 자유문제, 자유의지에 있다.

프로이트는 인간의 자유의지를 부정했다. 인간의 운명은 이미 결정지어진 존재로서 자유의지로 벗어날 수 없다는 환원결정론자였다. 정신분석을 통해 신경증 환자를 꿈의 해석이나 최면 등을 통해 가면 벗기기를 감행했다. 환자의 행위 이면에 무의식적 동기를 드러내려고 시도했다. 그러나 마음의 심층을 발굴하여 더 이상 감춰진 것이 없는 마지막 진실성에 도달했을 때는 가면 벗기기를 중단해야 하는데도 계속할 것을 가르쳤다. 프랑클은 프로이트의 정신분석학을 인간의 진실함과 책임 존재를 불가능하게 만드는 환원주의이기 때문에 무의식을 드러내려 한다고 주장했다. 무의식적 동기에 의해 행위를 하는 인간에 대한 이해는 인간의 자유와 책임에 대한 부정으로 보았다.

스피노자도 『에티카』[6]에서 인간이 스스로를 자유롭다고 생각하는 것은 "즉 자신의 자유의지로 어떤 일을 할 수도 있고, 안 할 수도 있다고 생각하는 것은" 잘못 생각하는 것이다. 이러한 의견은 그들이 자신들의 행동에 대해서는 의식하면서도 자신들을 결정한 원인들에 대해서는 모른다는 것의 표시이다. 그러므로 그들의 자유의 관념은 단지 자신들의 행동의 원인에 대한 무지일 뿐이다. 결론적으로 인간의 자유의지는 없다고 하였다.

프랑클은 환원론의 문제는 책임을 회피하게 하고, 쾌락주의나 권력주의로 빠져들게 한다고 파악했다. 프로이트의 정신분석학과 아들러의 개인심리학은 인간을 기계적 존재로 대하고 대응하는 것으로 결국 인간을 물화(物化)시키는 것으로 이끌 것이며, 이것은 결정된 운명에 자신을 맡김으로 인해 인간의 존엄을 훼손하는 것이라고 보았다. 프랑클은 자신이 천착하고 있는 로고테라피의 세 기둥에 대해서 이렇게 이야기한다. "로고테라피의 인간에 대한 개념은 다음 세 개의 기둥에 기반을 두고 있다. 자유의지(freedom of will), 의미를 찾으려는 의지(will to meaning), 그리고 삶의 의미(meaning of life)이다."[7]라고 하여 자유의지가 있음을 강조하였다.

로고테라피와 자유의지에 있어서 인간의 운명은 결정되어진 것이 아니라 자유의지로 인해 자신의 삶을 선택할 수 있다. 즉 운명을 자신의 의지로 결정할 수 있다. 자유의지는 타인이나 환경에 의해 어쩔 수 없는 운명적 상황에 처하더라도 그 상황에서 선택할 수 있는 태도적 자유의지는 누구도 통제할 수 없는 것이다.

---

6   B.스피노자, 『에티카』, 황태연 옮김, 비홍출판사, 2020, 134-135쪽.
7   빅터 프랭클, 『삶의 의미를 찾아서』, 34쪽.

불교에서도 과거의 업으로 인해 현재가 결정되어지는 것은 연기의 법칙으로써 어쩔 수 없는 것이라고 말하지만, 현재가 원인이 되어 미래를 바꾸는 일은 얼마든지 가능하며 인간의 자유의지 즉 마음먹기에 따라 바꿀 수가 있다고 주장한다.

인간의 존엄은 자신의 삶에 대한 책임에 있다. 자유의지가 없이 책임과 의무를 논할 수는 없다. 선택과 결단에 대한 책임을 동물에게 요구하지 않는 이유는 동물에게는 자유의지가 없기 때문이다. 인간의 존엄은 유일무이한 삶을 오롯하게 자신의 것으로 살아가는 것에 있다.

4) 로고테라피와 삶의 의미

프랑클은 삶을 의미 있게 하는 세 가지는 창조적 의미와 경험적 의미 그리고 태도적 의미라고 하였다. 그 중에서도 태도적 의미를 가장 중요하게 생각하였다. 그 이유는 창조적 의미와 경험적 의미를 박탈당한 사람에게도 태도를 선택하는 자유가 있기 때문이다. 자신의 힘으로는 어쩔 수 없고 피할 수도 없는 운명에 처하게 되더라도 그 상황에서 선택할 수 있는 태도의 자유는 뺏어갈 수 없기 때문이다. 이 태도를 선택하는 자유 때문에 인생이 어떠한 상황에서도 의미를 가진다고 말하는 것이다. 여전히 성취해야 할 의미 즉 그 자신의 고유한 의미, 고난이나 시련을 잘 극복하는 의미를 성취해야 한다는 도전이 남아있기 때문이다. 무엇이 가치를 결정하는가는 이 세 가지 유형에서 찾을 수 있을 것이다.

(1) 창조적 의미

창조는 지금까지 와는 다른 것을 처음으로 만드는 것을 뜻하는데 어떤 일을 하거나 어떤 행위를 함에 있어 새로운 의미와 가치를 부여하고, 새로운 것을 만들어내는 것을 말한다. 창조에 걸림이 되는 것은 현실에 안주하는 것이다. 어제와 같은 행동을 하려는 나 자신을 극복해야한다. 자신만의 방식으로 의미를 부여하기 때문에, 사람마다 다르고, 어떤 의미를 부여하느냐에 따라 달라진다. 나에게는 아주 중요한 의미도 다른 사람에게는 의미 없는 일이 될 수도 있다. 창조는 새로운 시각과 창의력이 필요하다. 자신이 부여한 삶을 발전시키는 가치의 발견이 창조적 의미이다.[8]

(2) 경험적 의미

경험이란 어떤 일을 실제로 보고 듣고 경험하는 것을 말한다. 어떤 일에 직접 참여하여 얻는 직접경험과 말이나 글 등의 중간 매개를 통해 얻는 간접경험이 있다. 경험은 의미 있는 일을 통해서 뿐만 아니라 사랑을 통해서도 얻을 수 있다. 하지만 경험이 단지 겪어보는 것으로 끝나면 의미가 없다. 그 경험을 통해, 누구도 발견하지 못하는 자신만의 의미를 찾는 것이 중요하다. 죽을 만큼 힘든 상황과 수치심과 좌절을 경험했다면 그것들이 새로운 삶을 살아가는 기반이 되도록 승화시켜야 한다. 인간은 모든 일을 경험할 수 없고, 경험할 필요도 없다. 다른 사람의 경험이 자신의 삶에 의미를 주기 때문에 프랑클의 실화가 바탕이 된 직접적인 경험은 많은 사람에게 감동을 주고, 의미 있게 다가오는 것이다.[9]

(3) 태도적 의미

태도란 어떤 일이나 상황에 직면했을 때 가지는 입장이나 자세를 말한다. 성공적인 삶은 인생과 일을 향한 우리의 태도에 달려있다. 자신

---

8   빅터 프랭클, 『삶의 의미를 찾아서』, 113쪽.

9   빅터 프랭클, 『삶의 의미를 찾아서』, 113쪽.

의 힘으로 어쩔 수 없는 상황에 처했을 때, 가장 절망적이고 힘든 고통의 상황에서도 어떤 태도를 가지느냐에 따라 그 자신을 뛰어넘고, 고통을 초월할 수 있다. 시련을 가져다주는 상황은 바꿀 수가 없지만, 그 시련을 받아들이는 자신의 태도를 선택함으로서 극복해내는 것이다. 프랑클이 가장 중요하게 생각한 것이 태도적 자유이다.[10] 이는 주어진 상황을 긍정적으로 생각하고, 자신의 삶을 의미 있게 만드는 가치이다. 자신에게 닥친 엄청난 충격을 완화시키는 방법은 그 상황을 나에게 적합하도록 최적화해서 변환시킨 다음에 반응하는 것이다. 이는 일어나 사건에 대해 깊이 생각을 하고 반응해야 한다는 것을 의미한다. 생각은 태도를 결정한다.

5. 로고테라피의 활용 기법

1) 역설 의도 기법

역설적 의도는 1929년부터 활용되었으나 공식적 자료를 출간한 것은 1939년이다. 나중에 방법론으로 정식화되었고, 로고테라피의 체제로 합체되었다. 그때부터 역설적 의도에 대한 논문이 늘어나면서 강박 신경증과 공포 상태에 대한 치료에 효과적인 기법임을 보여주었다.[11]

프랑클이 역설 의지를 개발하고 실천하기 시작한 30년대에는 역설의지 기법을 공포증환자와 강박증 환자에게 적용시켰다. 또한 역설의지는 원하지 않는 행동 패턴, 즉 말더듬이, 얼굴 붉힘, 땀 흘림, 불면 혹은

---

10   빅터 프랭클, 『삶의 의미를 찾아서』, 121쪽.
11   빅터 프랭클, 『의미를 향한 소리 없는 절규』, 181쪽.

대인 기피 등을 고치기를 원하는 사람에게도 적용될 수 있다.[12]

역설의지는 프랑클의 "자기 초월의 인간 특유의 자질(the uniquely human quality of self-detachment)"을 이용하는 것인데, 객관적인 외부에서 자기를 바라보고, 부정하고, 심지어 스스로를 비웃을 만큼 자기 자신을 떼어 놓을 수 있다. 자기 초월 능력은 "영혼의 반발적인 힘(defiant power of the human spirit)" 뿐만 아니라 유머 감각에서도 분명해진다. 행동 치료자들에 의하면 역설 의지의 의미 치료 기법이 "대응 기제(coping mechanism)"의 소집과 가동이란 것을 보여주었다.

역설의도 기법은 "환자가 두려워하는 바로 그 일을 하도록 하거나 혹은 일어나기를 원하도록 고무 받는 것이다." "두려움이 역설적 의도에 의해 대치되자마자 예기불안의 돛은 없어진다." 프랑클의 표현처럼 그 목적은 예기 불안의 결과 생겨나는 악순환을 깨뜨리는 것이다. 역설 의도 기법의 유용성을 알기위해 사용되는 예기 불안이란 환자가 어떤 좋지 않은 일에 대해서 재발할 것이라고 미리 짐작해서 불안해하는 것을 말한다. 하지만 그러한 불안과 두려움은 오히려 환자가 두려워하는 그 일이 생기도록 하는 경향이 있고, 예기 불안도 같은 경향이 있어서 악순환(원인이 결과를 만들고 다시 그 결과가 원인이 되어서 또 다른 결과를 만드는)이 반복된다.

역설의지는 공포증환자에게 주로 적용되었다. 프랑클이 지적한 바와 같이 공포증은 두려움 자체를 두려워하고 특히 두려움의 결과를 두려워한다. 그러므로 공포증환자는 두려움을 피하려고 한다. 로고테라피에서 '공포로부터의 도피'란, 공포증 환자가 불안을 유발하는 환경을 회피하려는 것이다. 이러한 공포나 두려움으로부터의 도피는 발병 원인이 되어 공포증이 되는데 환자가 두려움을 느끼는 상황과 대면할 수 있

---

12 Fabry, 『빅터 프랑클의 생애와 로고테라피 의미치료』, 219쪽.

도록 해서 공포증으로 악화되는 것을 사전에 막을 수 있다는 것이다. 즉 마음속의 걱정이나 공포심이 정말로 두려워하는 일을 생기게 하고, 지나친 주의 집중이 원하는 일을 방해하게 만든다는 것이므로 두려움의 자리를 소망으로 변경한다면 그 병에서 해방될 수 있다는 것이다. 이러한 치료에서는 스스로를 따로 떼어놓을 수 있는 인간의 능력이 역설의 도라고 하는 로고테라피의 치료 기법이 적용될 때 발휘된다.

2) 반응 억제 기법

로고테라피에서는 반응 억제를 통해 과잉반응을 중화시킨다. 이 기법이 적용되는 영역 중의 하나는 불감증이나 발기 부전 등 성적인 문제로 생기는 신경증의 경우에 적용된다. 주의의 대상에게 너무 잘하려고 하거나 특정 부분에만 집중하면 성적인 행위나 경험이 위축된다는 것이다.

프랑클은 지네에 관한 이야기를 예를 들어 목표나 결과에 지나치게 집착하면 활동성이나 자발성의 장애를 받는다는 것을 설명했다. 지네를 의인화하여 평소 잘 움직이는 지네에게 그 많은 발 중에 먼저 움직이는 발이 무엇인지를 질문하면, 지네는 그냥 늘 움직이던 방식으로 움직이지 못하고 평소에 생각해보지도 못한 발의 움직임에 관심을 집중하다 오히려 전혀 움직일 수 없게 되고 결국 그 지네는 굶어 죽는다. 즉 파멸을 초래하는 과잉 반응 때문에 죽었다고 할 수 있다.[13] 이는 하지 않아도 되는 고민을 하느라고 일상이 흔들리는 것이다. 주변에서 어떤 사람이나 현상에 대해 왜곡된 인식으로 폄하하고 괴롭히는 일이 발생하는 것을 본다. 그들의 생각을 참고는 하되 지나치게 의식하다 보면 정체

---

13 빅터 프랭클, 앞의 책, 159-160쪽.

성을 잃게 된다.

3) 의미 발견

실존적 공허를 치료하기 위한 방법으로 가장 우선시 되는 것이 의미 발견이다. 의미를 발견한 사람들은 공허에서 벗어나 새로운 삶을 찾거나 충만한 삶을 살아갈 수 있게 된다. 의미 발견의 장소와 계기는 제각각 다르지만 본인이 스스로 부지불식간에 의미를 발견하는 것이며, 누구나 관심을 기울이면 찾아낼 수 있는 것이다. 의미는 누군가가 주는 것이 아니라 자신이 찾아내는 것인데, 잘 찾지 못하는 사람들을 위해 로고테라피 치료자들은 의미를 발견할 수 있도록 돕는 역할을 하게 된다. 사람이 일단 의미를 찾아내는 것에 성공하면, 그것이 그에게 행복을 가져다줄 뿐 아니라 시련을 견딜 수있는 힘도 준다.

의미는 발견되는 것이지 만들어 내는 것이 아니다. 즉 주어지는 것이 아니라 찾는 것이다. 각각의 질문에는 그에 해당하는 단 하나의 답, 그에 딱 맞는 하나의 답만이 존재하며, 각각의 상황에는 오직 하나의 의미만 있을 뿐이라는 것이 바로 진정한 의미 발견이다.[14]

3. 유식(唯識) 사상

1) 유식 불교의 세 가지 이름

유식불교는 인도 대승 불교의 핵심 사상이다. 중국에 가장 많이 알

---

14 빅터 프랭클, 『삶의 의미를 찾아서』, 100쪽.

려진 인도 불교이기도 하다. 유식불교는 ① 유식(唯識) ② 유가행(瑜伽行)파 ③ 법상종(法相宗)의 세 가지 이름이 있다. 이 세 이름은 유식 불교의 철학과 성격을 잘 말해 주고 있다.

유식불교의 가장 일반적인 이름은 '유식(唯識)'이다. 이는 두 가지로 해석된다.

첫 번째 '唯識'은 "오직 의식뿐"이라는 뜻이다. 이는 "오직 의식만 존재한다"는 주관적인 측면을 말한다. 나의 의식, 혹은 개인의 의식만 존재한다. 이는 의식만 존재하기 때문에, 내가 보고 있는 객관 대상의 존재를 부정하는 말이다. 주관의 의식만 존재하고, 객관은 존재하지 않음을 '유식무경(唯識無境)'이라는 말로 표현한다. 이는 모든 현상은 "오직 의식뿐(唯識)이며, 바깥 대상(境)은 존재하지 않는다"는 뜻이다. 경(境)은 내 의식의 바깥에 존재하는 대상 사물을 뜻한다. 이 대상 사물은 실체가 없다는 것이다.

'唯識'은 인도의 산스크리트어의 'vijñapti-mātra'의 번역이다. vijña - 의식. -apti ~일 뿐이라는 뜻이다. 따라서 'vijñapti는 "오직 의식(識) 뿐", 마음의 작용만 있다는 것을 말한다. mātra는 'something', '어떤 것'을 말하며. vijñapti-mātra는 "오직 의식인 어떤 것"이다.

그렇다면 '의식'은 무엇을 뜻하는가? 일반적으로 대승불교에서는 vijña는 일반 의식을 말하며 prajña는 반야 지혜를 나타내므로 서로 구별한다. 이 두 말은 jña 앞에 vi, 혹은 pra를 붙인 차이가 있다. jña는 그냥 의식이다. vi-jña는 감각 지각해서 생긴 의식이다. pra-jña는 그 이후에 반성적 사유를 통해서 깨달음, 즉 지혜를 얻음을 뜻한다. 따라서 vi-jña는 누구나 가지고 있는 것이다. 반면 prajña는 아무나 갖는 것이 아니라 수행을 통해서 얻어지는 지혜이다.

'오직 의식'만 있고, '실체가 없음'은 어떤 연관이 있는가? 대상 사물은 속성(현상)과 실체로 이루어져 있다. 유식불교는 속성만 인정하고 '실체'를 부정한다. 그 자리에 알라야(창고)식의 '씨앗'을 넣는다. 유식에서는 이 속성(현상)이 8식 알라야식의 씨앗이 펼쳐진 것으로 본다.[15]

두 번째 유식은 'vijñapti'를 번역한 말로써 인식되어진 것, 인식의 내용 혹은 표상을 말한다. 우리가 인식의 대상으로 여기는 것은 객관적 실체가 아니라, 마음에 나타나는 표상일 뿐이라는 주관적 측면을 말한다. 유식에서 식이란 주로 의식 혹은 인식의 작용을 말하며 그것이 어느 감각기관에 의존해서 생기는가에 따라 안식 이신 비식 등이 되는 것이다.

따라서 vijñāna란 말은 단지 식 자체를 의미하기도 하고, 어떤 대상을 내용으로 하는 의식(識)을 의미하기도 한다. 유식의 의식(識)을 vijñāna로 이해하면 유식(唯識) 철학은 유심(唯心) 철학이라고 부른다.[16]

실체는 객관적으로 존재하는 것이 아니라, 인연에 의해 이루어졌다가 다시 소멸하므로, 이렇다고 할 만한 실체가 존재하지 않는다. 실체가 없다는 점에서 '空'이라고 한다. 불교에서는 '원인-결과'로써 사물이 존재하므로, 사물의 자성(自性), 실체가 없다고 한다. 유식불교는 여기에서 한 걸음 더 나간다.

空이라는 뜻은 없다는 '없음'(無)이 아니라 '비어 있음'을 뜻한다. 무엇이 비어 있는가? 대상 사물에서 '실체'가 비어 있고, 단지 사물의 '속성·현상'만 있다는 것을 말한다. 사물의 속성·현상은 8식 알라야(창고)에 있는 씨앗이 드러난 것이다. 실체는 없고, 단지 '드러남', 현상만 있다. 이것이 유식에서 말하는 공(空)이다.

그러므로 色即是空, "색깔이 있는 것(色, 사물)은 곧 비어 있다." 모

---

15 길희성, 『인도철학사』, 민음사, 1984, 161쪽.

16 길희성, 『인도철학사』, 161-162쪽.

든 사물(色)은 현상으로만 존재하고, 실체는 비어 있다. 알라야식의 씨앗이 드러남이기 때문이다. 이는 꿈, 그리고 요가 체험으로 설명할 수 있다. 유식불교가 생각하는 현상은 꿈속에서 본 모습들과 같다. 그 모습들은 내 마음이 만들고, 내 마음이 그것들을 지각한다. 요가 수행자들은 요가 체험 중, 명상 속에서 생생한 어떤 모습 · 현상들을 본다. 이 모습 · 현상들은 내 마음이 만들고 내 마음이 지각한다. 이런 점에서 '色卽是空'이라 한다.

불교는 무아설(無我說)이다. 이는 제법무아(諸法無我)의 뜻으로 '나'라고 할 만한 고정된 것이 없다는 것이다. '나'라는 것을 부정하는 것이 아니라 불멸의 변하지 않는 실체로서의 '나'가 없다는 것이다. '고정불변 하는 나'는 없고, '매순간 변화하는 나'만 있다. 나를 부정하지는 않는다.

'자아'(나)의 핵심은 '마음' 개념이다. 사람들은 일반적으로 마음을 자아라고 인정한다. 그런데 붓다는 인간 존재를 오온(五蘊, 다섯 덩어리)이라 한다. 즉 "色 受 想 行 識"이다.

色 - 색깔(이 있는 것). 물질적 사물, 대상(法).

受 - (대상을) 받아들임. 감각, 지각. (전5식)

想 - (감각 지각에 근거해서) 생각함. (6식)

行 - 행위와 결과. 감각과 생각에 근거해서 행위한다. (諸行無常)

識 - 의식. '마음'이라 하지 않고, '의식'이라 한다. (諸法無我)

識은 의식이다. 붓다의 이런 '識' 개념에서 발전한 것이 유식불교이다. 유식에서는 '의식(識)' 개념을 가지고 '마음'을 분석한다. 그러면서 '마음'을 용어에서 뺀다. 붓다가 제창한 무아설을 어기지 않기 위해서이다.

붓다의 5온에서 마음에 해당되는 것은 '色'을 뺀 나머지 '受, 想, 行, 識', 즉 "감각, 생각(이성), 행위, 의식"이다. 이는 마음의 네 부분이다. 그런데 붓다는 5온에 '마음'을 넣지 않고, 이렇게 네 부분만 지적한다. '마음'은 따로 없고, 그 네 부분을 모두 포함하는 것으로 존재한다. 그 네 부분과 연기하여 존재한다. 그래서 단독으로 존재하지 않는다고 한 것이다.

이런 발상 때문에 3法印 (사물에 찍힌 세 가지 도장, 속성, 특징)은 제법무아(諸法無我) 제행무상(諸行無常) 일체개고(一切皆苦)가 된다.

제법무아(諸法無我) – 모든 사물에는 '나'(자아)가 없다.
제행무상(諸行無常) – 모든 행위 결과에는 '일정함'이 없다. 따라서
일체개고(一切皆苦) – 모든 것이 다 고통이다.

제법무아의 제법은 모든 현상을 뜻한다. 무아는 '나'라는 행위 주체가 없다는 것이 아니라 어떤 현상도 다른 현상과 연기적 관계로 존재하는 것이지 독립된 실체가 없다는 것이다. 단순히 신체나 감각 의식을 나라고 하는 것은 옳지 않다. 또한 따로 "나의 본질'이 존재한다고 하는 것도 옳지 않다. 둘의 통일된 형태를 '나'라고 하는 것이다.[17]

2) 유식 마음 치료의 기법

불교 유식사상은 요가 수행자들의 체험이 바탕이 되는 교리이므로 마음수련에 중점을 둔다. 유식사상은 본래 지관(止觀) 즉 요가 수행과 체험에 기초하고 있다. 이것이 유식철학을 유가행이라 부른 이유이다.

---

17 곽철환, 『불교 길라잡이』, 시공사, 2003, 30-31쪽.

불교의 전통적 수행방법은 선을 통하여 이루어졌다. 선(禪)이란 용어는 인도 빨리어의 jhāna와 범어의 dhyāna에서부터 유래되어왔다. 그 뜻은 '생각을 멈추어 숙고(熟考)하다'라는 의미를 지니고 있다. 선(禪)의 뜻은 마음을 하나의 대상에 집중하여 산란함을 막아 고요하게 하는 것이며, 선(禪)의 실천은 마음을 자세하게 숙고하여 본래 청정한 마음을 드러내는 수행이라고 볼 수 있다. 선(禪)은 부처님 당시부터 좌선(坐禪)을 통하여 마음을 한곳에 집중하여 마음을 자세하게 살펴봄으로써 산란심이 일어나는 그 원인을 밝혀내며, 또한 마음의 정체성을 깨달아 가는데 있다.[18]

불교에서는 흙탕물의 비유를 들어 선(禪)을 설명하고 있다. 이리저리 흔들려 흐려진 흙탕물은 가만히 두면 일정한 시간이 흐른 뒤에 흙은 가라앉고, 깨끗한 물은 위에 존재하여 분리가 일어난다. 산란한 마음을 가라앉히고 선정에 들어가면 자신의 본성인 진여를 깨닫게 된다.

선정과 삼매를 통해 마음을 한곳에 모아 심신의 안정을 추구하고 올바른 지혜를 개발해서 깨달음을 얻도록 하는 수행법으로, 일종의 명상 수행법이라고 할 수 있다. 『마하지관』에서 "지관명정(止觀明靜)"이라 하여, 마음이 대상을 향하여 반연하는 것을 그치고 관조(관찰)함을 통하여 고요한 마음의 본성을 밝히는 일종의 명상법으로 보고 있다.[19]

지관에 대한 수행법은 아래와 같다.

(1) 지(止): 사마타

지(止) 수행법은 판단작용을 멈추는 것이 중요하다. 예를 들어 눈으로 보기에 '좋다 나쁘다 그저 그렇다'라는 판단을 하면 좋은 것은 끌어

---

18 김말환, 「禪修行에 의한 心理 相談法 연구」, 동국대학교, 2003, 6쪽.

19 이기운, 「심신 치유 프로그램 구축을 위한 지관(止觀) 명상 수행법 연구」, 동국대학교불교문화연구원, 2015, 초록.

당기고, 나쁜 것은 밀쳐내는 분별이 생기게 된다. 분별로 인해 번뇌가 발생한다.

지(止)가 대상을 쫓아 흩어지는 마음을 안으로 거둬들인다는 것은 곧 우리의 마음을 표층 제6 의식의 방식으로 유지하지 않는다는 것을 뜻한다. 제6 의식은 전5식에 주어지는 감각내용을 제6 의식의 대상화방식으로 인식하는 것이다. 제6 의식의 개념틀에 따라 감각내용을 정리하는 것이다. 제6 의식은 제7 마나식의 아치(我癡)와 아집에 기반을 둔 분별의식이다. 인식틀을 따라 보이는 대상에 이끌려가지 않고 보는 자 자신으로 되돌아오는 것이 지(止)이다. 판단보류 내지 판단중지라고 할 수 있다. 대상에 이끌려가지 않는다는 것은 감각대상, 전5식의 대상인 물리적 사물세계(5경)에 이끌려가지 않는 것일 뿐 아니라, 제6 의식의 대상인 관념적 개념세계(법경)에도 이끌려가지 않는 것을 의미한다. 개념을 따라 사유를 전개하고 있는 것도 마음이 대상을 쫓아 움직이며 대상에 매여 있는 것이다. 지(止)는 이러한 대상에 매인 사유, 개념적 사유 활동을 멈추는 것이다.[20]

생각이나 판단을 멈추면 집착에서 벗어날 수 있다. 대부분의 고통이나 갈등은 탐진치(貪瞋痴) 삼독에서 비롯된다. 삼독심을 벗어나 마음을 고요히 멈추는 명상을 하면 마음이 편안해지게 된다. 중요한 것은 지(止)의 상태를 얼마나 지속할 수 있느냐에 달려있다. 수행을 통해 항상심을 점점 늘려가는 것이 마음치료에 도움이 된다.

(2) 관(觀): 위빠사나
관(觀)하는 위빠사나 사념처관 수행법을 간단히 신수심법(信受心法)

---

20 한자경, 『심층마음의 연구』, 257-258쪽.

이라고 표현하며, 분별판단 이전의 것을 관찰하는 것이다. 그저 주의를 집중해서 바라보는 것이다.

인식틀에 따라 대상을 향해 나아가지 않는다는 것은 인식틀의 작동을 멈추는 것이라고 볼 수 있다. 인식틀의 작동을 멈추고 그 이전에 주어지는 것에 주목하는 것을 관찰수행, 관(觀)이라고 한다. 판단작용을 멈추고 분별되고 평가되기 이전의 것에 주목하는 것이다. 개념화 이전의 것, 분별판단 이전의 것에 주목하는 것이다. 그렇게 함으로써 제6 의식보다 더 심층의 마음활동을 발견하게 된다. 위빠사나의 대표적 수행법이 사념처관(四念處觀)이다. 몸, 느낌, 마음, 법을 관찰한다. 우리는 몸의 기관, 안이비설신을 통해 세계를 감각하고 지각하지만, 그렇게 감각하고 지각하는 몸 자체를 의식하지 않는다. 이 몸에 의식을 집중해서 몸을 바라보는 것이 신념처(身念處)다. 그 안에서 일어나는 느낌을 주목해서 보는 것이 수념처(受念處)이고, 그 느낌을 따라 일어나는 마음을 관찰하는 것이 심념처(心念處)이고 그 마음의 작동법칙을 관찰하는 것이 법념처(法念處)이다.[21]

이처럼 위빠사나는 탐진치 삼독에 이끌리지 않고, 지금 여기에서 현상을 그 자체로 알아차리기를 하는 것이다. 다만 현상을 조용히 관(觀)하는 것이다. 지(止)가 생각을 멈추는 것이라면, 관(觀)은 생각을 자세히 들여다보는 것이다.

불교에서는 명상과 마음챙김[22]을 통해 심리학에 접근하려는 시도

---

21 한자경, 『심층마음의 연구』, 258-259쪽.

22 마음챙김(mindfulness)이란 위빠사나 명상의 싸띠(sati)에서 유래한 용어로 "매 순간 순간의 알아차림"(moment-by-moment awareness)을 말한다. 마음챙김은 MBSR로 유명한 서양의 명상이고, 산스크리트어는 스므리티, 팔리어로는 싸띠, 한국에서는 염(念)이라고 한다.

가 많다. 마음챙김은 심리적 원인이 있는 괴로움에 대응하기 위해 발전되었다.

　　마음 챙김(mindfulness)은 2,500년 전 불교 심리학 언어인 팔리어 사띠(sati)의 영어 번역이다. 사띠에는 알아차림(awareness), 주의(attention), 그리고 기억(remembering) 등의 의미가 있다.[23] 마음챙김의 기본적인 정의는 '순간순간의 알아차림'이라고 할 수 있는데, 마음챙김이란 마음이 한 순간에서 다음 순간으로 옮겨가는 것을 수용의 태도로 알아차리는 것을 말하며 누구나 어디서든 경험할 수 있는 알아차림의 단순한 형태이다. 이러한 단순한 주의(attention)는 우리의 삶에 많은 영향을 줄 수 있는데 단지 알아차리는 것만으로 일상을 즐기는 법을 알 수 있고, 생로병사의 고통을 견디는 방법을 배울 수도 있다.[24]

　　마음챙김은 에너지와 기쁨을 위해 나태함으로부터 벗어나 계속 나아갈 수 있는 원천이며 누구나 경험할 수 있지만, 쉽게 설명하기는 곤란하다. 마음을 챙기고 알아차림은 과학적이라기보다 경험적이며 비언어적이고, 그것을 잘하기 위해서는 어느 정도 수행을 통해 체득해야만 한다. 습득된 기법처럼 마음챙김 경험은 수행을 할수록 더욱 확고해질 수 있다.

　　마음챙김과 불교 심리학 또는 불교철학과의 연관성에 대해 마음챙김이 불교 심리학의 핵심이기도 하고 괴로움을 덜어주는 가르침이다. 올바른 마음챙김을 한다는 것은 온전히 깨어있고, 스스로의 삶을 일깨워 주는 좋은 기회를 가진다는 것이다. 미산은 『마음챙김과 심리치료』에서 다음과 같이 이야기했다.

23　Christopher K. Germer, Ronald D. Siegel, Paul R.Fulton, 『마음챙김과 심리치료』, 학지사, 2013, 29쪽. 이하 『마음챙김과 심리치료』로 표기

24　『마음챙김과 심리치료』, 7쪽.

동양문화의 하나였던 불교가 서양에 전해지면서 심리학이라는 현대 과학의 한 분야와 습합하는 과정을 거치고 있다. 1980년대부터 존 카밧진이 마음챙김에 근거한 스트레스 완화(MBSR)를 행동의학의 한 분야로써 의료적인 치유법으로 채택하면서 서양에 전해진 불교의 마음챙김 명상(위빠사나)이 일반 대중에게 종교적인 맥락을 떠나 스며들기 시작했다. 그러고 나서 인지행동치료 방법론의 확장과 함께, 불교 수행은 심리치료적 개입의 방법으로 도입되기 시작하였다. 이것이 마음챙김 지향 심리치료 경향의 탄생이다.

불교는 인격의 질적인 변화를 위한 방법으로 여러 형태의 명상법을 개발해 왔고 이를 위한 불교 수행의 방향은 자기중심적인 이기적 태도를 벗어나 우주적 차원의 상생과 교류의 삶에 맞추고 있다. 마음챙김 명상의 3가지 핵심요소는 첫째 과거나 미래가 아니라 현재 순간을 중시하는 태도, 둘째 판단하거나 평가하지 않는 수용의 자세, 셋째 안팎의 대상을 분명하게 파악하는 자각, 즉 알아차림이다. 바로 이러한 마음챙김의 특징을 심신의 괴로움, 특히 심리적인 고통에 빠져있는 사람에게 도입하여 임상수련과 치료를 통해 보다 향상된 삶을 살도록 인도하고 있다.[25]

존 카밧진(1944~)은 '마음 챙김에 근거한 스트레스 완화 프로그램 (MBSR Mindfulness- Based Stress Reduction)을 운영하며, 마인드풀니스(mindfulness)의 의미는 그 원리와 실제에 있어서 현대 서구불교, 특히 미국불교의 흐름 속에서 재구성되고 확장되어 사용되고 있다.[26]

전통적 불교에서는 마음은 공(空)하여 머무르는 바가 없으며 흘러가는 대로 두어야한다고 하고, 유가행파는 마음 수련을 통해 마음을 챙

---

25 『마음챙김과 심리치료』, 8-15쪽.
26 김세정, 「MBSR을 활용한 원불교 유념공부의 보편화 방향」, 원광대학교, 2016, 1쪽.

기고 알아차림(자각)하라고 한다. 두 가지 방법 모두 괴로움의 고통을 덜어주는 가르침이다. 괴로움을 호소하는 대부분의 사람들은 지나가 버린 과거에 미처 다하지 못한 일들이나 잘못된 선택에 대해 후회한다. 하지만 이미 벌어진 상황에 대해서는 돌이킬 방법이 없다. 그럴 때 우리가 취할 수 있는 태도는 후회로 남는 과거를 되풀이하지 않도록, 과거의 일들에서 배우고 반성하고 고찰함으로써 순환의 고리를 중단시켜야 한다. 미래를 두려워하는 사람들은 다가올지도 모르는 일들에 대한 걱정 근심으로 인해 불안함을 느낀다. 불안한 사람은 두려움을 피하려고 노력하는데 그것이 오히려 더 큰 불안을 가져와 역효과를 유발하는 악순환이 계속된다.

마음 챙김은 두려움이 생길 때, 그 두려움으로부터 주의를 돌리기 위한 기법이며, 친근한 수용의 정도를 증진시키면서 두려움을 세심하게 탐색한다. 마음챙김은 불안을 효과적으로 치료하는 핵심적 구성요소로 노출을 포함한다. 불안에 대한 관계에서 두려운 회피로부터 인내를 그리고 우호적인 상태로 두려움이 가라앉을 때까지 회피하지 않고 휘말려들지 않음을 배운다.

이러한 마음챙김 기법의 핵심적인 요소는 알아차림, 현재 경험에 대한 것, 수용의 태도 등 세 가지이다.

첫 번째 알아차림은 지금 현재 여기에서 모든 생각을 멈추고 순간에 집중하는 것이다. 전형적인 기법으로는 멈추고, 관찰하고, 되돌아가기다. 자동적인 행동을 멈춤으로써 그 행동에 동반되어 일어나는 자동적인 생각의 꼬리에서 벗어날 수 있다. 관찰은 우리의 경험을 객관적이고 분리된 방식으로 관찰하는 것이 아니라 '참여 관찰자(participant observer)'로 그 경험과 함께 '조용히 곁에 있는 것'이다. 주의를 위해 초점을 맞출 대상이 필요한데, 특정한 대상의 주의에 초점을 맞춤으로써 주의를 반추의 대상으로 돌리게 하는 것이 효과적이다. 의도적으로 주의를 한 곳에 정착시키면 주의를 찾는데 도움이 되는데 이것이 마음챙김 수행의 '집중(concentration, samatha)'부분이다. 되돌아가기는 산만해졌거나 다른 생각에 사로잡혔다는 것을 알아차렸을 때, 무엇이 우리의 주의를 사로잡았는지 마음으로 알아차릴 수 있게 되고, 처음 초점을 둔 대상으로 부드럽게 알아차림을 되돌릴 수 있으며, 마음이 어디로 가는지 지켜볼 수 있다.

두 번째는 현재 순간의 활동에 현명하게 주의를 기울이는 것으로, 모든 마음챙김 수행은 주의를 현재로 가져온다. 호흡 또는 알아차림의 초점이 되는 대상은 항상 현재 순간에 있고, 우리의 주의를 빼앗는 일 역시 지금 여기에서 일어난다. 마음챙김 수행은 현재의 경험에 초점을 두는 주의를 훈련하는 것이다.

마지막으로 수용은 우리의 경험을 판단이나 선호 없이 호기심과 친절함으로 받아들이는 것이다. 현재 순간은 우리가 그것을 받아들이는 방식 우리의 태도에 의해 채색된다. 현재 순간에 대한 온전한 알아차림은 우리의 경험을 온 마음으로 수용하는 것에 달려 있다.[27]

마음챙김 수행은 기쁨을 증장시키는 것에 도움이 된다. 주어진 삶의 조건에도 긍정적으로 웃을 수 있는 마음의 여유를 가지게 되는 것이다. 또한 알아차림은 지금 여기로 돌아오도록 만드는 것이다. 두려움의 원인도, 괴로움이나 고통도 현재의 있는 그대로 직시하고 사실대로만 바라보면 그 무게가 줄어든다. 자기의 상태를 사실대로 정직하게 인정하는 당당함과 용기가 필요하다. 불교의 핵심은 현재로 돌아와서 붙들지 않는 마음의 국면, 어떤 감정이나 사건에 휘말려들지 않도록 노력하다보면 모든 현상을 저절로 수용할 수 있는 여유가 생긴다. 판단이나 평

---

27 『마음챙김과 심리치료』, 201-204쪽.

가가 무력해 지는 것이 아니라 거리를 두는 것이다. 거리를 두고 가만히 바라보면 수용적 태도가 자연적으로 증진된다.

지와 관은 둘이 아니라 하나이며, 마음을 한곳에 집중하여 진리를 관찰하는 것이다. 어떤 동작을 하든 상관없이 지혜를 증득하는 것이 중요하다.[28]

3) 보살도의 실천 - 자리 이타(自利 利他)

대승불교에서의 유식에서는 보살도의 실천을 가장 이상적인 인상 상이라고 보았다. 자신에게도 이익이 되고 타인들에게도 이익이 되는 견성성불(見性成佛) 요익중생(饒益衆生)을 위해 보살도를 실천하는 것이 마음치료의 방법이 된다.

오늘날 작게는 다른 사람을 스스로 원해서 받들어 섬긴다는 의미를 가진 자원봉사(自願奉仕)를 실천하는 자원봉사자들도 종교적 의미에서 보살도를 실천하는 것으로 볼 수 있다. 프랑클도 실천적 공허와 우울증에 빠져 자신이 쓸모없는 사람으로 여겨질 때 자원봉사를 해보라고 권유한다. 우울증은 움직이지 않고 자신이 스스로 만든 생각의 틀에 갇혀 밖으로 나오지 않으려는 경향이 있다. 일단 현재의 문제에서 벗어나 밖으로 나오는 것이 중요하다. 이 세상 어느 것도 불필요한 것은 없으며, 모든 일은 나름대로의 의미가 있다는 것을 인식하는 것만으로도 문제에서 벗어날 수가 있다. 대가를 바라지 않고 타인의 이익을 위해 노력하면 타인뿐만 아니라 자신이 더 많이 성장하고 배운다는 것을 알게 된다. 자원봉사를 할 수 있다는 것만으로도 자신이 얼마나 쓸모가 있으며 행복한 사람인지를 느끼게 된다. 보살도를 실천함으로 인해 마음의 병

---

28 곽철환, 『불교 길라잡이』, 78쪽.

을 치료할 수 있게 된다. 대승불교에서는 남을 위하는 그 자체가 나를 위한 것이라고 보기 때문에 중생 구제에 적극적이다.

보살이 실천해야 하는 덕목 네 가지를 사섭법(四攝法)이라 한다.

① 보시(布施): 남에게 가르침이나 재물을 조건 없이 베푸는 것이다.
② 애어(愛語): 부드럽고 온화한 말로 타인을 대하는 것이다.
③ 이행(利行): 남을 이롭게 하는 것이다.
④ 동사(同事): 같은 종류의 일을 서로 협력하고 고락을 함께하는 것이다.[29]

4. 무의식의 신(神)과 유식(唯識)

1) 양자의 유사성

첫째, '무의식의 신'과 '유식의 식(여기서는 8식과 9식)'은 모두 그 어떤 상황에서도 없어지지 않고 존재하는 것이다. '무의식의 신'과 '유식의 식'은 둘 다 실체를 볼 수는 없지만 분명 존재하고 있다. 프랑클은 인간실존의 바탕은 궁극적으로 무의식이고, 이 무의식 안에는 종교심이 있다고 하였다. 그리고 의미를 추구하는 행위를 종교적 행위로 보았다. 프랑클은 실존적 공허에 빠져 현재의 삶이 무의미하다고 생각하며 심한 우울증을 앓고 있는 어느 부인과의 상담을 예로 든다. 과거에 경험했던 일들 중에 아름다운 추억들을 송환하여 과거는 결코 사라지지 않고 남아 있으며, 삶은 살아가야 할 의미로 가득함을 상기시킴으로서 우

---

29 곽철환, 『불교 길라잡이』, 66쪽.

울증으로 인한 의미상실에서 벗어나게 하였다. 과거는 결과로서 현재에 존재하는 것이지 사라지는 것이 아니다. 인간은 과거의 행동들을 되돌릴 수는 없다. 이미 결과로서 존재하기 때문이다. 마찬가지로 유식불교에서의 8식 알라야식에 업의 결과가 씨앗(종자)으로 존재하고 있으며, 9식 아말라식에는 시공간을 초월한 어떤 것이 존재한다고 하였다. 이 둘은 무의식의 형태이든 씨앗의 형태이든 현상으로 존재하고 있어 현재와 미래에 영향을 미친다. 다만 그 시기가 언제인지는 명확하지 않다.

둘째, 장소의 개념으로 유사성을 가진다. 둘 다 자아의 밑바탕에 있다. '무의식의 신'은 개인의 의식 깊은 곳에 저장되어 있다. 신을 개인이 의미를 발견하는 장소의 뜻으로 볼 수 있다. 의미를 발견하려고 애쓰는 상황에서 발견될 수도 있고 부지불식간에 나타날 수도 있는 것이다. 그 장소가 언제 어디인지는 알 수가 없다. 하지만 울창한 나무 숲속에서, 나뭇가지 사이로 뚫고 들어오는 햇빛에서 느낄 수도 있고, 죽음을 앞둔 사형수도 수용소 안에서 발견할 수 있고, 어떤 일을 하면서, 우연히 접하는 글귀나 생각 속에서 발견할 수도 있다.

불교의 심층의식인 알라야식에서 알라야는 창고의 뜻이 있다. 업(業)이 씨앗의 형태로 저장되어 있는 장소, 창고의 의미이다. 알라야식이 창고이기에 능장(能藏)과 소장(所藏)의 의미를 가진다. 능장은 씨앗을 저장할 수 있음을 말한다. 소장은 씨앗이 훈습(熏習)되어 저장되는 것이다. 과거의 업은 알라야식에 저장되어 있다가, 일정한 조건이 갖추어지면 발현하여, 훈습되고 저장된다.

셋째, 프랑클은 매 순간순간 의미 발견을 통해 어떠한 상황에서도 의미 없는 인생은 없다는 것을 강조하였다. 그리고 이 의미도 고정불변이 아니라 변한다. 과거에 의미 있었던 일이 지금은 큰 의미로 다가오지 못하는 일도 있고, 그때는 미처 몰랐지만 지금 큰 의미로 다가오는 일도 있다. 그때는 옳았고 지금은 틀린 일과 그 반대의 경우가 있는 것이다. 과학조차도 새로운 이론이 나오면 변하는 것이다.

헤라클레이토스도 로고스를 변한다는 의미로 사용하였다.

'변한다'는 의미는 불교의 무상(無常)과 다를 바 없다. 무상은 제행무상(諸行無常)을 말한다. 세상의 모든 것은 늘 변하여 고정불변의 모습(相)이 없음을 뜻한다. 대승 불교에서 공(空)은 '없다'는 것이 아니라 '비어 있다'는 것이다. 비어 있는 곳은 어떤 것으로도 채울 수가 있다. 채워짐은 또 다시 비워지고, 다시 변화한 다른 것이 채워졌다가 비워지는 것이다. 한발 더 나아가 지나간 과거는 어쩔 수 없다고 하더라도, 지금 현재의 행동이 내일의 과거가 되는 만큼, 지금 현재 내가 행하는 선업(善業)으로 운명을 얼마든지 바꿀 수 있음을 시사한다.

넷째, 로고테라피와 유식사상의 역할이다. 로고테라피 치료사들은 환자들이 자신의 삶에서 의미를 발견할 수 있도록 돕는 역할을 한다. 마찬가지로 대승불교의 보살도 상구보리 하화중생하며 중생구제를 돕는다. 이는 둘 다 자신도 이롭고, 타인도 이로운 자리이타를 실천하는 면에서 유사성이 있다.

프랑클은 스토아학파에 가깝다. 스토아학파는 어떤 일이 발생했을 때, 특히 자신의 힘으로 어쩔 수 없는 운명의 상황에 부딪쳤을 때 좌절하거나 회피하지 않는다. 인내하면서 그 순간 자신이 할 수 있는 최선의 방법을 찾는 것을 중요시한다. 이는 스토아학파의 견인(堅忍)주의이다.

프랑클은 죽음의 수용소에서 육체는 억류되어 있었고, 정신적으로 인간 이하의 취급을 받았다. 정해진 규칙에 따라 행동해야했으며, 배고픔과 노동에 시달리는 극심한 고통 속에 있었다. 하지만 그 상황을 받아들이고, 새로운 상상을 하며 희망을 가지고 매 순간 삶의 의미를 찾는 태도의 자유만은 누구도 뺏어갈 수 없다는 것을 체험했다. 정신은 육체를 떠나 삶의 의미 추구, 고통의 의미를 발견할 수 있었던 것이다. 이것은 어떤 어려움 속에서도 자신이 할 수 있는 일을 선택하고, 태도를 결정함으로써 가능하다는 것을 체득한 것이다.

불교에서도 일어난 현상은 어쩔 수 없다. 그것을 받아들이는 것은 어떤 인식을 가지느냐에 달려있다고 하였다. 흔히 일체유심조(一切唯心造)라고 하는데, 마음이 만드는 것이 아니라는 것은 앞에서 설명한 바가 있다. 유식에서는 일체유식(一切唯識)으로 해석한다. 이는 의미를 발견하거나 마음을 가지는 것은 언제나 인간이 어떻게 인식하느냐에 달려있다는 것이다. 인간의 모든 번뇌와 괴로움은 고정불변의 '나'가 존재한다는 잘못된 인식으로 생긴다. 이것은 집착이 생겨나게 하고, 갈애와 번뇌로 이어지게 된다. 모든 행위의 결과도 무명으로 인한 것이다. 인간이 스스로 감당해야 할 몫이다. 이를 벗어나는 방법의 첫 번째는 정견이 된다. 정견은 올바르게 바라봄이다.

2) 두 이론의 상이성

7식이 8식을 '나'로 간주한다. 이 때문에 망식(妄識)이라 볼 수 있다. 불교는 무아설이므로 이런 이론을 전개한다. 그러나 반대로 보자면, 7식은 자아의 근거를 찾는 것이다. 이는 프랑클이 의미를 찾음과 비슷하다.

프랑클은 무의식의 신이 무엇인지 명확하게 이야기하지 않는다. 하지만 무의식의 신에서 궁극적 의미를 발견한다. 마찬가지로 구유식과 화엄에서는 9식에서 우주적 의미를 발견한다. 이점에서 양자는 비슷하다. 그렇다면 이들의 상이점은 무엇인가?

첫째, 프랑클의 '무의식의 신' 개념에서 의미 발견은 인간이 부여하는 것이 아니라 무의식이 자신에게 부여한 것을 찾아내는 것이라고 했다. 즉 인간은 신이 자신에게 부여한 의미를 찾아서 발견하는 것이라는 뜻이다. 이미 정해진 어떤 것을 찾는다는 것은 신이 결정한대로 행한다는 의미가 있다. 무의식의 신이 자기 자신이라고 말하면서도, 인간의 자유의지는 없는 것으로 의심해볼 수 있다. 이미 주어진 의미를 바꾸는 것이 아니라 의미를 받아들이는 태도를 선택한다는 것이 핵심이다. 이것은 의미가 주어지는 원인을 바꾸는 것은 불가능한 것으로 보인다.

이는 유식에서의 업을 행하는 주체가 자기 자신이라는 것과 상이성이 있다. 알라야식에 저장되어 있는 업은 스스로 행한 행위의 결과이다. 자업자득 자작자수이다. 자신이 만들고 자신이 과보를 받는 것으로 좀 더 주체적인 삶을 살아갈 수 있음을 시사한다. 또한 업의 원인을 바꿀 수 있다. 악을 저지하고 선을 행하는 것이 자신의 의지에 달려있다. 그러므로 어떤 행동을 하느냐에 따라 결과가 달라지는 것이다.

둘째, 프랑클의 '무의식의 신'은 인과(因果)의 개념을 생각하지 않는다. 자신에게 주어진 삶의 의미를 발견하여 의미를 추구하는 삶을 사는 것이 중요하다. 어떤 순간에도 어떤 일에도 의미가 있으며, 심지어 견디기 어려운 고통에도 의미가 있다는 것이다.

반면 유식의 알라야식은 철저하게 인과응보, 원인과 결과, 연기의 법칙을 따른다. 현재의 현상은 과거 여러 생에 걸쳐 내가 행한 업의 결과로 나타난다. 어떤 현상은 그러한 일이 일어나는 씨앗이 되는 인(因)과 조건이 결합하여 생기는 과(果)를 중요시 하는 불교의 연기설을 말한다.

파울크너(Faulkner)가 한때 "과거는 죽지 않는다, 그것은 심지어 과거도 아니다"라고 했듯이 과거는 결코 실재 과거가 아니다. 왜냐하면 그것들이 지속될 뿐만 아니라, 또한 동시에 연속적이고 끊임없이 되먹

임(feedback)하는 과정에 있다. 어떤 일은 다른 일의 조건이나 결과가 되기도 하고 그것들에 의해 또 다른 조건 지어지기도 하면서 우리의 모든 의식 영역내의 작용들에 영향을 미치기 때문이다.[30] 프랑클이 모든 인간은 자신의 삶의 의미를 찾으려는 의지와 태도가 중요하다는 것을 말하였다면, 불교 유식사상은 인과로 이어지는 연기의 법칙을 잊지 않고 매 순간순간 행하는 행위의 중요성을 강조한 것이다.

셋째, 고통에 대한 관점에도 차이가 있다.

프랑클은 고통의 존재를 인정한다. 그러므로 고통의 의미를 발견해야 한다고 한다. 인간은 자신이 왜 이 고통을 받아야 하는지 고통의 의미를 알면 그 어떤 고통도 이겨낼 수 있다고 하였다, 고통은 태도를 변경함으로써 극복하려고 하였다.

반면 유식에서는 고통은 인연화합에 의한 것으로 고통의 실체는 없다. 단지 고통이라 생각되는 현상을 인식하는 식이 존재하는 것이다. 존재 그 자체도 무상한 것이고 인연생기하며 매 순간 흘러 변하는 것이기 때문에 연연해할 필요가 없다. 고통의 원인은 대부분 '나'라는 것에 집착하여 번뇌하는 것이므로, '나'가 끊임없이 변화하면서 존재하는 가아(假我)임을 아는 것이 중요하다. 고통의 실상을 제대로 파악하면 당연히 고(苦)도 사라진다. 유식에서는 고의 실상을 아는 것이 중요하다. 고(苦)라는 것이 실재하는 것이 아니라 일정한 조건연기에 의해 나타나는 현상임을 알아차리고, 그 현상은 매 순간 변한다는 것을 제대로 알면 고(苦)에서 벗어날 수 있다

프랑클의 고통은 괴로움을 뜻한다. 프랑클의 고통이 슬프고 괴로

---

30 윌리엄 월드론, 「불교 심층의식-인도불교사상에서의 아뢰야식(ālaya-vijñāna)」, 105-106쪽

운 일을 뜻하는 것이라면, 유식에서는 즐거움마저도 고통이다. 사람들은 즐겁고 행복한 상태가 지속되기를 원한다. 행복한 상태가 지속적이지 않다는 것이 고통이다. 붓다는 행복조차도 계속 변해가는 것이라고 하였다. 변하지 않고 지금 이대로 행복한 상태에 머물기를 원한다. 태어난 모든 것은 늙고 병들어 소멸되어 지속적이지 않다. 순간의 현상만이 존재하는 것이다. 그러므로 순간에 집착하여 번뇌할 것이 아니라 순간순간 최선을 다해 살아가는 것이 중요하다.

인간 존재는 스스로가 어떤 태도를 가지느냐에 따라 절망의 순간에도 의미를 발견하고 원하는 것을 성취할 수 있다. 이것은 차원적 접근법으로 이해될 수 있는데, 가장 높은 가치가 태도의 가치이다. 시련 특히 자신의 의지로 해결하기 힘든 불가항력적인 시련의 의미는 가장 심오한 의미이다. 프랑클의 '무의식의 신'에서는 지금 현재 주어진 여건에서 인간이 자유의지로 선택할 수 있는 태도의 자유를 중요하게 생각한다.

인간은 언제나 성공을 원하는 존재이다. 인간의 욕망은 바로 그의 운명이다. 욕망이 꼭 나쁜 것은 아니다. 자리이타(自利利他)를 실천하는 유익한 방향의 욕망이 있어야 발전이 있는 것이다. 인간의 욕망이 바로 그의 의지이자 행위이며, 이는 인(因-원인을 이루는 근본동기)의 종자가 된다. 욕망은 성공을 이끄는 것이지만 그릇된 욕망은 실패의 원인이 된다. 인(因)은 인간이 욕망하고 집착하는 것에 따른 행위에 의해 연(緣-원인을 도와 결과를 낳게 하는)을 만들고 그 결과인 과(果-원인에 따른 결과)가 생기는 것이다. 잘못된 욕망을 벗어나고 집착을 줄임으로써 운명으로부터 독립할 수 있다. 성격이 운명이다. 행복은 선택할 수 있는 것이다.

넷째, 인간의 유일무이함에 대한 상이성이다.

프랑클은 인간은 자신만의 의미를 가지고 있고, 각 의미에는 한 가지 답이 존재한다고 하였다. 그래서 사람은 고유한 자신만의 의미를 추구해야 하고 유일무이를 인정한다.

　유식에서는 '나'라는 존재를 부정한다. 그것은 7식이 꾸며낸 것이다. 붓다가 주장한 무아설을 충실히 따른다. 따라서 나 자신의 유일무이함을 부정한다. 나는 연기 속에서 존재할 따름이다.

　다섯째, 불성은 사람에게 가능태로 주어진다. 이를 현실태로 만들어야 한다. 반면 무의식의 신은 가능태가 아니다. 불성(佛性)은 붓다가 될 성질, 혹은 가능성이다. 목표는 붓다가 됨이다. 반면 무의식의 신은 키운다고 무엇이 되는 것은 아니다.

5. 로고테라피와 유식 불교의 마음 치료의 유사성과 상이성

　프랑클의 로고테라피와 유식 사상의 비교연구는 인간의 행복 추구와 편안한 마음을 가지도록 하는 방법에 있어 유사성과 상이성이 있다. 프랑클이 무의식의 신을 우리 자신이 부지불식간에 신을 접하는 장소 개념으로 보았다면 유식의 알라야식도 여래가 될 수 있는 불성이 저장된 장소로 볼 수 있다. 프랑클의 도식으로 알라야식을 보자면, 영적 무의식은 우리를 붓다(불성) 그 자체와 일치하게 하는 가능성의 근거가 된다. 알라야식은 우리의 실존적인 것이 죽더라도 계속해서 살아있는 자체이다. 우리의 행동인 업은 종자의 형식으로 알라야식에 남아 언제인지 모르지만 조건이 형성되면 발현하게 된다.

　프랑클의 역설의도 기법은 불안이나 다한증 무대공포증 불면증 대인기피증 등에서 불안과 공포를 일으키는 원인을 더욱 증장시키는 방법을 통해 역설적으로 극복해 나가는 것을 말한다. 불교의 연기설을 대입해 보면 다한증이나 무대공포증 대인기피증의 원인이 불안의식 공포증 등이라고 할 수 있는데 만일 불안의 원인을 없애버린다면 결과도 없어지는 것이다. 원인을 제거하는 방법으로 프랑클은 원인이 되는 상황을 더욱 증장시키고 원하는 방법을 사용했다면,

불교의 유식에서는 불안이나 공포의 원인이 어디에서 오는 지를 지켜보고 탐진치(貪瞋痴) 삼독을 제거하여 무명에서 벗어나는 방법을 선택한다. 역설기법은 연기법과 비슷한 부분이 많다. 연기법은 씨앗이 되는 인(因)에 연(緣)이라는 조건이 붙어 과(果)가 생기는 것이다. 조건을 바꾸면 같은 씨앗이라도 결과가 달라질 수 있다. 역설의도기법도 씨앗이 되는 불안의 조건, 즉 불안을 없애려는 것이 아니라 오히려 불안이 더 많이 생기게 해야 한다는 조건을 주면 결과가 달라지는 것과 같다. 불안에서 벗어나면 자연적으로 치유가 된다.

프랑클은 인간은 누구에게나 삶의 의미를 찾으려는 의지가 있고 그 의미는 어떤 일을 하거나 창조하는데서 오는 창조적 가치와 누군가를 만나거나 어떤 일을 경험함으로써 가능한 경험적 가치, 마지막으로 인간의 힘으로 피할 수 없는 고통이나 상황에 대한 우리의 태도적 가치에 의해서 발견되는 것이라고 하였다. 즉 그 누구도 뺏어갈 수 없는 태도의 자유를 가짐으로써 시련을 극복할 수 있으며, 삶의 의미는 스스로 찾아내는 것이라고 했다.

유식불교에서는 모든 것은 올바른 인식에 달렸으니 현상을 정확하게 보는 것에 따라 결과가 달라진다는 것을 이야기한다. 인간은 누구나 부처가 될 수 있는 불성을 가지고 있는데 이 또한 스스로 무명에서 벗어나기 위해 무아와 윤회의 법칙을 알고 수행함으로써 가능한 것이다.

1) 유사성

로고테라피와 마음치료의 유사성은 다음과 같다.

첫째, 역설의도 기법은 피하고 싶고 일어나지 않기를 바라는 마음을 간절하게 원하는 것으로 바꾸면 불안이나 긴장에서 벗어날 수 있음을 말한다. 예를 들어 불면증인 경우 잠을 자야 된다는 생각을 잠을 자지 않으려는 노력으로 바꾸는 것이다. 우리는 잠을 자면 안 되는 순간에 졸음이 쏟아지는 경험을 하게 되고, 자연히 불면증을 벗어날 수 있게 된다.

유식에서는 올바르게 바라보는 방법을 택한다. 번뇌나 망상의 원인이 무엇인지를 깨닫는 것이다. 같은 불면증을 바라볼 때 원인을 생각해보는 것이다. 낮에 많이 잤거나, 신체적 활동이 적었거나 무엇보다 걱정이 많을 경우 잠이 오지 않는다. 걱정하는 일의 원인을 생각해 보는 것이다. 모든 문제에는 해결하는 방법이 있다. 이를 유식에서는 무명을 벗어나 지혜를 가지는 것이다. 집착과 갈애를 벗어나면 자유를 느끼게 될 것이다. '의미'와 '마음'은 눈에 보이지 않는 무형의 것으로 정신적이고 심리적인 것이다. 즉 그것에 관심을 두고 의미를 부여하는 사람에게만 보이는 것이다. 삶의 의미는 주어지는 것이 아니라 인간 스스로 찾아내는 것이고 질문에 답을 해야 한다고 하였다. 삶의 의미는 자신이 의미를 부여하고 지니는 마음가짐에 따라 달라지는 것이다. 이는 인간이 주체가 된다는 것을 의미한다.

둘째, 반응억제는 주변의 평가나 반응을 지나치게 의식하지 않는 방법을 말한다. 이는 자신을 객관적으로 바라보고, 거리두기를 할 때 가능해진다. 그리고 자신이 다른 사람들과 다른 특성을 가지고 있다는 것을 인정하는 것이다. 틀린 것이 아니라 다른 것이다. 유식에서도 자신의 감정을 바라보는 것이 중요하다. 타인이 아니라 자신이 자기 자신의 문제를 바라보는 것이다. 생각과 판단을 멈추고 현상을 있는 그대로 바라봄으로 인해 번뇌에서 벗어날 수 있다.

셋째, 이미 일어난 사건 어쩔 수 없는 운명에 대해 받아들이는 태도와 자세를 중요시한다. 인간의 힘으로 어쩔 수 없는 운명 앞에서도 그 운명을 대하는 태도를 선택할 수 있다. 자유로운 태도의 선택을 통해 부정적인 상황을 긍정적으로 변경할 수 있고 문제를 극복할 수 있다. 같은 현상이라도 어떤 마음으로 바라보느냐에 따라 달라진다.

넷째, 로고테라피와 마음치료는 이미 지나가 버린 과거에 연연하지 않는다. 또한 다가올 미래에 대한 걱정도 불필요하다. 돌이킬 수 없는 과거나 아직 오지 않은 불확실한 미래가 아니라 과거와 미래가 만나는 시점인 오직 '지금 현재 여기'를 중요하게 생각한다는 것이다. 항상 변화하면서 존재하는 오늘을 살아가는 것이다.

다섯째, 로고테라피와 마음치료에서는 타인을 돕는 것에 의미를 둔다. 로고테라피 치료자들은 환자들이 자신의 삶에서 의미를 발견하도록 도와준다. 실존적 공허로 힘들어 하는 사람들에게 자원봉사를 권유한다. 타인을 돕는다는 것은 결국 자신의 삶에 대한 자부심과 긍지를 느낄 수 있게 되고 문제를 해결하는 방법이 된다. 유식에서도 보살행을 권유한다. 중생을 도와 그들이 무명에서 벗어나 해탈의 길을 찾을 수 있도록 돕는 것이다.

2) 상이성

양자의 상이성은 다음과 같다.

첫째, 로고테라피는 고통의 원인과 결과를 인과관계로 생각하지 않으며 유식불교의 마음치료는 철저하게 연기를 바탕으로 한 인과법을 중시한다.

둘째, 로고테라피는 이미 발생한 어쩔 수 없는 운명에 대한 인간의 태도적 가치를 중요하게 생각하나 마음치료는 근원적인 마음의 다스림을 중요하게 생각한다.

셋째, 역설기법은 발상의 전환으로 일어나기를 꺼려하는 일들을 적극적으로 일어나게 한다. 하지만 마음챙김은 '일체유심(一切唯心)' 즉 모든 것은 마음이 만들어가고 마음에 달려있음을 알아차려 마음을 잘 다스려야 함을 말한다. 무명에서 벗어나는 방법을 택한다.

결과적으로 로고테라피와 마음챙김은 인간이 편안하고 행복해지기 위한 것이다. 두려움과 걱정 근심, 후회는 내려놓고 지금 이 순간에 집중해보자. 지금 가장 큰 문제는 무엇인가? 무엇을 기대하고 앞으로 어떻게 되고 싶은가? 그러기 위해서 내가 지금 할 수 있는 일은 무엇인가를 생각해보자. 계속 생각을 하다보면 어느 순간 멋진 해답을 발견할 수 있을 것이다.

로고스가 모든 것이 변한다는 뜻이라면 불교의 제행무상과 다를 바가 없다.

흙탕물은 흔들면 뿌옇게 되어 혼탁해진다. 그러나 가만히 두면, 가라앉아 맑은 물이 생기게 된다. 우리는 일상에서 많은 사람과 만나고, 일이나 사건들을 접하게 된다. 살아있다는 것은 언제나 어떤 현상들과의 접촉으로 이루어진다. 삶을 지혜롭게 사는 것은 어떤 철학적 사유를 하느냐에 달려있다. 정말 다행인 것은 우리가 올바르게 행하고자 하는 과정에서 생기는 문제에는 반드시 해결 방법이 있다는 사실이다. 그리고 그 일을 함께 하는 사람이 있다. 함께 문제를 해결해 나가는 것이 중요하다.

6. 결론

프랑클의 로고테라피와 유식불교에서의 식(識, 마음)은 모두 존재의 의미를 찾고, 현실의 괴로움을 덜어주는 데 목적이 있다. 프랑클은 "사람들이 삶의 의미를 찾음으로 인해 고통에서 벗어나는 것을 돕는 것에 자신의 삶의 의미가 있다"라고 하였다. 붓다도 평생을 중생이 고통에서 벗어날 수 있도록 중생을 교화하는 것에 헌신하였다. 즉 로고테라피와 마음챙김 모두 괴로움을 덜어주는 가르침이자, 우리 자신이 삶의 의미를 일깨워 행복한 삶을 영위하도록 하는 것이다. 또한 일어난 사건의 발생 상황에서 어떻게 생각하고 바라보고 대처하느냐에 따라 결과가 달라진다는 것을 이야기한다는 점에서 의미가 있다. 의미나 마음은 둘 다 무형의 관념으로 어떤 현상에 대한 인간의 생각이나 태도이다. 하지만 로고테라피는 인과관계를 염두에 두지 않고 유식불교의 식(識, 마음)은 인과(因果) 인연(因緣) 연기법(緣起法)을 기본으로 한다는 것이 차이점이다.

프랑클의 로고테라피는 정신적으로나 신체적으로 억압된 상태일지라도 마지막 남아있는 태도의 자유만은 아무도 침범할 수 없는 고유의 것이라는 것을 강조하였다. 운명을 결정하는 것은 삶에 대한 태도에 달려있다. 로고테라피는 마지막으로 가질 수 있는 태도의 자유를 통해 인생을 긍정적으로 바라보면 그 어떤 힘든 상황을 극복할 수 있음을 알려준다. 궁극적인 삶의 의미 발견과 삶에 대한 태도를 선택하는 것이 무엇보다 중요하다.

프랑클이 말하는 무의식의 신은 어떤 실체적 존재로서의 신이 아니라 신이 우리에게 말을 걸어오는 빈터인 장소적 개념과 내 안에 존재하는 내가 발견해야 하는 궁극적인 의미 추구라는 뜻을 함축하고 있다. 굳이 종교적 신앙인이 아니더라도 영적 무의식은 신이 나에게 접근하는 영적인 장소(터)이다. 여기서 신은 기독교의 신개념이 아니다.

불교의 알라야식은 심층에 저장된 의식으로 사람마다 자신의 업에 따라 씨앗으로 저장되어 있으며, 조건에 따라 발현하는 시기가 다르다. 종교나 종파에 관계없이 인간이라면 누구나 가지고 있는 것이다. 유식사상은 오직 식(識, 마음)을 올바르게 바라보는 것이 중요하다는 것을 강조하였다. 마음은 홀로 존재하는 것이 아니라 관계에 따라 생겨나는 것이다. 마음의 속성을 알아차림으로써 지혜를 얻게 된다는 것으로 해석할 수 있다.

로고테라피와 유식사상은 인간의 문제를 해결하는 것에도 차이가 존재한다. 로고테라피는 현실에서 발생하는 예기불안으로 오는 신경증이나 공포증을 역설의도 기법과 반응억제 기법 등을 사용하여 치료하는 것에 중점을 두었다. 무엇보다도 의미를 발견하는 것이 중요한 과제이다. 반면 마음치료는 연기적 관계로 존재하는 마음의 속성을 알아차리면 불안, 번뇌, 집착의 원인이 어디에서 시작하는 것인지를 깨달아 처음부터 발병되지 않도록 예방하는 차원이 있다.

우리는 생각이 바뀌면 행동이 바뀌고 행동이 바뀌면 습관이 바뀌고 습관이 바뀌면 성품이 바뀌고 궁극적으로 운명이 바뀐다는 것을 알고 있다. 기본적으로 갖추어야 할 것은 제법의 실상을 올바르게 판단하는 지혜를 가지는 것이다. 수많은 잘못된 법과 의견, 추론과 주장들은 무명(無明)에서 시작된다. 그래서 제법의 실상을 정확하게 바라보고 어떤 것을 얼마나 올바르게 판단하고 받아들이는지가 무엇보다 중요하다.

프랑클이 죽음의 수용소에서 고통을 견디고 살아남아 로고테라피를 완성한 것처럼 우리는 고난과 역경을 견뎌냄으로써 행복을 성취할 수 있다. 죽음의 수용소에서는 언제든 죽을 수 있는 가스실이 옆에 있다는 것이 오히려 자살을 예방하는 효과가 있었다고 하였다. 인간은 누구나 공평하게 죽는다. 언제인지는 모르지만 누구나 한번은 죽게 된다는 것을 자각하면 현실의 어려움도 견뎌낼 수 있을 것이다. 그리고 고통이 끝나는 날이 있다는 것은 위안을 주고, 고통이 주는 의미를 발견하면 어떤 어려움도 견뎌낼 수 있기 때문에 자살을 택하는 일은 줄어들 것이다.

불교는 궁극적으로 깨달음을 통하여 육도윤회(六道輪回)에서 벗어나 해탈하는 것이 목적이다. 존재의 고통에서 벗어나 자유와 행복을 누리는 것은 무아와 무상, 연기, 윤회를 깨닫는 직접적인 수행을 통해서 가능해진다. 윤회는 먼 미래에 있는 것이 아니다. 지금 이 순간에도 지속적으로 윤회가 이루어지고 있다. 인체를 구성하는 약 60조나 되는 세포와 약 206개의 뼈를 비롯하여 수분과 혈액이 끊임없이 생성되고 없어진다. 생각도 마찬가지로 한 순간도 한 곳에 머물지 않고 시시각각 변해간다. 고정불변의 '나'가 없듯이, 나라고 할 만한 것이 고정된 실체가 없듯이 내가 가진 세포, 생각, 삶이 매 순간 끊임없이 변화하며 윤회하는 것이다. 윤회를 끊어 낼 수는 없지만 윤회를 바라보는 시각과 태도는 바꿀 수 있다. 그러므로 세상을 늘 새롭게 보고 새롭게 시작하는 계기가 된다.

앞에서 살펴본 바와 같이 높은 자살률은 실존적 공허가 원인인 경우가 많다. 프랑클이 주장하는 것은 어떤 형태의 삶이라도 의미 없는 인생은 없으며, 부질없는 일이 없다는 것이다. 살아온 인생 어느 것이나 나름대로 의미가 있다. 인간은 사회적 동물이다. 문제가 있는 곳에는 항상 해결책이 있다. 극심한 빈곤도 사회복지 관계망을 통해 해결할 수 있고, 헤어날 수 없을 것만 같은 고통에도 희망이 존재한다. 무엇보다도 삶을 살아가는 당사자의 태도가 중요하다. 이 세상 어떤 것도 단일로 독립되어 있지 않다는 사실을 인식하고 함께 잘 사는 세상이 되기를 바래본다. 잘 사는 세상이란 기준도 사람마다 가치의 기준을 어디에 두느냐에 따라 다르다.

역설의도 기법은 인간이 불안해하고 두려워하는 '그 일' 또는 '그 마음'을 더욱 활성화하여 그런 상태가 되기를 희망하면 오히려 불안이나 두려움에서 벗어날 수 있다는 것을 말한다. 가장 많이 활용되는 것이 불면증이나 광장 공포증이다. 불면증의 경우 잠을 자지 않으려는 노력이 오히려 잠을 불러오는 효과를 가져온다.

불교에서의 집착과 탐진치 삼독은 덧셈이 아니라 **뺄셈**으로 해결해야 한다. '그 일'에 지나치게 집착하다보면 오히려 '그 일'을 망치게 된다. 집착은 어리석음의 원인인 무명(無明)에서 생기고 무명을 벗어나기 위해서는 정견(正見)을 가져야 한다. 이것이 집착이라는 것을 알아차리는 순간 '그 일'의 어려움에서 벗어날 수 있다. 반응억제 기법이나 마음챙김은 집착을 버림으로 인해서 홀가분해지는 것으로 편안한 상태가 되는 것을 지향한다. 그러나 궁극적으로는 알아차림마저도 버리는 일 즉 마음이라 부르는 형상마저 쉬는 편안한 상태, 궁극적으로는 마음까지 버리는, 마음이 공(空)하다는 사실을 아는 것이 중요하다.

인간은 누구나 행복해지기를 바란다. 행복의 조건은 사람마다 다르다. 어떤 일을 했을 때 자신이 가장 행복한지를 알아차리면 늘 행복한 삶을 살아갈 수 있을 것이다. 하지만 어떤 경우에도 자신의 행복을 위해 다른 사람을 해치거나 부도덕한 일을 행해서는 안 된다. 매 순간순간 자신에게 주어진 일에 최선을 다할 때 인간은 더욱 풍요롭게, 행복한 삶을 살 수 있을 것이다. 세상에 나라는 존재는 무엇으로도 대체할 수 없는 유일한 것이다. 우주에서 나라는 존재는 모래알 보다 작은 존재이지만 내가 없으면 우주가 존재하지 않기 때문에 우주만큼의 크기를 가지고 있다. 어느 누구와도 비교될 수 없는 오직 하나 뿐인 '나'로서의 삶의 의미를 찾는 것이 중요하다.

본 연구를 하면서 개인적으로 적용하여 도움이 된 것은 프랑클이 실천한 '꼭 해야 하지만 미루어 두지 않고, 하기 싫은 일을 먼저 하는 것'이다. 일의 우선 순위를 정할 때도 도움이 되고, 늘 행복하게 사는 기법도 된다. 싫은 일들이 하나씩 없어지니 즐거운 일만 남는 것이다. 힘들고 어려울 때 우리는 '내 힘들다'라고 말한다. 하지만 거꾸로 보면 '다들 힘내'라는 긍정적인 메시지가 된다. 아무도, 어떤 상황도 나의 태도에 대한 자유를 억압할 수 없다는 것도 어려운 상황을 해결할 수 있는 용기를 주었다. 고통의 의미를 찾는 것이나 무명(無明)을 벗어나 지혜를 갖춘 명(明)의 상태가 되는 것은 자신의 선택에 달려있다.

본 연구를 통하여 프랑클의 로고테라피와 불교의 유식사상은 인간이 가진 기본적인 실존적 문제에 대한 치료분야에 큰 도움이 된다는 것을 알게 되었다. 아쉬운 점은 프랑클의 로고테라피의 기법인 역설의도 기법, 반응억제 기법, 의미 발견의 기법 및 유식불교의 마음챙김 알아차림 등의 기법을 실질적으로 적용해보고 결과를 산출해보는 기회가 적었다는 것이다.

향후 로고테라피와 불교 상담 및 존 가밧진의 MBSR을 심층 비교하는 것도 유의미할 것으로 보이며, 활용법을 실생활에서 적용하여 효과에 대해 수치화하는 것도 필요하다. 이론도 중요하지만 실천을 통해 더 많은 사람이 자신의 행복 찾기에 도움이 되는 연구가 이어지기를 바란다.

니체에게 있어서 '자유 의지'와 '자기 조형'의 양립 가능성

　　니체의 '자유 의지' 개념과 '자기 조형' 개념의 양립 가능성은 중요한 문제로 판단된다. 왜냐하면, 한 편으로 니체는 전통적인 자유의지 개념에 대한 회의주의적인 입장을 표명하면서, 다른 한 편으로는 '자기 조형'의 가능성을 적극적으로 주장하는데, 이 두 주장은 정합적이지 않는 것처럼 보이기 때문이다. 만일 그 어떤 형태의 자유의지도 존재하지 않는다면, 자기 의지에 입각한 자기 조형은 실현될 수 없기 때문이다. 이 문제에 대해 크게 '자유의지' 개념과 '자기 조형' 개념의 양립 가능성을 주장하는 입장(양립주의적 해석)과 양립 가능성을 부정하는 입장(비양립주의적 해석)으로 나뉜다.

　　본 논문에서는 레이터(Brian Leiter)로 대표되는 비양립주의적 해석과 김바다(Ba-da Kim)로 대표되는 양립주의적 해석에 대한 분석을 통해 니체의 자유의지 이해는 일종의 부수현상에 가까우며, 니체 사상에는 '자기 통제(Self Control)'에 대한 개념 혹은 그 가능성의 존재론적 조건에 대한 언급이 애초에 결여되어 있기 때문에 그 어떤 양립주의적 해석도 가능할 수 없음이 분명해질 것이다.[1]

1　본고에서는 인용하는 니체의 저작은 모두 F. Nietzsche, *Kritische Studienausgabe*, hrsg., G.

1. 들어가는 말

니체는 한 편으로는 전통적인 자유의지 개념을 부정하면서도, 다른 한 편으로는 삶에 대한 새로운 조형의 가능성을 주장한다. 그러나 이 입장은 양립하기 힘든 것처럼 보인다. 니체가 전통적인 자유의지 개념을 부정하는 이유는 그가 ① 행위의 궁극적 원인으로서의 실체-자아를 부정하며, ② 책임귀속 가능성을 부정하기 때문이다.[2] 행위의 궁극적 원인 대신에 니체는 다양한 무의식적 동기들 혹은 물리적, 생리적 조건들을 행위를 일으킨 요인들로 제시한다. 그런데 니체는 여러 저작들을 통해 자신의 삶을 새롭게 창조할 것을 주문한다.[3] 만일 니체의 생각처럼 책임을 귀속시킬 수 있는 '실체-자아'가 존재하지 않으며, 행위는 다양한 무의식적 동기들의 권력 투쟁의 산물이라면, 어떻게 자기 조형의 가능성이 정당화될 수 있는가? 과연 '자유의지에 대한 부정'과 '자기 조형'[4]에 대한 긍정은 양립할 수 있기나 한 것인가?

Colli und M. Montinari, 15 Bände, Berlin/New York 2008(=KSA)이다. 이하에서 니체의 글 을 인용할 경우, 저작의 약칭(Menschliches, Allzumenschliches=MA, Morgenröte=M, Die fröhliche Wissenschaft=FW, Zur Genealogie der Moral=GM, Jenseits von Gut und Böse=JGB, Götzen-Dämmerung=GD, Nachgelassene Fragmente = N)과 아포리즘 번호, 쪽 수를 표기한다.

2 '자유의지' 논쟁의 역사에서 20세기 이후 등장한 양립주의적 입장들을 보건데, 실체로서의 자아 부정으로부터 책임귀속 불가능성이 도출되지는 않는다. 따라서 니체의 자유의지 회의론은 논리적 비약에 근거하고 있는 듯 보인다. 그러나 본 논문에서는 니체의 시대적 문제의식을 충분히 반영해서 그의 입장을 논하고자 한다.

3 가령, FW Ⅳ, [290], s. 530, KSA9, N, 7[213], s. 361 등이 자기조형의 문제를 언급한 구절들이다. 이 외에도 위버멘쉬, 낙타-사자-어린아이로 이어지는 세 가지 변용(drei Verwandlungen)에 대한 가르침을 담고 있는 『짜라투스트라는 이렇게 말했다』의 주요 내용들도 자기조형의 문제를 다루고 있다고 볼 수 있다.

4 이 문제와 관련해 흔히 '자기 조형(self-creation)', '자기 형성(self-making)', '자기 극복(self-overcoming)', '자기 실현(self-realization)' 등이 사용된다. 이 용어들이 분명한 하나의 독자적인 개념사를 가진 용어들이 아니며, 의미가 비슷하기 때문에, 본 논문에서는 편의상 '자기 조형(self-creation)'으로 통칭하기로 한다.

이 물음을 둘러싸고 크게 양립 가능성을 주장하는 양립주의적 해석(R. C. Slomon(2002), **K. Gemes**(2009), 김바다(2014, 2016))과 양립 가능성을 부정하는 비양립주의적 해석(B. Leiter (2001, 2007))이 대립하고 있다. 레이터는 니체가 말하는 '의지의 현상학(the phenomenology of willing)'은 인과적 관계에 위치할 수 없는 일종의 부수현상(epiphenomenon)이며, 따라서 '자기 조형'은 의도적 결정의 산물일 수 없다고 주장한다.[5] 반면 김바다는 니체의 자유주의 회의론을 옹호하면서, '자기 조형'은 개인적 결단의 문제가 아니라고 주장한다. 오히려 '자기 조형'은 개인이 가진 복수적인 인격들이 발현될 수 있는 조건들을 필요로 하기 때문에 니체는 '자기 조형'을 가로막는 조건들을 문화비판이라는 이름으로 비판하고 있다고 주장한다. 즉, 니체에게 있어서 자유의지 회의론과 '자기 조형'은 정합적으로 이해될 수 있다는 것이다.

본 논문에서는 우선 두 입장을 대표하는 레이터와 김바다의 논증을 상세히 검토해보고자 한다. 그 다음 김바다식의 해석이 가지는 난점들을 지적하여, 비양립주의적 해석을 옹호하고자 한다. 결과적으로 '자기 통제'는 '자기 조형'의 필요조건이지만, 니체는 '자기 통제'의 존재론적 가능성에 대해 언급하지 않기 때문에 결과적으로 '자기 조형' 가능성에 대한 정당화는 실패할 수 밖에 없다.

---

5 로버트 케인은 비록 니체의 '자기 조형'의 문제는 다루지 않지만 자유의지에 대한 니체의 입장을 스트로슨(G. Strawson)과 같은 비양립론에 속한다고 보고 있다. R. Kane, A Contemporary Introduction to Free Will, Oxford University Press, New York, 2005.

2. 양립주의적 해석과 비양립주의적 해석

1) 비양립주의적 해석

레이터(B. Leiter)는 니체의 자유의지에 대한 입장이 페레붐(Derk Pereboom, 2001)이나 스트로슨(Galen Strawson, 1986, 1994) 등에 의해 지지되는 현대의 비양립론에 속한다고 판단한다. 그리고 심리학자 웨그너(D. Wegner, 2002)의 자유의지 회의론과 유사하다고 판단한다.[6] 레이터는 의지의 자유 문제를 '자유롭다는 느낌'의 문제로 보는 니체의 입장을 '의지의 현상학(the phenomenology of willing)'으로 보고, '체험으로서의 의지'는 인과적으로 무력한 부수현상으로서의 의지임을 보여주는 논증 전략을 취한다.

레이터가 자신의 논증을 위해 근거로 삼는 대표적인 구절들이 있다.

"원한다는 것은 무엇인가!(Was ist Wollen) ‒ 우리는 태양이 솟아오를 때 방에서 나와 "나는 태양이 뜨기를 원한다"라고 말하는 사람을 비웃는다. 그리고 우리는 바퀴를 멈출 수 없으면서도 "나는 바퀴가 구르기를 원한다"라고 말하는 사람을 비웃는다. 그리고 우리는 격투에서 져 쓰러져 있는 사람이 "나는 여기에 누워 있다. 하지만 내가 원해서 누워 있는 것이다!"라고 말하는 것을 비웃는다. 우리는 이렇게 비웃지만, 우리가 '나는 원한다'라는 말을 사용할 때 저 세 사람과 다른 의미로 그 말을 사용한다고 할 수 있는가?" (M, [124], s.116.)

---

6 B. Leiter, "Nietzsche's Theory of the Will", Philosophers' Imprint, Volume7, No.7, 2007, p.1.

이 구절에서 니체는 '태양이 뜸', '바퀴가 굴러감', '격투 중 쓰러짐'을 예로 들면서, 우리의 행위는 '우리가 원해서' 발생한 사건이 아니라고 말하고 있다. 우리의 행위는 태양이 뜨고, 바퀴가 구르고, 격투 중 쓰러지는 사건처럼 행위자의 의지에 의해 발생한 사건이 아니라는 것이다. 레이터는 이로부터 행동에 선행하는 의지의 체험은 인과관계를 추적하지 못하며, 행위와 관련해 의지의 체험은 부수현상적이라는 결론을 도출한다.[7] 그러나 일상에서 우리가 이러저러하게 하도록 스스로에게 명령을 내리고, 그 명령에 따라 행위한다는 것은 자명하지 않은가?

> "'의지의 자유'라고 불리는 것은 본질적으로 명령에 순종하는 자에 대한 우월의 정서다 . " (JGB, [19], s.32.)

> "의지의 자유-이것은 명령하고 동시에 자기 자신을 명령을 수행하는 자와 일치시키는, 의지하는 자의 저 복잡다단한 쾌의 상태를 나타내기 위한 말이 다." (JGB, [19], s.33.)

위 구절들은 니체가 의지를 철저히 쾌(Lust)나 우월의 정서(Über-legenheits-Affekt)와 같은 체험의 영역으로 환원시키고 있음을 보여준다. 레이터는 의지를 체험의 영역으로 파악하는 니체의 입장을 '의지의 현상학(the phenomenology of willing)'이라고 부른다. '의지의 현상학'은 결국 행위를 일으키는 원인으로서의 '실체-주체'와 '의지'를 부정한다. 이 지점이 전통적인 자유의지 개념과 니체의 입장이 갈라서는 지점이며, 대표적으로 웨그너(D. Wegner)가 지지하는 비양립론과 맞닿는 지점이다.[8]

---

7 Leiter, 2007, p.2.

8 독일의 생물학자 게하르트 롯(G. Roth)도 의식적인 선택을 할 때에 변연계가 활성화된다는 실험결과를 통해서 '자유롭다는 느낌'은 두뇌활동이 만들어낸 착각이라고 주장한

웨그너는 실제로는 그 무엇도 하고 있지 않지만 뭔가를 하고 있다고 믿는 '통제의 착각(illusions of controll)'과 뭔가를 하고 있지만 의지의 자유로움에 대한 체험을 갖고 있지 않은 '자동증(automatism)'을 예로 들면서, '자유롭다는 느낌 혹은 체험'이 허구라고 주장한다.[9] 그렇다면, 무엇이 우리의 행위를 일으키는가? 니체는 행위를 일으키는 원인을 어떤 단일한 것으로 보지 않고, 다양한 충동들의 갈등으로 파악한다.

> "각각의 행위(Handlung)에는 많은 충동들이 활동하고 있다. 적어도 1) 행위 에서 만족되는 충동 2) 목적과 수단을 정립할 때 만족되는 충동 3) 결과를 앞서 상상할 때 만족되는 충동. 충동은 자신을 만족시킨다. 즉 충동은 자극을 지배 하면서 변형시킴으로써 활동하고 있다. 자극을 지배하기 위해 싸워야 한다. 즉 그것은 다른 충동을 억제하고 약화시켜야 한다."(KSA11, N, 7[263], s.322.)

다음 구절은 이 충동들의 갈등은 우리에게 의식되지 않으며, 심지어 어떤 충동이 승리할 지 우리는 알 수 없음을 말해주고 있다.

> "이것은 우리에게는 전혀 보이지도 의식되지도 않는 것이다[…] 나는 동기들의 이러한 전선을 잘 보지 못하는 것처럼 형성하지도 않는다. 동기들 간의 투쟁 그 자체가 내게 숨어 있다. 마찬가지로 어떤 동기가 승리하는지도 내게는 숨어 있다. 왜냐하면 내가 결국 무엇을 행하는지를 나는 잘 알지만 이때 어떤 동기가 승리했는지를 나는 알지 못하는 것이다. 그러나 이 모든 무의식적인 과정들을 고려하지 않으면서 우리에게 의식되

다.(Gerhard Roth, Aus Sicht des Gehirns, suhrkamp, 2003, s.178-179 참조).

9 D. M. Wegner, The Illusion of Conscious Wil, Harvard University Press, Cambridge, Mass, pp.8-9 참조.

는 한에서만 어떤 행위를 준비하는 것들에 해 생각하는 것이 우리의 습관이다." (M, [129], s.119.)

그러나 '성격', '기질', '성향'과 같은 개인성을 구성하는 특징을 생각해 볼 때, 이 충동들은 개인에게서 단순히 우발적으로 생성되었다가 사라지는 것이 아니라, 어떤 형태를 갖추고 있는 듯이 보인다. 레이터는 니체의 구절들[10]에서 '유형론(Doctrine of Types)'을 도출해낸다.

"개인은 그를 특별한 유형의 개인으로 정의해주는 하나의 고정된 생리-신체적 조건을 갖는다."(Leiter, 2007, 7쪽).

니체에 따르면 개인의 기질이나 성향 뿐만 아니라 심지어 도덕 판단이나 가치 평가조차도 생리 현상으로 본다.[11] 극단적으로 보이는 이러한 생각은 결국 도덕적 판단에서 조차도 의지의 자유 가능성을 허용하지 않으며, 행위자의 책임 귀속성도 인정하지 않는다. 니체의 '유형론'은 현대의 비양립론자 중 스트로슨(G. Strawson)의 입장과 유사하다. 스트로슨의 소위 '기본 논변(the basic argument)'을 케인(R. Kane)이 요약한 형태는 다음과 같다.

"1. 당신은 당신이기 때문에(당신의 본성 혹은 기질 때문에) 하는 바를 한다.
 2. 당신이 한 바에 진정으로 책임이 있기 위해서는 당신은 당신인 바에 대해(당신의 본성 혹은 기질에 대해) 진정으로 책임이 있어야만 한다.
 3. 그러나 당신이 당신인 바에 대해 진정으로 책임이 있기 위해서는 당

---

10 대표적인 구절들은 JGB, [6], JGB, [187], FW P:2, GM I:15, M 119, D 542.
11 M 119, D 542 참조.

신은 당신인 바에 책임이 있는 과거에 어떤 것을 해야만 한다.

4. 그러나 만일 당신이 당신인 바를 만든 과거의 어떤 행위에 대해서도 진정으로 책임이 있다면, 당신은 더 이른 시점에서 당신이었던 바(당신의 본성 혹은 기질)에 대해서도 책임을 져야만 한다.

5. 그러나 더 이른 시점에서 당신이었던 바에 대해 책임이 있기 위해서 는 당신은 그 보다 더 이른 시점에서 당신이었던 바에 책임이 있는 무언가를 해야만 한다. 이런 식으로 더 이른 시점으로 거슬러 올라 간다."[12]

스트로슨의 '기본 논변'은 자신의 행위에 영향을 주는 성향이나 기질을 스스로 형성시킨 것이 아니라, 인과 과정에 의해 형성된 것이므로, 각자는 자신의 행위에 궁극적인 책임자가 아니라는 것이다. 즉 우리는 자기 원인(causa sui)으로서의 궁극적 행위자가 될 수 없으므로, 그 어떤 책임도 우리에게 귀속될 수 없다는 것이다.[13]

레이터는 결론적으로 니체가 파악한 의지는 유형적 사실들(type-facts), 즉 한 개인의 생리−물리적 조건이 만들어낸 느낌 혹은 체험에 불과하며, 의지는 그 어떤 인과적 영향력도 행사할 수 없는 부수현상에 불과한 것으로 결론 짓는다.

2) 양립주의적 해석

김바다는 니체가 전통적인 의미에서의 자유의지를 부정하면, (의

---

12 Robert Kane, A Comtemporary Introduction to Free Will, New York, Oxford Oxford University Press 2005, pp.71−72. 스트로슨의 기본 논변은 Freedom and Belief (1986)의 16장에 수록되어 있다.

13 JGB, [21]이 '자기 원인'을 부정하는 니체의 대표적인 구절이다.

식된) 나는 자신의 행위와 생각의 주인이라는 기본적인 관념, (의식된) 내가 자신의 삶을 이끌어가고 변화시킬 수 있으며 새로운 방식으로 창조할 수 있다는 믿음은 폐기되어야 할 위기에 처하는 것이 아닌지 묻는다. 그러면서 니체의 자유의지에 대한 부정을 강조하면서 자기형성에 대한 니체의 지지가 실상 설득력이 없다는 점을 강조하는 숙명론자로서 니체를 규정하는 입장과 니체가 자연주의적 관점에서 자유의지를 부정하지만 그것이 곧 결정론[14]을 주장한 것은 아니라는 점을 부각시키면서 니체가 옹호하는 다른 의미의 자유가 있다는 점을 보여주려는 입장이 있다고 한다.[15]

이 두 입장 중에서 김바다는 후자의 입장을 옹호하고자 하는데, 전자의 입장을 거부하는 이유로 "니체가 자유를 강조하는 명확한 언급들이 도처에 있고 이러한 언급들은 전적으로 무시할 수 없다는 점"[16]을 들고 있다. 그러나 니체가 자유를 강조하는 언급들이 도처에 있다는 사실이 곧 '자유의지'와 '자기 조형'이 논리적으로 양립가능하다는 주장에 대한 근거가 될 수는 없다. 그러면, 후자의 입장을 옹호하는 근거는 무엇인가? 김바다는 니체가 부정하는 자유 말고 다른 의미에서의 자유가

---

14 두 용어 '숙명론(fatalism)'과 '결정론(determinism)'이 구분 없이 사용되고 있는데, 이 두 용어는 서로 다른 개념사를 가지는 용어이며, 현대 형이상학, 특히 심리철학(Philosophy of Mind)에서 다른 의미로 사용되기 때문에 주의가 필요하다. 본 논문에서는 다소 거칠기는 하지만, '숙명론'을 '미래에 일어날 특정한 일은 반드시 일어 난다'는 입장으로, '결정론'을 '원인이 없는 사건은 없다'는 입장으로 이해하고자 한다. 니체의 자유의지 이론이 비양립론에 속한다면, 그는 그 어떤 행위주체의 영향력도 부정하는 '강한 결정론(hard determinism)'을 지지하게 된다. 다만 '강한 결정론'이 곧 '숙명론'으로 귀결될 지에 대해서는 의문의 여지가 있다. 왜냐하면, 인간은 자연에만 속한 존재가 아니라 문화에도 속한 존재이기 때문에 단순한 생리, 물리적 원인들에 의해 문화 내에서 행해지는 행위까지(가령, 직업 선택의 문제) 미리 결정된다고 보는 것은 근거가 부족한 비약으로 보이기 때문이다.

15 김바다, "니체의 자유 개념 이해 – 니체의 자유의지 비판과 수정된 자유 개념의 정합 이해를 한 시도", 『니체연구』, 제 29집, 2016, p.52.

16 Ibid.

가능하다는 점을 그 근거로 제시한다. 그렇다면, 니체가 제시하는 새로운 의미에서의 자유가 무엇이며, 그 자유 개념이 '자기 조형' 개념과 양립가능한지 살펴보는 일이 관건이 될 것이다.

김바다는 니체가 '자아'와 '의식' 개념을 중심으로 자유의지를 파악하지 않고 '충동과 몸을 중심으로한 자기' 개념을 제시하여 새롭게 자유의지를 파악하고 있다고 본다.[17]

> "니체의 자기 개념은 자아와 구분되는 것으로서, 언어-형이상학의 결과물이자 실체로 간주되는 자아와 달리 '몸-이성'으로서 충동이나 정서와 같은 선-언어적, 생물학적, 역사적, 문화적인 조건들과 깊은 관계를 갖고 있다. 니체는 '자기'가 충동들의 총체에 의해 구성된다고 파악한다. 그리고 이 충동들의 총체가 곧 한 개인이 어떤 사람인가를 말해주는 것이다. 여기서 충동들의 총체는 무질서한 충동들의 집합이 아니다. 니체는 '자기'를 다수의 충동들이 이루는 사회로 표현하고 이 다수의 충동들은 투쟁과 경합을 통해 위계질서를 만들어 낸다."[18]

니체의 '자기'는 '자아'와 달리 다수의 충동들이 끊임 없이 빚어내는 생성 중인 무엇이라는 것이다. 김바다는 충동의 활동은 쾌감을 불러일으킨다는 니체의 언급으로부터 니체가 이해한 '자유의지'는 쾌감과 같은 감정이고, 그 감정은 우리의 내면에서 일어나는 충동의 활동(명령과 복종)으로부터 발생하는 쾌감이다[19]라는 결론을 내린다. 그런데, 자유의

---

17 물론 김바다도 지적하듯이 '자아'와 '자기'에 대한 니체의 구분은 국내의 연구자들에 의해 활발히 논의되고 있다. 김정현, 『니체의 몸 철학』, 문학과 현실사, 2000; 임홍빈, "몸과 이성, 자아: 『차라투스트라는 이렇게 말했다』의 한 해석", 『니체연구』, 제10집, 2006, pp.175-195 참조.

18 김바다, 2016, p.64.

19 위의 논문, p.70.

지에 대한 니체의 이러한 이해는 레이터가 말한 '의지의 현상학'과 부합하는 내용이다. '의지의 현상학'이 의지의 부정을 의미하는 '의지의 부수현상론'으로 귀결된다면, 어떻게 이것이 새로운 의미의 자유의지에 대한 대안이 될 수 있는가?

결국 김바다식의 양립주의적 해석이 레이터가 말하지 못한 내용을 말하고 있다면, 그것은 레이터와는 달리 사회, 문화, 역사적 조건들을 충동에 영향을 주는 요소들로 인정하고 있다는 점일 것이다. 김바다는 『아침놀』의 구절들을 분석하면서 다음과 같은 결론을 내린다.

① 충동은 인간의 '본질'을 구성한다.
② 충동은 '선-의식적' 수준에서 '자율적'으로 작동한다.
③ 충동은 '사회적, 역사적' 수준에서 조정된다.(김바다, 2014, p.112)

이 중 ①번과 ②은 레이터의 니체 해석에서도 충분히 받아들여질 만한 결론이다. ①의 '인간'을 생물학적 종으로서의 인간이 아닌, 구체적인 역사적, 문화적 맥락 속에서 살아가는 개인(person)이라고 본다면, 한 개인을 개인으로 만들어주는 특정한 유형-사실들이 있다는 레이터의 '유형론'은 ①의 내용과 부합한다고 할 수 있다. 또한 충동이 '선-의식적' 수준에서 즉, '무의식적 수준'에서 작동한다는 점도 레이터의 '의식의 현상학'과 '유형론'으로 대변되는 니체 해석과 부합한다. 그러나 ③은 김바다식 양립론적 해석의 고유한 내용으로 판단된다. 왜냐하면, 레이터가 말하는 '유형-사실들(type-facts)'은 명백히 '생리적, 신체적 조건'에 한정되고 있기 때문이다.[20] 그렇다면, ③은 양립론적 해석의 가능

20　'제1의 본성(die erste Natur)'과 '제2의 본성(die zweite Natur)'을 구분하는 M, [455] 같은 구절이 ③을 지지해 주는 대표적인 구절일 것이다.

성을 제시해주는 근거가 될 수 있는가?

"한 인간이 복수성으로서 존재한다는 니체의 언급을 기억한다면, "우리는 여전히 많은 인격들을 드러낼 수" 있는 가능성을 가지고 있다. 우리는 "그럴 수 있는 소재를 우리 안에 지니고 있다." 그러나 그것은 개인의 선택의 문제는 아니다. 오히려 개인의 가진 복수적인 인격들, 다양한 성격들이 발현될 수 있는 조건들 속에서 가능한 것이다. 니체의 문화비판은 이러한 소재들이 발현될 수 있는 조건들을 만들기 위한 시도이다."(김바다, 2016, p.75.)

김바다는 '자기 조형'이 개인의 선택의 문제가 아니라는 점을 기꺼이 인정한다. 그러나 이것은 그에게 치명적인 약점이 아니다. 오히려 그는 '자기 조형'은 그것이 가능한 문화적 조건들을 필요로 하기 때문에, 니체의 '수정된 자유의지' 개념은 문화비판을 정당화시켜 줄 수 있다고 주장한다.

"자신을 새롭게 조형하는 일은 기존의 습관이라는 저항, 타인의 시선이라는 저항, 그리고 사회적 압력이라는 저항을 극복할 때 가능한 일이다. 그런 점에서 자기 자신을 조형하는 일은 "최고의 저항이 끊임 없이 극복되는 곳"에서 발견되는 "최고로 자유로운 인간 유형"이 할 수 있는 일이다. 따라서 니체는 문화비판을 통해 자신을 새롭게 조형하는 일들이 적극적으로 권장되고 선택될 수 있는 문화적 조건을 형성하고자 하는 것이다."(Ibid.)

그러나 문화비판을 정당화하기 위해서 굳이 '의지의 자유'를 부정할 필요가 있는가? 더 나아가, 김바다가 주장하는 니체의 '수정된 자유

의지'는 결국 레이터가 말하는 '부수현상으로서의 의지'에 대한 내용과 동일한 것이지 않는가? 레이터식의 해석이 함축하지 않는 ③의 내용은 의지에 대한 새로운 해석이라기 보다는, 오히려 비양립론자인 스트로슨의 '기본 논변'에 부합하는 내용이 아닌가?

3. '자기 조형'과 '자기 통제'

니체에게 '자기 조형'이란 결국 내 안의 숨겨진 동기들이 실현됨을 통해 복수적인 인격들을 드러내게 하는 것이다. 그러나 김바다의 지적처럼 이 과제는 한 개인의 결단만으로는 불가능하다. 왜냐하면, 그에 필요한 사회, 문화적 조건들이 갖춰져야만 하기 때문이다. 가령 자유로운 예술 활동을 금지하는 독재사회에서 예술창작에 관한 동기들은 실현되기 어려울 것이다. 그러나 '조건들의 확장'이 곧 '의지의 자유'에 대한 폐기를 필요로하는 것은 아니다. 이 둘은 어느 쪽이 다른 어느 쪽으로 대체될 수 있는 관계가 아니다. 오히려 한국사회처럼 다양한 동기들이 실현될 수 있는 사회일수록 선택의 근거와 책임의 문제가 더 중요해진다.[21]

김바다가 말하는 니체의 '수정된 자유개념'은 레이터가 지적하는 '부수현상으로서의 자유개념'과 결과적으로 다르지 않다. 다른 점이 있

---

21 행위에 대한 책임 귀속이 기독교인들이 발명해낸 공상적 허구라는 니체의 논증은 오늘날 받아들여지기 힘들다. 니체의 기독교 이해는 근본적으로 플라톤주의적 독해법에 근거한다. 그러나 신학 발전의 역사에서 플라톤주의 이분법에 대한 자기 비판은 지속적으로 이뤄져 왔고, 극복되어 왔다. 그리고 이미 아리스토텔레스가『니코마코스 윤리학』에서 운동의 원인이 외부에 있는 경우와 내부에 있는 경우(eph hemin)를 구분하였지만, 설령 행위의 책임 귀속이 기독교 사상가들에 의해 최초로 탐구되었더라고 하더라도, 기독교인들의 부정적인 동기로 그것의 가치를 폄하하는 것은 일종의 '발생론적 오류'에 불과하다고 판단된다.

다면, 충동 혹은 동기가 실현되기 위해 사회, 문화적 조건들이 필요하다는 점을 강조하는 내용 뿐이다. 그러나 이것이 곧 '의지의 자유'를 배제하거나 대체할 수는 없다는 점이 지적되었다. 만일 '수정된 자유개념'이 '부수현상으로서의 자유개념'과 같은 것이라면, 김바다식의 양립주의적 해석은 스트로슨이 제시한 '기본 논변'에 대해 여전히 동의하게 된다. 왜냐하면, 김바다가 말하는 사회, 문화적 조건들 역시 스트로슨이 말하는 '내가 나인 바'에 대한 선행 조건들에 포함되기 때문이다. 즉, 그런 사회, 문화적 조건들은 '내가 의지의 자유에 입각해서 의도적으로' 선택할 수 없는 영역이며, 따라서 그에 관한 그 어떤 책임도 내게 없다. 이 결론은 위에서 보았던, '유형론'으로 대표되는 레이터의 니체 독해의 결론과 일치한다. 만일 그렇다면, 김바다식의 니체 독해 역시 의지의 자유는 부수현상이라는 레이터의 독해로부터 한 걸음도 나아가지 못 한 것이 된다. '부수현상으로서의 의지'와 '자기 조형'은 양립가능하지 않다.

그렇다면, 양립주의적 해석의 가능성은 없는 것인가? 이 물음에 긍정적인 답을 하기 위해서는 '자기 통제(self-control)' 개념이 요구된다. 프랭크퍼트(H. G. Frankfurt)나 왓슨(G. Watson) 등과 같이 새로운 형태의 양립론자들[22]은 '실체-자아', '영혼' 등과 같은 신비적 요소가 강한 '추가 요소들(extra-factors)'[23]에 대한 전제 없이, 우리에게 욕구를 평가하고, 거부하거나 선택할 수 있는 능력이 있다는 것을 보여준다. 여기서 주목할 점은 '의지의 자유'에 대한 긍정이 곧 '실체-자아'나 '자기 원인(causa sui)'을 전제해야 하는 것이 아니라는 점이다.

---

22 핑크(T. Pink)는 이 입장을 '합리주의적 양립론(Rationalist Compatibilism)'이라고 분류한다. Thomas Pink, Free Will. A Very Short Introduction, Oxford University Press, New York, 2004, pp.43-72 참조.

23 Robert Kane, A Contemporary Introduction to Free Will, Oxford University Press, New York, 2005, p.39.

다양한 동기 혹은 충동들을 사회에서 실현시키기 위해서는 단순히 그들의 힘에 이끌리는 '수동적인 존재'가 되어서는 안 된다. 그들을 평가할 수 있는 '자기반성능력'이 필요하고, 그들 중 일부는 거부하고 받아들일 수 있는 '자기 통제력'이 필요하다. 이런 능력들이 전제되지 않는 '자기 조형'은 비가 오거나 꽃이 피는 것과 같이 그 어떤 가치평가도 개입할 수 없는 '자연적 현상'에 불과한 것이 될 것이다. '자연적 현상'으로서의 '자기 조형'은 단지 부수현상에 불과하며, 그런 '자기 조형'은 행위자의 의도적 결단이 필요한 '요구', '목표', '권장' 등의 대상이 될 수 없다. 따라서 '자기 통제력'에 대한 전제 없이는 '자기 조형'에 대한 니체의 프로젝트는 실패할 수 밖에 없다. 그럼에도 불구하고, - 이미 언급하였듯 - 니체의 텍스트에서 확인해볼 수 있는 내용은 오히려 '자기 통제력'에 대한 부정 뿐이다.[24]

4. 나가는 말

자유의지를 둘러싼 물음이 인류에게 중요한 이유는 이 물음이 궁극적으로 '인간이란 무엇인가?'라는 물음과 연결되기 때문이다. 즉, 인간존재를 어떻게 이해할 것인가에 대한 문제는 인간존재에게 자유의지가 있는가, 그것은 어떤 형태로 주어져 있는가의 문제와 맞물린다. 니체가 보는 인간은 철저히 '일원적'이며, '충동들의 집합체'이다. 충동들은 쉼없이 생성과 소멸을 반복하며, 서로 주도권을 쥐기 위해 투쟁을 한

---

24 본문에서 이미 언급한 구절 외에 또 다른 구절로는 "어떤 격렬한 충동과 투쟁하려고 하는 것은 우리의 능력(Macht)에 속하는 것이 아니다. 마찬가지로 어떤 방법을 사용하는가, 이 방법으로 효과를 거두는가 못 거두는가 하는 것 역시 우리의 능력 밖에 존재한다."(M, [109], s.98, (120-121).)

다. 어떤 충동이 승리할지는 우리의 능력 밖에 있다. 레이터가 정확하게 지적하였듯이, 니체에게 있어서 선택할 수 있는 능력, 즉 의지의 자유는 허구이며, 부수현상이다. 그런데, 니체는 우리에게 '자기 조형'의 가능성을 가르쳐준다. '자기 조형'과 '부수현상으로서의 의지'는 양립할 수 없다. 전자와 후자는 전혀 다른 인간론을 필요로 하는 것처럼 보인다. 한 사상 내에 이런 양립가능하지 않은 인간론이 허용된다는 것은 그 사상가의 시대적 상황을 고려한다고 하더라도 일관성의 결여로 밖에 볼 수 없다.

'자기 통제력'은 그 어떤 신비적인 요소를 끌어들이지 않고도 설명될 수 있으며, 현대 신경과학적 연구결과로도 뒷받침될 수 있다. 신경과학자 안토니오 다마지오(A. Damasio)를 통해 잘 알려진 '피니어스 게이지(Phineas Gage) 사례'는 전전두엽이 충동을 억제하고 이성적인 판단을 하는 데에 핵심적인 부위임을 보여주고 있다.[25] 이런 연구성과가 암시해주는 바는 한 개인의 유형을 구성하는 '유형-사실들'을 너머서 인간종에게 보편적인 '유형-사실들'도 있다는 것이지 않는가? 만일 '개인적 유형-사실들'과 '종적 유형-사실들'을 구분한다면, 오늘날 신경과학은 '자기 통제력'을 가능하게 하는 '종적 유형-사실들'에 대해 많은 것을 말해주고 있지 않은가? '자기 통제력'의 근거를 뒷받침해주는 '종적 유형-사실들'과 '자기 통제력'의 가능성에 대한 형이상학적인 정당화는 양립주의적 해석의 가능성을 위한 일종의 '잃어버린 열쇠'에 해당하지 않는가?

---

25 Antonio Damasio, *Descartes' Error: Emotion, Reason, and the Human Brain*, Putnam *Publishing*, 1994, 참조.

참고문헌

김바다, 「인간의 자기 이해의 에서 본 니체의 도덕비판 - 『아침놀』을 중심으로」, 『니체연구』, 제26집, 2014.

———, 「니체의 자유 개념 이해 - 니체의 자유의지 비과 수정된 자유 개념의 정합 이해를 한 시도」, 『니체연구』, 제29집, 2016.

Damasio, A., *Descares' Error: Emotion, Reason, and the Human Brain*, Putnam, 1994

Kane, R., A *Comtemporary Introduction to Free Will*, New York, Oxford University Press, 2005.

Ken G., "Nietzsche on Free Will, Autonomy, and the Sovereign Individual", *Nietzsche on Freedom and Autonomy*, eds. K. Gemes and S. May, Oxford, 2009.

Leiter, B., "the paradox of fatalism and self-creation", *Nietzsche*, eds. J. Richardson and B. Leiter, Oxford, 2001, pp.281-321.

———, "Nietzsche's Theory of the Will", *Philosophers' Imprint*, Volume7, No.7, 2007, pp.1-15.

Nietzsche, F., *Kritische Studienausgabe*, hrsg., G. Colli und M. Montinari, 15 Bände, Berlin/New York 2008.; 프리드리히 니체, 『니체전집』, 이진우 외 옮김, 책세상, 2005.

Pereboom, D., *Living Without Free Will*, Cambridge University Press, Cambridge, 2001.

Pink, T., *Free Will. A Very Short Introduction*, University Press, Oxford, 2004.

Roth, G., *Aus Sicht des Gehirns*, suhrkamp, 2003.

Solomon, R. C., "Nietzsche on fatalism and 'free will'", *The Journal of Nietzsche Studies*, Issue 23, 2002, pp.63-87.

Strawson, G., *Freedom and Belief*, Oxford University Press, Oxford, 1986.

———, "The Impossibility of Moral Responsibility", *Philosophical Studies* 75, 1994, pp.5-24.

Wegner, D. M., *The Illusion of Conscious Will*, Harvard University Press, Cambridge, 2002.

니체 사상의 소피스트적 기원

1. 머리말

　니체는 서양문화의 흐름을 바꾼 기념비적인 철학자다. 그의 사상은 철학뿐만 아니라 문학과 예술에 이르기까지 서구 근대 정신문화의 모든 영역에 획기적인 영향을 미쳤다. 그리고 그의 영향은 앞으로도 지속되고 확대될 것이다. 이러한 사유의 탄생은 전적으로 니체 개인의 천재성이나 노력에 기인한 것이지만, 하늘아래 새로운 것이 없다는 말이 있듯이, 이러한 탁월한 사유도 역사적으로 그 뿌리를 가지고 있다. 니체가 이성의 절대성을 신봉하는 기존 철학에 대한 회의로부터 자신의 사유를 시작했듯이, 고대 그리스에도 소크라테스나 플라톤으로 대표되는 그 시대의 주류 철학 사조와는 차별화되는 독창적인 사유를 전개한 철학자들이 있었다. 소피스트라고 불리는 이들은 이데아를 추구하는 이상주의적 사유에서 탈피하여 인간의 본성과 자연의 원리에 대한 실질적인 탐구를 철학적 이상으로 삼았다. 이들은 보편적이고 절대적인 지식보다는 인간이 실질적으로 파악할 수 있는 지혜를 추구하는 것이 철학적 사유의 목적이라고 주장했다.

　이성 중심의 철학을 극복하고자 몸의 철학을 주장했던 니체와, 플라톤의 이상주의적 세계관을 거부하고 현실적인 유용성을 사유의 목적으로 삼았던 소피스트들은 절대적 진리에 대한 부정과 인간 인식의 한계를 주장한다는 점에서 같은 철학적 뿌리를 가지고 있다고 평가할 수 있다. 특히 소피스트 사유의 뿌리가 되는 헤라클레이토스의 생성과 변화에 대한 견해, 칼리클레스의 힘을 중심으로 하는 자연관, 그리고 퓌론의 회의주의는 니체 철학의 주요 테마를 형성하는 핵심적인 바탕이 되었다. 니체가 주장하는 '힘에의 의지'나 '관점적 인식' 그리고 '위버멘쉬'와 같은 개념들에 대한 정확한 파악을 위해서는 헤라클레에토스, 칼리클레스, 퓌론의 사상을 먼저 검토하는 것도 바람직한 태도일 것이다. 자신을 둘러싼 자연 속에서 고정된 절대적 진리를 발견하고자 하는 욕구를 뛰어 넘어서, 변화하는 세계의 질서를 인간 인지능력의 한계상황 속에서 파악하려는 모험적인 사유 태도는 소피스트와 니체가 공유하는 철학적 바탕이다. 이러한 철학적 태도에서 분출한 기원전 5세기 그리스 소피스트들의 사유 성과가 2000년 이상의 시간적 간격을 뛰어 넘어 니체에게서 승계·심화된다는 것은 인간의 지성사를 관찰함에 있어 매우 의미 있는 시사점을 보여주고 있다. 여기에 포함된 철학적 함의를 분석하는 것은 소피스트에 대한 재평가 뿐만 아니라 니체 사유의 철학적 가치를 평가함에 있어서도 꼭 필요한 일이다. 특히 현대 포스트모더니즘에서 재현되고 있는 니체의 사유에 대한 뿌리를 그리스 소피스트의 지적 모험에서 발견한다는 것은 인간의 본성에 대한 사유가 나아가야할 방향을 보여준다고 해도 과언이 아니다.

2. 헤라클레이토스의 생성과 유희

니체에게 헤라클레이토스는 생성의 존재를 역설하는 선구자다.

"그는 놀이의 충동으로부터 현존을 이해하고, 현존을 도덕적 혹은 종교적 현상이 아니라, 미적 현상으로 만든다. 그래서 니체는 자신을 쇼펜하우어에 대립시키듯이 그를 하나하나씩 아낙시만드로스에 대립시킨다. 헤라클레이토스는 세계의 이원성을 부정했고, 그는 존재 그 자체를 부정했다. 게다가 그는 생성을 긍정으로 만들었다."[1]

니체는 서구의 형이상학이 '존재'와 '존재의 윤리성'을 주장하게 된 동기가 삶을 유지하기 위한 필요에서 비롯된다고 파악했다. 존재와 존재의 윤리성은 삶의 끊임없는 변화 속에서 일련의 존재성을 부여함으로써 삶을 진리로 만들고자 노력한다는 것이다. 이러한 노력은 인식하는 주체와, 그 자체로 존재성을 가진 객체에 실체성을 부여하는 결과로 나타난다. 실체성에 대한 인식이 가능한 것은 인간 안에 이미 사물에 대한 보편적인 인식 범주가 존재하기 때문이라고 보는 것이 전통적인 선험철학이다.

니체는 선험철학을 비판하면서 이렇게 말한다. 선험철학이 말하는 인식의 보편성과 그것을 가능하게 하는 순수 주관은 삶의 종말에서나 가능한 것이다. 변치 않는 자아라는 것은 죽은 자아라는 말과 다르지 않기 때문이다. "니체는 '주체라는 - 원자는 없다. 주체의 영역은 끊임없이 자라거나 혹은 감소한다. - 체계의 중심점은 끊임없이 위치를 바꾼다.' 라고 말한다."[2] 니체에게 진리의 본질은 오류이다. "이성, 이성의 범주, 변증법에 대한 신뢰, 즉 논리적 가치 평가는 단지 경험을 통해 입증된 삶에 대한 유용성을 입증할 뿐이지 진리에 대한 유용성을 입증하는 것이 아니다."[3] 따라서 진리 자체와 진리를 인식하는 주체는 존재하지 않는다. 인식범주를 통해 대상에 작용하는 주체가 허구라고 하면, 그러

---

1   질 들뢰즈, 『니체와 철학』, 이경신 옮김, 민음사 2013, 58쪽.
2   최상욱, 「니체와 기독교」, 『철학』 제 45집 166쪽.
3   최상욱 앞의 글 167쪽.

한 허구가 만들어 낸 존재자 역시 허구라는 것이 니체의 생각이다.

> 우리가 '주체' '객체'의 개념을 포기한다면 '실체' 개념도 포기될 것이다.
> – 그 결과 그 다양한 변형들, 예를 들면 '물질', '정신' 그리고 다른 가설
> 적 존재, '영원성과 무변화성' 등도 역시 포기될 것이다. 우리는 질료성
> 에서 해방된다.[4]

"하나의 사물이라는 것은 자신의 작용들의 총체로서, 하나의 개념
이나 상에 의하여 종합적으로 연결된 것이다. 사물은 하나의 존재를 갖
는 것이 아니라, 수많은 작용들을 가지고 있을 뿐이다."[5] 따라서 사물 자
체도 존재할 수 없다. 사물 자체는 보이고 경험되는 사물의 배후에 존
재하는 어떤 것이 아니기 때문이다. 니체는 현상과 물자체는 분리되어
존재하는 두 개의 실체가 아니라 물자체가 현상하는 것에 대한 은유로
만 존재한다고 보았다. 이러한 은유를 물자체로 혼동하는 이유는 원인
과 결과를 혼동하는 논리적 오류, 존재와 변화를 혼동하는 오류 때문이
다. "니체가 보기에 이런 오류가 가능했던 것은 인간이 결과 되어 진 것
으로부터 하나의 소망이나 꿈과 같은 심리적 기대를 가지고 원인을 지
어냈기 때문이다. 무엇보다도 우리가 원인이라 생각하는 선험적인 것의
경우도 마찬가지다. 선험적인 것은 경험에 앞서 인간에게 이미 보편적
으로 주어진 것이 아니라, 역사적으로 무수히 되풀이 되어 경험되는 가
운데, 어떤 특정한 명령 – 그것이 권력이든, 종교적, 문화적이든 – 에
의해 고정되고, 이러한 과정이 점차 망각되면서 그 자체의 존재를 지니

---

4 김정현, 『니체의 몸 철학』, 지성의 샘 1995, 81쪽.
5 최상욱, 「니체와 기독교」, 『철학』 45집, 167쪽.

게 된 계보론적, 시각적 사건이라는 것이다."[6]

니체는 헤라클레이토스의 사상을 수용하면서, 서구의 형이상학이 존재화를 추구하면서 선험성, 순수주관, 불변적 대상성, 인과율 등을 존재를 파악하기 위한 수단으로 사용한다는 것을 비판한다. 서구 형이상학이 가치론을 존재론으로 전도시키면서 모든 술어들을 주어로 함께 전도시켰다는 것이다. 모든 술어는 변화와 생성을 속성으로 하고 이러한 다양성은 '힘에의 의지'를 근거로 한다.

이와 같이 플라톤 이후에 지속되어온 주체와 이성의 절대성에 대한 믿음을 니체는 생성 이론을 통하여 파괴한 것이다. 니체는 전통철학의 주요 개념인 물 자체, 실체, 주체 개념은 다양한 힘들의 '생성'과 '관계성'을 자각하지 못한 허구적 개념일 뿐이라고 비판한다. 그럼에도 불구하고 우리가 주체와 실체에 대한 믿음을 버리지 못하는 이유는 우리가 사용하는 언어의 문법 구조에 대한 맹신이 가져온 결과라고 설명한다. "나는 수백 번이라도 반복하겠다. 우리는 진실로 언어의 유혹으로부터 자신을 해방시켜야 한다."[7] 니체는 이러한 허구에 대한 맹신은 언어 자체의 문제이기 보다는 언어를 너무나 심각하게 취급하는 것에서 비롯된다고 보았다. 언어활동은 생성하는 것에 하나의 질서를 부여하는 미학적 활동일 뿐이다. 언어활동이 만들어낸 미학적 창조물을 절대화함으로써 주체와 실체의 절대화 같은 오류가 발생하는 것이다.

나를 가장 근원적으로 형이상학자들과 분리시키는 것은 다음이다: 사유하는 것이 자아라고 하는 그들의 의견에 나는 동의하지 않는다. 오히려 나는 자아 자체를 '사물' '실체' '개인' '목적' '수'와 같은 등급으로 하나

6   최상욱, 앞의 글 169쪽.
7   권의섭, 「니체와 현대예술의 만남」, 『니체의 미학과 예술철학』 북코리아 2017, 50쪽

의 사유의 구성물이라고 여긴다. 다시 말해 그 도움으로 일종의 항상성이, 결과적으로 '인식 가능성'이 생성의 세계로 넣어지고, 창작되는 규제적 픽션일 뿐이다. 문법에 대한 언어적 주체, 객체에 대한 활동 단어들에 대한 믿음이 지금까지 형이상학자들을 굴복시켰다. 이런 믿음을 끊어버릴 것을 나는 가르친다. 사유가 비로소 자아를 정립시킨다.[8]

주어 – 술어라고 하는 문법적 구조는 근본적으로 주체에 대한 믿음에서 기인한다고 니체는 생각하고 문법적 주체에 대한 의문을 제기한다.

이전에 사람들은 문법과 문법적 주어를 믿었던 것처럼 '영혼'을 믿었다. '나'는 제약이고, '생각한다'는 술어이며, 제약된 것이라고 사람들은 말했다. 사유는 하나의 활동이며, 그것에는 원인으로서 하나의 주어가 생각되어져야만 한다. 이제 사람들은 놀랄 만한 집요함과 간지로 이 그물에서 벗어날 수 없을 것인가 하는 것을, 혹은 어쩌면 그 반대가 진리가 아닐까 하는 것을 시도하였다 – '사유'는 제약이요 '나'는 제약된 것이다. '나'는 즉 사유 자체를 통해 만들어진 종합물일 뿐이다.[9]

이와 같이 제약된 술어로는 헤라클레이토스의 세계, 즉 세계의 생성과 변화, 다양성을 표현할 수 없다는 것이 니체의 생각이다. 모든 대상이 끊임없는 생성과정 속에 있다면, 이러한 생성을 표현하는 방법은 이성보다는 감성이 더 적합할 것이다. 이성적 사유는 보편성, 체계성, 추상성의 성격을 가짐으로써 구체적 개체와 생성을 포착하는데 실패한

---

8   김정현, 『니체의 몸 철학』, 지성의 샘 1995. 82쪽.

9   김정현, 앞의 책 86쪽.

다면, 그에 반해 감성적 사유는 그 자체 생성과 개체적인 것을 생생하게 드러내 준다.[10]

니체는 감정이 전통철학에서 생각하는 것처럼 진리를 발견하는데 방해가 되는 것이 아니라 오히려 참된 실재인 생성과 개체의 차이를 잘 표현해 준다고 보았다. 이성이 오히려 추상화, 체계화를 통해서 실상을 왜곡할 뿐인 것이다. 그래서 니체에게는 참된 실재를 파악하는 것은 학문이 아니라 예술이다. 권력 의지의 실현인 모든 창조적 활동은 예술적 활동이기 때문이다.

"권력 의지는 여러 힘들의 투쟁과 대립, 조화를 통해 끊임없이 새로운 힘의 중심을 만들어 나가는 놀이이다. 이러한 투쟁 속에서 끊임없는 새로운 지배와 종속이 발생하며, 결과적으로 새로운 힘의 중심이 생긴다. 이 힘들의 잠정적 통일과 중심을 우리는 고정된 '존재'로 '주체'로 '대상'으로 바라보곤 한다."[11]

니체의 주체는 동일성의 주체가 아니라 끊임없이 힘의 중심이 변하는 '주체의 복수성'을 말한다. 주체라는 명칭은 실체로서 실재하는 것이 아니라 "다양한 충돌력들이 조직과 해체, 투쟁과 조화의 놀이에서 야기된 지배 형상에 다름 아니다."[12]

니체의 이러한 사유는 현대 신경과학의 연구에 의해서 뒷받침되고 있다. 안토니오 다마지오는 그의 저서 『느낌의 진화』에서 주체와 주관성의 의식에 대해 이렇게 설명한다.

주관성은 실체가 아니라 과정이다. 그리고 이 주관성이라는 과정의 두 가지 핵심 요소는 마음속의 이미지를 보는 관점의 구축, 느낌과 이미지들의 연결이다. 또 그는 주체에 대한 의식이 만들어지는 과정을

---

10 권의섭, 「니체와 현대 예술의 만남」, 『니체의 미학과 예술 철학』 2017. 54쪽.

11 권의섭, 앞의 글 62쪽.

12 권의섭, 앞의 글 62쪽.

이렇게 설명한다.

"내 마음 속에 떠올라 '내 의식 속에 있다'고 말하는 모든 것을 기술할 수 있는 이유는, 내 마음에 있는 이미지들이 자동적으로 나의 이미지가 되기 때문이다. 이 이미지들은 내가 얼마나 노력을 기울여 선명하게 떠올릴 수 있는지 조절할 수 있고, 자세히 살펴볼 수 있는 이미지이다. 손가락을 까딱할 필요도, 도움을 청할 필요도 없이 내가 글을 쓰고 있는 지금, 나는 그 이미지들이 내 마음과 그 마음이 만들어지고 있는 몸의 주인인 내게 속해 있다는 것을 안다. 나는 내가 자리 잡고 있는 살아있는 유기체의 주인이다. 주관성이 사라질 때, 즉 주인/주체가 마음속의 이미지들에 대한 주장하지 않을 때 의식은 정상적인 작동을 멈춘다. 우리가 주관적인 관점에서 마음속의 분명한 내용들을 소유하는 것을 방해받는다면 그 내용들은 밧줄에서 풀려 떠돌게 되고 누구의 소유라고 딱히 말할 수 없게 된다. 그 내용들이 존재한다는 것을 누가 알겠는가? 의식은 사라질 것이고, 그 순간의 의미도 역시 사라질 것이다."[13]

그는 정신적 이미지를 보는 관점의 구축 과정을 이렇게 설명한다.

"'보인다'는 것은 우리 마음속의 명확한 시각적 내용이 우리 시각의 관점, 구체적으로 우리 눈이 보는 대략적인 관점으로 머리 안에서 설정된 대로 나타나는 것을 말한다."[14]

현대 신경학자의 연구결과가 니체가 주장한 주체의 허구성과 관점주의적 인식을 과학적으로 증명하고 있는 것이다. 그리고 그는 주체의

---

13   안토니오 다미지오, 『느낌의 진화』, 임지원 옮김, 아르테 2021, 201쪽.

14   다미지오, 앞의 책 202쪽.

형성에 대해서 니체의 생각을 그대로 대변하는 기술을 하고 있다.

"① 우리가 우리 마음속에 살고 있는 순간에 핵심적인 것으로 경험하고 해석하는 근본적인 이미지와 ② 그 이미지들을 구축하는 과정에서 형성된 우리 몸의 이미지를 합쳐 놓은 콜라주라고 할 수 있다. 우리는 후자에는 관심을 기울이지 않는다. 그 이미지들이 주체를 형성하는 데 핵심적인 역할을 하고 있음에도 그렇다."[15]

세계는 거대한 예술 활동의 장이며, 거대한 예술 작품이다.[16] 니체의 유희하는 세계, 유희하는 어린이에 대한 사유는 헤라클레이토스로부터 비롯된다. 니체는 헤라클레이토스 단편 52를 이렇게 해석한다. "생성과 소멸, 건축과 파괴는 아무런 도덕적 책임도 없이 영원히 동일한 무구의 상태에 있으며, 이 세계에서는 오직 예술가와 어린아이의 유희가 있을 뿐이다. 어린아이와 예술가가 놀이를 하듯 영원히 생동하는 불은 순진하게 놀이를 하면서 세웠다가 부순다. - 영겁의 시간 에온(Aeon)은 자기 자신과 이 놀이를 한다. 마치 아이가 바닷가에서 모래성을 쌓듯이 그는 물과 흙으로 변신하면서 높이 쌓았다가 부수곤 한다."[17]

헤라클레이토스는 자신의 단편에서 삶의 시간을 유희하는 아이로 바라본다. "삶의 시간은 아이이다. 아이는 주사위를 이리저리 던지며 놀고 있다. 아이는 왕국이다."[18] 니체는 세계 시간의 아름답고 순진무구한 놀이를 다음과 같이 묘사한다. "자신을 물과 흙으로 변화시킴으로써 그는 어린아이가 바닷가에서 성을 만드는 것처럼 성을 만든다. 그는 성을 지었다가 부수었다 한다. 때때로 그는 이 게임을 다시 시작한다. 한 순간 만족 후에 그는 욕구에 의해, 그 예술가로 하여금 창조하도록 부추

15 다미지오, 앞의 책 204쪽.

16 백승영, 『니체 디오니소스적 긍정』, 책세상 2016. 649쪽.

17 백승영 앞의 책 650쪽.

18 공병해, 「유희」, 『미학의 문제와 방법』, 서울대학교 출판 문화원, 2015. 473쪽.

기는 욕구에 의해 또 한 번 사로잡힌다. 그것은 놀이하도록 항상 다시금 일깨우는 충동이며, 다른 세계에 생명을 주는 충동이다."[19]

니체는 이러한 유희의 의미를 인간의 정신 변화 과정에도 유비하여 적용한다. 니체는 『차라투스트라는 이렇게 말했다』에서 정신 발달의 세 단계, 즉 낙타의 정신과 사자의 정신, 어린이의 정신에 대해서 묘사하고 초월적 세계에 대한 무조건적 복종과 그 가치에 따라 살아가는 낙타의 정신을 넘어 자신이 자유를 얻는 사자의 단계까지는 철학적 사유가 이룩한 정신이다. 그러나 어린아이의 정신은 새로운 시작이고 새로운 세계에서 스스로 놀이하는 유희이다. 사자의 정신이 최상의 가치를 전도시켜 몰락으로 이끌어 가는 부정의 정신에 머물러 있지만, 생성의 유희는 어린아이의 창조적 유희를 통해 새로운 가치를 생성하는 축제의 놀이이자 무한한 긍정의 놀이로 이끌어 간다. 이러한 긍정의 유희를 벌이는 사람은 어린아이의 정신을 가진 위버멘쉬(übermensch)이며 이러한 유희에 대한 의지가 바로 '힘에의 의지'이다.

여기서 니체는 헤라클레이토스의 어린아이 유희를 인간의 예술 활동과 결합시킨다. 힘에의 의지의 세계가 헤라클레이토스의 아이라면, 힘에의 의지가 규제적 원리로 작용하는 인간의 해석 역시 세계 아이다.[20] 힘에의 의지가 세계를 예술 활동이자 예술 작품으로 만들고 있다면, 인간의 해석 역시 예술 활동이자 예술 작품이라고 본 것이다. 니체에게서 세계 유희는 예술가의 게임이며, 이러한 세계 유희의 예술 작업과 개인은 "마치 물결 속의 잔 물결처럼 세계를 창조했던 태고적 과정을 반복한다"는 것이다.[21] 이런 예술 작품을 생산하는 인간도 세계의 아이이자 예술가다. 그러나 인간의 예술작품은 인간의 삶을 반영하는 관

---

19 공병해, 같은 책 484쪽.

20 백승영, 『니체 디오니소스적 긍정의 철학』, 책세상 2016, 651쪽.

21 『미학의 문제와 방법』, 서울대학교 출판 문화원 2015, 484쪽.

점적 가치 해석일 수밖에 없다는 것이 니체의 시각이다. 즉 해석도 삶의 실천이고 예술도 삶의 실천이다. 그래서 니체는 예술의 가치를 삶 보다 우위에 놓는 예술 경향에 회의적이다. 뿐만 아니라 "아름답다는 것은 인간의 종적 허영심"에 불과하다고 혹평한다. 인간의 미적 체험 일체는 인간 삶에 유용한 해석일 뿐이라는 것이다.

니체의 "이러한 입장은 칸트, 쇼펜하우어 등에 의해 대표되는 미적 태도론 및 미적 가치론을 수용하지 않는다. 이들의 미적 태도론은 '이해관계 없는' 무관심한 관조이며, 이들의 미적 가치론은 미적 가치의 본래적 가치화를 의미한다. 미적 가치는 여타의 목적이나 고려의 수단일 수 없으며, 그 지체의 고유한 목적을 지닌다는 것이다. 니체는 바로 이런 미적 태도론과 미적 가치론을 인간의 존재적 특성을 들어 비판한다."[22] 삶은 예술에 의한 것이고 예술은 삶에 의한 것이라는 통일성이 니체의 예술관이다. 즉 니체의 철학에서 '유희하는 아이'에 대한 사고는 세계원리와 인간의 예술 활동에서 함께 드러난다. 아이는 주사위를 던지고 유희하면서 유희의 질서를 파악하고, 미적 인간은 세계를 직관한다. 니체는 헤라클레이토스의 세계와 유희하는 아이를 예술가와 세계유희로서의 예술작품과 비교하는 것이다.

3. 칼리클레스의 힘의 원리

기원전 5세기부터 그리스의 자연철학자들은 노모스(nomos)와 퓌시스(physis)라는 용어를 사유와 논변들의 많은 부분에 사용하기 시작했다.

'physis'라는 말은 보통 '자연(nature)'이라 번역되지만, '실재' 또

---

22 백승영, 『니체 디오니소스적 긍정의 철학』, 책세상 2016, 662쪽.

는 '물질의 원천'이라는 의미로 이오니아 철학자들에 의해서 사용되었다. "그러나 그것은 '인간의 본성(the nature of a man)'이라는 표현에서처럼 특정한 사물이나 그런 것들이 집합, 특히 생명이나 사람의 구성이나 (constitution) 특징들의 집합을 지시하기 위하여 사용되었다."[23]

그리스어에서는 '사물들이 있는 방식'이라는 정적인 개념이 이 용어의 중심적 의미이지만, '자란다'라는 동적인 의미를 가지기도 했다. 드물지만 그 말이 실제로 '출생, 생성, 또는 성장'과 같은 의미로 사용되기도 하였다. 그 이유는 명확하지 않지만 적용 사례들을 보면 이 용어가 일종의 동적 측면을 보유했다는 것은 사실이다.

"그래서 아리스토텔레스가 이 용어의 다양한 의미들에 대한 그의 토론을 '이제 말해진 것으로부터 퓌시스는 그 일차적이고 엄격한 의미에서 그 자체로 운동의 한 원천을 그 자신 안에 갖고 있는 사물들의 실체이다'라고 선언하면서 결론지을 수 있었던 것은 우연은 아니다."[24]

'nomos'라는 말은 사람들이나 사물들의 행위와 활동들에 어떤 종류의 지시나 명령을 내림을 뜻한다. 따라서 노모스에 가장 가까운 현대적 용어는 '규범'이다.[25] 노모스는 당시 도덕과 관습, 법과 같이 개인적인 것에서 신적인 것에 이르기까지 보편성을 띤 것으로 간주되고 있었다. 이에 맞서 노모스의 보편성에 의문을 제기하는 사람들이 나타났다. 소피스트들이었다. 그들은 여러 나라를 여행하면서 노모스가 사람이 만들어 낸 약속이나 규약에 불과하다는 것을 발견했다. 그래서 보편적인 것은 사람이 지어낸 노모스가 아니라 퓌시스에 있다고 주장했다. 있는 그대로의 퓌시스를 '참'으로 인정하고 사람이 이해관계에 따라 만들어 낸 노모스를 거짓으로 인식했다.

---

23 조시 커퍼드, 『소피스트 운동』, 김남두 옮김, 아카넷 2004, 184쪽.

24 커퍼드, 앞의 책, 같은 곳.

25 커퍼드, 앞의 책, 같은 곳.

"소피스트들은 이 노모스가 퓌시스를, 나아가 사회 구조 전체를 훼손해왔다고 보았다. 플라톤의 대화편《프로타고라스》에는 소피스트 히피아스가 '퓌시스에 의하면 우리는 동족이자 친구이자 같은 시민이지만, 노모스에 의하면 그렇지 않다, 퓌시스에 따르면 닮은 것은 닮은 것과 동족이 되지만 인간 위에 군림하는 노모스가 퓌시스에 반하여 많은 것을 강제하고 있다.'고 말한 것으로 되어 있다. 자연 상태에서는 인간은 같지만 노모스에 의해 불평등과 함께 다양한 반사회적 사회 구조가 생겨나게 되었다는 지적이다."[26]

특히 칼리클레스는 노모스가 반자연적이라고 규정했다. 그는 동물의 세계나 인간의 세계, 그리고 국가나 종족 사이의 분쟁에서 볼 수 있듯이 정의의 기준은 노모스가 아니라 힘, 즉 퓌시스라고 주장한다. "퓌시스는 고매한 인간이 열등한 인간보다, 유능한 인간이 무능한 인간보다 더 많이 소유하는 것이 정의라는 것을 입증한다. 여타 동물이나 모든 국가와 인간 종족에서도 그렇다는 것을, 보다 우량한 인간이 보다 열등한 인간을 지배하고 더 많은 것을 소유하는 것이 정의가 된다는 것을 다양한 경로로 보여준다. 자연에서는 힘의 지배가 자연스러운 것이고, 자연에 법이 있다면 힘이 곧 법이라는 주장이다."[27] 그는 또 노모스 뒤에는 강자에 맞서 자신들의 이익을 돌보려는 다수의 열등한 인간들의 책략이 숨어 있다고 말한다.

힘없는 자들과 거대한 대중이 노모스를 제공한다. 자신들을 고려하고 무엇이 득이 되는 지를 고려해 저들은 노모스를 칭송되어 마땅한 가상한 것과 비난받아 마땅한 고약한 것으로 규정한다. 그리고 보다 많은 것을

---

26 정동호, 『니체』, 책세상 2014, 290쪽.

27 정동호, 앞의 책 같은 곳.

소유할 수 있는, 보다 힘센 자들을 겁주기 위해, 자신들보다 더 많이 소유하는 일이 없게 할 요량으로 저들은 다른 사람보다 더 많이 소유하려고 애쓰는 것은 부당한 일이라고 말한다.[28]

플라톤의 『고르기아스』에서 소크라테스와의 대화를 통해 칼리클레스는 자신의 자연과 법에 대한 의견을 피력한다. 소크라테스는 불의를 저지르는 자가 불의를 당하는 자보다, 그리고 대가를 치르지 않는 자가 대가를 치르는 자보다 언제나 더 비참하다고 말하자 칼리클레스는 이렇게 반박한다.

소크라테스 당신은 진실을 추구한다고 주장하시면서도 실제로는 저속하고 대중연설에나 어울리는 것들로 논의를 끌고 가고 계십니다. 자연적으로 훌륭한 것이 아니라 법적으로 훌륭한 것들로 말입니다. 누가 법의 측면에서 말하면 당신은 자연의 측면에서 질문하고, 자연에 속하는 것을 말하면, 법에 속하는 것을 질문하신단 말입니다. 바로 코앞에 예를 들자면 폴로스는 법의 측면에서 더 부끄러운 것을 말하는데, 당신은 자연의 측면에서 그것을 몰아갔습니다. 왜냐하면 자연에서는, 불의를 당하는 경우가 그렇듯이, 더 나쁜 것은 더 부끄러운 것이지만, 법에서는 불의를 저지르는 게 더 부끄러운 것이기 때문이지요. 불의를 당하는 것, 이 불행한 일은 사람이 겪을 일이 아니라, 사는 것보다 죽는 것이 더 나은 어떤 노예나 겪을 일이니까요. 그러나 저는 법을 제정하는 자들은 힘없는 대다수의 사람들이라고 생각합니다. 그래서 그들은 자신들과 자신들의 이익을 위해서 법을 제정하며 칭찬도 하고 비난도 합니다. 그들 가운데 더 힘 있는 자들이나 더 많이 가질 능력이 있는 자들이 자신보다 더 많이 갖지

---

28 정동호, 앞의 책 292쪽.

못하도록 그들에게 겁을 주면서 더 많이 가지는 것은 부끄럽고 부정한 일이며, 다른 사람들보다 더 많이 가지려고 애쓰는 것, 바로 그것이 불의를 저지르는 행위라고 말합니다.[29]

정의에 대해서도 칼리클레스는 플라톤과 대립하는 의견을 보인다. 플라톤에게 통상의 정의는 통치자와 철인에 합당한 정의다. 플라톤이나 칼리클레스 모두 훌륭함(arete)이 개별 인간 다수의 필요를 충족하는 것을 포함해야 한다고 생각했다. 그러나 플라톤에게 이 충족은 욕구를 채우는데 있어서 절제를 필요로 한다. 그러나 칼리클레스는 이성이나 절제는 이와 아무런 관련이 없다. 칼리클레스의 자연적 정의가 플라톤의 정의와 구별되는 점이다.

누구에게든 노예 노릇을 하는 사람이 행복할 수 있겠습니까? 오히려 제가 지금 당신에게 솔직하게 말하는 이것이 자연에 따른 훌륭하고 정의로운 것입니다. 올바르게 살아가려는 자는 자신의 욕구들이 최대한 커지도록 놓아두고 응징해서는 안 되며, 욕구들이 최대한 커졌을 때 용기와 슬기로써 능히 그것을 섬길 수 있어야 하며, 매번 욕구가 원하는 것들로 그 욕구를 충족시킬 수 있어야 한다는 말이지요.
하지만 제가 믿기로는, 대다수 사람들에게는 그러한 능력이 없습니다. 그래서 그들은 부끄러움 때문에 그럴 능력이 있는 자를 비난하며 자신들의 무능함을 감춥니다. 그리고 제가 앞에서 말했듯이, 무절제는 정말 부끄러운 것이라고 주장하며 더 훌륭한 자질을 타고난 사람들을 노예로 만듭니다. 그리고 용기가 부족하기 때문에 스스로 쾌락을 충족시킬 수가

---

29 김인곤 옮김, 『고르기아스』, 이제이북스 2014, 137쪽.

없어서 절제와 정의를 칭찬하지요.[30]

칼리클레스의 이러한 주장들은 니체의 사상과 같은 뿌리를 가지고 있는 것으로 평가해도 무리가 없을 것이다. 무엇보다 힘의 논리가 그렇다. 니체에게도 자연을 지배하는 원리는 힘이다. 도덕과 같은 노모스를 열등한 자들의 자기 보존 책략으로 본 것이나, 약자의 강자 길들이기 술책이라는 주장은 니체의 사상과 같은 인식이다. 칼리클레스와 니체 사이의 사상적 유사성은 우연으로 돌리기에는 너무나 비슷하다. 니체는 1870년대 바젤에서 여러 학기 동안 플라톤을 주제로 강의를 했다고 알려져 있다. 여기에서 플라톤의 대화편에 등장하는 칼리클레스와 소크라테스의 대화를 알고 있었음이 확실하다. 그래서 니체의 사상 전반에 흐르는 '힘에의 의지' 근저에는 소피스트 칼리클레스의 인식이 영향을 미쳤으리라 짐작할 수 있다.

니체는 칼리클레스의 자연주의적 사유를 그의 철학적 테마로 발전시킨다. 니체의 자연은 '만인에 의한 만인의 투쟁'이 일어나는 무질서한 자연도 아니고 루소가 주장한 목가적인 자연도 아니다. 홉스는 자연을 최악의 상태로 파악했으며, 루소는 자연이 인간이 돌아가야 할 낙원으로 이해했다. 어느 것이든 그것은 인간의 이해관계를 반영한 도덕적 규정일 뿐 실제와는 거리가 먼 생각들이라고 니체는 생각했다. 형이상학적으로 왜곡된 자연 보다는 자연을 있는 그대로 받아들이고자 했다. 그것은 에너지가 넘치고 힘의 상승과 하강이 본성으로 작용하는 도덕 이전의 세계다. 니체에게 자연으로 돌아간다는 것은 루소의 감상적인 도피가 아니었다.

---

30 김인곤, 앞의 책, 152쪽.

내가 말하는 진보 - 나 역시 '자연으로의 복귀'를 말하는 바이다. '돌아감'이 아니라 '올라감'이 있기는 하지만 - 즉 막중한 과업을 유희하듯 수행하는, 그런 유희가 허락되어 있기도 한, 드높고 자유로운데다 섬뜩하기까지 한 자연과 자연성으로 올라가는 것 말이다. 비유하자면, 내가 이해하기로는 나폴레옹이야말로 한 편의 '자연으로의 복귀'이다. - 그런데 루소는 어디로 돌아가겠다는 것이지? 이상주의자와 천민이 한 몸을 하고 있는 최초의 인간인 루소는, 자신의 관점을 견뎌내기 위해 도덕적 '품격'을 필요로 했던 인물, 억제되지 않는 허영과 자기 경멸 때문에 병들어 있던 인물 말이다. 새 시대 문턱에 자리 잡고 있던 이 실패작 역시 '자연으로의 복귀'를 원했지. 다시 한 번 묻거니와 루소는 어디로 돌아가려 했던 것이지? [31]

니체는 나폴레옹 같은 인간을 '금발의 야수'라고 부르며 가증스러운 문명을 비웃고 힘 하나로 세상을 발아래 둔 가장 아름다운 인간의 전형으로 꼽았다. 금발의 야수는 칼리클레스가 노모스에 의한 강자 길들이기를 비난하면서 강자를 상징하는 것으로 언급한 사자에 해당한다. 니체에게 자연으로 돌아간다는 것은 결국 힘이 지배하는 힘의 세계로 돌아감을 의미한다. 이 세계에서는 모든 것이 보다 많은 힘을 얻기 위해 싸운다. 그래서 힘에의 의지는 자연 안의 모든 것을 존재하게 하고 모든 변화를 일으키는 최종 원리로 작용한다.

도덕과 같은 노모스를 약자의 강자 길들이기로 본 칼리클레스의 사유는 니체에게서 도덕적 자연주의로 나타난다. 니체는 도덕 문제를 '도덕의 가치에 대한 물음' 형식으로 제기함으로써 도덕 문제를 다루는 기존 전통 철학과 자신을 차별화한다. 즉 플라톤 이래로 철학자들은 도

---

31 김인곤, 앞의 책, 310쪽.

덕을 인간이 사유하고 행위 하는 존재인 한에서 벗어날 수 없는 것이라고 생각했다. 그러나 니체에게 도덕은 자의성을 제한하고 통제하는 생존에 유용한 해석일 뿐이었다.

우리의 가치 평가나 도덕적 선의 목록은 그 자체로 어떤 가치를 갖는 것인가? 이것이 지배할 때 무엇이 거기서 생기는가? 누구를 위해? 무엇과 관계해서?

– 답변: 삶을 위해서, 그런데 삶이란 무엇인가? 여기서 '삶' 개념에 대한 새롭고도 좀 더 명확한 파악이 필요하다. 삶에 대한 나의 정식: 삶은 힘에의 의지다. …

도덕적 평가는 해석이다. 하나의 해석 방식이다. 해석 자체는 특정한 생리적 상태에 대한 징후다 마찬가지로 지배적인 판단의 특정한 정신적 수준에 대한 징후다.

누가 해석하는가? – 우리의 아펙트. **32**

니체는 도덕을 해석하고 평가하는 주체는 누구인가에 대해 의문을 던진다.

도덕의 역사에서 어떤 힘에의 의지가 자신을 표현하고 있다. 때로는 노예와 억압받는 자, 때로는 실패자와 자기 자신에게 고통을 느끼는 자, 때로는 평균적인 자로 하여금 자신에게 가장 이로운 가치 판단을 관철하려는 시도를 하게 하는 힘에의 의지가 말이다. 그런 한에서 도덕 현상을 생물학적 관점에서 보는 것은 아주 생각해 볼만한 일이다. 도덕은 이제껏 다음과 같은 것들을 지불하면서 그 위에서 발전했다.: 지배자와 이들의

32 백승영, 『니체, 디오니소스 긍정의 철학』, 책세상 2016, 545쪽.

특수한 본능, 잘 성장한 인간과 아름다운 본성, 어떤 의미로는 독립적인 자와 특권층이라는 지불을 통해서, 그러므로 도덕은 좀 더 고급 유형으로 만들려는 자연의 노력에 대한 반동인 것이다. … 도덕에서의 노예의 반란: 원한 감정이 창조적이다. [33]

플라톤이 주장한 행복의 방정식도 니체는 부정한다. 인간의 행복은 욕망을 절제하는 것으로부터 비롯된다는 플라톤의 주장을 거부하면서 '자장 지독한 왜곡이자 위조'라고 평가한다. 인간은 힘의 상승을 통한 삶의 상승을 통해 행복이라는 부산물을 얻게 된다고 니체는 주장한다.

인간이 행복을 추구한다는 것 – 여기서 무엇이 참일 것인가! …자연의 위력을 지배하게 되고, 자기 자신의 고유한 맹수성과 무절제함을 지배하게 된 인간: 욕망을 따르는 법을 배웠고, 그리고 유용하게 되는 법을 배웠다. 이 인간은 직립원인에 비하면 거대한 힘의 양을 드러낸다. – 더 '행복' 해졌다는 것을 드러내는 것이 아니다.: 인간이 행복을 추구했다고 어떻게 주장할 수 있다는 말인가? [34]

그러나 니체가 주장하는 힘에의 의지가 단순히 세속적인 권력에의 의지를 의미하거나 자연과학적인 우주법칙에 한정되는 것도 아니다. 힘에의 의지는 자연과학적인 인과관계나 인간과 사회가 종속하는 법칙에 지배되는 현상이 아니라 생성하는 세계가 가지고 있는 고유한 역동의 관계다. "이 관계는 기존의 행위자 – 행위 도식을 토대로 하는 인과율

---

33   백승영, 앞의 책, 561쪽.

34   백승영, 앞의 책, 570쪽.

로는 설명될 수 없는 '힘들의 협조'라는 관계를 형성하고 있다. 즉 더 많은 힘을 추구하는 의지 활동은 오로지 의지들 간의 힘 관계에 의해서만 가능하다. 이 힘의 관계를 니체는 작용을 가하고 작용을 일으키는 원인 – 결과의 개념 대신 협조라는 말을 사용한다."[35] 즉 의지만이 이 관계의 유일한 주체들이며, 이 주체들은 오로지 자신의 내적 운동을 통해 다른 힘 주체들과 관계를 맺는다.

> 결국 다음과 같은 시도를 해보는 것이 허용되지 않겠는가?: 이 시도는 방법론의 양심이 제공하는 것이다. 단 하나의 인과성으로 충족시키려는 시도가 그 극한까지(감히 말하자면 불합리한 상태까지) 밀어붙여지지 않는 한에서 여러 종류의 인과성을 가정해서는 안 된다는 것이다.: 이것이 오늘날 우리가 멀리해서는 안 되는 방법론의 도의다.; – 그것을 수학자들은 방법론의 '정의에서 나온' 것이라고 말할 것이다. 문제는 우리가 결국 의지를 정말로 작용하는 것으로 인정하는가, 우리가 의지의 인과성을 믿는가이다.: – 그리고 믿음은 근본적으로 인과율 자체에 대한 믿음 외에 다른 것은 아니다. – 우리는 의지의 인과성을 유일한 것으로 가정하는 시도를 해야만 한다.[36]

니체는 인간 행위와 사고에서 뿐만 아니라 자연 현상의 규칙과 법칙까지도 이 힘에의 의지들 간에 일어나는 생기현상으로 설명하려 했다. 의지의 힘이 세계에 존재하는 유일하고 본질적인 힘이라는 것을 해명함으로써 생기하는 세계의 모습을 그대로 드러낼 수 있다는 것이다. 니체는 힘에의 의지를 통하여 자신이 주장해온 생성철학을 완성한다.

---

35 백승영, 앞의 책, 355쪽.
36 백승영, 앞의 책, 356쪽.

"그래서 니체는 '삶은 힘의 증대 형식일 뿐이다'라고 단언할 수 있다. 이렇게 해서 니체에게서 힘에의 의지=생기=생성=삶이라는 공식이 성립된다. 삶의 전 과정은 힘에의 의지 작용으로 환원될 수 있다."[37]

4. 퓌론의 회의주의

인간이 어떤 대상을 탐구하는 방법은 크게 두 가지로 나눌 수 있다. '무엇을 확실하게 안다'고 주장하는 것과 '무엇도 알 수 없다'고 주장하는 것이다. 전자를 주장하는 사람들은 스스로 진리를 발견하는 방법을 알고 있다고 말하는 사람들이고 후자는 진리 인식의 가능성을 부정하는 사람들이다.

"헤겔에 따르면 '진짜 철학'은 어떤 경우이건 회의주의와 '가장 내면적인 일치'를 보여야 한다. 진짜 철학은 언제나 이성을 자기의 중심원리로 삼고, 그것을 통해 학문을 수립하고 진리를 정립해야 한다. 동시에 이런 철학은 확실하지 않는 것들에 대해서는 예외 없이 의심하고 부정해야 한다. 이 의심과 부정의 원리가 실은 이성이 원리이다. 이 때문에 진정한 철학은 회의주의의 부정적 성격을 동시에 지닌다."[38]

철학을 한다는 것은 모든 것을 회의한다는 말과 일치한다. 그리스 소피스트들은 의심을 통해서 세상을 움직이는 원리를 파악하고자 시도한 사람들이다. 퓌론을 중심으로 하는 고대 회의주의자들은 어떤 방식으로든 보이는 것들과 사유되는 것들을 대립시키는 능력을 회의주의의 시작이라고 판단했다. 서로 대립되는 사태들이나 진술들이 힘에 있어서

---

37 백승영, 앞의 책 336쪽

38 조유현, 『희랍철학의 문제들』, 현암사 1993, 302쪽.

평형을 이루므로, 우리는 이러한 능력으로 인해서 우선 판단 유보에 이르게 되며, 이 후에는 마음의 평안에 이르게 된다.[39]

"회의는 반정립하는 기술로 정의된다. 반정립하는 기술, 다시 말해 회의가 발휘될 수 있는 범위와 그 대상은 '가능한 모든 방식으로 현상하는 물과 사유된 물 일반을 포함한다. 이런 것들에 대한 회의를 통해 얻은 인식론적 결론은 '반정립된 사태나 진술들'이 정립된 것과 동일한 가치성을 갖는다는 것이다."[40]

섹스투스 엠피리쿠스는 고대 회의주의를 요약한 그의 저서 『피론주의의 개요』에서 회의주의를 이렇게 설명한다.

회의주의란 어떤 방식으로든 보이는 것들과 사유시키는 것들을 대립시키는 능력이며, 서로 대립하는 사태들이나 진술들이 힘에 있어서 평형을 이루므로, 우리는 이러한 능력으로 인해서 우선 판단 유보에 이르게 되며, 그 후에 마음의 평안에 이르게 된다.

우리는 여기서 능력이란 말을 현묘한 의미로 사용하는 것이 아니라, 단순히 '어떤 것을 할 수 있음'이라는 뜻으로 사용한다. 또한 우리는 여기서 '보이는 것들'을 감각 가능한 것들이라는 의미로 사용한다. 그렇게 때문에 이들은 사유되는 것들과 서로 대조되고 있다. 한편 '어떤 방식으로든'은 '능력'을 수식할 수도 있고 - 그렇게 함으로써 '능력'이라는 낱말을 우리가 앞서 말한 것처럼, 문자 그대로의 의미로 받아들인다는 점을 보이기 위해서 - 아니면 '보이는 것들과 생각되는 것들을 대립시키는'을 수식할 수도 있다. 왜냐하면 우리는 보이는 것들을 보이는 것들에 대립시키거나 생각되는 것들을 생각되는 것들에 대립시키며 혹은 교차해서

---

39 섹스투스 엠피리쿠스, 『피론주의의 개요』, 오유석 옮김, 지식을 만드는 지식 2012. 24쪽.
40 조유현, 앞의 책, 305쪽.

대립시킴으로써 다양한 방식으로 대상들을 대립시키기 때문이다. 그렇기 때문에 우리는 모든 종류의 대립이 포괄되도록 하기 위해서 '어떤 방식으로든'이라는 표현을 사용하는 것이다.

또한 우리는 '대립되는 진술들'이라는 용어를 반드시 '긍정' 또는 '부정'을 가리키는 말로 받아들이는 것이 아니라, 단순히 '서로 상충하는 진술들'이라는 말 대신 사용한다. 그리고 '힘에 있어서의 평형'은 믿을 만함과 믿을 수 없음과 관련해서 동일함을 뜻한다. 즉 상충하는 진술들 가운데 어떤 것도 다른 진술보다 더 믿을 만한 것으로 간주되지 않는다는 말이다.

한편 '판단 유보'(epoche)는 사고의 정지이며, 이 때문에 우리는 어떤 것도 거부하지도 받아들이지도 않는다. 그리고 '마음의 평안'은 마음의 동요가 없는 상태 혹은 고요한 상태다. 마음의 평안이 어떻게 판단 유보와 더불어 생겨나는가 하는 물음에 대해서, 우리는 회의주의의 목표를 논할 때 그 답변을 제안하겠다.[41]

이와 같이 고대의 회의주의는 '어떻게 해서 보이는 것들이 보이며 어떻게 해서 사유되는 것이 사유되는 지를 탐구하는 것이 아니라' 철저하게 인간의 사유형식의 불완전성을 밝히는데 집중한다. 즉 인간의 사유가 행동 또는 판단의 근거로 선택하는 긍정 또는 부정이라는 도식이 외부의 자연적 질서를 파악하는 수단으로는 얼마나 부정확한 것인지와 이러한 긍정과 부정이 마음의 평화에 얼마나 장애가 되는지를 밝힌다. 또 섹스투스 엠피리쿠스는 여기에서 회의주의와 플라톤과의 차이에 대해서도 설명하면서 어떤 판단을 확신하거나 더 믿을 만하다고 주장하는 견해의 위험성에 대해서 설명한다.

---

41 섹스투스 엠피리쿠스, 앞의 책, 25쪽.

플라톤이 독단주의자라고 주장하거나, 혹은 일부는 독단주이고 일부는 아포리아를 제기하는 철학자라고 주장하는 사람들에 대해서는, 우리가 지금 어떤 것을 언급할 필요가 없을 것이다. 왜냐하면 플라톤 철학이 우리와 다르다는 사실을 그들 스스로 인정하는 셈이기 때문이다. 반면 플라톤이 전적으로 회의주의자인가 하는 문제와 관련해서, 우리는 〈회의주의적 주석〉에서 상세히 논의한 바 있다.

플라톤이 형상 또는 신적 섭리의 존재 여부 혹은 덕스러운 삶이 악행을 일삼는 삶보다 더 선호할 만하다는 견해에 관해 자신의 입장을 주장했을 때, 만일 이런 생각들을 사실이라고 여기고서 이에 동의했다면, 그는 독단적인 의견을 가지게 된다. 반면 만일 플라톤이 위와 같은 생각들을 다른 것보다 더 설득력이 있는 것이라고 생각해서 이를 선호한 것이라면, 그는 회의주의자의 고유한 성격을 버리게 된다. 왜냐하면 그가 믿을 만함 혹은 믿을 만하지 않음과 관련해서 특정한 입장을 더 선호하기 때문이다.

플라톤도 때로는 어떤 문제에 대해서 아포리아를 제기하지만, 그럼에도 불구하고 그가 회의주의자가 아니라는 사실은 명백하다. 왜냐하면 플라톤이 어떤 문제에 있어서 불분명한 대상들에 있어서 실재성에 관해 자기의 의견을 단언하고 있으며, 혹은 믿을 만함과 관련해서 어떤 분명한 것을 다른 불분명한 것보다 선호하기 때문이다.[42]

그리고 대중들로부터 회의주의자로 불리는 아카데미아 철학자들과도 구별된다는 것을 개연성에 대한 믿음의 정도를 통해서 설명한다.

아카데미아 구성원들이 경우, 설령 이들이 "모든 대상이 인식 불가능하

42　섹스투스 엠피리쿠스, 앞의 책, 118쪽.

다"라고 주장한다고 하더라도, 모든 대상의 인식 불가능성을 주장하는 점에 있어서도 회의주의자와는 구별된다. 왜냐하면 아카데미아 철학자들은 문제와 관련해서 대상의 인식 불가능성을 확언하는 반면, 회의주의자들은 어떤 대상이 인식될 가능성도 있다고 여기기 때문이다. 또한 아카데미아 철학자들은 좋은 것들과 나쁜 것들에 대한 판단에 있어서 우리와 명백히 다르다. 즉 아카데미아 철학자들은 우리와 다른 방식으로 어떤 대상이 좋거나 나쁘다고 주장하며, 그들이 좋다고 말하는 대상이 이와 반대되는 대상보다는 실제로 좋을 개연성이 크다고 믿고 있다. 그리고 나쁜 것에 대해서도 마찬가지로 설명한다. 반면 우리는 어떤 대상이 좋거나 나쁘다고 말할 때, 우리가 주장하는 바가 개연적이라고 그렇게 말하는 것이 아니며, 단지 우리는 아무런 행동도 하지 않게 되는 일을 피하기 위해서, 독단적인 믿음을 가지지 않은 채 일상적 삶을 따를 뿐이다.[43]

일체의 마음의 동요나 교란으로부터 해방된 아타락시아에 도달하기 위해서는 아무것도 추구하지 않아야 한다는 것이 퓌론주의자들이 생각이다. 어떤 것도 거부하거나 받아들이지 않는 철저한 판단유보만이 마음의 평정을 만들어 낸다는 것이다. 퓌론주의자들이 모든 진리 주장에 대해서 긍정도 부정도 하지 않는 까닭이 여기에 있다. 긍정과 부정을 포함한 단언적 주장을 삼갈 때에만 비로소 아타락시아로 가는 길이 열리기 때문이다.

"퓌론의 회의주의를 단순히 목적과 원리 면에서만 보면 고대의 독단론과 별로 다를 것이 없다. 고대 독단론 역시 회의를 통해서 영혼의 평온에 들어가려고 하기 때문이다. 이것은 회의주의나 독단론이나 다

---

43 엠피리쿠스, 앞의 책, 같은 곳.

같은 기초 체험, 즉 '평온하지 않음'에서 출발한다는 뜻이다. 평온하지 않음은 실존적 의미에서의 불안이 아니라 인식적 의미에서 불확실성에 기초한 불안이다. 따라서 이들에 의하면, 인간이란 '사물들 속에 한결같지 않음이 있고, 도대체 그 중에 어떤 것에 동의해야 할 것인지 속수무책'이기 때문에 불안하다. 이 불안으로 부터 빠져 나오는 것은 고대 회의주의나 독단론 양쪽의 공통 과제이다. 회의주의자와 독단론의 구별은 어떤 방식으로 평온에 도달하느냐를 문제 삼을 때 생긴다. 회의주의자들은 '무엇이 참이고, 무엇이 거짓인지 사물들 속에서 찾아내어, 이 문제에 결정을 내림으로써' 평온을 찾으려는 태도를 독단적이라고 비판한다."[44]

이 독단론에 대해 회의주의자들의 기본 입장은 어떤 진술이든 여기에 같은 진리치를 가지는 또 하나의 대립된 진술이 대립될 수 있으므로 어떤 표상이 참이고 어떤 표상이 거짓인지 알 수도 없고 판단할 수도 없다는 것이다.

"회의주의자들이 독단론에 반대하는 실천적 이유는 간단하다. 참과 거짓에 대해 결정을 내리는 것은 결코 영혼의 평온에 이르지 못한다는 것이다. 왜냐하면 이 결정은 시비(是非) 자체를 해소하는 것이 아니라, 오히려 여기에 반대되는 진술의 출현에 대한 불안을 언제나 내포하기 때문이다. 결국 결정이란 갈등의 고착화이며 첨예화 이외에 아무것도 아니다."[45] 퓌론의 회의주의는 영혼이 평온에 이르기 위해서는 진술의 갈등에 참여하지 아니하고 판단을 유보해야 한다고 주장한다. 즉 회의주의의 판단 유보는 진리에 대한 인식은 불가능하다는 통찰에 기초하고 있다. 퓌론주의의 완성자인 섹스투스 엠피리쿠스는 회의주의가 갖

---

44 조우현, 『희랍 철학의 문제들』, 현암사 1993, 306쪽.

45 `조우현, 앞의 책, 307쪽.

은 철학적 의미를 이렇게 표현한다.

> 회의주의자는 감각표상들을 평가해서 어떤 표상이 참이고 어떤 표상이 거짓인지 파악함으로써 마음의 평안을 얻으려는 목적으로 철학활동을 시작했으나, 상반된 주장들이 동일한 설득력을 가진다는 사실을 발견했으며, 이러한 논쟁을 해결할 수 없기 때문에 결국 판단을 유보하게 된 것이기 때문이다. 그런데 회의주의자가 판단을 유보하자, 뜻밖에도 믿음과 관련된 '마음의 평안'이 그에게 찾아왔다. [46]

퓌론이 회의주의는 현상이나 현상 그 자체에 대해 묻기 보다는 존재의 현상에 대한 명제나 진술이 진리의 확실성을 확보할 수 있는지에 의문을 가진다. 대상의 존재는 언제나 다양한 방식으로 은폐되어 있어서 우리의 주관적 심정에 특수한 형태의 경험으로 나타나는 것들에 대한 진술과 명제는 어차피 주관성과 임의성을 배제할 수 없기 때문이다.

> 앎의 기준으로서 현상, 다시 말해 사유와 지각의 대상으로서의 현상은 무엇이 지(知)이며 그것이 어디에 기초해 있는지 하는 문제의 이론적 규정들에 대한 검증의 초석이다. 그러나 삶의 기준으로서의 현상은 일상생활의 경험을 규정한다. 이것은 경험이 자연적 조건들과 제도적 조건들 아래서 구성되며 이렇게 구성되고 도야된 경험들이 다시 인간의 삶의 내용들을 결정한다는 것을 의미한다. 결국 퓌론은 현상을 앎과 삶의 기준으로 해석하며 이로부터 이론과 실천의 통일 문제를 이끌어 낸다.
> 현상 혹은 현상하는 것이 앎과 삶의 기준이라는 말은 앎이 삶의 체험에 그리고 삶의 체험은 앎에 뿌리박고 있고, 이 상호 동근원성의 근거가 현

---

46 박규철, 「고대 회의주의의 변천과 재발견」, 『철학 논총』 제74집, 2013, 204쪽.

상 혹은 현상하는 것이라는 뜻이다. 다시 말해 현상을 결정하는 계기는 현상이 필연적인 것이라는 사실에 대한 우리의 앎의 의식인데, 이 의식은 체험에 일치하는 어떤 표상에 필연적으로 동의하게 된다는 것이다.

이 체험에 일치하는 표상에 필연적으로 동의하도록 요구하는 그런 사건혹은 사물들을 우리가 의심할 필요는 없다. 퓌론은 의심의 여지가 없는 체험들의 성격을 '현실적인지 비현실적인지 증명'할 수 있고, 우리가 '살아가면서' 자연스럽게 그러나 필연적으로 '행위의 기준'으로 삼는 어떤 것으로 파악한다."[47]

이러한 현상이 진리의 확실성을 보증할 수 없다는 것은 당연하다. 배고픔이나 목마름 같은 인간의 자연적 특성이나 도덕이나 규범과 같은 문화적 제도적 특성에 영향을 받을 수밖에 없는 경험이, 그리고 이 경험에 따라 규정되는 현상이 어떻게 인식 체계의 기초가 될 수 있는 지에 대한 의문에 대해서 퓌론은 이렇게 말한다. "현상이 직접적으로 의심의 여지없이 확실하다. '직접성 혹은 단순한 출발점'으로서의 확실성으로부터는 '인간은 단지 제 자신의 규정 구조들인 자연적, 제도적 상황들에 의해 나오는 표상들을 가질 뿐'이라는 필연성만이 직접적으로 도출된다."[48] 여기에는 진리의 확실성이나 필연성은 직접적인 연관성을 가지지 못한다. 퓌론의 회의주의는 진리의 확실성 보다는 주관적 표상 방식의 상대성, 현상과 진술의 부등성을 폭로하는데 몰두한다. 즉 현상을 항상 감추어진 어떤 것이어서 이에 대한 진술과는 일치하지 않는다는 것이다. 진술 혹은 진술된 것과 현상 그 자체 사이에는 극복할 수 없는 간격이 존재한다는 것이다. 이 간격에 대한 인식은 진리에 대한 독단

---

47 조우현, 『희랍 철학의 문제들』, 현암사 1993, 312쪽.

48 조우현, 앞의 책, 312쪽.

론과 회의론을 구별하는 중요한 지표이다.

퓌론주의자들은 인간의 인식 능력 그 자체에 대해서도 회의적인 입장을 취한다.

만일 우리가 양보해서, 인간 개념이 이해 가능하다고 인정한다고 하더라도, 우리는 그 개념이 인식 가능하지 않음을 발견하게 될 것이다. 왜냐하면 인간은 몸과 마음으로 구성되는데, 몸은 인식되지 않으며 아마도 마음 또한 인식되지 않을 것이기 때문이다. 그렇다면 인간 또한 인식 가능하지 않다. 몸이 인식되지 않는다는 사실은 다음과 같은 점을 고려할 때 분명하다.

어떤 대상의 속성들은, 그 속성들을 담고 있는 대상과 다르다, 그러므로 색깔 혹은 다른 어떤 종류의 속성들이 우리에게 표상되었을 때, 우리에게 표상되는 것은 아마도 물 자체에 속한 속성들이지, 그 물 자체는 아니다. 물론 독단주의자들은 물체가 삼차원으로 연장되어 있다고 주장한다. 그렇다면 물체를 인식하려면, 우리는 그 물체의 길이와 너비, 그리고 두께를 파악해야 한다. 그런데 우리는 물체의 두께를 파악할 수 없다. 왜냐하면 두께가 우리에게 표상되었더라면 우리는 은박 입힌 금화를 식별해 낼 수 있었을 것이기 때문이다. 그러므로 우리는 물체 또한 인식할 수 없다. 하지만 물체와 관련된 논란은 제쳐두더라도 인간은 인식 불가능하다. 왜냐하면 그 마음이 인식 불가능하기 때문이다. 마음이 인식 가능하지 않다는 사실을 다음과 같은 점을 고려할 때 분명하다. 마음에 관해서 어떤 이들을 마음이 존재하지 않는다고 주장했으며, 다른 이들은 마음이 존재한다고 주장한 반면, 또 다른 이들은 이와 관련해서 판단을 유보했다. 만약 이러한 논쟁이 해결 불가능하다고 독단주의자들이 말한다면, 그들은 마음이 인식 불가능함을 즉석에서 인정하는 셈일 것이다. 반면 마음과 관련된 논쟁이 해결 가능하다고 주장한다면, 독단주의자들은 무엇을 가지고 논쟁을 해결할 것인지 밝혀야 한다. 왜냐하면 독단주의자들은 마음이 사유의 대상이라고 주장하므로, 마음과 관련된 논란을 감각을 통해서 해결할 것이라고 말할 수는 없을 것이기 때문이다.

하지만 만일 그들이 마음과 관련된 논쟁을 사고를 통해 해결할 수 있다고 주장한다면, 우리는 그들에게 다음과 같이 대답할 것이다. 사고란 우리 마음 중에서 가장 불분명한 부분이며, 영혼의 실재에 대해서 동의하는 자들도 사고에 대해서는 의견을 달리 한다는 사실은 사고의 불분명함을 입증해 준다.

따라서 독단주의자들이 사고를 통해서 마음을 인식하고, 또한 마음과 관련된 논쟁을 해결하려고 한다면, 그들은 더 의문스러운 것을 가지고 덜 의문스러운 것을 판가름하고 확증하고자 하는 것이다.[49]

니체도 퓌론의 회의주의적 시각을 존중했다. "『안티크리스트』54번 아포리즘에서 니체가 스스로 회의주의자에 속한다고 생각하고 있음을 잘 확인할 수 있다 '오도하게 놓아두지 마라. 위대한 정신들은 회의주의자다. 짜라투스트라는 회의주의자다. 정신의 힘과 힘의 넘침에서 오는 자유는 회의주의를 통해 입증된다. 확신하는 인간은 가치와 무가치의 문제에서 근본적인 것 전부를 고려하지 못한다. 확신은 감옥이다. 이것은 충분히 넓게 보지 않고, 발아래를 보지 않는다. 위대한 것을 원하고 그것을 위한 수단을 원하는 정신은 필연적으로 회의주의자다. 온갖 종류의 확신으로부터의 자유는 자유롭게 볼 수 있는 강한 힘에 속한다.' 여기서 알 수 있듯이, 니체는 확신과 믿음에 대해 회의주의적인 태도를 취한다는 것이 결국 정신의 자유를 얻기 위한 것임을 분명하게 밝히고 있다. 이런 면에서 니체는 경험과 변화에 대한 개방성을 강조하고

---

49 오유석,『피론주의 개요』, 지식을 만드는 지식 2012, 144쪽.

있는 셈이며, 반대로 확신과 믿음은 이러한 개방성을 손상시킨다고 여기고 있는 것이다."[50]

니체는 그리스 회의주의자들에게도 호의적인 반응을 나타낸다. "나는 소크라테스 후에 등장한 자들 주에서 오직 한 명의 독창적인 인물을 알 뿐이다: 늦었지만 필연적으로 나타날 수밖에 없었던 자, 허무주의자 퓌론"이라고 평가하면서 "판단을 유보하고 개별적인 경우를 모든 측면에서 다루어보고 포괄하는 법"을 배워야 한다고 권장했다.[51] 회의적인 시각을 전개하는 기본 이론인 고대 회의주의의 '회의적 논변형식들(tropen)'은 니체의 관점주의와 일맥상통한다. "아이네시데모스의 10가지 트로펜은 모두 다음과 같은 동일한 귀결을 향해 있다. '대상은 특정한 관점에서 지각되거나 고찰된다. 모든 이가 논쟁의 당사자이며 그러므로 '관점을 벗어난 관점'은 없다. 이에 따라 논쟁에 대한 결정도 있을 수 없다.' 대상의 참된 본성에 대응하는 진리를 선언하는 온갖 종류의 독단주의자들의 민낯을 폭로하고자 니체와 퓌론주의자들이 동원하고 있는 논변들은 구별할 수 없을 정도로 흡사하다."[52]

그러나 니체는 퓌론주의자들의 관점주의적 주장을 적극적으로 수용하면서도 그들이 10개의 트로펜을 통해 도달하고자 하는 판단유보적인 삶의 방식은 거부했다. 그는 "좀 더 위험하고 강인한 새로운 종류의 회의"를 수행하는 자, 지극히 수동적으로 "모든 이들이 믿는 것을 존중하고 믿는 일상적인 방식의 삶"을 영위하는 것이 아니라 의심이라는 "심연 위에서도 춤을 추며 스스로를 규정해 나가는 기쁨과 힘을 만끽하는 자유로운 정신"의 소유자이길 원했다.[53] 니체는 퓌론주의자들이

50　임건태, 「니체의 몽테뉴 회의주의 수용과 변형」, 『니체 연구』 제 27집, 188쪽.

51　황설중, 「아타락시아의 삶과 위험한 삶」, 『니체 연구』 제37집, 8쪽.

52　황설중, 「아타락시아의 삶과 위험한 삶」, 『니체 연구』 제37집, 10쪽.

53　황설중, 앞의 글, 12쪽.

철저한 회의적 논변을 전개했지만 실천적인 면에서는 결국 일상적인 삶의 방식을 추구했다고 비판한다. 퓌론주의자들의 최종 목표인 마음의 평정(ataraxia)은 판단유보를 통해서는 결코 이를 수 없는 것이라 생각했다. "아, 안락하고 선량한 그대들은 인간의 행복에 대해 너무 모르고 있다! 행복과 불행은 서로 함께 커가는 두 명의 오누이요 쌍둥이이다."[54] 현실 세계가 불행하다고 해서 그것에 맞서 싸우지 않고 내면의 안락함으로 도피하는 것은 행복에 이르는 길이 될 수가 없고, 그것을 극복해가는 사람만이 행복해질 수 있다고 니체는 생각했다.

니체에 따르면, 행복한 사람이란 세상과 거리를 두고 손을 더럽히지 않는 것이 아니라 "큰 고통을 경험하지만 (아니 오히려 그 덕분에) 그것을 자신의 성장과 향상을 위해 적극적으로 감수하고 더 나아가 활용했던 사람"이고 "삶의 문제들을 극복하고 의지하는 능동적 과정에서 오는 힘의 충일감이자 이 극복을 통해 고양되고 성장되는 내면적 성취감"을 느끼는 자이다.[55]

고대 회의주의자들이 불행의 원인이라고 생각해서 피하고자 했던 것들, 즉 의지, 능동성, 자발성, 극복 등과 같은 태도들이 니체에게는 행복을 불러오는 필수적 요건들이었다. 니체는 퓌론주의자들의 행복관에 대해서 동의하지 않을 뿐만 아니라 오히려 그런 주장을 하는 퓌론주의자들의 동기나 충동을 의심한다.

"니체의 계보학적 분석에 따른다면, 퓌론주의자는 삶에 대한 저항력을 잃어버린 환자이며, 자신들이 걸린 신경쇠약의 질병을 은폐하고 호도하기 위한 본능적 충동 때문에 판단유보와 아타락시아를 내세울 수밖에 없는 철학자이다. 이것은 기독교인이 안전하게 살아남기 위한

---

54 황설중, 앞의 글, 19쪽.
55 황설중, 앞의 글, 20쪽.

책략으로서 자신들의 허약함을 착함으로 세뇌했다고 보는 견해와 동일한 맥락에 놓여있다."[56] 여기서 명확히 드러나는 니체의 생각은, 퓌론주의자들이 마음의 평화를 얻기 위해 시도하는 판단 유보적 태도 역시 우리 삶에 대한 하나의 가치 평가일 뿐이라는 것이다.

회의론의 기조 위에서 퓌론주의자의 한계를 극복하기 위하여 니체가 모색한 방안은 고대회의주의와는 구별되는 새로운 관점주의의 발굴이다. 인간 인식에 대한 니체의 사유는 해석의 생기적 성격이라는 전제에서 출발한다. "인간은 힘에의 의지가 활동하는 장이다. 신체-주체의 힘에의 의지는 신체-주체를 단순한 인식 주체가 아닌 해석 주체로 만든다. 해석 주체의 인식 과정은 곧 생기 현상으로서의 해석 작용이다. 구체적으로 말하면 해석 과정에서의 특정한 관점을 규정하는 규제적 원리가 힘에의 의지이고, 이점은 니체가 힘에의 의지를 '관점을 설정하는 힘'으로 명명하는 이유다."[57]

니체는 짜라투스트라를 통해서 인간을 이렇게 정의한다. "나는 전적으로 몸일 뿐 그 외의 것은 아무 것도 아니다." 이러한 인간은 고정될 수 없는, 되어가는 존재이고 되어 감은 언제나 자기 극복의 과정으로 나타난다. 이런 과정을 삶이라고 부르고, 이런 삶은 생물학적인 생 개념을 넘어서는 몸의 존재 방식으로 규정 했다. 몸을 통해 드러나는 삶을 살아가는 인간은 육체와 정신의 이원적 해석으로는 설명될 수 없는 존재로서 이성 능력과 육체적 능력, 그리고 충동이 통일체를 이루는 총체적 존재다. 인간은 몸인 것이다. 『차라투스트라는 이렇게 말했다』에서 니체는 몸의 개념을 이렇게 설명하고 있다.

---

56 황설중, 앞의 글, 21쪽.

57 백승영, 『니체 디오니소스적 긍정의 철학』, 책세상 2016, 430쪽.

몸을 경멸하는 자들에게 나, 나의 말을 하련다. 저들로서는 이제 와서 마음을 바꿔 새로운 것을 배우거나 전과 다른 가르침을 펼 필요가 없다. 그 대신에 자신들의 몸에게 작별을 고하고 입을 다물면 된다. '나는 몸이고 영혼이다.' 어린아이는 그렇게 말한다. 어찌하여 사람들은 어린아이처럼 이야기하지 못하는가? 그러나 깨어난 자, 깨우친 자는 이렇게 말한다. '나는 전적으로 몸일 뿐, 그 밖의 아무 것도 아니며, 영혼이라는 것도 몸 속에 있는 그 어떤 것에 붙인 말에 불과하다'고. 몸은 큰 이성이며, 하나의 의미를 지닌 다양성이고, 전쟁이자 평화, 가축 떼이자 목자다.

형제여, 네가 정신이라고 부르는 그 작은 이성, 그것 또한 너의 몸의 도구, 이를테면 너의 큰 이성의 작은 도구이자 놀잇감에 불과하다. 너희는 '나' 운운 하고는 그 말에 긍지를 느낀다. 믿기지 않겠지만 그 '나'보다 더 큰 것들이 있으니, 너의 몸과 큰 이성이 바로 그것들이다. 큰 이성, 그것은 나 운운하는 대신에 그 나를 실천한다.[58]

차라투스트라는 이성과 육체와 의지의 통일체로서의 몸을 '큰 이성'이라고 부른다. 이에 반해 우리가 이성이라고 부르는 정신은 신체에 봉사하는 '작은 이성'에 불과하다. 작은 이성은 관점성을 배제하고 사유를 본질로 하는 데카르트적 이성이다. 큰 이성인 몸은 이러한 작은 이성보다 더 높고 강한 이성이다. 몸은 육체와 정신, 의지가 통일된 총체적 존재로서 순수한 이성과 같은 도구가 아니라 자기를 실현하고 극복하는 관점적 존재이다. 이러한 신체의 작용 중에는 순수한 사유행위가 존재할 수 없으며, '창조하는 신체, 그것이 그의 의지가 부릴 손 하나로서 정신이라는 것을 창조'한 것이다. 이와 같이 관점적 인식은 힘에의 의지와 정신기능들이 만들어 낸 공동작업의 결과물이다. 또한 몸은 관점적

---

58 백승영, 앞의 책, 441쪽.

인식을 통해서 가치와 의미를 창조하는 창조 주체이다. 신체는 이러한 창조적 평가작용을 통해서 삶을 구체화 한다.

5. 맺음말

니체의 사유는 소피스트적 인식을 바탕으로 하면서 진화한다. 먼저 니체는 소피스트들과 같이 전통적인 철학이 사용하는 질문의 형식을 변화시킨다. 우리는 항상 이렇게 묻는다. 〈이것은 무엇인가?〉 〈아름다움이란 무엇인가?〉 〈정의란 무엇인가?〉라고. 그리고 우리는 이러한 형태의 질문을 당연시한다. 그러나 니체는 이렇게 묻는다. 〈누구에게 그것은 무엇인가?〉 본질이나 존재라는 것도 복수성을 가지고 있어서 〈그것은 무엇인가〉라는 질문도 항상 내게 있어서, 혹은 우리에게 있어서나 살아있는 모든 것에 있어서 그것은 무엇인가라는 것을 묻는 질문이어야 한다는 것이다.

그리고 니체는 언어와 수사학에 대한 전통적인 견해를 전복한다. 니체는 언어와 수사학 사이의 전통적인 구분에 대한 비판을 통해, 언어에 부여된 부당한 권위를 무너뜨리려고 노력한다. 모든 언어가 태생적으로 비유적인 속성을 가지고 있다는 것을 밝힘으로써 문자언어가 주도적이고 비유가 파생적인 지위에 있다는 전통적인 관점을 전복하고자 한 것이다. 다시 말해 니체의 수사학은 언어의 왜곡된 권위와 특권을 벗기는 해체작업이다. 진리 대응설을 부정하는 니체에게 진리에의 의지는 '힘에의 의지'를 표현하는 하나의 모습일 뿐 본질이 아니다. 진리에의 의지는 자신의 생존을 위해 생성하는 세계를 이해 가능한 세계로 만들어내는 지배 의도에 불과하다. 수사학은 이러한 해석의 수단이다. 이러한 언어학적 현상에 대한 수사학적 통찰은 관점적 인식을 바탕으로 한다. 즉 인간의 외부 세계에 대한 인식이 언어의 은유적 속성으로 인해서 한계 지워진다는 생각은 관점주의적 사유와 맥을 같이한다.

그러나 니체는 여기서 한 발 더 나아간다. 우리는 언어의 은유적 속성이 허용하는 한계 내에서만 세계와 존재에 대해 이해를 가질 수 있지만, 언어에 의한 해석적 세계 경험이 우리가 얻을 수 있는 유일한 경험이라는 것도 인식한 것이다. 인간은 언어에 의해서만 자신의 세계를 창조할 수 있다는 것이다. 관점적인 세계를 창조하는 것이 필연적이기 때문이다. 니체는 이것을 '필연적 관점주의'라고 설명한다. 니체는 언어의 이러한 창조적 역할을 수사학의 기능이라고 판단한다. 즉 수사학은 인간이 자신의 존재에 유리한 독자적인 세계를 만들어 가는 수단이며, 자연에 대한 저항의 한 양식이자 극복의 방법이다. 인간이 외부 세계와 관계를 맺을 수 있는 언어를 창조하는 것은 근원적으로 예술적인 창조 작업이다. 인간은 이러한 창조 작업을 통해서 자신에게 적대적인 자연을 자신의 존재 양식에 친화적인 대상으로 재창조한다. 인간의 생존에 봉사하는 관점적이고 독창적인 신뢰 관계를 만들어 낸다는 것이다. 이것이 고대 그리스 소피스트들이 주장하고 니체가 심화시킨 철학적 사유이다.

참고문헌

1. 단행본

김인곤, 『고르기아스』, 이제이북스 2014.

김정현, 『니체의 몸철학』, 지성의 샘 1995.

김 헌, 『어떤 철학자의 변명』, 서울대학교 출판문화원 2019.

박찬국, 『비극의 탄생』, 아카넷 2016.

백승영, 『니체 디오니소스적 긍정의 철학』, 책세상 2016.

브루노 스넬, 『정신의 발견』, 김재홍 옮김, 도서출판 까치 1994.

서울대학교 철학사상연구소, 『데카르트에서 들뢰즈까지』, 세창출판사 2015.

안토니오 다마지오, 『느낌의 진화』, 임지원 옮김, 아르테 2021.

앤소니 고틀립, 『이성의 꿈』, 이정우 옮김, 도서출판 산해 2007.

앨런 슈리프트, 『니체와 해석의 문제』, 박규현 옮김, 푸른숲 1997.

오유석, 『피론주의의 개요』, 지식을 만드는 지식 2012.

이대열, 『지능의 탄생』, 바다출판사 2017.

이사야 벌린, 『자유론』, 박동천 옮김, 아카넷 2006.

이정우, 『세계철학사 1』, 도서출판 길 2011.

장 프랑수아 리오타르, 『니체와 소피스트』, 이상엽 옮김, 지식을 만드는 지식 2016.

조우현, 『희랍 철학의 문제들』, 현암사 1993.

조지 커퍼드, 『소피스트 운동』, 김남두 옮김, 대우 학술 총서 2004.

질 들뢰즈, 『니체와 철학』, 이경신 옮김, 민음사 2013.

천병희, 『플라톤』, 도서출판 길 2011.

한기철, 『이소크라테스』, 한국문화사 2016.

한스 요나스, 『생명의 원리』, 한정선 옮김, 아카넷 2001.

2. 논문

강용수, 「니체의 수사학과 해석학」, 『해석학 연구』 제20집.

고영호, 「이소크라테스의 수사학과 도덕 교육론에의 시사」, 『교육 철학』 제 24집.

공병해, 「유희」, 『미학의 문제와 방법』, 서울대학교 문화 출판원 2015.

권의섭, 「니체와 현대 예술의 만남」, 『니체의 미학과 예술철학』, 북코리아 2017.

김유석, 「이소크라테스의 개연성의 수사학」, 『법사학 연구』 제46호.

김 헌, 「왜 이소크라테스는 철학자로 불리지 않는가?」, 『대동 철학』 제47권.

김 헌, 「이소크라테스와 범그리스주의」, 『인문 논총』 서울대 제72권.

김 헌, 「이소크라테스의 철학과 파이데이아에서의 '의견(doxa)'」, 『서양 고전 연구』 50집. 2013.

박규철, 「고대 회의주의의 변천과 재발견」, 『철학 논총』 제74집.

백승영, 「니체 철학에서 인식 해석과 존재」, 『철학』 제58집.

양대종, 「하이데거와 니체의 예술」, 『니체 연구』 제31집.

양해림, 「그리스 비극과 소크라테스 비판」, 『니체의 미학과 예술철학』, 북코리아 2017.

오유석, 「퓌론은 회의주의자였는가」, 『동서 철학 연구』 제70호

유재봉, 「phronēsis로서의 수사학 가능성 탐색: 이소크라테스의 관점」, 『교육 철학 연구』 제43권 제2호.

이상엽, 「니체 도덕적 이상에의 의지로부터 형이상학적 세계 해석의 탄생」, 『철학』 제66집.

이상엽, 「니체 인식의 한계 내에서의 진리에 대하여」, 『니체 연구』 제34집.

이상엽, 「니체의 삶의 예술 철학 - 탈근대 시대의 새로운 윤리학의 시도」, 『니체 연구』 제17집.

이상엽, 「삶과 학문」, 『철학과 현상학 연구』 2003.

이소크라테스, 「시민 대축전에 부쳐」, 『그리스의 위대한 연설 - 이소크라테스, 페리클레스, 데모스테네스』, 김헌 장시은 김기훈 옮김, 민음사 2015.

이영주, 「이소크라테스 수사학의 교육적 의미」, 『교육 사상 연구』 제33권.

이영주, 「이소크라테스의 범그리스주의」, 『교육 과정 연구』 제37권.

이윤철, 「프로타고라스의 자연주의적 언어론」, 한국 고전 철학회, 2012년 가을 학술대회 및 『철학 사상』 48권. 서울대 철학사상 연구소 2013.

임건태, 「니체의 몽테뉴 회의주의 수용과 변형」, 『니체 연구』 제27권, 2015.

임건태, 「음악을 하는 가운데 삶을 긍정하기」, 『니체의 미학과 예술 철학』, 북코리아 2017.

정낙림, 「예술의 생리학과 미래 예술」, 『니체의 미학과 예술 철학』, 북코리아 2017.

최상욱, 「니체와 기독교」, 『철학』 제45집.

최순영, 「니체의 진리 비판의 의의와 한계에 대하여」, 『니체 연구』 제15집.

홍사연, 「니체의 음악적 사유와 현대성」, 『니체의 미학과 예술 철학』, 북코리아 2017.

황설중, 「아타락시아의 삶과 위험한 삶」, 『니체 연구』 제37집.

니체의 삶의 예술의 철학과
그 현재적 적용

1. 들어가는 말

  본 논문에서 필자는 니체의 윤리 사상의 특징을 파악해 보는 작업을 넘어서, 현시대의 구체적 문제에 대하여 적용 가능성을 열어 보이고자 한다. 이는 철학 사상이 단순히 학술의 영역에서만 논의되어서는 안 되며, 사회적 갈등을 분석하고 해법을 제시하는 데에 있어 유익함을 보여주기 위함이다. 니체는 서구 사회를 지배해 온 전통 윤리와 도덕을 해체하고 그 자리에 '삶의 예술의 철학'을 세운다. 그는 개인의 개별성과 특수성을 존중하는 사상 체계를 모색한다.

  윤리는 인간이 당연히 지켜야 할 생활 규범이다. 그런데 규범은 어떻게 만들어지며, 그 뿌리는 어디인가? 그 한계는 어떻게 정해지는가? 그리고 마땅히 누구나 지켜야 할 규범이라면, 왜 그래야만(당위) 하는가? 그 가치 판단의 근거는 무엇인가? 윤리의 명확한 범위와 근거의 설정은 어떻게 이루어 졌으며, 그것이 우리의 삶에 어떤 영향을 미치는가? 이런 문제를 니체의 비판적 입장에서 바라본다.

  니체는 윤리에서 사용되는 좋음(선), 나쁨(악)의 의미와 설정의 근거에 대하여, 전통 윤리학과 견해를 달리하고 있다. 전통 철학에서는 윤리학이 인간의 행동을 인도하는 길잡이 역할을 하며 삶의 원리를 제공한다고 믿고 있다. 이러한 전통적인 윤리학에서 도덕적 가치 판단(moral value judgement)과 가치 판단의 근거를 니체는 비판하고 있다. 그는 전통적인 윤리학을 비판함에 있어서 심리학적으로 접근한다.

니체의 삶의 예술의 철학은 현재적 삶에 있어서 나는 어떤 윤리적 체계 속에서 살고 있는가? 이 물음에서부터 출발한다. 니체는 대중의 무리 속에 묻혀 나의 삶을 정의하지 않고 맹목적으로 살아가는 삶을 비판한다. 당신의 삶에서 당신의 주인인가? 만약 그렇지 않다면, 당신을 움직이는 윤리와 도덕의 체계는 무엇인가를 니체는 묻는다.

니체는 전통적 윤리 체계를 비판하는데, 기존의 전통 윤리 사상을 대표하는 소크라테스의 윤리 사상과 칸트의 의무주의 윤리 사상, 그리고 기독교 윤리 사상을 비판한다. 그리고 주인 도덕과 노예 도덕을 심리적 관점에서 분석하고 니체의 미학적 윤리 사상을 통해 현 시대에 적용 가능한 새로운 도덕과 윤리 체계의 가능성을 살펴보았다.

한국 사회에 한정해서 볼 때, 세대 간의 갈등, 계층 간의 갈등, 진보와 보수의 갈등 등이 만연해 있다. 따라서 크게는 옳고 그름의 문제, 좁게는 삶의 방향을 설정해 주는 가치의 문제이다. 과연 사상적 독단주의에 빠지지 않으면서도, 모든 이에게 설득력 있는 윤리 사상이 가능할까? 만일 그것이 가능하다면, 가치관의 혼란을 겪고 있는 현대 한국 사회에 유익한 지혜를 제공해 줄 수 있을 것이다.

철학자 니체(F. Nietzsche)는 현대 사회의 다원적 가치 성향을 예측하였고, 나름의 해답을 제시하였다. 그러므로 21세기 한국 사회가 직면한 갈등을 살펴고 그 해답을 찾는 데에 도움이 될 수 있기를 기대한다.

본 연구는 니체의 사상을 현실에 적용하고자 한다. 비록 이 시도가 거칠고 서투를지라도, 한 걸음 내딛는 것에 의미를 두고자 하였다.

2. 니체의 전통 윤리 비판

1) 니체의 소크라테스 윤리 비판

니체는 고대 그리스 철학에서 출발해 그 뿌리부터 해체한다. 그는 비극(悲劇)을 연구하면서, 이를 소크라테스의 철학과 대비시킨다. 이 둘을 디오니소스와 아폴론으로 도식화한다. 소크라테스는 아폴론적 정신의 상징이다.

소크라테스는 알면 행할 수 있다고 믿었다. 선(善)을 알면, 탁월함(arete 德)을 가지게 되며, 실천을 할 수 있다. 덕은 곧 지식이다. 반대로 악은 선을 알지 못하는 무지에서 나온다. 선을 알면 행한다. 알지 못 하기 때문에, 행하지 못 하며, 악하게 된다. 이는 앎이 우위인 지성주의이다. 이것은 서양 철학의 기원이며, 근대 과학의 원천이 된다.

니체가 보기에 소크라테스는 이성주의의 창시자이다. 소크라테스의 주지주의는 플라톤의 이데아로 이어진다. 앎의 내용을 플라톤은 '이데아'라고 한다. 현실 세계와 평행하게 이데아들의 세계가 있다. 그리고 이데아가 진짜로 존재하는 것이고, 감각 지각되는 현실 세계는 가상의 세계이다. 이는 아폴론적 사유의 극단이다.

따라서 이데아의 세계는 이성으로 파악되고, 현상 세계는 감성으로 지각된다. 따라서 감성을 억제하는 금욕주의에 빠진다. 이는 기독교의 윤리와 연관된다. 니체는 소크라테스의 이성주의를 삶에의 의지가 약화된 증후로서 파악한다. 사람은 현실 세계에서 산다. 거기에서의 욕망을 부정하는 것은 삶의 의지를 약화시키는 것이다.

소크라테스의 윤리는 지성주의(intellectualism)이다. 지성주의란 이성적 능력의 올바른 사용을 통해서 학문과 윤리 영역에서의 진보가 가능하다고 보는 견해이다. 이는 지적 낙관론이다. 소크라테스의 지성주의는 삶에의 의지가 약화된 증후로서 등장한다. 그리고 기독교가 지배했던 시기를 거쳐 근세의 사상에까지 지배적인 영향을 행사했다. 절대적 선(좋음)이 있고 그것이 무엇인지 알면 행할 수 있다. 선한 것을 알면 바르지 않은 행동을 할 수 없다는 소크라테스의 주장을 니체는 비판한다.

선에 대한 이론적 원리를 통하여 궁극적인 좋음에 도달할 수 있다는 소크라테스의 주장을 니체는 비판한다. 니체는 사유와 이론적 원리를 통하여 궁극적인 좋음에 도달할 수 없다고 한다. 이론적 원리는 인간의 삶 속에서 일어나는 복잡하고 다양한 인간의 심리적 상태와 현상들을 설명하기에는 부족하다. 대화의 변증법에 의해서 궁극적인 선에 도달하는 것은 어렵다. 이때 소크라테스는 이성의 보조물로서 신화를 통해 궁극적 선에 접근을 시도한다. 이를 니체는 비판한다.

이러한 이론적 방법은 아폴론적 시각이다. 이것으로는 한계에 부딪힐 수 밖에 없다. 이러한 방법을 비판하면서 니체는 디오니소스적인 입장을 취한다. 이성 이외의 요소, 즉 감성(pathos, 정념)을 제외하고서는 인간을 제대로 이해할 수 없다. 따라서 니체에게는 "이성=덕=행복"이라는 소크라테스의 원리는 삶의 의지가 약화된 자, 병든 자가 만들어 낸 데카당스(퇴폐)의 공식이 된다.

또한 절대적인 선과 절대적인 악은 존재하지 않는다. 선과 악은 상대적 관점에 따라 달라질 수 있다. 따라서 인간의 삶을 선과 악으로 재단하면 안 된다.

2) 기독교 윤리 비판

2000년 동안 서구 사회를 지배해온 기독교적 윤리학을 니체는 비판한다. 서구의 윤리 체계가 전통적 기독교적 도덕관에 입각하여 구조화 되었다. 그것이 문화를 형성하고 시대 정신을 이끌었다. 기독교는 세계를 이원화시킨다. 신의 세계와 현실 세계가 그것이다. 전자는 완전한 것이고, 후자는 불완전하다. 인간은 불완전하다는 점에서 죄를 범할 수 있는 가능성 있다. 따라서 사람은 늘 죄의식을 가지고 자기 부정을 한다. 그리고 삶의 의미를 사후에 가는 신의 세계에 둔다. 이는 플라톤이 말한 이원적 세계와 비슷하다.

니체는 '신은 죽었다'는 외침을 통해 그 종말을 알린다. 니체는 신의 죽음을 통해 기독교적 윤리 체계와 유럽의 문명 속에 살아 숨 쉬는 기독교적 신적인 요소를 해체한다.

기독교적 인간의 이해는 태어나면서부터 죄인이라는 원죄설에서 시작한다. 이로서 행복한 삶을 영위하기 위해서는 개인의 정념을 제거해야 한다. 신이 지배하는 세계에서 인간은 자기 스스로를 감시하는 자가 된다. 나아가 신을 의심하는 마음조차 죄가 된다. 신은 인간의 의지를 지배한다.

다시 말해 절대적 신이 있고, 그 신에 무조건적 믿음을 강요하는 것은 인간이 가지고 있는 힘의 의지를 약화시키는 결과를 가져온다. 인간은 자신의 존재 한계를 극복하기 위해서 신을 창조하였지만, 오히려 그것을 통해 신에게 지배당하는 처지가 된다.

인간이면 누구나 직면하는 죽음의 두려움에서 벗어나고자 한다. 기독교는 피안의 세계를 만들어 인간들에게 제시한다. 인간은 구원받기를 신에게 청한다. 이제 인간은 신의 노예가 된다. 구원을 위한 전제는 '예수의 부활'에 대한 무조건적 믿음이다. 이는 이성적 판단에 의한 합리적 사유가 아니다. 여기에는 무조건적 믿음이 전제되어야 한다. 이러한 무조건적 믿음의 강요는 인간 고유의 본능을 쇠퇴시키는 징후라고 니체는 비판한다. 인간의 본능과 정념은 근절되어야 하는 것이 아니라 주체적 절제와 타인의 배려로 조절되어야 한다.

니체는 신뿐만 아니라 이원론적 목적론이 세계를 지배했던 형이상학적 도덕적 가치 체계가 무의미하다고 말한다. 니체는 전통 철학, 특히 서양 형이상학의 존재론을 인간의 퇴폐와 쇠락의 원인으로 본다.

니체는 묻는다. 어떤 인간의 삶이 바람직한가? 개인이 이끌어 가는 삶인가? 아니면 신의 허락에 의해 이루어지는 삶인가?

니체는 말한다. 신 중심의 윤리 체계는 인간의 삶을 고양하고자 하는 모든 의욕적 요소를 제거해야 가능하다. 그리고 그것은 인간의 본성을 부정하고 왜소화시키며, 하고자 하는 의욕을 제거함으로써 근본적 욕구를 약화시킨다.

3) 칸트 의무주의 윤리설 비판

칸트 이전의 윤리학은 선을 미리 정해 놓고, 그것을 추구해야 하는 대상으로 상정하고, 그것을 향해 나아가는 것이었다. 세상에서 가장 좋은 것이 선(善)이므로 삶을 좋게 하는 원리를 찾아가는 것이 전통 윤리학의 과제였다. 그러나 칸트 윤리학의 원리는 개인에서 출발한다. 개인이 사회 구성원 너 나 할 것 없이 누구나가 합의하고 동의할 수 있는 규칙을 세우는 것이었다. 사회 구성원 누구나 받아들일 수 있는 규칙은 보편성을 확보한 규칙이다. 이러한 내가 만든 보편적 규칙은 사회적 합의에 의한 규칙이 아니다.

나 스스로 제정하고 예외를 허용하지 않는 절대적인 준칙을 의미한다. 이것은 자기의 양심과 체험으로 만들어진 나의 준칙이다. 개인의 자유로운 의지의 사용과 스스로의 결정에서 나온 도덕법칙이다.

이런 것은 독재자들의 발상과 같다. 그러나 칸트는 이런 것을 거부한다. 개인의 양심과 체험이 있지만, 이를 떠나서 정언 명법에 따라서 보편성, 목적성으로 나가야 한다. 개인의 준칙이 보편적 입법 원리와 같아야 한다. 남을 수단이 아니라 목적으로 대해야 한다. 이 두 원칙은 내용적이기 보다는 형식적인 것을 제시한 것이다.

이는 스스로 제정한 법이므로 나에게는 반드시 지켜야 하는 의무로 받아들여진다. 이렇게 만들어진 법칙은 모든 이에게 적용 가능한 보편성을 확보하게 된다. 이러한 법을 제정하기 위한 원칙을 칸트는 다음과 같이 제시한다. ① 네 의지의 준칙이 보편적 입법 원리에 타당하도록 행위하라. ② 다른 사람을 수단으로서가 아니라 목적으로 대하라. ③ 네가 마치 '목적의 왕국'의 일원인 것처럼 판단하라.

칸트의 윤리학은 앞에서 언급한 것과 같이 한 개인에서 출발한다. 존재하는 신으로부터 출발하는 기독교의 윤리와는 그 접근 방법이 다르다. 그러나 정언 명법은 준칙을 당위로 만든다. 마땅히 해야 하는 것이다. 이런 단정을 할 수 있는 것은 인간이 아니라 신이다. 이렇게 무한한 선으로 나아감으로써 그 방향은 신의 세계로 나아간다. 사회 구성원 누구나 받아들인 수 있는 법칙으로 나아가는 것은 결국 신의 세계로 접근하는 것이다. 한 개인이 욕구와 정념·감성을 제거하지 않으면 불가능하기 때문이다. 감성을 제거하면 개인이 사라지는 것이다. 칸트의 무한한 선을 향한 추구는 개인성의 상실을 의미한다. 이 부분에서 니체의 사상과 정면으로 배치된다.

이러한 칸트의 의무적 윤리는 개인의 정념을 지나치게 제한한다. 그 결과로 인간의 '힘에의 의지'를 약화시킨다. 이러한 정념의 제거로 볼 때, 칸트 윤리학 역시 소크라테스로부터 시작해서 기독교를 거쳐 이어져 내려온 금욕주의에 불과하다. 금욕주의는 자연스러운 삶의 모습이 아니라 병들고 지친 삶의 의지가 드러난 징후에 불과한 것이다.

3. 니체의 미학적 윤리학

1) 주인 도덕과 노예 도덕

이렇게 전통적인 윤리학을 대부분을 비판한 니체는 삶의 미학으로 나아간다. 그는 윤리적 삶에서 미적 삶으로 옮겨간다. 니체는 탈근대 시대에 '삶의 예술의 철학'으로 새로운 윤리학의 정립을 시도한다. 미학적 실존의 삶은 '삶의 예술의 철학'으로 나아간다.

니체는 기존 윤리학을 비판 부정하기 위해서 계보학과 관점주의를 동원한다. 도덕을 계보학적으로 보면, 서구의 도덕은 유태인이 만든 것이다. 즉 기독교 도덕은 유태인에 의해 만들어졌다. 이것은 노예들이 만든 도덕, 즉 노예 도덕이다. 이들은 주인의 특징을 악으로, 노예의 특징을 선으로 규정해서, 이것으로 주인을 제어하려 한다. 노예 도덕의 반대쪽에 주인 도덕이 있다.

유태인들은 노예였다. 주인에 대한 원한을 가지고 있었다. 그래서 주인의 특징을 악으로, 반대로 노예의 특징을 선으로 규정한다. 심리적 억압에 의해 노예들은 주인에 대항할 수 없어서, 원한을 도덕율 속에 은밀히 숨기고, 주인에게 복수를 한 것이다. 강자의 특징은 악, 약자의 특징을 선이다. 강자의 특징인 힘으로 쟁취하고, 거만하고, 무례한 것은 악이다. 약자의 겸손함, 양보, 순종은 선이다. 결국 주인이 하는 것은 악이고, 노예가 하는 것은 선이다. 이것이 기독교 윤리이다.

니체는 주인 도덕을 주장한다. 이는 강자의 도덕이다. 자신의 권력의 의지를 그대로 발휘하는 것이다. 내가 주체가 되어, 하고자 하는 것을 함, 이것이 선이다. 스스로 '좋음'(善)의 개념을 만들고 실천한다. 여기에서 고귀함, 귀족적임, 특권 등이 나타난다.

노예 도덕은 원한에서 나왔기 때문에, 악을 먼저 규정한다. 악의 반대로서 선을 도출한다. 반면 주인 도덕은 강자가 자신들이 하고자 하는 것을 도덕으로 정하기 때문에, 선을 먼저 규정한다. 그리고 선의 결핍이 악이 된다.

주체적인 삶을 기준으로 두 도덕을 나눌 수 있다. 주인은 스스로 자신의 삶을 규정하고 이끌어 갈 수 있다. 그래서 주체적인 삶을 기준으로 선과 악의 개념을 만든다. 반면 노예는 수동적이고 종속적인 삶이다. 따라서 선을 적극적으로 규정하기 보다는, 주인의 특징을 악으로 규정하는 쪽으로 나간다.

주인 도덕은 스스로 '좋음'의 개념을 만들고 상대적으로 반대 개념을 '나쁨'이라 규정한다. 주인은 강자이며 귀족적인 사람들이다. "정신이 고귀한, 귀족적 성품을 갖춘, 정신적으로 고귀한 기질의, 정신적으로 차원이 높은, 정신이 고귀해 특권을 누리는" – 이 같은 특징들이 '좋음'으로 규정된다. 반대로 "비속한, 저급한, 낮은" 등의 의미가 '나쁨'이라는 개념이 된다.

귀족은 높고 평민은 낮다. 이 높낮이(거리)의 차이를 도덕적 위계로 만드는 것이 주인 도덕이다. 주인 도덕은 강자들을 높은 위치에, 범속한 자들을 낮은 위치에 둔다. 이러한 '거리의 파토스(pathos)'는 귀족 사회가 만든 본래의 도덕 감정이었다.

노예 도덕은 이와는 반대로 주인 도덕의 가치를 전도시킴으로써 생겨난다. 주인 도덕에서 '좋음'을 '악'으로 규정하고 노예의 특징을 '선'으로 규정한다. 주인 도덕은 강자가 자발적으로 '좋음' 개념을 만들고, 이를 기준으로 '나쁨'을 만든다. 그러나 노예들은 주인 도덕에 기생하여 자신들의 도덕을 만든다. 노예는 주인에게 종속되어 있다.

니체는 이러한 노예 도덕의 기원을 기독교로 지목한다. 그것은 로마의 지배에 대한 피지배자(유태인)의 원한에서 유래하였다고 니체는 비판한다. 노예는 주인에 대한 원한과 증오를 가진다. 그래서 주인의 특징을 '선'에서 '악'으로 전도시킨다. 주인 도덕에서 '선'은 '악'으로, '악'은 '선'으로 뒤바꾼다. 노예는 주인의 압도적인 힘에 대항하거나 반발할 수가 없다. 그래서 상상 속에서 복수를 한다. 상상의 복수를 통해서 현실의 복수를 대신한다.

이러한 선과 악의 이분법은 서구 유럽의 전통적인 윤리는 기독교에 근거하고 있다. 기독교 윤리는 선과 악의 이분법적 구조이다. 니체는 이런 이분법을 허울 좋은 가면으로 본다. 선은 행하여야 하고 악은 하지 말아야 한다. 그러나 전쟁은 나쁜 것이라 하지만, 실제로는 치열하게 전쟁한다.

그는 선과 악의 이분법적 구도를 비판하는 것이 아니라, 유럽인들이 이분법을 지키지 않음을 비판한다. 선·악의 구조를 만들고, 실제로는 악을 행하는 유럽인들의 위선을 고발한다. 니체는 무엇이 선하고, 무엇이 악한지 규정하는 기준을 묻는 것이 아니다. 이러한 이분법적 구조에는 노예들의 원한 감정이 숨겨져 있음을 밝힌다. 자신들의 감정을 상대방에게 돌림으로써 원한을 해소하고 마음의 위안을 얻으려 한다.

2) 허무주의와 위버맨쉬, 마지막 인간

니체는 유럽 사회에서 굳건히 자리를 지키던 기독교 윤리를 해체한다. 전통적 윤리가 사라진 폐허에 허무주의가 도래한다. 믿고 따르던 도덕과 윤리가 사라짐으로써 텅 빈 그 자리는 허무주의가 나타난다. 이 상황을 니체는 '신의 죽음'이라 한다. 신의 죽음과 더불어서, 기독교 윤리가 규정했던 인간도 죽었다.

허무주의는 능동적 허무주의와 수동적 허무주의가 있다. 전통적 윤리가 사라진 폐허에서 허무의 극복을 시도하는 것이 능동적 허무주의이다. 반대로 몰락의 길을 걸어가는 것은 수동적 허무주의이다.

수동적 허무주의는 약자들에게서 많이 나타난다. 이것은 쇠퇴한 허무적 현실을 직시하지 않고 회피한다. 찰나적인 향락주의나 무관심한 이기주의 등으로 퇴폐적인 삶의 공허함을 채우려 한다. 이렇게 되면 허무의 참된 극복은 요원해진다. 반대로

능동적 허무주의는 허무와 정면으로 맞선다. 현실 도피를 거부하고 허무의 한가운데로 뛰어들어 현실의 허무함을 극복하려 한다. 능동적 허무주의는 기존의 가치와 절대적인 권위의 윤리가 파괴된 그곳에서 새로운 가치를 창조한다. 이렇게 해서 허무주의는 인간 정신의 상승, 즉 위버맨쉬로 나아간다.

인간은 극복되어야 하는 그 무엇이다. 수동적 허무주의 길을 걷는 자를 니체는 '마지막 인간'(Letzter Mensch)이라 한다. 마지막 인간은 현실에 안주하며 편안함, 안락함과 안위를 추종하는 보통사람들이다. 차라투스트라가 '위버맨쉬'를 외칠 때, '마지막 인간'들은 이를 비웃고 비난하는 관중들이다. 그들은 긍정적 극복을 시도하는 삶의 방식을 거부하고 가장 경멸스러운 삶의 방식을 택한다. 그들은 상승하려는 욕구가 없고 힘든 일은 회피한다. 어떤 일을 주도하며 리더가 되는 것은 생각지도 않고, 남들이 하는 대로 따라 가려고만 한다. 신의 죽음과 함께 절대적 가치로 존재했던 모든 것들이 사라져 버렸다. 그럼에도 '마지막 인간'은 신과 함께 존재하기를 원한다. 신이 죽으면 그들은 좌절하며 다시는 일어서지 못하는 수동적인 허무주의의 완성자들이다.

인간은 위버멘쉬(Übermensch)가 되어야 한다. 'Über'는 위로 올라감, 자기 초월 혹은 초극(超克)을 뜻한다. 스스로 자신을 초월해서 올라가는 사람이 위버멘쉬이다. 위버맨쉬는 기존의 가치 체계를 해체하고 인간 중심으로의 가치를 재정립한다. 위버맨쉬는 신의 죽음을 통해 기존의 가치 몰락 이후에 인간이 나아가야 할 유일한 희망이다. 위버맨쉬는 기존의 모든 가치가 사라지고, 고통스러운 그 현실 세계를 긍정하고 새롭

게 창조를 시도하는 자이다.

3) 실존의 미학 - 삶의 예술 철학

니체는 서구의 기독교 윤리를 비판 부정한다. 허무주의 속에서 위버멘쉬를 주장한다. 선과 악을 나누는 윤리를 부정하고, 미와 추를 다루는 미학으로 나간다. "신은 죽었다"는 말과 함께 윤리학도 폐기한다.

기독교 윤리 아래에서 인간은 선과 악의 기준에 철저하게 종속된다. 행위는 도덕에 의해서 규정된다. 수동적 인간이다. 이를 '마지막 인간'이라 한다. 이를 대체해서 니체는 위버멘쉬를 주장한다. 위버멘쉬는 도덕의 굴레에서 벗어나, 주체적으로 자기 삶을 만들어나간다. 이런 점에서 도덕을 초월한 자이다.

많은 사람들이 위버멘쉬가 되면, 각자 자신의 기준을 만들어서 삶을 살아간다. 여기에 보편적인 기준은 없다. 각자 아름답다고 생각하는 인생을 창조한다. 이런 점에서 니체는 행위와 삶을 선과 악이 아니라, 미와 추로 판단하자고 한다.

선과 악은 명확하게 갈라지고, 당위성이 있다. 반면 미와 추는 명백하게 구분되지 않는다. 심지어는 추악함 속에 아름다움도 있다. 서로 공존한다. 이런 점에서 개인들의 주체적인 결단과 판단이 다 수용되고, 긍정될 수 있다. 선과 악은 칼날처럼 구분되기 때문에, 개인성이 들어갈 수 없다. 반면 미와 추는 개인성이 충분히 들어간다.

이런 점에서 개인, 즉 실존은 자신의 삶을 미학적으로 만들 수 있다. 이런 삶을 우리는 '삶의 예술 철학'이라고 하자. 개인의 삶에서 차이성과 다원성을 인정하게 된다.

다원성과 차이성에 있어서 기존의 도덕은 이원화된 대립의 구도였다. 시간의 흐름과는 무관하게 그 도덕은 특권적 지위를 부여받고, 개인의 경험의 세계를 배제한다. 도덕은 하나의 진리로서 믿음으로서 받아들여져야 했다. 이런 이유로 특별한 진리가 만들어져 보편화되었고 대중을 지배하게 된다. 니체는 이러한 기독교 도덕의 정당성을 해체하고, "다수의 가치 판단들, 행위 형식들, 생활 방식들이 존재한다"는 인정한다. 이로 인하여 기존 도덕의 보편성, 통일성, 획일성, 규범성이 부정되고, 현존재는 '다원성'과 '차이성'이 요구되는 새로운 미학적 윤리의 가능성으로 나아간다.

힘에의 의지는 다양한 가치들의 충돌과, 규범적 전통 윤리가 희석된 현존재의 삶에서 새로운 윤리의 등장은 필연적이다. 삶의 예술 철학으로 나아가기 위해서 개인은 자신의 삶을 성찰해야 한다. 그것은 삶의 보존과 쾌락을 목표로 하는 것이 아니라, 자신의 삶을 고양시키기 위한 것이다. 삶의 예술의 철학으로 나가기 위해서, 개인은 관계된 요소들을 자신만의 형식으로 독특하게 해석해야 한다.

많은 개인들이 각자 자신의 '삶의 예술'을 만든다면, 제각기 다른 삶을 만든다. 이는 보편성이 없다. 선악이 아니라 미추가 기준이기 때문에, 서로 충돌할 수 있다. 이 경우에 결국은 개인들의 '힘에의 의지'가 충돌하게 된다. 그 의지의 강약에 따라서 그 삶의 예술이 실현된다. 이렇게 강자와 주인의 의지가 관철되는 것이 주인의 도덕이다.

삶에 있어서 시도와 실험은 삶의 예술 철학, 혹은 실존의 미학은 새로운 시도와 실험이며, 동시에 새로운 형성이다. 이렇게 이루어지는 형성은 나만의 독특한 방식으로 이루어진다.

여기에서 미와 추의 기준은 무엇인가? 이 기준이 무한정 개인의 기호 선호 생각에 맡겨질 수는 없다. 선악의 구분처럼 객관적 당위까지는 아니더라도, 어느 정도 기준은 있어야 한다.

여기에서 니체는 '영원 회귀' 사상을 제시한다. 지금 내가 하고 있는 이 행위가 삶의 예술이 되는가? 이는 '영원히 반복할 수 있는 것'인가 - 이것으로 판단한다. 이 때문에 나의 '삶의 예술의 형성에 있어서 정념 · 감성의 억압 기제가 작동할 수 있다. 일반적으로 예술적인 것은 감성적인 것이지만, 영원히 반복될 수 있는 행위는 반드시 감성에 따른 것일 수는 없다. 이렇게 시도와 실험을 하면서 나의 '삶의 예술'은 완성되어 간다. 현재의 나의 삶이 영원히 반복되어도 좋을 만큼 새로운 시도와 실험을 통해 변형되고 형성되어 가는 것이다.

니체의 '삶의 예술 철학'은 개인의 영역에서 스스로 삶의 주체로서 살아가는 삶이다. 이것은 개인주의와 자유주의의 사상과 비유될 수 있다. 그러나 니체는 영원 회귀 사상으로 개인의 영역을 넘어서 보편성으로 나아간다. 현재의 삶이 무한히 반복되는 삶을 살기 위해서는 성찰과 연습을 통하여 경향성을 만들고, 스스로의 규범적 틀을 만들어, 삶을 영위하는 것이다. 한 개인의 삶이 예술이 되도록 노력하며, 한계를 넘어 무한히 반복되어도 좋은 삶을 살아가는 것이다. 이로서 나의 '삶의 예술' 작품은 완성된다. 이렇게 영원 회귀는 니체 사상의 대미를 장식한다.

4. 니체 윤리 사상의 적용

1) 변화된 시대와 새 윤리의 필요성

통신기술의 발달과 스마트 폰 발명은 세계를 하나의 정보 생활권으로 만들었다. 다른 형태로 존재했던 문화는 지역적 한계를 넘어 융합이 가능해 졌다. 그래서 개인 간, 집단 간 상호 영향을 주고 받으며 새로운 형태의 문화와 가치가 생겨나게 되었다. 이러한 변화 속에서 현존재는 삶의 기준이 되는 새로운 윤리와 도덕의 정립이 필요하게 되었다. 즉 외부에서 전달되는 이질적 문화도 우리의 삶에 영향을 미치기 시작했다. 이렇게 됨으로써 전통적 규범적 윤리에 숨죽여 왔던 소수의 요구는 주류의 힘에 묻히지 않고 표출되기 시작했다. 다양한 소수의 요구를 담을 수 있는 새로운 윤리와 도덕의 필요성이 요구된다. 이런 면에서 니체의 삶의 예술의 철학은 큰 의미를 가진다.

AI 발달은 로봇이 인간의 노동을 대신하던 것을 넘어서 내밀한 성 감수성까지 대신하기에 이르렀다. 우리 사회에 뿌리 깊게 자리 잡고 있는 유교적 전통 윤리로는 도저히 받아들일 수 없는 것들이다. 여성 단체를 중심으로 강한 반대의 목소리가 높다. 그리고 동성애자의 목소리도 세계적 흐름에 따라 무시할 수 없게 되었다. 다수의 힘에 묻혔던 소수의 목소리는 이제 더 이상 목소리를 죽이지 않고 적극적으로 합법화를 외치고 있다.

2) 동성애와 섹스 로봇, 리얼돌과 섹스 로봇

기독교적 윤리에 의해 악으로 규정되었던 동성애는 세계 31개국에서 합법화 되었다. 이러한 변화에 따라 우리나라에서도 합법화의 목소리가 커지고 있다. 개인의 존엄성과 사적인 면에서 허용해야 하지 않겠냐는 의식이 점점 커지고 있다, 그러나 여전히 여성 단체를 중심으로 반대의 여론이 높다. 이런 가운데 리얼 돌의 수입을 허락하는 대법원의 판결은 많은 반향을 일으켰다.

리얼돌의 이용에 대하여 여성을 중심으로 한 반대 의견은 2000년 실시한 성 매매 단속과 2004년 성 매매 특별법이라는 제도적 장치로 나타났다.

3) 니체 윤리 사상의 현대적 적용 - 동성 결혼과 섹스 로봇

현대 사회는 과학 기술이 발달하고, 민주화가 이루어졌다. 그 결과, 과거에는 없었던 요구들이 나타난다. 동성 결혼과 섹스 로봇이 대표적이다. 전자는 사회적 민주화와, 후자는 과학 기술의 발전과 연관이 된다. 기존의 도덕에 따르면, 이는 허용되기 어렵다. 기존 윤리는 선과 악의 틀로 판단을 하기 때문이다. 그 윤리의 틀에서 보면, 두 사안은 선으로 규정되기 어렵다. 나아가 사람들은 늘 익숙한 것을 긍정하며, 새로 나타난 것을 꺼린다.

이 두 사안을 기존 도덕이 아니라, 니체의 윤리적 관점에서 보자. 니체는 미학적 윤리, 혹은 삶의 예술의 철학을 주장한다. 삶은 윤리가 아닌, 미학으로 판단해야 한다. 삶을 예술로 만들라. 이렇게 보면, 미학과 윤리학의 둘은 긍정될 수 있다. 자신의 삶을 아름답게 만들 수 있다면, 그렇게 선택하면 된다. 문제는 권력의 의지이다. 그것을 관철할 의지와 힘이 있는가? 이는 결국 '영원 회귀'에 달린 것이다. 그 두 사안에서 어떤 선택을 한 사람이 과연 그 선택을 영원히 반복할 수 있는가? 이는 그들의 권력의 의지에 달려 있다. 삶은 주체적 선택으로 예술로 만드는 것이다.

5. 나가며

니체의 삶의 예술의 철학은 집단적 규범적 윤리에서 벗어나 개인의 영역에서 삶을 영위하는 것이다. 개인의 사적인 특성이 존중되고 삶의 주체가 되는 니체의 삶의 예술의 철학은 다양성과 다원적인 사회로 대변되는 현대의 삶에 하나의 해법이 될 수 있다.

산업화로 가족의 해체되고, 의료기술의 발달로 수명이 늘어나면서 1인 가구 수가 증가하고 있다. 그리고 인간은 외로운 존재로서 삶을 살아간다. 이를 반영하듯 애완(동물)에서 반려(동물)로의 표현의 변화는 인간의 고립감과 외로움을 달래는 의미로 해석할 수 있다. 이런 의미에서 리얼돌에 대한 대법원의 판결은 시대의 변화를 반영한 변화의 조짐으로 받아들여진다.

또한 니체가 주장하는 것은 다수의 대중 속에 매몰되어 주체성을 잃어버리는 것을 경계하고 있다. 나의 독특한 삶을 만들어 가며, 내가 나의 삶의 주인이 되기를 강조한다. 대중 속 개인성이 상실된 존재가 아니라 다양성 속에서 나의 독특함을 만들어가는 삶을 말한다.

삶을 아름답게 성공적으로 살아가는 것은 어려운 일이다. 니체의 주장대로 나의 삶이 예술이 되도록 꾸려가는 것은 쉬운 일이 아니다.

대중 속에 외로운 나를 바로 세우고 스스로 삶의 주체가 되고, 삶이 예술이 되도록 만들어 가려면 많은 노력과 성찰이 필요하다. 이런 점에서 한계를 뛰어 넘는 위버맨쉬 정신과 영원회귀는 우리가 살아가는데 길잡이가 될 수 있다. 그리고 그것은 예술작품이 될 것이다.

장자의 철학 사상의 리더십에의 적용 가능성

1. 들어가는 말

장자의 철학 사상이 겸손의 리더십과 진정성 리더십에 적용될 수 있다. 본 연구는 이 전제에서 출발하여, 장자의 철학 사상 가운데 긍정성, 평등주의, 진인(眞人), 그리고 심재(心齋) 등을 중심으로 그 가능성을 탐색하였다.

장자의 철학은 비교적 많이 연구되었지만, 장자의 사상이 리더십에 적용될 가능성을 탐색한 연구는 의의로 많지 않다. 오늘날의 우리 사회는 급격한 사회 경제적 발전과 성장으로 도덕성의 상실을 가져왔다. 장자의 사상은 당시 상황에 대한 우려에 출발했다. 이런 측면에서 장자의 사상은 현대와 근본적으로 상통하는 측면이 있다.

이러한 변혁의 시대에는 리더십이 절실히 필요하다. 장자의 메시지는 리더십에 충분히 적용할 수 있다. 기존의 리더십 이론은 개인의 내적 특성 중 리더의 겸손과 진정성을 강조한다. 리더십에 관한, 내적 자질을 강조하는 이러한 연구가 최근 학계나 실무에서 화두가 되고 있다. 이러한 문제 인식을 바탕으로, 장자의 철학 사상이 겸손의 리더십과 진정성 리더십에 적용될 수 있는지, 그 가능성을 탐색하고자 한다.

2. 장자(莊子) 사상의 특징과 현대적 의미

1) 시대적 배경과 문제 의식

장자는 중국의 역사상 가장 혼란한 시기였던 전국(戰國) 시대 중기의 인물로서 『사기』에서는 다음과 같이 설명하고 있다. 장자는 몽(蒙)지방의 사람이고 이름은 주(周)이다. 그는 일찍이 칠원리(漆園吏, 옻나무밭을 관리하는 하급관리)를 지냈으며, 양(梁)나라 혜왕(惠王), 제(齊)나라 선왕(宣王) 등과 같은 시대를 살았다. 전국시대는 말 그대로 끝없는 전쟁으로 혼란한 시대였다.

모든 사상들은 그 시대의 역사를 떠나서는 사상의 성립이 어려우며, 역사가 배제된 사상은 학문으로서의 생명력을 잃게 된다. 장자의 사상 역시 전국시대의 극심한 사회혼란에 대한 철학적 문제의식에서 시작된다. "남의 나라 병사와 백성을 죽이고 남의 나라 토지를 병탄하여 나의 육체와 정신을 살찌게 한다면, 전쟁은 훌륭하게 치렀을는지 모르지만 승리의 의미가 어디에 있는가?" 라는 장자의 지적은 백성의 생명과 생활을 참혹하게 파괴하는 전쟁의 부정적인 측면을 백성의 입장에서 비판하고 있다. 이러한 점은 당시의 역사적 상황과 장자의 문제의식을 잘 드러내주고 있다.

2) 장자의 인간관

그의 인간관은 일상적 인간관과 이상적 인간관이 있다.

일상적 인간은 ① 자기중심적 사고, ② 과도한 욕망의 추구, ③ 좁은 식견과 고정관념이 있다.

(1) 자기 중심적 사고

장자는 사람이 자기중심의 지식체계를 가지고 사유하고 그에 준해 판단하는 것에 대한 비판을 한다. 장자는 사람이 획일적 기준을 세워놓고 거기에 맞추려고 하면 오히려 그들의 자연스러운 본성을 해할 수 있다고 말한다. 만물을 도(道)로써 보면 귀천이 없으니 인간이 자신의 관점으로 보고 차별을 두고 판단하고 평가하는 것은 잘못된 것이라는 것이다. 장자가 타고난 개성을 존중하고 본성을 지켜주는 것을 중요시할 것을 충고하는 대목이라고 할 수 있다. 그러므로 모든 일을 자연에 따르게 하며 사심(私心)을 개입시켜서는 안 된다는 것이다. 따라서 장자는 일방적인 기준을 세우고 여기에 맞지 않는 것을 비정상으로 몰아세운다거나 어떤 등급을 매기고 차별을 두는 인간들의 태도를 비판한다. 또한 장자는 자기와 다르면 틀렸다고 하고, 자기와 같으면 옳다고 하는 시비의 분별·판단의 기준은 과연 정당한가를 묻는다. 나도 타인의 입장에 서면 저쪽이 되는 것이고, 타인도 나의 입장에서 보면 이쪽이 되는 것이다. 시비·선악을 가리는 일도 모두 상대적이라는 것이 장자의 견해이다.

(2) 과도한 욕망의 추구

욕망 추구의 결과는 죽음이다. 물질적 이익을 추구하던, 명예와 업적을 추구하던 다 욕망이다. 욕망에 사로잡히면, 그 끝은 죽음이다. 욕망은 다르지만, 죽음은 같다. 장자는 이런 점에서 욕망을 비판한다.

장자는 외물에 마음이 사로잡혀 구애되는 자는 참된 도에서 멀어지고 몸을 망치게 된다고 하였다. 이에 대해 장자는 인간에게 있는 깊은 근심 두 가지를 이익(利)과 해로움(害)라고 말하고 있다. 여기서 말하는 이익과 해로움은 모두 해로움(害)의 의미를 지니는데 사람들은 이를 피할 수 없기 때문에 심히 괴로워하고 불안해 한다는 것이다. 사람마다 처해 있는 상황이 다르고 그에 따른 욕구도 제각각이라는 것이다.

또한 장자는 인간에게 기본적인 욕구가 있는 것은 당연한 일이라고 하였지만 생리적인 욕구를 넘어 외물을 추구하고 급기야 인간의 본성을 해치게 되는 것을 경계하였다. 장자는 사람들이 외부 사물을 좇으며 소중한 생명을 위태롭게 하고 덧없이 살아가는 것을 보고 애석하게 생각하였다.

장자는 「齊物論」에서 외물을 추구하는 삶이 안고 있는 근본적인 문제들을 제시하였다. 그의 마음은 불안하고 분주하다. 그는 사람들과의 관계에서 끝없는 분쟁을 일으키며, 승리를 위해서는 모질고 악착스럽다. 이렇게 외물을 추구하는 삶의 모습은 장자와 동시대를 살았던 많은 사람들의 모습임과 동시에 현대인의 자화상이기도 하다. 결국, 그는 마음의 평화와 사랑, 삶의 진정한 기쁨과 행복을 상실해 버리고, 불행하고 소외된 삶을 살아가게 된다.

따라서 장자는 모든 사람들에게 내재되어 있는 '참된 자기'가 인간의 본질이라고 생각하였고, 외물을 추구하는 삶은 필연적으로 '참된 자기'를 잃게 되며 결국 의존적인 삶을 살게 되는 것이라고 보았고, 외물에 의존하는 사람들은 타인의 이목(耳目)에 마음을 쓰며 행복을 외부 세상에서 구하기 때문에 주체적으로 살 수 없다는 것이다.

(3) 좁은 식견(成心)과 고정 관념

장자는 어느 특정한 부분만 아는 선비를 일컬어 일곡지사(一曲之士)라 하고 그의 마음은 어떤 환경에 의하여 형성되며 그 환경을 벗어날 수 없다고 말한다.

또한 장자는 생각의 틀 안에 구속되어 사고 체계가 굳어진 사람들을 가리켜 '편벽된 사람'이라고 하였다.

한편, 옳고 그름을 분별하는 것은 중요한 일이지만 이것으로 인하여 사람들 사이에 다툼이 생긴다. 다툼이 생기는 이유는 사람들 제각각 마다 옳고 그름을 판단하는 기준이 다르기 때문이다. 이처럼, 사람들마다 다른 기준을 가지고 있는 것은 서로가 놓여 있는 환경이나 상황이 다르고 서로 다른 가치관과 관점을 가지고 있기 때문이다. 장자는 사람들이 저마다의 성심(成心)에 근거하여 이야기하기 때문에 시비가 끊이지 않는다고 보았고, 시비를 객관적으로 판단할 수 있는 제3의 기준은 존재하지 않는다고 주장하였다.

성심(成心)은 '이루어진 마음'이다. 마음은 태어날 때부터 본래 주어진 것이 아니다. 마음은 자라면서 생겨난다. 후천적으로 형성된다. 마음은 만들어지면서, 편견과 선입견이 들어간다. 이것이 '이루어진 마음'이다.

자신의 경험에 국한하여 사물을 평가하는 편견 혹은 선입견의 마음, 즉 고정 관념을 의미한다. 장자는 성심은 개인에 따라 다르며 각 개인의 성심이 충동할 때 사회의 혼란을 야기할 수 있으므로 이에 부정적인 입장을 취한다. 이는 긍정과 부정을 가리는 시비 논쟁의 근원이 되기 때문이다. 또한 성심은 언제나 가변적이며 편향적인 자기 주관성을 보여주며, 실정을 제한하고 본성의 드러남을 막으며 일가의 편견에 집착하는 것을 말한다. 또한 성심은 주관적 기준을 가지고 사태를 미리 예단한다.

인간의 본성에는 외물을 추구하고자 하는 욕망이 존재한다. 그러나 이것은 지극히 국한된 것으로 객관적인 실체라 할 수 없다. 이 같은 한계에 국한될 경우 인간의 정신은 신체에 구속되어 자유로울 수 없다. 이러한 인간을 장자는 중인(衆人)이라고 보았고, 이를 넘어선 것인 이상적 인간인 진인(眞人)이라고 여겼다. 그리하여 장자는 진인의 세계인 외물을 추구하는 인간의 욕망을 벗어난 마음의 절대 자유의 경지를 추구하고자 하였다. 따라서 장자는 보고 듣고 만지는 감각적인 경험에만 의

존하여 만물을 바라보는 것에서 벗어나 더 넓은 시각으로 세계를 볼 것을 주문한다.

(4) 장자의 이상적 인간관

장자는 외물을 좇는 것은 허망한 것이요, 자신의 내면의 생명에 충실한 사람이 참된 자기를 실현할 수 있다고 말한다. 유가에서는 요(堯) 순(舜) 우(禹) 등의 임금을 이상적 인간으로 보고 있는 반면, 장자는 그들에게 회의적이다. 그들은 인위를 통해서 백성을 다스리려 하였고, 이에 반해 장자의 이상향은 자연 속에 있다. 스스로 진리를 깨달았기 때문에 자연을 택한다. 장자의 성인(聖人)은 ① 현실 정치에 참여하지 않는 사람이거나, ② 육신이 추악하고 불구인 사람 등 사회적 약자, ③ 비록 신분은 낮지만 숙련된 기술을 가진 장인(匠人), ④ 본성을 거스르지 않고 자연의 흐름을 따르는 삶을 살아가는 사람들로 볼 수 있다.

3) 도와 덕, 만물제동(萬物齊同)과 소요유(逍遙遊)

(1) 도와 무위 자연

"만물은 고르게 같다"(齊同)는 것이 장자 사상의 핵심이다. 이것이 있는 그대로의 사실이고, 도이다. 이를 알면, 능력(德)이 생긴다. 만물 제동을 하면 마음이 소요하고 노닐 수 있다.

장자의 핵심 사상은 도(道)이다. 道는 형체를 지니고 있는 사물로 규정될 수 없, 무한하고 무차별의 경지이며 보편적이고 절대성을 가지고 있다. 즉 도는 무위(無爲)이고 무형(無形)이다. 무위는 道가 깊고 은밀하여 흔들림 없는 조용한 상태를 의미하는데, 인위적인 것이 없음을 말한다. 다시 말해서 무위(無爲)는 자연(自然)이다. "함이 없음은 스스로 그러함"이다. 박(樸 통나무의 소박함)은 자타(自他), 물아(物我)가 나누어지지 않은 상태이다. 장자에게 자연은 소박함(樸)이며, 다른 외부적인 원인에 의해 나타나거나 변화하지 않는 자생자화(自生自化)의 상태일 뿐이며, 부득이(不得已)한(인간의 힘으로 어찌할 수 없는) 흐름이라고 말한다. 즉 인간의 경험적인 지각으로 파악할 수 있는 일정한 흐름이 아니라 때와 조건에 따라 늘 변화하는 흐름이라는 것이다. 무형은 현상적인 상태를 초월함을 말하며 천지나 귀신에 앞서 존재했다는 것은 그 자체의 원인으로 존재하고 있다는 의미이다.

장자는 인위적인 분별과 선입견 또는 편견 때문에 진실된 세계에 대한 본래의 모습을 보지 못한다고 한다. 따라서 세상을 분별심(分別心)으로 바라보아서는 안 되며 만물을 하나의 근원으로 바라 볼 수 있는 인식이 필요함을 강조하였다. 즉 만물을 하나로 본다는 것은 만물을 각각 본성에 따라 바라본다는 의미이다. 이처럼 만물의 개성을 존중하는 눈으로 바라보면 그것이 모두 하나의 원리를 통해 인식할 수 있고 그 원리를 터득하면 곧 도(道)를 얻는 것, 즉 도(道)는 학습하여 체득하는 것이 아니라 자신의 깨달음과 결단에 의해 가능하다는 것이다.

(2) 덕(德)과 본성, 능력

덕은 도를 얻어서 가지면 생기는 능력, 특징이다. 도가 개별적 사물들에 전개된 것이 덕이라고 한다. 도가 천지만물(天地萬物)의 공통된 본성이라면, 덕은 개별적인 사물들의 본성이다. 인간의 본성도 덕이다. 어떤 사람이 그의 근원인 덕을 찾아 그에 따라 살아갈 수 있다면 덕은 천지만물의 근원인 도와 통하는 것이므로, 그 도처럼 어떤 사물·사건에 의해서도 좌우되지 않을 수 있는 것이다. 장자는 도와 덕은 근본적으로 서로 같다고 보았다. 도가 무소불재(無所不在)하듯이 덕 역시 그러하며 덕은 만물에 있어 그 본성에 부합되는 것이며 생존에 관한 행위 또는 규범이 되는 것이다. 천지만물의 덕은 도의 본성을 떠나서 살수 없지만 도는 각각의 사물이 지닌 덕에 제한되지 않는다. 덕은 모두 도로부터 말미암은 것이고, 다시 도로 돌아가기 때문에 도와 덕은 동일한 것이다.

장자는 德을 천덕(天德), 왕덕(王德), 현덕(玄德), 지덕(至德) 등으로 설명하고 있다. 천덕(天德)은 자연의 덕으로서 그 속성은 허무무위(虛無無爲)한 것이다. 왕덕(王德)은 왕이 갖추어야 할 덕이다. 현덕(玄德)은 '검은 덕'. '검게 숨기는 능력'이다. 장자는 현덕 보다는 심재(心齋)하라고 한다. 지덕(至德)은 지인(至人)이 갖추고 있는 德을 의미한다. 원래 지인이란 참됨에서 벗어나지 않는 사람을 의미한다.

장자는 무위(無爲)의 도의 관점에서 보는 '천(天), 왕(王), 현(玄), 지(至)'의 덕을 내세워 각 덕의 특징을 보여준다.

(3) 만물 제동

장자는 도를 체득하여 만물제동(萬物齊同)의 경지 추구를 삶의 목적으로 삼고 있다. 장자는 만물제동, 즉 모든 만물은 우주의 본체로부터 분화하고 발전한 것으로 그 형태는 비록 다를지라도 이는 분화 과정상 우연한 현상일 뿐 근본적으로 모든 사물은 평등하게 존재한다고 한다. 만물제동의 내용으로서 장자는 먼저 거리의 차별성을 없애야 한다고 본다. 이를 위해서는 자신과 타인과의 차이를 긍정적으로 인정해야 하며 타인과의 비교 우위에 의한 고통 및 타인과의 의견 갈등의 문제를 해소해야 한다. 이에 대해서 장자는 「천지(天地)」 편에서 만물의 일부라는 표현을 하였는데 이것은 아무리 많은 사물이 있더라도 그 사물과 나 사이에는 아무런 차별이 없음을 뜻한다. 다시 말해서 만물제동은 인간에 한정된 입장에서 벗어나 우리 일상의 잡다한 사물(事物)들을 한층 높은 도의 관점에서 바라보아야 한다는 인생을 사는 지혜를 말해 준다. 이러한 시각을 기르기 위해서는 인생을 긍정적으로 생각하고 객관적으로 받아들이며 모든 인간사를 결과가 아닌 하나의 과정으로 바라보아야 한다.

(4) 소요유(逍遙遊)

소요유는 장자 내편의 첫 편으로 장자가 전하고자 하는 중심 메시지 중 하나를 담고 있다.

'逍遙'는 '노닐다, 거닐다'의 뜻으로, 산책하는 것이다. '遊'는 '놀다'이다. 타지에 가서 공부하는 것을 '遊學'이라 한다. 이처럼 즐겁게 시간을 보내는 것이다. 「소요유」 및 『장자』 전체를 보면, 장자는 '遊'를 '나르다'는 뜻으로 쓴다. 땅위를 걷는 것이 逍遙이고, 하늘을 나르는 것이 遊이다. 붕새의 나름이 대표적인 '遊'이다. 무하유지향의 광막지야를 걷는 것이 '逍遙'이다.

장자는 逍遙 보다 遊를 더 중시하고, 더 높은 경지로 말한다. 문제는 어떻게 나를 수 있는가? 붕새는 날개로 나르지만, 인간은 상상으로 나른다. 육체적인 자유로 보자면, 소요는 땅에 잡혀 있다. 하늘을 나르는 것이 육체의 가장 자유로운 상태이다. 속박당한 자가 자유를 꿈꾼다. 장자의 자유는 늘 속박을 함축하고 있다. 몸이 노예처럼 얽매인 자가 소요유(逍遙遊)를 꿈꾼다.

장자 사상을 살펴보면, 논리의 전개상 가장 마지막에 장자의 이상향인 '유(遊)'의 세계가 놓인다. 여기서 '遊'는 장자 철학의 가장 핵심적인 개념이며 그가 궁극적으로 도달하고자 했던 지향점이라고 할 수 있다.

「소요유」 편에서 장자는 이상적 인간을 붕새라고 한다. 붕새는 구만리 상공을 혼자 나른다. 그리고 묘고야 산의 신인들은 세상을 피해서 산속에서 산다. 그래서 피부가 처녀와 같고 이슬을 먹고 산다. 나아가 소요유의 경지를 무하유지향의 광막지야에서 노니는 것이라 한다. 이처럼 세상과 단절되어서 혼자만의 자유를 누리는 것이 소요유이다. 사람은 사회에서 살면서 가끔은 혼자 있는 자유를 꿈꾼다.

장자가 말하는 유유자적한 소요란 이 세상과 단절한 채 무조건 다른 세상에서 놀라는 의미가 아니다. 다양한 사람들과 얽혀 일하되 거리낌 없이 자유롭게 사람들과 어울려 자유자재로 생각하고 말하고 행동하는 것이다. 다른 사물이나 사람들에게 의존하지 않고 독자적으로 판단하고 행동하되 자연의 규율에 부합할 수 있어야 한다. 다시 말해 장자가 꿈꾸는 이상향은 인간세(人間世)를 떠난 다른 어떤 곳도 아니며, 사람들과 함께 어우러져 살되, 개개인의 자유가 충분히 발현되는 세상이라는 것이다.

장자는 앎과 욕망이 소요유를 막는다고 한다. 앎(知)은 욕망을 뜻한다. 자연 상태에서는 욕망이 없다. 앎은 욕망으로 드러나고, 욕망은 사람을 위험에 빠뜨린다. 이점에서는 일반인이나 지식인이나 다를 것이 없다.

(5) 무심(無心)과 무위(無爲)

장자에게 있어서 세상 속에서 살면서 자유를 추구하는 법을 알아가는 것이 곧 삶이며 인생이다. 장자에게 이상적 인간(眞人)은 도를 추구하고 진지(眞知)를 얻는 경지이지만, 그것을 위해서는 세속에 의해 속박되고 단절된 정신 세계를 극복하고, 이기심을 버리고 외물(外物)에의 의존을 탈피해 나가야 함을 암시하고 있다.

장자에 따르면, 인간이 현실적인 욕구나 가치를 가지고는 소요할 수 없다. 이러한 것에서 벗어나서 무정(無情), 무심(無心), 무위(無爲)해야 한다. 마음에서 욕구와 가치, 이익과 이념을 지워야 한다. 그런 것들은 마음을 얽매고 제약한다. 그것을 없애면, 결국 무심의 경지가 된다. 무심(無心), 즉 마음이 없기 때문에, 행위도 없어진다. 무위(無爲)가 된다. 소요유는 구속이 없는 절대의 자유로운 경지에서 세상사와 사물의 모든 개연성을 인정하고 긍정적으로 받아들이며, 자기 중심성을 벗어난 무위(無爲), 몰아(沒我) 상태를 의미한다.

(6) 대붕(大鵬)의 비상

장자는 무한한 허공을 힘차게 날아올라가 미지의 남해로 날아가는 대붕(大鵬)의 비유를 통해서 인간의 유한성을 그대로 보여 주고 있다. 작은 물고기(鯤)가 붕새(鵬)로 변화하면서 하늘을 날며 지상에서 보지 못한 새로운 세계를 경험한다. 새로운 세계를 향한 출발은 현재의 모습을 벗어버리고 새로운 세계를 경험하는 것으로부터 시작되는 것이다. 즉 장자는 무한의 시간과 공간으로 날아가는 붕새를 통해 절대 자유의 경지를 제시한다. 다시 말해 붕새는 여러 가지 제약에 얽매여 있는 현실 세계를 초월하여 저 높은 절대 자유의 세계에서 마음껏 노니는 자유인에 대한 비유라고 할 수 있다. 그리고 절대 자유의 경지에서 소요하는 자를 세속의 작은 지식으로는 이해할 수 없다. 이는 매미나 비둘기가 대붕(大鵬)의 비상을 이해하지 못하고 비웃는 것과 같다.

절대 자유는 자기 마음대로 할 수 있다. 붕새가 할 수 있는 것은 구만리 상공을 나는 것 뿐이다. 그 외는 할 것이 없다. 6개월을 나르는데 무엇을 먹는가? 아마 배 고플 것이다. 보통 붕새의 경지는 절대 자유가 아니라, 초월 달관으로 본다. 구만리 높이에서 본 아래 땅은 아무 것도 구별되지 않는다. 땅 위의 모든 차별과 구별을 보지 못 한다. 이것이 제물(齊物, 사물을 고르게 함)의 경지이다.

(7) 무하유지향(無何有之鄕)

장자는 현실 인생의 온갖 부자유와 질곡(桎梏)에서 벗어나 현실과는 다른 세상에서 자유를 추구한 것이다. 이것을 보면 장자의 자유가 현실로부터 유리(遊離)되어 있는 듯 보이지만 그것은 결코 현실과 절연(絶緣)한다는 의미가 아니다. 현실의 모든 상황 속에서 자기 자신의 정신적 무하유지향(無何有之鄕)의 세계를 추구한다는 의미이다. 다시 말해 장자가 추구하는 자유는 세상 밖에 몸을 맡기거나 의지하는 것이 아니라 육체는 현실 속에 존재하되 마음으로 노니는 유심(遊心)을 의미한다.

무하유지향이란 '아무 것도 있지 아니한 고향'이다. 현실에는 이런 동네가 없다. 이는 장자의 상상 속에서만 있다. 무하유지향은 장자의 상상을 의미한다. 세상의 모든 것, 고통 괴로움 질곡 실패 회한 등을 다 치워버린다. 즐거움 쾌락 성공 환희 등도 지워버린다. 어떠한 걸림돌도 없게 된다. 무하유(無何有)는 모든 것을 지우고 잊는 것이다. 그것을 통해서 현실을 초월달관하고, 마음의 자유를 얻는다. 따라서 이것은 현실과 단절되는 것이다. 몸은 복잡하고 괴로운 세상에 있지만, 마음은 그 모든 것을 無何有로 만들고, 초월하고 자유로워지는 것이다.

4) 지인(至人)과 진인(眞人) - 자유인

장자(莊子)가 말하는 자유인은 곧 자신의 본성을 그대로 유지하면서 자율성에 따라 자신의 행위를 선택하는 주체적인 인간을 의미한다. 다시 말해 어떠한 것에도 제약이나 구속을 받지 않는 사람은 소요유의 경지에서 노니는 사람들로서, 이들에게는 모든 고정 관념과 사회적 편견 그리고 차별 의식이 없다. 이러한 자유인을 장자는 진인(眞人 참 사람)이라고 하였다. 진인(眞人)은 무기(無己), 무공(無功), 무명(無名)을 통해 순수한 자연의 상태를 지니고 있는 인간이며, 자연의 도(道)를 자각한 인간을 뜻한다.

"지극한 사람(至人)은 자기 자신이 없다(無己)." 지극하다는 것은 자신을 완전하게 완성함을 뜻한다. 가장 완전한 '자기 자신'은 '자기 자신'이 없는 것이다. 이는 모순이다. "(기술이) 신묘한 사람(神人)은 업적이 없다(無功)." 신묘한 기술을 가지면 신묘한 것을 만든다. 최고로 신묘한 기술자는 아무 것도 만들지 않는다. 업적이 없다. 이 역시 모순이다. "성스러운 사람(聖人)은 이름이 없다(無名)." 성인은 완벽한 인격을 갖추어서 가장 잘 통치한 왕이다. 요순 우탕이 그렇다. 천하에 그 이름이 널리 알려진다. 그러나 장자는 최고의 성인은 아무런 이름도 명성도 없다고 한다.

장자가 생각하는 이상적 인간은 마음의 능력, 특히 상상력을 키운 사람이다. 상상 속에서는 우주의 끝까지 노닐고, 천하를 굽어보는 붕새가 된다. 무한한 능력자이다. 그러나 현실에서는 능력이 없는 인간이다. 장자는 현실에서 자기 몸을 보존하는 방법으로 "쓸모 없음의 큰 쓸모"(無用之大用)를 주장한다. 현실에서는 쓸모가 없어야 한다. 그래야 누가 나를 부리지 않고, 나를 해코지하지 않는다.

나는 상상 속에는 지인(至人) 신인(神人) 성인(聖人)이 된다. 현실에서는 무기(無己) 무공(無功) 무명(無名)이다. 장자는 이렇게 정신적으로 탁월한 사람을 '진인(眞人, 참 사람)'이라 한다.

자연 그대로의 인간인 진인(眞人)은 장자(莊子)가 그린 인간의 궁극적 이상향이다. 사물을 차별하지 않고, 어떤 것에도 집착하지 않으며, 변화하는 외계의 사상(事象, 사물의 모습)에 무한으로 순응해 가는 자유로운 정신을 지닌 자가 바로 진인(眞人)이다.

사물의 모습(事象)은 늘 변화한다. 변화 가운데 사람을 가장 심하게 흔드는 것은 죽음이다. 죽을 날짜가 결정된 '예고된 죽음'은 사람을 고통에 몰아넣는다. 이 고통을 벗어나는 방법은 삶과 죽음을 같은 것으로 보는 것이다. 제동(齊同)을 하는 것이다. 죽음이나 삶이나 같고 그게 그것이다 – 이렇게 변화를 받아들인다. 장자는 모든 변화를 이렇게 제동(齊同)한다. 같은 것으로 본다.

삶과 죽음을 구별하는 앎(知)에 구속되어 자연(변화)에서 멀어져 가고 있는 인간이 진인(眞人)의 경지에 도달하려면, 자기 자신의 자연, 즉 본래 주어진 운명(性命)을 따라야 한다. 그러나 앎은 그 운명을 거부한다. 죽음을 피하고, 삶을 연장하려 한다. 이처럼 외물에 좌우되고, 사물의 변화에 따라 노예로 사는 속박된 삶에서 벗어나고 극복해야 한다. 자기만의 확고한 인생 철학을 추구하고 있는 사람이 바로 진인이다. 장자는 자신의 삶을 세상의 기준에 의탁하지 않았으며, 오직 자신만의 의지와 신념에 의해 주체적인 삶을 살았다.

장자에게 자유는 인간이 자기 속박에서부터 완전히 벗어나는 것을 의미한다. 도를 체득함으로서 현상계의 차별과 대립에서 사로잡히지 않는 인간, 즉 주어진 세속에 살면서도 그 세속의 속박에 얽매이지 않는 자유로운 정신의 소유자만이 진정한 자유인이다. 자연의 이법(理法)에 따르고, 자연의 본성을 본받아서, 절대 자유를 추구하는 자유인이 장자의 세계관이다.

5) 장자의 사상과 리더십 이론

(1) 무위(無爲) 치정(治政)의 리더십

장자는 만물 제동을 주장한다. 이는 평등의 리더십, 무위의 리더관으로 연결된다.

무위치정(無爲治政)에 개념에서 장자의 리더관을 찾을 수 있다. 장자는 치국(治國)을 위해서는 수신(修身)을 가장 기본으로 삼고 있다. 수신이 되면 곧 훌륭한 치국의 방법이 된다는 것이다. 다시 말해서 장자는 개인적인 수신이 곧 리더나 통치자의 태도나 가치관이며 동시에 치국의 도(道)라는 것을 강조한다. 따라서 장자는 개인이 무위(無爲)로서 자신을 다스리는 무위치정(無爲治政)의 지도관(리더관)을 강조하고 있다.

무위치정은 통치에 있어서 인위적인 다스림(治)이 아닌 무위(無爲)로써 행하는 다스림(治)을 의미한다. 앞에서 논의한 바와 같이 장자는 국가와 법과 제도의 필요성을 무시하였을 뿐만 아니라, 원시적 공동체로의 회귀와, 통치자나 리더의 부재(不在)를 주장하였다. 그러나 장자는 이미 국가가 존재하고 있는 상황에서 통치자 또는 리더가 치정(治政) 행위를 해야 한다면 통치자나 지도자는 무위(無爲)와 무치(無治)로써 세상을 다스리기를 원했던 것이다.

오늘날 우리 사회도 장자가 살았던 당시의 상황과 크게 다르지 않다. 이익이 되는 일이라면 어떤 식으로든지 덤벼들려고 한다든지, 대의 명분을 내세워 인위적으로 구조 조정하려는 경우 등 수많은 일들이 나타나고 있다. 이러한 점에서 장자의 무위의 리더관은 현대사회를 주도하는 리더에게 상당한 시사점을 주고 있다. 즉 변화의 속도가 과거 어느때보다 빠르게 진행되고 있고, 이와 동시에 불확실성 수준도 매우 높은 상황에서 오늘날 리더들은 사물(物)에 구속되지 않고, 무위로서 시야를 넓히게 되면, 편견이나 고정 관념에서 벗어날 뿐만 아니라, 사물과 일에 유연하게 대처하여, 사회나 조직을 주도적으로 이끌어 갈 수 있다. 따라서 이런 것을 근거로 볼 때, 장자는 무위의 리더쉽을 강조한다.

장자는 자연(天)과 인위(人), 무위(無爲)와 유위(有爲)를 구별하고, 자연의 무위를 하라고 권한다.

(2) 평등의 리더관

평등의 리더관의 근거는 자연에서 찾을 수 있다. 장자는 천하의 모든 모순 상황을 풀 수 있는 열쇠는 자연에 있다고 강조한다. 자연은 사람의 의도적인 행위 없이 저절로 이루어지는 상태이다. 그러므로 자연의 원리를 제대로 알아 삶에 적용할 수 있다면, 만물은 순리에 맞게 당연하게 흘러간다. 따라서 장자는 자연의 모든 특성들을 파악하고, 인간사회의 문제를 자연의 대상과 비교하여 비유적으로 설명하고 있다. 여기서 비유를 든다는 것은 자연의 법칙성을 인간에게 동일하게 적용하는 것이다. 인간에게만 적용되는 원리가 별도로 있는 것이 아니라, 자연의 법칙성 속에 인간의 삶의 원리까지 모두 포함되어 있다. 이러한 점에서 인간과 자연은 차별이 없다.

장자는 자연이 만물을 길러내는데 모두에게 평등하다고 본다. 인간의 입장에서 귀하다고 해서, 자연도 이에 동의하여 귀하게 취급하는 일은 없고, 하찮은 것이라고 해서 천하게 취급하는 않는다. 하늘은 귀한 사람이나 천한 사람을 분별하지 않고, 모두 똑같이 햇빛을 비추고, 만물을 길러내고 소멸시킨다. 하늘은 어떠한 차별도 두지 않는다. 따라서 자연은 만물을 똑같이 길러내며, 모두에게 평등하다.

장자는 인간이 만든 물질 문명에 대해서 부정적 입장을 가지고 있다. 모든 인간들은 자연의 소중한 자식이고, 자연은 이들을 차별 없이 길러내기 때문에, 모든 인간들은 근본적으로 평등하고 차별적으로 대우해서는 안 된다.

그리고 장자의 평등 사상은 다양성을 부정하는 것이 아니라, 개인 각자의 특성을 최대한 인정하고 보장해 주는 동시에, 인간과 인간, 그리고 인간과 자연의 관계를 더욱 튼튼하게 이어주고 있다. 이 점에서 장자의 평등 사상은 사람에 대해 포용적이며, 인간과 자연의 상호 공존을 모색하는 사상이라 할 수 있다. 따라서 세상의 모든 만물에 대한 관점을 바꾸고, 세상을 다르게 바라보고, 만물의 의미를 새롭게 인식하라. 이것이 장자가 주장하는 핵심 논리이다.

3. 리더십 이론과 장자의 사상

1) 리더십 이론

내적 외적 리더십 가운데 내적 리더십인 겸손과 진정성의 리더십을 장자 사상과 연결시킨다. 장자의 "긍정성, 평등, 진인(眞人)"이 겸손 리더십과 이어진다. 심재(心齋 마음 씻기)와 진정성 리더십이 연결된다. 장자의 사상은 겸손과 진정성이라는 리더십 이론에 빛을 비추어 준다.

현재 우리 사회는 무한 경쟁 사회에 진입해 있다. 이런 상황에서 누구나 미래에 대한 준비를 해야 하고, 꿈과 희망을 가져야 하는데, 장자가 강조하는 무(無)를 추구한다면, 무조건 현실 회피나 경쟁을 회피하는 것이어서 현실에 맞지 않다. 또한 맹목적으로 자기 자신도 버리고, 개인의 사적인 이익과 명예도 버리라고 주장하는 것은 현대의 일반적인 삶과 생존 방식과 정반대이다.

그러나 장자 사상은 오늘날 여전히 가치가 있으며, 우리에게 던지는 시사점이 많다. 다만 장자의 사상을 현대 사회의 다양한 영역에 적용할 경우, 매우 조심스럽게 받아들여야 한다. 이를 위해 장자의 철학 사상이 오늘날 우리 사회에 있어서 어떤 리더십에 적용될 수 있는지, 그리고 적용할 수 있는 리더십의 유형이 있다면, 논리적 근거는 무엇인지를 우리는 살펴보아야 한다. 따라서 본 논문은 장자의 철학 사상을 겸손의 리더십에 적용하는 데 있어서, 논리적 근거 혹은 단서가 어떤 것들이 있는지를 살펴보고자 한다. 장자의 사상 중 겸손 리더십에 적용될 수 있는 논리적 근거는 장자의 긍정성, 평등주의, 진인(眞人)에서 찾을 수 있다. 이 셋이 겸손의 리더십에 적용될 수 있는 이유는 다음과 같다.

2) 장자의 리더십 사상

(1) 긍정성

장자의 긍정성이 겸손 리더십으로 이어질 수 있는 논리적 근거는 리더십의 개념적 정의에서 찾을 수 있다. 리더십의 요체는 하나의 개인인 리더가 아래 사람에게 영향(influence)을 발휘하는 과정이다. 이 과정에서 조금이라도 강압적인 힘이 들어간다든지, 아래 사람에 대해 선입견과 편견을 가진다든지, 그리고 리더가 자기 중심적인 생각을 가지고 리더십을 발휘하면, 그것은 좋게 보아도 관리자로서의 역할만 한 것이다. 다시 말해서 올바른 리더십을 발휘하기 위해서는, 모든 개인의 인격을 존중하고, 아래 사람들에 대한 긍정적 생각을 필수적으로 가져야 한다. 그렇지 않을 경우 단순히 관리자가 지시한 것에 불과한 것이다. 이러한 점에서 장자의 긍정성은 겸손 리더십에 논리적 근거를 제공한다.

(2) 평등주의

장자의 평등주의가 겸손 리더십에 적용될 수 있다. 장자의 만물 제동(齊同) 사상은 일체의 사물이 모두 동등한 가치를 지니고 있다는 것이다. 그렇기 때문에 현실에서 사물을 구별하고 차별하는 것은 주관적 편견이라고 한다. 개인은 자기 중심적 사고를 벗어나 평등주의적 사고를 지녀야 한다. 평등과 겸손은 어떻게 연결되는가? 리더와 아래 사람은 위 아래의 관계이다. 장자의 만물 제동 사상에 따르면, 리더와 아래 사람은 제동이고 평등하다. 리더가 아래 사람에 대해서 우월감을 가지면 안 된다. 내가 더 잘 나서 너희들 위의 리더가 되었다 – 이러면 안 된다. 평등하게 보라. 사람이 가진 능력을 있는 그대로 보라. 이것이 장자의 평등주의가 겸손 리더십으로 연결되는 지점이다.

겸손한 리더에 대한 개념적 정의는 다음과 같다. 겸손한 리더는 스스로의 장점과 단점을 정확하고 면밀히 바라보며, 교활하거나 탐욕스럽지 않은 진실성을 보이며, 그리고 공평하며 자신을 과시하지 않는다. 또한 겸손은 리더들은 자신의 장점과 단점을 잘 알고 있고, 배움에 열린 마음을 가졌으며, 다른 사람의 장점과 기여를 감사히 여길 줄 알며, 자기 중심적이지 않은 성향을 가진 사람들이다.

(3) 겸손의 리더십

겸손한 리더들은 다음과 같은 네 가지 특성을 지니고 있다.

첫 번째, 겸손함은 자기 자신보다 중요한 것이 존재한다는 것을 받아들이는 자기 관점(self-view)에 기반을 두고 있으며, 자기 인식(self-awareness)에 근원을 두고 있다.

두 번째, 겸손한 리더나 지도자는 자기 자신을 덜 드러내려 하는 특성 때문에, 사리(私利) 추구보다 집단 혹은 공동의 이익을 추구하는 경향을 가지고 있다. 또한 자기 초월적인 목표(self-transcendent pursuit)를 지향하는 겸손한 리더는 자신들의 시간을 사회의 발전에 쓰려고 노력한다.

세 번째, 겸손한 리더들은 다른 사람들의 기여에 대해 감사를 표할 줄 알고, 다른 이들의 장점을 알아채고, 관심을 보인다. 또한 다른 이들의 장점에 대해 칭찬을 아끼지 않는 성향을 지니고 있다.

마지막으로, 겸손한 리더들은 즉각적인 개인의 영광과 대중의 이목을 받길 원하지 않기 때문에, 전략적 사안에 있어 장기적으로 바라보고 집중하는 성향을 나타낸다. 겸손이 장기적 전략적 시각을 가져다 준다. 겸손은 자신을 낮추고 상대를 높인다. 나의 경쟁자 혹은 상대를 높게 보기 때문에, 장기적 전략적 시각을 가지려 한다. 세상에 쉬운 사람은 없기 때문이다. 반대로 자신을 높이고 자만하면, 상대를 경시하게 된다. 그러면 위험에 빠질 수 있다.

리더십의 중요한 두 요소가 겸손과 진정성이라고 생각한다. 특히 민주화된 사회에서는 진정성이 더 중요하다. 겸손과 진정성은 마음가짐의 문제이다. 인간의 본성을 회복하고 덕을 함양하기 위해서는 마음을 닦는 것이 중요하다. 장자의 사상은 리더십의 핵심인 겸손과 진정성의 함양과 연관되어 있다. 예컨대 「덕충부(德充符)」의 불구자들은 사람들을 끌어들이는 매력과 흡인력이 있다. '德充符'는 "덕이 가득찬 징표"이다. 덕이 가득차 있기 때문에 사람들을 끌어 모은다. 징표(符)가 겉으로 드러나기 때문에, 사람이 그것을 보고 모인다. 「인간세(人間世)」편의 안회와 섭공 자고 등은 상대를 설득시키는 방법을 배운다. 무력이나 강압이 아닌, 마음의 능력(德)을 키워서 상대를 자기쪽으로 끌어당긴다. 이 역시 리더의 능력으로 중요한 것이다.

(4) 진정성의 리더십

진정성은 자신의 본성에 자신의 삶을 맞추는 것이다. 한 개인이 자기 스스로를 알고, 자기 내면의 생각과 감정, 가치관, 그리고 신념을 가지고 진정한 자아와 일치되게 행동하는 것이다. 또한 자신이 실제로 경험한 느낌과 생각을 타인에게 솔직하게 표현하는 것이라고 할 수 있다. 따라서 진정성을 확보하려면, 다른 사람들의 생각이나 기대를 만족시키는 행동에서 벗어나, 자신의 자아 내면을 성찰하는 것이 중요하다. 이를 위해서는 자신의 신념, 가치 그리고 목적 등을 진정성 있게 다른 사람들이 알게 하고, 그들의 목적과 가치, 신념을 존중하며, 유사한 관심을 가진 사람들과 신뢰를 형성해 나가야 한다. 또한 가식 없는 진실된 생각과 행동을 바탕으로, 타인의 생각이나 기대를 만족시키려는 행동에서 벗어나, 자신의 내면의 진실된 자아에 따라 움직여 나가야 한다.

'心齋'는 '마음의 재계', 즉 '마음 씻기'이다. '마음 비우기'인 '虛心'과는 다른 개념이다. 虛心은 마음을 비워서 마음에 아무 것도 없는 상태이다. 마음 바깥의 대상을 인식하기 위해서는 마음을 비워야 한다. 대상의 정보가 내 마음에 쌓이기 위해서는 마음이 비워져야 한다. 心齋는 마음에 자신의 의도와 목표, 감정과 욕망, 지각과 경험, 의식의 흐름 등이 있는데, 그 가운데 몇을 선택적으로 씻어낸다. 일부는 비우고, 일부는 남기는 것이다. 비우는 것은 욕망 감정 등이다. 남기는 것은 의도와 목표 등이다.

3) 심재와 리더십

(1) 심재(心齋)

심재는 「인간세」 편에 나온다. 人間世는 '사람 사이의 세상'을 뜻한다. 사회 생활이 그것이다. 결국 사람 사이의 관계를 잘 만드는 것이 중요하다. 특히 리더는 더욱 그러하다. 리더는 진정성을 가지고 조직원을 대해야 한다. 진정성 리더십의 방법 가운데 하가 '심재(心齋)'이다.

리더는 아랫사람을 진정으로 대해야 한다. 이것도 역시 '사람 사이'의 관계이다. 그러므로 당연히 사랑과 증오, 갈등, 욕망과 감정이 있게 된다. 이런 것들을 그냥 드러내면 사이-관계가 틀어지게 된다. 리더는 반드시 자기 마음을 제어해야 한다. 욕망 감정을 씻어내고, 목표와 의도에 집중해야 한다. 사람들을 포용하고, 의도했던 목표로 이끌어야 한다. - 이래서 심재, 즉 마음 씻기가 필요하다.

리더는 늘 마음을 씻어야 한다. 그래서 쉬운 자리가 아니다.

장자가 살았던 당시의 전국시대는 현재의 우리 사회와 같은 도덕 · 윤리적으로 혼란한 시기였다. 그는 전국시대의 혼란 속에서 사회적 도덕성 해이 현상을 보면서, 인간의 본성의 회복을 시도했다. 장자의 사상은 이상적 인간을 추구한다. 오늘날 우리 사회는 급격한 사회 경제 발전과 성장으로 도덕성 상실을 가져왔다. 이는 장자의 시대와 근본적 성질에 있어서 상통하는 측면이 있다.

장자의 심재(心齋)에서 장자 사상이 진정성 리더십에 적용될 수 있는 논리적 근거를 찾을 수 있다. 그럼에도 불구하고 장자의 사상과 진정성 리더십의 관계를 다룬 연구는 찾아보기 힘들다.

먼저 장자의 심재 사상이 진정성 리더십에의 적용될 수 있는 논리는 다음과 같다.

장자는 주장한다. 지식과 인의(仁義)가 인간의 의식 속에 감추어진

이기적 본능이나 명예욕을 자극하여, 세상을 더욱 혼란스럽게 만든다. 바로 인간의 성지(聖智 총명함과 지혜)가 인간을 외물(外物)의 노예로 만들며, 그것은 개인들 사이에 결국 차별 의식만 낳게 되어, 사회 혼란의 원인이 된다. 이러한 것들을 끊는 것이 인간의 자연적 본성을 유지하는 것이며, 이러한 끊음을 통해 바람직한 인간의 본성을 보존할 수 있다.

(2) 심재(心齋)와 좌망(坐忘)

장자는 인간의 본성을 회복하고 보존하기 위해서, 인간 본성에 반하는 인위적인 것에 반대하고, 좌망(坐忘)과 심재(心齋)를 통한 마음의 수양으로 '참 인간'(眞人)을 형성하고자 했다. 좌망(坐忘)은 "잊음에 앉는다"를 뜻한다. 잊음이 방석이다. 망각을 깔고 앉는 것이다. 모든 것을 잊고, 심지어 나 자신도 잊고, 어떠한 의도나 목적을 벗어버린다. 심재(心齋)는 '마음을 깨끗이 함'을 뜻한다.

잊음과 씻음의 수양으로써 마음에 덕을 쌓을 수 있다. 이 덕(德)을 통해서 모든 사람들과 더불어 만물까지도 통할 수 있다. 마음에 있는 감정 욕망 지식을 씻어내고 망각해야 남을 받아들일 수 있다. 덕성의 함양을 추구하는 것으로 도덕적으로 성숙할 수 있으며 내적 아름다움을 추구할 수 있다. 또한 좌망과 심재는 대상 그 자체에 집중하는 것을 의미한다.

자기 스스로(분수)를 아는 사람은 마음을 닦을 때 만물을 저절로 얻을 수 있지만, 재물이나 외물만을 추구하는 사람은 자신의 자연적 본성을 잃을 뿐 아니라, 재물 또한 얻지 못한다. 사람은 외물을 향한 마음을 지니지 말고, 자신의 내적인 마음을 닦는 것이 중요하다. 내성(內省)을 하기 위해서는, 뜻을 어지럽히는 것을 없애고, 마음을 그르치는 것을 떨쳐버리며, 덕(德)을 구속하는 것에서 벗어나야 한다. 이렇게 리더는 이렇게 '마음 씻기'를 해야 한다. 이것이 참다운 리더가 되기 위한 길이다.

심재에 대해서, 장자는 귀로 듣지 말고 마음으로 들으라고 한다. 귀로 듣는 것은 청각적인 소리일 뿐이며, 상대방을 이해하려면 마음으로 들어야 한다. 따라서 심재의 '마음의 비움'을 하면, 타자와의 소통의 지평이 열리게 된다.

지금까지 장자가 주장한 논리를 종합하여 볼 때, 장자의 인간성과 심재의 사상은 진정성 리더십에 적용할 수 있는 충분한 논리를 제공한다. 심재는 오늘날 우리 사회의 화두인 진정성을 갖춘 리더를 발굴하고 육성하는데 상당한 의미가 있다.

4. 장자의 철학 사상과 겸손과 진정성 리더십

1) 리더십 이론과 장자 사상

구체적으로 장자의 철학 사상 중 "긍정성, 평등주의, 진인(眞人), 그리고 심재(心齋)"가 겸손의 리더십과 진정성 리더십에 적용 가능한지의 여부를 모색하였다. 장자가 주장하는 메시지는 오늘날 우리가 살고 있는 사회나 다양한 조직에 상당한 가치를 지니고 있다. 특히 글로벌화와 지식 정보화 사회로의 급속한 변화에 따른 제4차 산업 혁명의 도래, 그리고 민주주의의 확산으로 인한 개인의 권리와 존엄성에 대한 관심과 배려가 증가했다. 이런 점에서 장자의 사상을 리더십에 적용하는 연구는 상당한 의미를 갖는다.

무엇보다 지난 수십 년간 리더십 이론들은 리더의 드러난 행동이나 특성과 같이 리더가 가진 외적 특성에 집중해 왔다. 하지만 최근에는 연구 초점이 바뀐다. 리더가 지닌 가치관, 리더의 높은 도덕성과 품성, 리더의 진실성과 꾸밈없는 언행, 리더의 참된 모습, 그리고 리더의 객관적 식견 등과 같은 내적 특성이 더욱 중요하다. 이에 따라 리더십 이론

사이에서 개인의 내적 특성 중 리더의 겸손과 진정성을 강조하는 리더십에 관한 연구가 화두가 되고 있다. 본 연구는 이러한 문제 인식을 바탕으로 장자의 철학 사상이 겸손의 리더십과 진정성 리더십에 적용될 수 있는지를 탐색하였다.

본 연구는 이러한 목적을 달성하기 위해 『장자』의 내편(內篇)을 기본 텍스트로 하고, 이와 관련된 참고 서적과 학위 논문 등을 참고하였다. 또한 중요한 철학적 논증을 뒷받침하기 위해 외편(外篇)과 잡편(雜編)도 참조하였다. 또한 각종 문헌 연구의 과정에서 원전에 대한 해석은 기존 서적의 해석을 살펴보았다.

구체적으로 본 연구는 다음과 같은 내용을 살펴보았다. 우선, 장자 사상의 특징을 파악하기 위해 장자의 시대적 배경과 현대 사회 속의 장자 사상의 의미, 장자의 일상적 · 이상적 인간관, 도와 덕, 만물 제동, 그리고 소요유 등에 대해서 살펴보았다. 그리고 장자의 리더관이라고 할 수 있는 무위와 평등의 사상을 탐구하였다. 또한 본 연구의 핵심이라고 할 수 있는 장자의 리더관이 겸손의 리더십과 진정성 리더십에 적용가능한지를 탐구하였다.

2) 겸손 리더십과 진정성 리더십

장자의 사상이 겸손 리더십과 진정성 리더십에 적용될 수 있는 논리적 근거는 다음과 같다.

첫째, 장자의 사상이 겸손의 리더십에 적용될 수 있는 근거는 다음과 같다. 만물 제동(齊同) 사상이다. 장자는 이것과 저것, 부유함과 가난함, 귀함과 천함을 나누고 차별하려는 사고에서 탈피해야 한다. 빈부(貧 · 富)와 귀천(貴 · 賤)을 따지지 말고, 같은 것으로 보라고 한다. 만물은 고르게 같다(齊同).

인간에 한정된 시각에서 벗어나, 세상의 꼭대기에 서서, 모든 상황을 거시적이고 객관적으로 바라보라. 이런 평등주의적 관점이 장자의 핵심 메시지라고 할 수 있다. 우리는 일상의 잡다한 사물들을 한 단계 높은 경지에서 바라보아야 한다.

오늘날 우리 사회는 급변하는 상황 속에 놓여 있다. 이러한 상황에서 장자는 인생을 사는 지혜를 말해 준다. 장자가 말하는 진인(眞人 참된 사람)은 거울 같은 마음, 빈 마음, 조화로운 마음, 자연스러운 마음, 자유로운 마음을 가지고 있다. 이러한 마음을 가진 진인은 사물을 차별적으로 바라보지 않는다. 그리고 사물은 언제든지 변화하며, 고정된 것이 아니며, 사물에 연연하는 것은 아무런 의미가 없다. 오직 정신의 자유만이 중요한 것이다. 정신의 최고 경지인 도(道)를 추구할 때, 자유를 얻을 수가 있다. 도(道)에 따르는 삶을 살 때, 인간은 아무리 힘들고 어려운 상황일지라도 정신적으로 무한한 자유와 평화를 얻는다.

장자가 주장하는 "평등주의, 진인(眞人), 긍정성"의 사상을 통해 세 가지 구성 요소를 찾을 수 있다. 즉 차별 의식과 주관성, 편견을 버려야 한다는 평등주의적 사고, 모든 일은 순리(운명)에 따라야 한다는 운명론적 사고, 사물에 대한 일체의 구분을 버리고 자연의 세계에 맡기는 자연주의적 사고를 추론할 수 있다. 차별이나 편견을 지니고 있는 사람은 결코 리더십을 발휘할 수 없다. 앞에서도 논의한 것처럼, 차별과 편견은 현명한 리더와 무식한 관리자를 구분하는 핵심 잣대이다. 따라서 장자가 주장한 이러한 사상은 겸손 리더십에 적용할 수 있는 논리를 제공한다.

둘째, 장자의 사상이 진정성의 리더십에 적용될 수 있는 근거는 다음과 같다. 장자는 말한다. 자기 스스로를 아는 사람은 마음을 닦을 때, 만물을 저절로 얻을 수 있다. 하지만 재물이나 외물만을 추구하는 사람은 자신의 자연적 본성을 잃을 뿐 아니라, 재물 또한 얻지 못한다. 또한 사람은 외물을 향한 마음을 지니지 말고, 자신의 내적인 마음을 닦는 것이 중요하다. 뜻을 어지럽게 하는 것을 없애고, 마음을 그르치는 것을 떨쳐버리며, 덕(德)을 구속하는 것에서 벗어나야 한다.

장자는 주관적인 마음을 강조한다. 귀로 듣지 말고, 마음으로 들으라. 마음으로 듣지 말고, 기(氣)로 들으라. 귀로 듣는 것은 청각적인 소리일 뿐이다. 상대방을 이해하려면, 마음으로 들어야 한다. 상대를 간파하려면, 마음이 아니라 기(氣)로 들어야 한다. 이러한 논리는 한 마디로 말하면, 리더는 자신 뿐만 아니라 상대를 정확하게 알아야 한다. 그러기 위해서는 귀로 듣고, 마음으로 듣고, 기(氣)로 들어야 한다. 듣고 이해하고 간파해야 한다.

진정성은 자신의 본성에 자신의 삶을 맞추는 것이다. 한 개인이 자기 내면의 생각과 감정 가치관 그리고 신념을 확인하고, 자기 스스로를 알아야 한다. 거짓된 자아를 버리고, 진정한 자아와 일치되게 행동해야 한다. 자신이 실제로 경험한 느낌과 생각을 타인에게 솔직하게 표현해야 한다. 이러한 진정성을 지닌 사람은 그렇지 않은 사람보다 진정성 리더십의 발휘 수준이 높아진다. 장자의 사상은 진정성 리더십에 적용될 수 있는 충분한 논리가 있다.

5. 맺는 말

1) 본 연구의 시사점

첫째, 최근 장자의 리더십에 관한 몇몇 연구가 수행된 바 있지만, 현재까지 후속 연구가 이루어지지 않고 있다. 장자의 철학 사상 중 "긍정성, 평등주의, 진인(眞人), 그리고 심재(心齋)"가 겸손의 리더십과 진정성 리더십에 적용 가능하다. 무엇보다 장자가 주장한 인간 평등의 가치는 리더십 이론을 확대하는데 상당한 의미를 갖는다. 이를 탐색하면서, 후속 연구를 위한 방향을 제시하였다는 점에서 본 연구의 이론적 시사점이 있다.

둘째, 장자의 사상은 리더십의 의미와 본질을 이해하는데 도움을 준다. 리더십은 한 개인이 부하 또는 추종자에게 영향(influence)을 발휘하는 과정이다. 이러한 과정에서 조금이라도 힘이 들어간다든지, 선입견과 편견을 가진다든지, 그리고 자기 중심적인 생각을 가지고 리더십을 발휘했다면, 그것은 리더십을 발휘한 것이 아니고, 관리자로서의 역할을 한 것 뿐이다. 장자는 사람에게 평등하게 대우하고 마음으로 들어야 한다고 주장하고 있다. 이러한 점을 짚고 넘어가면서, 본 연구는 장자의 이런 사상을 리더십에 적용하기로 한다. 장자의 사상이 리더십의 의미와 본질을 이해하는데 도움을 준다는 점에서 이론적 시사점이 있다.

셋째, 리더십은 기업 생존을 넘어 국가 존폐를 좌우할 만큼 중요하다. 동시에 우리 사회의 모든 영역에서 리더십에 대한 중요성이 점점 부각되고 있다. 이러한 맥락에서 현재 우리 사회나 조직에서는 겸손과 진정성을 가진 리더를 절실히 요구한다. 따라서 본 연구는 장자의 사상 중 긍정성, 평등주의, 진인, 그리고 심재(心齋)가 겸손의 리더십과 진정성 리더십에 적용 가능한지의 여부를 처음으로 탐색하였다는 점에서 이론적 시사점이 있다.

넷째, 장자가 살았던 당시의 상황과 오늘날 우리가 살고 있는 사회는 엄연히 다르다. 하지만 장자가 그 당시 주장하는 인간의 본성과 그 본질은 오늘날에도 유효하다. 인간은 평등하기 때문에 편견이나 편향적 생각을 가지고 차별하는 것은 안 되며, 마음으로 듣고 실천하라는 장자의 사상은 과거나 현재나 변함 없이 적용된다. 따라서 2500년 전의 장자가 주장한 리더상은 오늘날 급변하는 변화의 시대에 적용될 수 있다는 점에서 실무적 시사점이 있다.

다섯째, 본 연구는 장자의 사상을 반영한 리더십 교육 프로그램 개발 및 교육을 제공하는데 도움을 준다. 오늘날 대부분의 리더십 교육은 단순히 단기성 교육을 위주로 하며, 주입된 행동을 모방하게 하는 것에 그치는 경우가 대부분이다. 따라서 본 연구는 장자의 사상과 관련된 새로운 리더십 교육 프로그램 개발 및 보다 심층적인 자기 성찰의 기회를 제공하는데 도움을 준다.

2) 본 연구의 향후 연구에의 방향 제시

첫째, 본 연구는 장자의 사상이 겸손의 리더십과 진정성 리더십에의 적용 가능성을 탐색하였다. 향후 연구에서는 장자의 사상이 이러한 리더십 이외에도 적용 가능한지를 탐구해야 한다. 예컨대 상업 등 서비스업이 그것이다. 동시에 본 연구에서 살펴본 장자의 "평등성, 진인(眞人), 심재(心齋)" 등의 사상 이외에 다른 장자의 사상들도 리더십에 적용 가능한지를 탐색하여야 한다.

둘째, 앞에서의 연장선상에서, 향후 연구는 장자의 사상이 겸손의 리더십과 진정성 리더십 간의 관계라든지, 장자의 평등주의적 인간성과 심재(心齋) 등이 이러한 리더십에 어떠한 영향을 미치는지 등에 대한 실증적 연구를 수행해야 한다.

장자의 사상은 여러 가지로 구성되어 있다. 본 연구는 그 가운데 소요유, 만물 제동, 심재 등의 개념에 근거했다. 그 밖의 장자의 다른 사상으로 리더십 연구를 확장할 필요가 있다.

셋째, 진정성 리더십의 하위 차원에는 "자아 인식, 관계의 투명성, 도덕적 관점, 균형적 정보 처리"의 네 가지가 있다. 그러나 연구자들에 따라 "자아 인식, 균형적 정보처리, 관계 투명성"을 중심으로 실증 분석하는 경우가 많고, 또 "균형적 정보 처리와 관계 투명성"만을 중심으로 실증 분석하는 경우도 있다. 따라서 장자의 사상이 진정성 리더십의 하위 차원에 있는 개념들에서 어떠한 영향을 받는지의 여부도 검증되어야 한다.

넷째, 진정성 리더십의 측정에 관한 분석 수준이다. 진정성 리더십의 많은 연구들은 진정성 리더십의 측정을 부하, 즉 아랫사람의 관점에서 측정하고 있다. 후속 연구에서는 이에 대한 체계적인 대응이 필요하다. 특히 진정성 리더십의 자기 인식과 자기 규제는 최소한 리더 본인에의해 측정되는 것이 바람직할 수 있다. 그리고 관계의 투명성이나 균형적 정보 처리 등은 부하들에게도 표출될 수 있고 지각될 수 있다. 그렇기 때문에 이는 구성원 입장에서 측정할 수도 있다. 따라서 리더 자신이측정하는 진정성 리더십과 부하 직원이 평가하고 지각하는 진정성 리더십의 차이를 통해 진정성 리더십의 개념을 구성하고, 그 개념 정체성을 명확하게 해야 한다.

다섯째, 장자의 사상이 겸손 리더십과 진정성 리더십에 영향을 미치는 과정에서 인구 통계학적 변수를 포함한 상황 변수를 조절 변수로하고, 장자의 사상과 겸손 리더십과 진정성 리더십의 관계를 규명할 필요가 있다.

이와 함께 장자의 사상이 겸손 리더십과 진정성 리더십에 영향을미치는 과정에서 인간의 특성과 관련한 변수를 매개 변수로 하고 장자의 사상과 겸손 리더십과 진정성 리더십의 관계를 검증해야 한다. 겸손과 진정성을 통계학적으로 처리하는 것을 시도해 볼 수 있다.

따라서 향후 연구에서는 장자의 사상이 겸손의 리더십과 진정성리더십으로 확대되도록 노력해야 하며, 동시에 장자의 사상이 이러한리더십 이외에도 어떤 리더십을 적용할 수 있는지의 여부는 물론 다양한 변수들을 고려하여 장자의 사상과 리더십 이론을 더욱 발전시켜야할 것이다.

제II부

회고

손영식 교수 정년퇴임 기념

손영식 선생님에 대한 세 가지 추억

울산대 김남호 교수로부터 전화연락이 왔다. 손영식 교수님이 정년 퇴임을 하려는데, 논문을 써 줄 수 있느냐고. 평소부터 논문에 회의적이어서 에세이로 대신 할 수 있느냐고 제의하자, 가능하다고 했다. 노신이 장태염에 대해 두세 가지 추억을 쓴 글이 생각나서 그것을 모방해서 이 글을 쓴다.

1. 학문

내가 손영식 선생님을 만난 것은 학부 3학년 2학기 때 인거 같다. 나는 운동권도 아니었고, 쾌락을 즐기는 쪽도 아닌 어중간한 상태였다. 뭔가는 해야겠는데, 딱히 하고 싶은 것도 없었다. 그 날도 무료하게 과 사무실에 있는데, 어떤 군인 아저씨가 오더니만 책상에 걸터앉아서 나에게 말을 걸어 왔다. 자기는 철학과 석사 졸업생인 손영식인데 자기랑 같이 공부하지 않을래라고. 자기와 같이 공부하면 한문도 익힐 수 있다고. 그래서 못 이기는 척하고 그렇게 한다고 하고 다음 해부터 본격적으로 선생님과 『하남(河南) 정씨(程氏) 유서(遺書)』를 강독하게 되었다. 『하

433

남 정씨 유서』는 두 정씨의 글을 모은 것으로, 선생님의 석사 학위 논문이었다. 선생님은 학위 논문에 만족하지 않고, 두 정씨의 학문과 사상을 알리고자 하였다. 학부생이 그런 고급 수준의 책을 읽기가 어려운데, 그런 기회를 만났다. 두 정씨의 원전을 직접 강독을 통해, 구조와 기능이라는 구조주의 철학을 알게 되니 고전 해석에 새로운 지평이 열린 것이다.

그런데 선생님은 전혀 예습을 하지 말고, 평소 실력으로 해석하라고 매번 이야기하셨다. 한 문장도 읽기 어려운 경우가 많았다. 그럼에도 선생님은 차근차근 송대 백화체를 읽는 방법을 알려 주셨다. 선생님 자신도 진영첩의 『근사록』 영역본을 가지고 읽는 수준이어서, 억지로 해석하는 경우가 많았다. 예를 들면 '着'이란 글자가 나오면 '붙일 착'하고 해석하셨다. 중국어에서 착은 상태 보어이기 때문에 "~ 하고 있다"는 식으로 번역해야 하는데, 중국어를 모르는 상태에서 그렇게 해석을 하였던 것이다. 이후에도 『주자 어류』, 『주자 문집』, 『전습록』 등을 뽑아서 읽었다. 성리학의 기본 문헌들을 섭렵하였다. 지금도 나는 『주자 어류』와 『주자 문집』을 공부하고 있는데, 이는 선생님의 덕분이다.

선생님은 고전을 그대로 해석하지 않고, 항상 현대의 용어로 풀고자 하였다. 예를 들면 '氣' 란 글자가 나오면 경험 내지 경험주의로 풀었다. '기'를 '경험'으로 풀고자 하는 선생님의 시도는 많은 자극을 주었다. 이러한 작업은 이성주의적인 사고에서 나온 것이다. 나는 그에 대해 항상 문제 제기를 하였고, 아직도 다른 생각을 가지고 있다. 그래서 0.5주의자와 0.9주의자란 말이 나왔다. 0.5만 되어도 반올림해서 1로 인정하자는 선생님의 주장과 0.999…가 되어도 1로 인정할 수 없다는 나의 주장이 항상 맞서곤 했다. 이러한 상황은 선생님의 박사 학위 논문을 출판한 『이성과 현실』 서문에도 잘 나와 있다. 어쨌든 선생님의 고전 강독은 서울대에 새로운 바람을 불러 일으켰다.

선생님과 함께 했던 것은 강독 이외에 선배와의 대화도 있었다. 졸업하거나 아니면 졸업 논문을 준비하시는 분들을 모시고 MT를 가서 하루 종일 토론하는 모임이었다. 선배들의 주장을 듣고 거기에 후배들이 질문 토론하는 방식으로 진행되었다. 말로만 듣던 선배들을 직접 만나서 토론하는 장의 마련은 기존에 없던 방식이었다.

만나면 아침부터 저녁까지 토론하던 그때가 생각난다. 토론에서 단박에 상대방의 논점을 이해하고 이성적으로 반론을 펴는 것이 중요한데, 내가 이러한 태도를 가지게 된 것은 선생님으로부터 배운 것이다.

선생님은 항상 학자를 평가할 때 이성적인 것을 위해 노력한가 로 기준을 삼아야 한다고 하셨다. 이성적인 작업을 수행할 때, 그것은 자체로서 인정받아야 한다. 비이성적인 것은 엄밀하게 비판해야 하되, 그렇지 않은 작업은 높낮이가 있지만 평가를 해주어야 한다는 것이다. 이것도 내가 금과옥조로 생각하는 것이다.

2. 답사

선생님이 울산대에 가시고 나서 답사를 시작하였다. 선생님은 학부 4년 동안에 전국을 네 권역으로 나누어 전국의 유적지를 답사하고자 하였다. 그래서 나는 선생님이 주도하는 예비답사와 본답사에도 참여하였다. 예비답사란 답사를 하기 전에 미리 동선을 파악하는 답사이다. 충북 제천의 청풍면을 예비 답사를 가던 중에, 차에 펑크가 났다. 선생님은 주저하지 않고, 차에서 스페어 타이어를 가지고 교체를 하였다. 선생님은 카츄사 운전병 출신이어서 어려움이 없었다. 타이어도 중고 타이어를 가지고 다니셔서 항상 교체를 하곤 하였다.

답사를 가면 새로운 지적 자극을 받았다. 보통의 학교 답사는 학생들이 주도하고 교수들은 뒷짐이나 지고 문제가 일어나지 않게 하는 것이 관례였다. 선생님은 답사가기 전에 직접 문헌을 찾기도 하고 학생들을 닦달하여 자료집을 교정하고, 답사를 가서는 직접 장시간 설명을 하였다. 경주를 가면 불국사나 석굴암 등을 가는 것이 보통이지만 선생님은 그렇게 하지 않았다. 신라 천년을 알려면 폐사지인 황룡사를 봐야 하고, 황룡사의 규모를 이해해야지 신라를 알게 된다고. 그 한마디로 신라와 경주에 대한 나의 생각이 바뀌게 되었다. 선생님은 답사를 통해 기존의 상식적인 해석에 도전을 하였고, 그것은 지금도 나에게 답사의 지침이 되었다. 새로운 관점은 기존의 해석을 뒤집는 것이어야 한다. 그것은 현장 답사로 뒷받침되어야 하고, 그것이 이성적인 사고라고. 나는 중국의 성리학자 묘소를 답사를 즐겨하였고, 현장에서 그들의 사상을 재확인하곤 한다.

3. 현실

80~90년대는 학생 운동의 시대였다. 매주 시위가 일어났고, 대자보가 붙었다. 삼민투, 자민투, 제헌 의회, NL, PD 등등. 각자의 파벌이 자신들의 주장을 펼쳤다. 선생님과 나는 그것을 읽고는 자주 논쟁을 하였다. 나는 젊어서 그런지 그들을 옹호하였고, 선생님은 그들의 문제점을 비판하였다. 선생님은 항상 과격한 사상이 현실을 바꿀 수 없다고 하셨다. 전태일의 분신이 노동자의 권익을 향상하는데 기여를 했지만, 동료들을 설득했으면 더 현실을 바꿀 있다는 것이다. 현실은 급진적인 사고로만 변화되지 않고, 점진적인 개혁으로 바뀔 수 있다고 하는 것이 선생님의 생각이었다. 나는 사유마저 급진적이지 않으면 행동으로 나올 때는 그보다 낮은 단계로 나온다는 생각을 가지고 있었기 때문에 선생님의 생각에 동의할 수 없었다.

세월은 흘러 나는 더 이상 급진적인 사고를 옹호하지 않았지만, 선생님은 꾸준하게 현실을 바꾸어 가려는 노력을 하셨다. 피씨 통신에서 선생님은 사상 논쟁을 벌이셨을 뿐만 아니라, 현실에서도 민교협에 적극적으로 참여하시는 등의 일을 하셨다. 이는 선생님이 단순한 골방샌님이 아니라는 것을 증명하는 것이다.

선생님이 정년하는 마당에 평생하신 일을 요약하자면 이성과 현실의 두 끈을 놓지 않은 여정이었다고 본다. 선생님과 동시대를 같이 살았고 많은 것을 배울 수 있었던 것이 나에게는 축복이었다.

이렇게 끝을 맺는 것이 아쉬워서 한 가지 더 추가하고자 한다. 선생님은 두 가지 호를 가진 것으로 알고 있다. '자라'와 '우여'이다.

'자라'는 서울대 동양철학 연구회 첫 모임을 견성암(경기 남양주시 진건읍)에서 가졌을 때, 선생님이 선배들과 밤늦게까지 논쟁을 그치지 않자, 방통대의 이정호 선배가 선생님에게 갑자기 "거북이 동생이 뭔지 아냐?"고 하자, 선생님이 의아해서 뭐냐고 하자, "자라"라고 하셨다. 시끄럽게 떠들지 말고 잠을 자라라고 하는 것을 돌려서 거북이 동생이라고 한 것이다. 그 상황을 떠올리면 지금도 웃음이 난다.

'우여(愚如)'는 선생님이 유도회라는 한문서당을 다녔는데, 홍찬유 선생님이 사서(四書) 해석을 할 때, 그 때마다 손 선생이 지적을 하니, "우여곡절 끝에 맞는 말을 했다"고 한다. 그래서 우여라는 호를 받았다고 한다. 그런데 우여곡절의 우여는 迂餘이고, 받은 호는 愚如이다. 한글로는 같지만, 한자가 다르다. 동음이의를 노린 것이라고 생각된다. 후자는 선생님이 겉으로 보면 어리석은 것 같지만, 매우 명석하다는 것을 의미하는 것인가 아니면 너무나 명석하니까 어리석은 듯하는 것이 인생을 사는 지혜인가 알 수 없지만, 선생님에게 어울리는 호라고 생각한다.

철학과에서 '묵자 학당'으로

1. 우여곡절(愚如曲折)의 철학과 입학과 학업의 길

울산대학교 인문대 14호관에는 30년 동안 불철주야(不撤晝夜)로 연구실을 지키는 집사 같은 교수님이 한 분 계신다. 그 분은 패션은 자연인을 능가한다. 양말은 구멍이 나서 엄지발가락이 학생들의 코끝을 향한다. 심지어 바닥이 다 닳아 없어진 양말을 신고 오시기도 하셨다. 슬리퍼는 몇 년을 신으셨는지, 발등과 밑바닥이 분리된 것을 스테플러와 초록색 청 테이프로 고정을 시켜 신고 계셨다. 또 머리는 언제 감으셨는지는 몰라도 떡이 지고 기름기가 번들번들 하셨다. 한 여름에도 어깨에는 눈이 내려 있기도 하다.

이런 교수님과의 첫 대면은 2014년 철학과 재학 중이던 박수정 선생님을 통해서이다. 대학 편입에 관심을 가지던 시기라서 철학과에 원서를 접수 했다. 손영식 교수님과 이상엽 교수님께서는 입학하는데 문제가 없을 것이라고 독려까지 해 주셨다. 철학과는 신청인도 거의 없다기에 의심할 여지도 없이 합격을 기다렸다. 그런데 불합격 처리가 되었다. 놀라서 손영식 교수님께 전화를 드렸더니, 스키장에서 열심히 스키를 타고 계셨던 것이다. 헐~ 이 허탈함. 이상엽 교수님께서는 1년 동안

청강을 열어 놓을 테니, 내년을 기약하자고 하셨다. 공부는 때가 있다. 흐름을 놓치면 마음은 떠난다고 생각할 무렵, 다행히도 합격자가 등록을 하지 않아서 자동으로 차순 합격자로 내가 입학을 하게 되었다. 이렇게 우여곡절 끝에 철학과에 첫발을 내 디뎠다.

2015년도에 자녀뻘의 동기들과 수업을 시작하게 되었다. 처음 동기들은 "어머니", "이모님"의 호칭을 썼다. 이러다가는 잔소리하는 아줌마라는 이미지를 줄까봐 얼굴에 철판 깔고 "언니", "누님"이라는 호칭으로 해 줄 것을 요구했다. 물론 요구 뒤에는 언니로서 밥도 사고 술도 샀다. 한 학기 동안은 많이 헤매고 우왕좌왕하며 학교 생활에 적응했다. 가장 힘든 것은 중간고사와 기말고사이다. 46세 나이에 외우고 서술하는 시험은 거의 죽음이다. 돌아서면 까먹는 나이에 6~7 과목을 외워서 서술하는 것은 도저히 감당할 수 없었다. 집 안 일까지 하면서 공부를 해야 했다. 1시간 공부하고 2시간 쪽잠 나누기를 한 달 동안 한다. 누구나 그렇듯이 '내가 왜 이 고생을 사서하고 있지!' 어디 가서 말도 못한다. 도와 주는 사람은 없었다. 이처럼 혼자서 도전하는 것은 자신의 한계를 실험하는 것이다.

인생은 언제나 도전의 연속이고, 실패와 성공을 반복하면서 성장하는 과정이다.

주위 사람들은 약간의 걱정 섞인 시선으로 바라보면서, 그 이면에는 부러움도 가진다. 말없이 공부를 시작하는 사람, 자기 계발에 시선을 돌리는 사람도 생겨났다. 특히 내 아이들에게 따로 공부하라고 독촉을 하지 않아도 되는 편리함을 누렸다. 이런 저런 시간을 보내면서 인생을 무료하게 보내지 않은 것만으로도 득이 되었다고 본다. 학부 시험의 결과는 또 다른 에너지를 부여했다. 졸업 때는 철학과 1등의 성적으로 마무리 지었다. 교수님들의 전폭적인 지지와 응원 덕분이다.

2. 철학과 입학과 두 분의 여사님

수업에 항상 등장하는 두 분의 여사님이 계신다. 그 이름하야 '곽 여사님'과 '백 여사님' 이시다. 교수님께서는 10남매 중 여섯째로 태어나셨다. 형제 중에 어머님인 곽 여사님을 가장 많이 닮으셨다고 하셨다. 곽 여사님의 어록 중에 "죽으면 썩어질 몸, 부지런히 쓰자!"라는 말씀은 매우 가슴에 와 닿았다. 많은 자녀를 키우시면서 자신의 일신을 돌보지 않고 헌신한 분이다. 교수님 또한 이를 이어받아서 그러신지 모든 일에 몸을 아끼시지 않고 헌신적이다. 철학과에 모든 살림은 교수님의 손을 벗어나 진행되지 않았다고 본다. 물론 이상엽 교수님과 김보현 교수님의 호흡이 큰 역할을 했지만.

교수님 대화 속에 가장 많이 등장하는 주인공은 역시 백 여사님이다. 나이 차이가 많은 교수님을 노총각에서 구제해 주신 천사 같은 분이시다. 교수님은 백 여사님을 많이 사랑하시는 것 같다. 여사님도 교수님을 많이 의지하시는 것 같아 보였다. 아름다운 부부의 모습이다. 노년이되어 갈수록 '비에 젖은 낙엽'의 전법으로 여사님 곁을 떠날 수 없다고 우스개 소리를 자주 하신다. 동양 철학을 전공하시는 교수님다우신 모습이다. (비에 젖은 낙엽은 신발 밑창에 붙으면 잘 떨어지지 않는다. 일본 여자들이 남편을 비유하는 말이다.)

3. 대학원 생활과 학위 취득

학부를 마치자 말자 대학원 등록을 하게 되었다. 주변에서는 공부를 그만하라고 했다. 하지만 내게 온 기회를 아깝게 버리기는 싫었다. 울산전문대 졸업 후 직장 생활의 연장에서 오롯이 나만의 시간을 가진

적은 없었다. 결혼과 동시에 전업 주부로 머무는 시간 동안도 끊임없이 지적 욕망을 채우는데 전념했다. 가장 쓸모가 있는 것은 공부라고 생각했다. 결국 마치지 못한 공부를 이어가기로 한 것이 학부 편입이고, 대학원까지 진출하게 된 것이다.

대학원 진학에서 또 다른 사회를 경험하게 된다. 모두가 사회적으로 인지가 있고, 경제적으로 안착하신 분들이 대부분이다. 내 자신이 전업 주부로서 초라해 보일 때도 있었다. 타인들이 "돈이나 벌 나이에 무슨 공부를 한다고…" 라고 말 할 때는 학업을 하는 것이 그렇게 비경제적인 것으로 취급당해야 한다는 현실에 마음이 아팠다. 학부 때는 돌아서면 잊어버리는 나이에 젊은 20대 학생들과 함께 경쟁한다는 것은 상당히 힘든 고행과 같은 시간을 보냈다. 대학원은 시험의 공포에서 벗어날 수 있어 좀 더 자유롭게 학문에 집중할 수 있었다. 새로운 인간 관계를 맺는 것도 신선한 충격이었다. 교수님들과 집중적인 토론을 할 때는 내 자신이 '무지의 인간'임을 절실히 반성할 수 있는 시간이었다.

철학과에 입학한 이후로 내 삶의 패러다임은 새롭게 구성되었다. 손영식 교수님과 만남을 통해 많은 변화를 이루었다. "내일 할 수 있는 일은 굳이 오늘 할 필요가 없다. 인간은 게으를 권리가 있기 때문이죠. ㅋㅋ" 이 말씀 한마디는 많은 것을 내포하고 있다. 교수님은 내가 이것을 열심히 따라하는 제자라고 비난을 하신다. 원래 인간이란 좋은 것 보다 나쁜 것에 흥미를 가지고 더 빨리 배우는 법이다. 교수님은 수업에 자주 늦으신다. 그렇다고 수업의 퀄리티가 낮은 것은 아니다. 그 시간의 수업 양은 꼭 꼭 지키시려 속사포 랩의 속도로 진도를 빼신다. 학생들은 혼이 빠질 지경이다. 나 역시 교수님과의 약속 시간을 한 시간 이상 어긴다. 심지어는 약속 시간이 지나가면 서로 눈치보고 누가 먼저 변명의 전화를 하는지 밀당까지 한다.

손영식 교수님은 학부와 같은 패턴이다. 수업 시간은 지각이 여전하셨다. 그나마 바뀐 점은 여(女) 제자의 잔소리가 귀찮아서 자주 씻고 오시는 것이다. 교수님과 점심을 먹고 난 뒤는 어김없이 교수님께서 키우신 '감나무'와 '사과나무'들을 영접해야 한다. 때 쓰는 어린아이와 같으신 모습에 기꺼이 동행을 했다. 교수님은 까치, 참새들과도 휘파람으로 대화를 한다. 그저 자연인이라 할 수 있는 모습이다. 봄이면 '막동'에서 막걸리 파티를 하는 것이 대학원의 전통이 되었다. 교수님은 꽃이 피는 것을 보면 마음이 아프다고 하신다. 자신이 나이를 먹어가는 것과 자연의 변화를 민감하게 받아들이신다. 누구나 지나가는 과정이라 본다. 나 또한 몇 년이 지나면 교수님의 마음을 공감할 수 있을 것이다. 교수님은 정년퇴임이 얼마 남지 않아서 우울하신가 보다. 많은 지식을 머릿속에만 간직하시고, 책 편찬에는 게으르시다. 웹서핑이 취미이시고, 댓글이 본업이신 분이다. 항상 '해찰'만 하시다 이런 날이 왔다고 하신다. 그렇다고 정해진 일을 다 하신다. 정말 능력이 많고, 국보급으로 특이하신 분이다. (해찰 - 주의력 산만을 일컫는 전라도 말. 어린애들이 끊임없이 주변 사물에 관심이 팔리는 것을 말한다.)

김보현 교수님의 수업은 은근히 어려웠다. 내 자신이 논리적이지 못함을 절실히 느꼈다. 수업 때는 머릿속에 끼어있는 기름을 벗겨내는 느낌을 받았다. 수업 시간 때 학생들은 혼이 탈탈 털리는 수업이 끝나면 기진맥진했다. 이렇듯 수업은 엄하게 하셔도 정도 많으셔서 학생들이 어려움에 처하면 어떻게든 도와주시려고 애쓰시는 분이다. 특히 술 이야기가 나오면 해 맑은 미소를 띠우신다. 가끔 철학과의 모임이 있는 날에는 '비천주(飛天酒 하늘을 나르는 술)'를 제조해 오셔서 학생들은 정말로 하늘로 보내시는 훌륭한 스승이시다. 손영식 교수님과 철학과의 주당(酒黨)으로 쌍벽을 이루셨다. 술자리에서 손영식 교수님과 논쟁을 하실 때 볼 때면, '덤 앤 더머'라는 영화의 주인공들을 연상시킨다. 두 분의 입담은 옛날 장소팔과 고춘자를 능가한다. 철학과의 웃음 제조기라고 할 수 있다.

이상엽 교수님은 철학과의 어머님과 같은 존재이시다. 학생들의 학교 적응에 필요한 모든 요소들을 찾아서 정성껏 지도해 주신다. 또 불편함을 보면 그냥 넘기지 않으시고, 해결해 주시려고 애쓰셨다. 수업 때는 학생들이 어려워 할까봐 최대한 이해시켜 주시려고 배려하는 모습이 많았다. 대외적으로는 '니체 학회'를 이끄시면서, 울산대학교의 위상을 전국적으로 높여 주셨다. 교수님이 전국구인 덕분에 학회를 통해 많은 추억을 쌓을 수 있었다. 더불어 학교 안에서는 교양대학을 신설하는 데 큰 역할을 하셨다. 이렇게 자신을 아끼지 않고 열심히 활동 하셔서 그런지 교수님의 건강에 적신호가 왔다. 그분의 힘든 병은 철학과의 비극이다. 그렇지만 정신의 무장으로 더 이상 악화를 막아내고 고난을 헤쳐나가고 계신다. 우리 모두가 교수님을 응원합니다! 힘 내세요, 교수님!!

권용혁 교수님의 수업 때는 많은 양의 독서를 하면서 얕은 지식에 깊이를 더 할 수 있었다. 용모는 과거 울산대에서 '조국'과 함께 알아주는 얼짱이시다. 학생들에게도 인기가 장난이 아니다. 반전이 있다. 표정은 인자하신 모습이지만, 수업 시간은 꽉꽉 채우시는 철저한 분이시다. 한국의 근대성과 가족 철학의 수업은 내 자신이 기존의 고정 관념을 벗어나 새로운 삶의 지표를 선정하는데 중요한 모티브가 되었다. 현실을 새로운 시선으로 바라보게 하는 좋은 시간이었다.

또 두 분의 객원 교수님이 계신다. 전라도 전주 옆 소양면이라는 먼 곳에서 울산대까지 강의를 하시러 오시는 강웅경 교수님과 대구에 가족들을 남기고 주말 부부로 계시는 김남호 교수님이다. 강웅경 교수님은 독일에서부터 유명한 분이시다. 본인을 '장미단추'라고 개그 치신다. 말인즉슨, 멀리서 보면 장거리 미남인데 가까이에서 보면 단거리 추남이라나. 그렇게 나쁜 미모가 아닌데 자신을 낮추시면서 큰 웃음을 주시려는 배려의 아이콘이다. 박사 학위 취득에 끝까지 버티시다가 손영식 교수님의 고삐에 묶이셔서, 객원 교수실에서 밤잠을 자지 않고 노력한 끝에 결국 졸업을 하셨다. 졸업의 결과 탈모와 건강에 빨간 신호등이 와서 고생도 하셨다. 밤샘한 교수실은 일종의 감옥을 연상시키는 구조였다. 책상과 탁자 둘에 라꾸라꾸 침대 하나. 문 위에는 방범창으로 된 창문. 그런 곳에서 나도 거기서 학위를 마쳤다. 그 방은 학위 논문을 위한 감옥으로 편명되었다. 그 뒤로 손영식 교수님의 침실로 고정되었지만.

김남호 교수님은 울산대 졸업을 하고 독일에서 석사와 박사 학위를 마치셨다. 훤칠한 키와 미모로 학생들에게 인기가 많으시다. 강의를 위해 울산과 부산을 오가며 부지런히 노력하신다. 젊은 교수로써 철학과를 위해 부지런히 움직이는 모습이 아름답다. 젊은 교수님이 가끔 나보고 '누님'이라고 할 때는 행복했다 ㅋㅋ.

이런 교수님들 사이에서 공부를 마치고 대학원 석사와 박사 과정을 무리 없이 마무리 지었다. 동양 철학은 한문 해독이 중요하다. 손영식 교수님을 지도 교수로 모시고 많은 시간을 보냈다. 기존의 한문 해석은 의역(意譯)이 많았다. 그러나 손 교수님은 직역(直譯)을 통해 사상가들이 전하고자 하는 의도와 메시지를 정확히 파악하는데 중점을 두신다. 직역을 하다보면 웃긴 번역이 나오기도 한다. 교수님은 '그것이 변할 수 없는 진리이기 때문에 그대로 나두는 게 옳다'고 하셨다. 그래서 전체 번역의 내용이 매끄럽지 못한 점도 있다. 하지만 들여다보면, 독특한 번역을 통해 깊은 생각을 이끌어내는 힘이 있다. 교수님만의 특색이다.

4. 묵자(墨子) 강독과 '묵자 학당' - 민주주의 이념의 전파

　　울산대 학부 때부터 '묵자' 강독을 해 왔다. 한자(漢字)라고는 고등학교 때 배운 이 후로 접한 일이 없었다. 단순한 글자 몇 개 정도만 내 머리에 남아 있었다. 원문들은 많은 한자가 조합이 되어 있다. 한 글자가 여러 가지 의미를 담고 있을 때는 난감했다. 문장의 전체 맥락을 이해하지 못하면 해석이 불가능하다. 교수님은 뇌 구조가 어떤지가 궁금할 정도로 많은 정보를 가지고 계신다. 동양 철학 전공자인데도 서양 철학, 심리학, 불교 철학 등 모든 분야를 지도해 주신다. 이런 교수님을 지도 교수님으로 모신 것은 내 인생의 행운이다. 이런 제자를 둔 교수님은 좀 괴로우셨겠지만 ㅋㅋ.

　　묵자 강독은 사회 경제학과 김승석 교수님과 오랜 시간 동안 이어졌다. 묵자에게 반하셔서 묵자 관련 서적을 두 편이나 내셨다. 이에 따른 나의 비난의 화살은 손영식 교수님께 날아갔다. "아니 말이야, 교수님께 배운 분도 책을 내시는데, 교수님은 맨날 해찰만 하시고… 언제 책 낼 겁니까?" 이런 얘기를 한지가 벌 써 3년이 다 되어간다. 자신의 일신을 챙기시는 것보다 제자들의 논문 지도에 시간을 보내시는 분이다. 물론 그 열정은 높이 살만한 것이지만, 제자로서 미안함과 걱정이 앞설 뿐이다.

　　석사 논문과 박사 논문을 쓰는 과정은 체력도 없는 사람이 하나의 높은 산을 겨우 겨우 넘어가는 것과 같았다. 어떻게 그 시간을 보냈는지 기억도 나지 않는다. 교수님의 지도와 독려가 없었다면 거의 불가능했을 것이다. 손 교수님께서는 서울대에서 석박사 학위를 받을 때, 지도 교수님이 자신을 너무 힘들게 해서, 자신의 제자들은 이렇게 힘들게 하지 않을 것이라는 다짐을 하셨다고 한다. 그래서 그런지 우리들이 교수님의 사랑을 받으며 논문을 마칠 수 있었다. 너무 감사합니다!!

　학위 논문의 주제인 『묵자(墨子)』 원문을 선생님과 강독하면서 묵자에 대한 존경심과 사랑이 생겼다. 묵자의 사상을 공부하고 정치를 한다면, 기존의 정치 프레임이 많이 업그레이드 될 것이라 본다. 묵자는 백성의 입장에 서서 지배자의 덕목을 겸애(兼愛, 전체를 사랑함)로 규정지었다. 이는 유가의 인(仁)의 사랑과는 다른 방향이다. 지배자는 피지배자인 백성에게 겸애를 하면, 백성은 지배자에게 상동(尙同, 위와 같아짐, 복종)을 한다. 겸애와 상동의 맞교환 관계로 국가의 지배 질서를 규정했다. 일방적이지 않은 상호 교환의 관계는 서로의 이익을 보장해 준다. 이는 누구나 알고 있는 진리이다. 그러나 인간은 항상 이 규칙을 깨트리는 것이 일반화되어 있다. 왜냐하면 권력의 크기와 욕망은 비례하기 때문에 권력이 독주한다. 인간이라면 이 한계를 꺾기 힘들다. 그래서 '하느님'이라는 초월적 존재의 도입을 통해, 진시황과 같은 땅위의 절대 권력과 균형을 맞추려고 했다. 묵자는 사유를 논리적인 구조로 펼친 사상가이다. 그의 매력은 이런 정치적 구조 이론 뿐만 아니라, 순수 학술 이론, 방어 무기와 건축 시설, 광학 등의 분야에서도 빛을 발휘했다. 그러나 후대 중국은 묵자를 완전 무시한다. 그래서 많은 댓가를 치뤘다. 현재에 와서도 묵자에 대한 연구가 별로 없다. 안타까운 일이다.

　현 정치 세계에서도 백성을 위하는 정책을 기본으로 하고 있다. 하지만 그 속에는 지배자의 이익을 챙기는 부분들이 다분하다. 지배자는 진정 백성을 위하고 있는가? 민주주의는 민(民)이 주인이 되는 사회이다. 기득권의 이익과 권력의 유지에 목숨 걸고 있는 사람들로 가득하다. 언제나 백성은 그들의 들러리나 다름없다. 권력자도 인간이고, 인간의 이기심을 부정하는 것은 아니다. 우리가 무관심해질수록 그들의 권력은 더 탄탄해 질 것이다. 진정한 민주주의를 만들려면 우리가 지속적인 관심을 가지고 감시를 해야 한다. 깨어있는 백성이 되어야 한다.

대학원에 들어와서 국민으로서 무관심하고 정치에 무지했던 내 자신을 돌아보게 되었다. 손영식 교수님께서는 내게 정치에 출마하라고 권유하셨다. 그러나 정치에 발을 들여 놓는다는 것이 녹록하지는 않았다. 현실을 살펴보니 많은 제제와 조건이 필요했다. 그것이 현실이다. 마음속의 의지와 얄팍한 학식으로만 정치를 할 수 없다. 특히 여자로서. 서구처럼 갈려면 많은 시간이 필요하다. 그래서 새로운 도전을 시작하려 한다. 손교수님과 '묵자 학당'을 울산에 만들어서 그 시간을 앞당기고자 한다. 시작은 초라하나, 결과는 찬란할 수 있다는 기대와 꿈을 가지고…

학위는 책 속에 머무는 것이다. 나는 현실에서 묵자의 이상을 몸소 실천하려 노력하고 있다. 박사 학위를 취득한 사람이 현재 치킨 집에서 알바를 하고 있다. 누가 보면 학위가 아깝다고 할 것이다. 장롱 학위라고도 한다. 묵자는 훌륭한 사상가이지만, 불철주야로 백성들과 소통하고 교류했다. 탁상공론에 빠진 학자들보다 매우 현실적이다. 내 자신도 묵자의 이런 점에 매료되었는지, 그냥 있지 못하고 끊임없이 움직이고 일을 벌인다. 묵자 학당의 설립도 또한 이것의 연장선에 있다. 울산에서 정치에 대한 꿈을 가진 사람이라면, 시대를 앞서 민주주의 개념에 가까운 철학을 펼치신 분인 묵자의 철학을 공부하면 많은 도움이 될 것이다.

5. 교수님과의 이별 - 새로운 만남의 시작

손영식 교수님은 이제 30년의 학교생활을 접으시고 새로운 패러다임의 인생을 펼치는 시기가 되었다. 많은 제자들의 학위 논문을 지도해 주시고, 학과에 아버지 같은 존재셨다. 철학과에 입학한 제자들이라면 손교수님의 이미지와 어록들을 기억할 것이다. 갑자기 대학원 생활과 묵자 학당 설립에 대해 글 좀 쓰라는 독촉을 받고 두서없이 적었다. 내가 교수님께 빚 독촉하던 방식이 부메랑이 되어 오다니… 겨우 2일의 기간을 주고 독촉을 하다니… 인생은 공짜가 없음을 느끼는 시간이었다. 교수님과의 많은 추억은, 교수님 손에서 떼 놓지 않는 디지털 카메라 속에 담겨져 있다. 찍은 것을 절대로 인화하지 않는 습성을 가지셨다. 정말 특이한 분이시다. 저희는 그래도 교수님을 사랑합니다. 어린아이와 같은 해맑은 모습 뒤에 숨겨진 냉철한 철학적 비평, 간결한 문장 속에서 느껴지는 주장의 명료함은 감히 넘볼 수 없는 교수님의 특허이다. 이런 특허를 교수님의 사유 속에만 저장하시지 말고, 어서어서 책을 편찬하셔서 많은 사람들에게 교수님의 메시지를 전달해주시기를 바랍니다. 책 편찬은 새로운 만남의 교두보(橋頭堡)입니다. 교수님 사랑합니다. 만수무강(萬壽無疆)하십시오.

검객과 무사:
손영식 교수님과의 추억

내가 손영식교수님을 처음 만난 건 울산대학교 대학원 철학과 면접 보는 날이었다. 당시 면접관이 손영식, 김보현, 이상엽 교수님 세 분이었는데, 손 교수님은 10분 정도 늦게 오셨다. 손 교수님의 첫인상은 그냥 동네에 평범한 아저씨와 같은 느낌이었고 약간은 촌스럽게 보이기도 했다.

김보현 교수님의 처음 질문이 철학과 대학원에 지원한 동기였다. 그래서 나는 원래 동양철학에 관심이 많았고, EBS에서 하는 최진석 교수의 노자 강의에 감명을 받아 노자에 대해서 공부를 하고자 지원하게 되었다고 답했다. 그러자 손영식 교수님이 노자에 대해서 아는 몇 가지를 이야기 해보라고 하셔서, 유와 무의 개념에 대해서 두서없이 설명을 했다. 그러자 손영식 교수님이 내가 말한 대답에 보충 설명을 해 주시는데, 김보현 교수님이 학생의 말을 더 들어야지, 왜 손 교수가 나서냐며, 두 분이 옥신각신하시는 것이었다. 그 모습에 내가 웃고 말았다. 두 분의 장난기 섞인 모습에 웃지 않을 수 없었다. 이 상엽 교수님의 중재로 그렇게 면접이 끝났다. 지금 생각해보면 아마 무거운 분위기를 풀어주시기 위한 배려였던 것 같다.

그렇게 교수님과의 첫 만남 뒤에 대학원 생활이 시작되었다. 그런데 동양철학에 대한 기대가 손 교수님의 첫 수업부터 여지없이 깨지기 시작했다. 내가 아는 중국 성인들의 사상이 여지없이 깨진 것이다. 내가 아는 성인들의 이미지를 손 교수님은 작정을 하고 비난을 하는 것이었다. 나는 속으로 교수님은 도대체 왜 저러시나? 성인들을 연구하시다 너무 스트레스를 받아 미워하시게 되었나? 별별 생각이 다 일어났고 반감도 커져 갔다. 특히 내가 사랑하고 존경하는 노자를 비판할 때는 손 교수님은 노자를 잘못 이해하시고 계시는 것은 아닌지 하는 의심마저 들었다. 내가 알고 있는 노자와는 완전히 다른 이야기를 하셨던 것이다. 혼돈의 연속이었지만 아는 것이 별로 없어서 반박조차 하지를 못했다.

그렇게 몇 개월이 흐른 후 노자에 대해서 과제를 내라고 하셨다. 조건도 참 특이했다. 직접 손으로 적어서 A4 10장을 내라는 것이었다. 나는 오기가 발동했다. 손 교수님이 주장하는 것들에 대한 반박의 글을 10권 정도의 노자 해석서를 찾아서 다 적어서 제출했다. 그러나 출처는 밝히지 않았다. 혹시나 교수님이 그 책들을 찾아서 재반박을 할까 두려웠기 때문이다. 그리고 며칠 뒤 교수님께서 제 과제를 주시면서 왜 출처를 밝히지 않았냐고 하시면서 잘 썼다고 칭찬을 해 주셨다. 제게 주신 그 과제를 확인해 보니, 문맥이 맞지 않는 문장이나 띄어쓰기가 잘못된 곳은 빨간색으로 표시를 해 두었고, 의견이 틀린 부분의 해석은 이유를 달아 주셨다. 세심한 배려였고 모든 것을 알고 계신 것 같았다. 나는 그때 알 수 없는 벽에 부딪힌 느낌을 받았다. 그리고 교수님과 노자 강독을 하기 시작했다. 그때서야 그것은 벽이 아니라 산이었다는 것을 알게 되었다. 동서양의 철학과 불교, 기독교에 이르기까지 교수님의 박식함에 저절로 고개가 숙여졌다.

내가 논문을 쓸 때도 초인적인 힘을 보여 주셨다. 7시부터 10시나 11시까지는 내가 정리하고, 그 다음부터는 새벽 1시에서 2시까지 옆에서 같이 앉아 지도를 해 주셨다. 교수님 컴퓨터는 1시간마다 표시가 되는 모니터였다. 그런데 한 번은 6시간을 알리는데도 계속하셔서 참다못한 내가 "교수님 제가 힘들어서 못하겠는데요, 조금 쉬시죠"라고 사정을 했다. 그런 초인적인 힘이 어디서 나오시는지 아직도 이해불가이다. 이런 열정들이 쌓여서 지금의 작은 거인이 되었을 것이다.

2018년 여름 독일 여행 갔을 때의 일이다. 독일의 성들은 그 규모가 굉장히 커서 우리나라의 성들과는 비교가 되지 않았다. 그런데 그 큰 성들을 교수님은 구석구석을 다 살피시는 것이었다. 우리는 따라가기도 벅차서 그만 가자고 해도 막무가내였다. 그래서 왜 이렇게 다 둘러보느냐고 묻자, 이런 성들이 진짜 전투를 위한 것이라고 하며, 왜 그런 모양인지에 대해서 상세하게 설명을 해 주셨다. 성 뿐만 아니라, 성당이나 건축물들의 쓰임새까지 일일이 다 설명을 해 주시면서 이런 건축물이 탄생하려면 큰 권력의 규모가 있어야 하고, 아주 많은 희생자들이 없이는 안 된다고 말씀을 해 주셨다. 일반인들은 보이지 않는 부분들을 통찰하고 있었던 것이다.

보통의 사람들은 사물이나 사람을 파악할 때 직관에 많이 의존한다. 나도 직관에 많이 의존하는 편이다. 그러나 직관은 논리적으로 설명하기는 조금 힘들다. 교수님은 항상 철학을 하는 사람은 어떤 것이라도 논리적으로 설명을 할 수 있어야 한다고 말씀하신다. 그러면서 그 사람의(정치인이 많음) 다음 행동이나, 나라의 정세를 예측을 하시는데 거의 정확하다. (교수님은 거의 예언자 수준) 그래서 하루는 사석에서 교수님은 어떻게 정확하게 그런 것들을 읽어내시는지 질문을 드렸다. 그랬더니 교수님은 두 가지로 답을 해 주셨다. 하나는 그 사람이 하는 말이 팩트인지? 또 하나는 그 사람의 생각이 옳고 바른 길인지를 보면 어떤 사람인지 그 다음에 행동이 뭔지 알 수 있다고 하셨다.

끝으로 교수님과 노자 강독을 하고 논문을 같이 쓰면서 느낀 점은 일반인들처럼 고전을 해석하지 않는다. 끊임없이 부수고, 비판을 한다.

노자만 해도 그렇다. 일반적인 해석서를 보면 노자를 신의 영역에 놓고 무조건 본받아야 한다는 주장을 한다. 그래서 추상적이고 형이상학적인 해석이 대부분이다. 그러나 노자도 성인이기 이전에 인간이다. 인간적으로 현실에서 보다 효과적으로 결과를 내거나 살아남아야 하는 근본적인 것을 생각했다. 이렇게 신적으로 성인으로 추앙받는 노자가 아닌, 인간으로 현실을 살아가는데 초점을 맞춘 교수님의 이론에 나는 찬성한다.

교수님은 노자식의 생각을 한다. 역발상을 하고 항상 상식을 뒤집는다. 그러면서 논리적으로 고수이다. 고수는 싸움을 잘한다. 싸움을 잘하기 때문에 이긴다. 그래서 손영식 교수는 이 시대의 검객이고 무사이다.

일송정 푸른 솔:
손영식 교수님 퇴임을 축하드리며

일송정 푸른솔은~~
선구자를 부르시던 손영식 교수님.

드디어 퇴직을 하시게 되었네요.
무탈하시게 퇴직을 하심을 진심 축하드립니다.

울산대 철학과에서 30년 세월동안 웃고 즐거운 일들이 많았을 것 같습니다. 제자인 저희야 짧게는 4년 길게는 10년 가까이 학교 생활을 했지만 교수님은 그 많은 시간을 보냈으니 울산대 철학과의 산 증인이라 할 수 있겠죠. 디카 생기고 틈만 나면 찍으시던 사진은 지금에서야 한 컷 한 컷 볼 수 있음이 경이롭습니다. (손샘의 큰 그림)
매년 지리산 종주이며, 철학 답사 준비하시느라 부지런도 하셨죠.

제 기억 속엔 96년 한여름 예비답사 때
수원 장안대 앞에서 (여대생에게) 한눈 팔다, 쌤, 엘라트라 뒷밤바 박은 기억과 수덕사의 돌계단에서 뜀박질해서 올라가시던 교수님의 모습이 남아 있네요. 얼마 전 재학생들과 문수산 산행하시는 모습을 보면서,

우와 우리 교수님 체력은 정말 "짱이다~" 뭘 드시길래...

　최근 무거동 케이티 앞에서 썬그라스 쓰고, 서울 가는 KTX 타러 부지런히 가시던 쌤 그립습니다.

　이제 제자들을 위한 시간은 잠시 내려놓으시고, 자신만을 위한 시간을 가져 보심 어떨까 생각됩니다.

　교수님의 사랑으로 제자들도 건강하게 무럭 무럭 자랐으며, 벌써 자녀들이 대학을 갈 나이가 되었네요.

　교수님의 뜨거운 열정을 존경하오며 사랑합니다.

　손영식 교수님의 건승을 기원합니다.

답사와 지리산 종주:
손영식 교수님을 그리워하며

    몇 달 전 김남호 선생님으로부터 2022년 1학기 이후 손영식 선생님께서 은퇴를 하신다는 소식을 들었다. 몇 해전 부터 학교생활 때 계셨던 선생님들 한분 씩 은퇴를 하셔서 어느 정도 예상했던 터라 많이 놀라지는 않았지만 손 선생님의 은퇴 소식은 또 다른 느낌으로 다가왔다. 왜 그런지 금방 떠오르지는 않았지만, 아무래도 손 선생님께서 우리 과와 제자들을 위해 많은 활동 영역을 보여주셨기 때문이라…

    나와 손 선생님은 동기이다. 한 사람은 교수님으로서 첫 부임으로, 한 사람은 신입생으로서. 1991년 민주광장에서의 첫 만남을 시작으로 선생님을 추억해본다. 처음 뵈었을 때의 모습은 그 이후에 뵈어 왔던 모습보다 좀 더 생생하게 남아 있다. 가방 하나 들고 짙은 갈색톤의 콤비 스타일의 양복 차림으로 우리 신입생들 모여 있는 민주광장으로 걸어오시는 모습. 30대 후반의 나이에 아직 결혼을 안 하고 계셨던 노총각이셨던건 확실히 기억난다.

    나의 기준에서 1학년 대학 생활은 그냥 놀기 바쁜 시절이라 선생님과는 그 외의 추억은 별로 남아있지 않다. 1학년을 마치고 군대를 다녀온 후에 선생님의 본격적인 활동이 시작된 걸 알았다. 학과 행사인 답사와 매년 제자들과의 지리산 종주. 아직도 졸업생들 사이에 학생 시절을 돌아보면 가장 많이 회자되며 가장 많이 다시 가고 싶어 하는 게 답사이다. 오죽하면 몇 년 전 졸업생들과 선생님과 답사를 갔다 왔을까?

이 행사를 손 선생님 주관으로 (최소한 내가 알기로는) 만들어졌고 행해지고 있었다는 걸, 내가 군대 다녀온 이후 알게 되었다. 93년부터 시작된 철학과 답사, 그쯤 시작하신 제자들과의 매년 지리산 종주는 손 선생님과 뗄래야 뗄 수 없는 학교 생활의 추억이다. 나의 학교 생활에서의 손 선생님과의 추억을 하나하나 다 회상하기에는 이 지면이 짧을 것이며, 또 다 활용하는 건 실례일 것 같다.

스승과 제자라는 관계는 하늘이 내려주신 관계 중에 하나라고 그런다. 옛 성인 중에 유명하신 분이 그랬다고도 하고. 그 관계가 정말인지는 아직 잘 모르겠다. 하지만 졸업 후 사회 생활과 한 가정을 이룬지 20 몇 년이 지난 지금 한 사람으로서 인생을 살아가면서 나도 모르게 내 삶의 가치관이 학생일 때 선생님들의 가르침들이 내 안에 배어있다는 걸 느낄 때가 많다. 돌이켜 보면 학교생활에서 내가 배웠던 건 철학자들의 사상이나 이념이 아닌 사유하는 법이였던 것 같고 그건 당연히 선생님의 영향 때문이었으리라.

2022년 2학기부터는 울산대 철학과가 많이 조용해질 것 같다. 걱정이 벌써 된다. 그 조용함으로 시작되는 손 선생님에 대한 그리움을 어떻게 감당할지… 전국 어느 유적지든, 전국 어느 산이든 손 선생님과 뜨겁고 설레는 마음으로 언제든 가고 싶다. 손 선생님을 미리 그리워하며.

울산을 품기:

손영식 교수님 퇴임을 맞이하여

　나는 울산대학교에 동아리로 입학해서 동아리로 졸업한 학적 불명의 학생이라고 해도 과언이 아니다. 사실 학부 수업을 제대로 들어가 본기억이 없다. 과에 대한 소속감 보다는 동아리에 대한 소속감이 더 컸고, 활동 또한 동아리 활동으로 5년(휴학 1년 포함)을 불태웠기 때문에 과에 대한 기억은 거의 없다. 그런 내가 과 동기를 대표하여 손영식 교수님의 퇴임 축하글을 쓴다는 건 도무지 말이 안 되는 일이다. 그럼에도불구하고 손영식 교수님 퇴임을 맞이하여 글을 써달라는 갑작스런 요청을 거부하지 않은 이유는 진심으로 축하해드리고 싶은 마음이 앞섰던 것 같다.

　나에게 손영식 교수님은 아주 특별한 분이다. 초등 6년, 중등 3년,고등 3년, 대학 4년, 대학원 석사과정과 박사과정을 뺀 정규 교육과정12년 동안 만난 선생님들 중 스승의 날에 생각이 나서 안부를 여쭙는유일한 분이라는 사실이다. 이런 나에게는 손교수님과 통화한번하려면정말 힘든 절차가 있었다. 교수님께는 초등학생들도 가지고 다니는 휴대폰이 없었기 때문이다. 손교수님 소유의 휴대폰이 생긴 건 불과 몇 년되지 않았다. 그 전까지 손교수님께 연락하려면 전화번호 3개를 메모하고 있어야했다. 교수님 연구실로 전화를 해서 안 받으시면 과사무실로 전화를 한다. 그 날 학교에 안 계시다고 하면 댁으로 전화를 해서 어렵사리 통화를 한다. 댁에 교수님이 안 계시는 경우는 사모님께 메모를 남겼던 기억도 더러 있다. 특별한 용건이 있는 것도 아니고 그냥 안부가 궁금해서 전화를 드렸다. 지금 가지고 다니시는 휴대폰도 어떤 제자가 만들어서 드린 것이니… 그 제자의 심정이 나의 심정이 아니었을까 싶다.

대학 시절 나의 기억 속 교수님은 아주 소탈한 분이셨다. 분명 교수님이신데 학생식당에서 주로 식사를 하시고, 학생들과 이야기 나누는 걸 좋아하셨고, 학생들과 산행을 자주 가셨다. 내가 4학년 때였던 것 같은데, 오랜만에 교수님 수업을 들어갔다가 칠판 아래에 쪼그맣게 '수업 마치고 문수산 갈사람 명단 적어주세요.'라는 글귀를 보고 무작정 따라 나섰던 적이 있다. 동네 뒷산이라고 우습게 생각했다가 혼쭐났던 기억이 난다. 그날 손 교수님께서 정상에 올라 울산의 야경을 보며 학생들에게 물어주셨다. "○○○! 넌 저 울산을 보면 무슨 생각이 드냐?" 난 그때 교수님께 했던 대답이 아직도 기억이 난다. "전 저 울산을 품고 싶습니다." 졸업을 앞두고 어떻게 살 것인가라는 고민을 하고 있을 때 울산이라는 도시가 나의 화두가 된 계기를 주셨다는 점에서 아직도 감사의 마음을 가지고 있다. 우문현답이라고 했던가. 나의 스승은 답을 주는 사람이 아니라 나에게 질문을 하고 내가 나의 답을 찾아가는 것이다.

교수님과 뜻하지 않게 많은 이야기를 나눌 수 있는 계기는 나의 졸업과 관련된 에피소드 때문이었다. 4학년 때 나의 논문 지도 교수님이 손영식 교수님이셨고 개인적인 사유로 한 학기를 남겨두고 난 휴학을 하게 되었다. 4학년 2학기에 휴학을 하게 된 나에게 과에서 졸업시험을 치러 오라는 통보가 있었고, 시험 준비를 해서 우여곡절 끝에 졸업시험을 통과하게 되었다. 그런데 복학해서 보니 행정상 4학년 2학기에 휴학한 학생들은 논문을 써야 졸업이 가능하다는 것이다. 결론적으로는 지도교수를 바꾸어 논문을 썼고 졸업은 하게 되었다. 이 과정에서 행정적인 과정상의 문제에 대해 문제제기를 하면서 교수님과 많은 대화를 하게 되었다. 과정상 행정의 실수에 대해서도 인정을 해주셨고, 급하게 논문을 쓸 수 있도록 도와주시고 배려해주심 점 또한 감사했다. 무엇보다 감사했던 점은 대화 속에서 앞으로 살아갈 인생에 대해 더 많은 이야기를 하게 되었다는 것이다.

작년에는 나의 업무상 교수님을 뵐 일이 있었다. 태화루 누각에서 인문예술아카데미를 기획하게 되었는데, 한국철학과 태화루를 연계한 강의를 요청하려고 보니 울산지역에서 유일하게 한국철학을 하시는 교수님이 손교수님이셨다. <한국 철학으로 만나는 선비>라는 주제로 역사 속의 태화루 누각에 얽힌 이야기와 그 시대 철학에 대해 들어보는 시간을 가졌다. 이 자리를 빌어 어려운 강의 요청에 흔쾌히 수락해 주신 교수님께 감사의 말씀을 전하고 싶다. 이 강의를 기획하면서 울산대학교 철학과의 위치에 대해 다시금 생각하게 되었다. 울산 지역 대학에 철학과가 있는 곳이 울산대학교 밖에 없고, 그것도 한국 철학을 가르치는 유일한 분이 손영식 교수님이셨다는 사실이 놀라웠다. 교수님께서는 학문적으로 그 자리를 감당하고 계셨다는 생각에 다시 한번 교수님의 노고에 감사의 마음이 들었다.

우리 제자들에게는 늘 친구같은 교수님, 모교를 생각하면 떠오르는 든든한 교수님, 늘 그 자리를 지켜주시던 교수님!

교수님의 학문에 대한 욕심은 오늘도 켜져 있는 연구실 불빛이 이야기하는 듯 하다. 한 평생을 학자로서의 길로 걸어오신 한결같은 교수님의 삶을 존경한다. 손영식 교수님의 퇴임을 맞이하여 진심을 담아 교수님의 건강과 안녕을 기원해 본다.

정년 퇴임에 삶을 되돌아보며

회고를 굳이 쓰고 싶은 생각은 없었는데, 앞에 실은 여러 분들의 회고의 글을 보면서, 부정확한 것도 있고, 해명을 해야 할 것도 있었다.

1. 자라와 파리똥 논쟁

조남호 선생이 말했듯이 남양주시 견성암에서의 일이다. 1985년 군 제대를 하고 박사 과정에 들어간지 얼마 안 있어서 대학원 여름 수련회를 갔다. 낮에 발표회 뒤에 밤에 뒷풀이를 했는데, 당시만 해도 나는 체력이 만땅이었다. 새벽 2시가 넘어서 우연히 이정호 선배와 앉아서 논쟁을 했다. 논쟁이라기 보다는 내가 일방적으로 선배에게 따지고 묻는 것이었다. 한참 이야기하는데 갑자기 선배가 말했다. "거북이 동생이 뭔지 아냐?" 아니 웬 거북이? 모르겠다고 하자, "자라다. 자라. 넌 잠도 없냐?" 그리고 그가 한 마디 더 했다. "내 손바닥에 파리가 한 마리 앉았다가 날아갔다. 그곳에 검은 점이 있었다. 이게 파리똥인지 아닌지, 그게 약이 되는지 아닌지 몇 시간은 너하고 논쟁할 수 있다. 그럴 가치가 있냐?" 술 취하고 졸린 선배가 한 말이다.

2. 홍찬유 선생님

심재룡 선생(서울대 불교)은 언젠가 나에게 선기(禪氣)가 있다고 했다. 선사(禪師)들의 거센 기질이다. 체력과 정신 집중력, 호승심이 있으므로 상대와 논쟁할 때 별로 지지 않았다. 난 늘 실력으로 부딪쳤지, 권위에 한 수 접고 들어가지 않았다. 운현궁(구 덕성여대) 앞에 있던 유도회(儒道會)에 한문을 배우러 다녔는데, 홍찬유 선생님이 주희(朱熹)의 주석의 『논어』 『맹자』 『대학』 『중용』 등 4서를 가르쳐 주셨다. 나는 이미 진영첩 선생이 영어로 번역한 것을 중심으로 주요한 것은 대략 읽었다. 그래서 선생님의 번역과 늘 부딪쳤다. 예컨대 정이가 말한 '鬼神造化之迹也'를 선생님은 "귀신 조화의 흔적이다"라 하셨다. 선생님, 그건 "귀신은 조화의 흔적"이란 말이지, '귀신 조화'라는 말이 아닙니다!

유도회 1회 졸업자 모두에게 선생님은 친히 호를 짓고, 한문으로 써 주셨다. 2회가 그것을 표구해 주었다. 이 액자가 내 연구실에 있다. '愚如'가 바로 선생님이 지어 주신 호인데, 우공(愚公)이 산을 옮기는 것을 본받으라는 말씀이셨다. '어리석은 듯 하라' - 재기 있는 사람은 끈기가 없다. 너의 재주는 인정해 주겠다. 그러나 산을 옮기는 거대함이 있어야 한다. 이 말씀을 나는 깊이 간직하려 한다.

홍찬유 선생님은 내 결혼식에 주례를 서 주셨다. 당시 나이 드신데다 줄담배를 피워서 목소리가 극히 좋지 않았다. 게다가 여러 고사를 인용하시면서 주례사를 하셨다. 사실상 나 혼자만 알아들을 수 있는 이야기였다. 역시 선생님의 말씀은 같으셨다.

3. 학생과 함께

울산대에 와서 내가 의욕적으로 했던 사업이 둘이었다. 답사와 등산이다.

나는 체질적으로 아래 쪽 사람들과 친했다. 위쪽 사람들과는 소원했다. 그렇기 때문에 보직을 맡는다던지, 승진하지는 못 했다. 대신 학생들과는 철학과 시작인 89학번부터 올해 22학번까지 친하지 않은 이가 거의 없다.

박은정이 말한 졸업 시험은 아마 90년대 말이었을 것이다. 졸업 논문을 내지 못 하는 사람들은 시험을 쳤어야 했다. 약 4명 정도의 시험 감독을 내가 했다. 저녁 6시가 되어서 끝나자, 모두 바보 사거리로 저녁 먹으러 갔다. 술 한 잔 걸치고 거나해졌는데, 복은규를 만났다. 그때 32살인가 했고, 나와 나이 차이가 많이 나지 않아서, 나를 볼 때마다 '형님' 했다. 그는 인보에서 교회 활동을 열심히 했는데, 신도를 나르는 봉고차를 가지고 왔다고 했다. 그래? 반구대 암각화에 가자~ 했더니 가겠다고 한다. 술과 안주를 사서 우리 모두 그의 봉고차를 타고 갔다. 벌써 밤 11시쯤이라 깜깜해서 암각화 쪽으로는 가지 못 하고, 주차장 부근의 마을 가로등 아래에 앉았다. 술을 마시면서 떠들었는데, 10월이라 추웠다. 보니 인테리어 공사하고 남은 나무 쪼가리들이 많이 있어서 그것을 때면서 아마 새벽 4시까지 마셨을 것이다. 동네 사람들도 어지간히 참을성이 많았나 보다. 그 시끄러운 놈들 가만 둔거 보면 … 새벽 기도하는 사람들 태워야 한다면서 복은규가 일어나자, 복은규 집에 가서 봉고차에 휘발유 넣고, 교회 앞을 지나가니 벌써 불이 켜져 있었다. 우리를 학교에 내려주고 그는 돌아갔다.

4. 철학과 답사

송지영 전회장과 이영칠 회장이 말한 답사는 철학과의 대표 행사였다. 보통 2박3일로 가는데, 한때는 3박4일로 간 적이 있었다. 2박3일의 일정이란 거의 극기훈련 수준이었다. 관광버스를 타고 출발하면 바로 답사 자료집을 펴고 내가 설명을 해 주었다. 김보현 선생님은 뒤쪽에 앉아서 남학생을 불러서 품에서 수류탄 주(酒)를 꺼내서 먹였다. 장렬히 전사한 사람이 많았다. 답사지에 서면 급하게 둘러보고, 다시 버스 타고, 자료집 공부하고, 다시 답자지 둘러 보고. 보통 오전 오후 3군데, 총 6군데 정도를 보았다. 저녁 늦게 여관에 가면 보통 새벽 2시까지, 늦으면 4시까지 술을 마셨다. 아침 7시에 기상, 9시 출발. 그리도 다시 반복한다.

저녁 뒷풀이 하다가 너무 취해서 술을 깨려고 서기림과 함께 수덕여관에서 수덕사에 올라갔다. 마침 국보인 대웅전을 수리하게 위해서 비계가 설치되어 있었다. 큰소리로 떠들면서 둘이 쿵쾅 쿵쾅 올라가니 경비가 나왔다. 자칫하면 경찰서에 끌려갈 뻔했는데, 하여튼 봐 주셨다. 해남 대흥사에도 야밤에 올라갔더니, 젊은 스님이 목탁을 치고 독경하며 지나간다. 차마 나가라 하지 못 했을 것이다. 술취한 대학생들과 싸우면 무슨 봉변을 당하나 싶었을 것이다. 승주 송광사에서는 학생들에게 설명해 주던 젊은 스님과 부딪쳤다. 캠코더로 찍고 있는데, 찍지 말라고 하자, 내가 말했다. "돈 내고 들어왔다." 그 스님의 한 마디 '같잖은 것이…' 그래서 졸지에 우여(愚如) 선생이 불여(不如) 선생이 되었다. (不如 = 같지 않음.)

5. 지리산 종주

　　나는 문수산 신불산 지리산을 늘 갔다. 이 세 산이 상중하의 난이도를 가지고 있었다. 지리산은 1989년에 첫 등산을 했고, 91년에 울산대 부임, 아마 93년부터 매년 종주 등산을 했다. 1회 등산 때 가장 기억에 남는 사람은 김난영이었다. 정말 초인적인 노력으로 종주를 했다. 중산리에 내려와서 보니, 발바닥의 절반 크기의 물집이 있었다. 김광헌이 그의 배낭을 가져가면서, 그 더운 여름에 어디까지 오지 않으면, 그녀에게 물도 주지 않았다. 눈물의 산행.

　　김광헌이 등반 대장을 해서 살림을 총책임지었다. 그가 졸업하자 이영칠이 두 번째로 했다. 당시는 텐트를 짊어지고 가서 쳤다. 늘 화엄사에서 올라가서 노고단에서 1박, 선비샘에서 2박하고 중산리로 내려가서 3박을 했다.

　　연하천에서 내려가는데, 일행 가운데 늦게 가는 사람을 내가 데려가기로 하고, 이영칠이 양해은과 함께 먼저 가서 선비샘에 텐트를 치라고 했다. 늦으면 칠 자리가 없기 때문이다. 그런데 어둑어둑해서 선비샘에 가보니, 그때서야 둘이 오고 있다. 왜 그러냐? 벽소령 오기 직전에 길을 잃고 아래로 내려갔다는 것이다. 정상 부근은 가파르기 때문에 가파르게 내려갔다가 다시 올라온 것이다. 아무튼 비난을 할 수는 없고, 텐트들 속에 비집고 들어가서 텐트를 치고 저녁을 먹었다. 그런데 엄청나게 비가 쏟아진다. 물이 흐르더니, 야영장 중간에 급류가 되어서 흐른다. 물길에 텐트 친 사람들은 날벼락을 맞았다. 비가 어느 정도 잦아들자 어떤 사람이 와서 우리 텐트 안에서 잘 수 있냐고 묻는다. 내가 물길을 피해서 텐트를 칠 자리 잡은 것이다.

　　언젠가 선비샘에서 텐트치고 저녁 먹고 술 마시다가 밖에 나와서 싸면서 하늘을 보니, 정말 별들이 비처럼 쏟아지고 있었다. 우리 모두 나와서 하늘을 보며 감탄을 했다. 그토록 아름다운 하늘이 있다니! 아직도 그 밤처럼 별이 눈을 찌를 듯이 쏟아지는 것을 보지 못 했다.

6. 지도 교수

김지영 선생이 쓴 글에 - 손영식이 지도 교수에게 힘들었기 때문에, 자신은 학생에게 잘 지도하겠다고 했다.

나는 아버님의 권위주의적 태도를 싫어했기 때문에, 나는 절대로 아버지처럼 살지는 않겠다고 했다. 동시에 지도 교수에게 학을 떼었기 때문에, 나는 절대로 저들처럼 학생을 지도하지 않겠다고 다짐했다. 그리고 나는 정말 그들과 정반대로 살았다.

서울대에서 석사 박사 모두 같은 지도 교수였다. 중국 철학은 그 혼자였기 때문에, 내가 선택하고 말고가 없었다. 석사든 박사든 나는 그에게서 단 하나도 배운 것이 없다. 그 역시 가르쳐줄 생각이 없었다. 그는 늘 세계적인 수준의 논문을 쓰라고 했다. 그러나 정작 자신은 쓰지 않았다. 쓰는 방법을 가르쳐 주지도 않았다. 그의 연구실에 가면 정말 인상 깊은 것이, 방이 책과 복사물로 가득차 있다는 것이다. 산처럼 쌓여 있어서, 들어가는 통로 자체가 아슬아슬하게 있었다. 그와 정반대가 박홍규 선생이었다. 박선생의 연구실은 책 한 권이 없었다. 학교에서 준 낡은 가구와 전화기만 달랑 있었다. 거기에서 대학원 수업을 하셨다. 왜 그리 방에 그렇게 책을 쌓아 두었을까? 결국 '세계적 수준' 강박 관념 때문일 것이다.

울산대에 91년에 부임한 뒤에 나는 본격적으로 박사 학위 논문을 썼다. 주희의 중화(中和) 논쟁, 그의 육구연 진량과의 논쟁은 그 이전에 이미 썼다. 1991년 이후는 장재 정호 정이 등 논문 앞 부분을 쓴 것이다. 한문 원전을 이잡듯이 읽고 쓴 것이기 때문에, 사실상 이 논문을 넘어서는 것을 나는 그 후 보지 못 했다.

1991년 1학기에 울산대에 부임하고 2학기에 서울대에 논문을 제출했다. 예비 발표를 하고, 92년 1학기에 본격적으로 심사를 했다. 심재룡 선생은 심사위원이었지만 참여하지 않았다. 결국 이남영 송영배 선생과 성균관대의 안병주 선생, 중앙대의 양승무 선생이 했다. 세 번인가 하고 통과를 결정했다. 그리고 저녁을 먹으러 갔다. 2차로 송영배 선생과 마셨다. 마지막으로 송선생 집에 가서 마셨다. 기쁘기도 하고 해서 너무 많이 마셨다.

2주 쯤 지난 뒤에 서울대 조교가 나에게 전화를 했다. 논문을 고치지 않아서, 논문을 통과시킬 수 없다고 송선생이 말했다, 그리고 미국에 가 있다는 것이다. 국제 전화를 했더니, 송선생은 바락바락 화를 내면서 말했다. 고치지 않았다. 통과 안 된다. – 그것으로 끝이었다.

그런데 안병주 선생이 주선해서 2학기에 다시 심사를 하기로 했다는 것이다. 알고 보니 송선생은 나와 이광호 선배 모두를 불통시키고 미국을 간 것이다. 성실히 열심히 쓴 두 논문을 안타까워한 안병주 선생이 설득을 한 것이다. 2학기 첫 심사 때 송선생은 여전히 화를 냈다. 나는 그의 분노가 이해가 되지 않았다. 일단 그가 시키는 대로 다 고치고 해서 결국 통과되어서 93년 2월에 학위를 받았다.

지금도 이해가 되지 않는다. 화가 나면 그 이유를 말해 주어야 하지 않는가? 인간 관계에서 가장 힘든 것이 바로 그것이다. "네 죄를 네가 알렸다!" – 이것인가? 논문을 고치지 않았다고 저리 화를 낼까? 그럴 리는 없다. 고치라고 전화하면 된다. 결국 마지막으로 술을 마셨을 때, 무슨 말을 한 것 같다. 그러나 기억이 나지 않는다.

재심사할 때 송선생은 자신이 성리학의 대가인양 나에게 고압적으로 고치라고 했다. 중국에는 2원론이 없으니, '이분법적 사고'로 바꾸어라, 리를 '잠재적 발전의 당위 법칙'이라 해라 등이다. 솔직히 말해서 둘 다 충분히 논박할 수 있으나 그냥 받아들였다.

재심사하기 전에 이남영 선생에게 갔더니, 자기 연구실 문에 서서 자기 체면 깎았다고 나에게 화를 냈다. 결국 나와 이광호 선배에게 우호적인 사람은 안병주 선생님 뿐이었다.

대학원에서 주인과 노예의 관계는 많은 문제를 낳는다.

7. 가르침이 배움이다

나는 정년 퇴임이 되어서야 비로소 깨달았다. - 나는 서울대 철학과의 비주류가 아니라 주류였어야 했다는 사실을.

내가 서울대 학생 담당 조교를 할 때, 어떤 학생이 수학을 좋아해서 복수 전공을 했다. 전공 시험을 대리시키다 들켜서, 자연대학장이 인문대로 처벌을 요구하는 공문을 보냈다. 학과 회의 때, 내가 학생 담당 조교이므로 그 학생을 옹호했다. 수학을 그리 좋아해서 복수 전공했는데, 굳이 무기 정학을 줄 필요가 있냐? 유기 정학도 과하다. F를 주면 되지 않는가? - 이태수 선생은 "불공정 행위를 옹호하는가?" 라며 따졌다. 나나 이 선생이나 자기 할 일을 다 한 것이다. 이점은 충분히 이해가 간다.

술자리에서 이명현 선생은 내 얼굴에 소주를 컵에 따라서 대여섯 번 뿌렸다. 소주 한 병이었다. 그가 전두환 때 해직된 것이 70년대의 낭만주의 때문 아닌가 라고 비판했기 때문이다. 그렇지만 이명현 선생은 뒤끝이 전혀 없었다. 그러나 소광희 선생처럼 반대의 경우도 있다.

나의 박사 학위 논문은 2000~2010년대의 동양 철학계의 '미발 연구'에 시발점이 되었다고 생각한다. 중국 철학에서 두각을 나타내는 곳이 서울대 성균관대 고려대 철학과였다. 여기에서 새로운 이슈를 만들고, 논쟁을 유도했던 곳이 서울대 철학과였다. 2000년대 초반 정원재 선생의 박사 학위 논문에 대해서 이상익 선생이 논쟁을 걸어왔다. 여기 에서도 나는 주도적으로 참여했다. 서울대 가운데 실제 이론을 만든 선 생은 별로 없었다.

사실 대학은 이론을 생산하고 학생을 교육하는 곳이다. 심사권을 가지고 학생을 노예로 복종시키는 곳이 아니다. 나는 끊임없이 한문 원 전을 읽고 새 이론을 만들었다. 그것을 기반으로 학생과 밤 새워 가면서 논문 한 줄 한 줄을 고치면서 완성했다. 여기에 실린 논문들이 그렇다.

교육이란 가르침이 배움이다. 가르칠 때 가장 많이 배우는 것이다. 학문적 업적 역시 제자와 함께 만드는 것이다. 교수는 진시황과 같은 제 왕이 아니다. 실력을 가지고 말해야 한다.

철학은 이미 사양 산업이 되었다. 지방대학 철학과는 초토화되었 다. 울산대 역시 그렇다. 철학과가 살아남는 길은 선생이 학생과 함께 하는 것이다. 대학원의 경우 선생이 학생의 모든 것을 지도해야 한다. 논문을 한 줄 한 줄 같이 써야 한다. 왜 이렇게 하지 않는가? 정성 문제 도 있지만, 자신의 철학이 없기 때문이기도 할 것이다. 나는 철학과가 살아남는 길이란 바로 선생으로서 헌신과 연구자로서 이론 만들기라고 생각한다. 나는 철학 연구에 새로운 패러다임을 만들고자 했다.